国内唯一的
银行法专业连续性出版物

银行业法制年度报告

2015

主编 张炜

BANKING LAWS

The Annual Report of Banking Laws and Regulations

中国金融出版社

责任编辑：戴 硕 董 飞
责任校对：潘 洁
责任印制：程 颖

图书在版编目（CIP）数据

银行业法制年度报告．2015（Yinhangye Fazhi Niandu Baogao. 2015）/张炜主编．—北京：中国金融出版社，2015.3

ISBN 978－7－5049－7821－9

Ⅰ.①银… Ⅱ.①张… Ⅲ.①银行法—研究报告—中国—2015 Ⅳ.①D922.281.4

中国版本图书馆 CIP 数据核字（2015）第 029662 号

出版发行 中国金融出版社
社址 北京市丰台区益泽路 2 号
市场开发部 （010）63266347，63805472，63439533（传真）
网上书店 http://www.chinafph.com
（010）63286832，63365686（传真）
读者服务部 （010）66070833，62568380
邮编 100071
经销 新华书店
印刷 利兴印刷有限公司
尺寸 169 毫米×239 毫米
印张 28.25
字数 403 千
版次 2015 年 3 月第 1 版
印次 2015 年 3 月第 1 次印刷
定价 79.00 元
ISBN 978－7－5049－7821－9/F.7381
如出现印装错误本社负责调换 联系电话（010）63263947

主编简介

张炜 北京大学法律系毕业，法学博士，研究员。现任中国工商银行监事、总行法律事务部总经理；兼任中国工商银行博士后工作站指导专家、中国银行法学研究会副会长、中国法律援助基金会理事、中国银行业协会法律工作委员会常务副主任等职务。长期从事银行法律专业工作，先后出版多部专业著作，自2004年起每年主编银行法专业连续性出版物——《银行业法制年度报告》。

目　　录

上篇　上年法制述评

下篇　法律问题探讨

上　篇

上年法制述评

第一章

银行业法律法规述评

一、银行业法律法规概览

2014 年，在党的十八大以来中央有关文件精神的指导下，一些与银行业经营发展和监督管理密切相关的立法工作继续推进，相关法律规定相继出台，银行业法律环境进一步改变，商业银行在发展策略、经营模式及操作方式等方面均面临一些新的法律和监管要求。整体来看，2014 年与银行业相关的法律法规主要涉及以下方面内容：

（一）稳步推进存款保险立法工作

存款保险制度旨在保障存款人利益和维护金融安全，已经被世界上 110 多个国家和地区所采纳。我国自 1993 年实行金融体制改革，剥离“专业银行”政策性职能，推动银行业商业化、市场化经营发展。长期以来，我国银行业不断发展壮大，金融市场规模也越来越大，但是，银行业金融机构市场退出机制和相关法律制度并不健全。近几年，随着国家金融及银行业改革步伐加快，包括制定《存款保险条例》在内的银行业市场退出立法工作被正式提上日程。2012 年，国务院将《存款保险条例》列入当年立法工作计划的“三类”项目，2013 年又提升为“预备项目”。2013 年 11 月，党的十八届三中全会明确提出“建立存款保险制度，完善金融机构市场化退出机制”。在此背景下，国家有关部门加快存款保险立法步伐。

2014年11月，国务院法制办公布《存款保险条例（征求意见稿）》，面向全社会征求意见，存款保险立法工作取得重要进展，存款保险制度即将正式出台。

（二）出台不动产登记统一登记规则

不动产统一登记是保障市场经济健康发展的一项重要基础性制度安排，是落实《物权法》有关规定的重要举措。2014年11月，国务院发布《不动产登记暂行条例》，对不动产统一登记制度作出比较全面的规定。条例确立了“严格管理、稳定连续和方便群众”的不动产登记原则，对不动产登记权利范围、登记管理部门和登记程序加以明确，要求建立不动产登记信息共享制度，提高不动产登记信息的透明度，发挥不动产登记信息在社会管理和市场经济活动中的功能。健全不动产登记法律制度对于规范商业银行相关业务开展、保护银行债权具有积极作用，商业银行应当认真研究相关规定，根据新的不动产统一登记规则及时修订完善有关业务流程和管理要求，依法合规办理相关业务，借助不动产统一登记制度，防范相关风险，维护自身合法权益。

（三）实施注册资本登记制度改革

长期以来，我国公司管理制度存在注册资本门槛较高、企业年检制度流于形式等弊端，有必要进行改革。2014年2月，国务院发布《关于印发注册资本登记制度改革方案》，在全国范围内全面实施新的公司注册资本登记制度。改革方案以“便捷高效、规范统一、宽进严管”为原则，取消了市场主体有关资本限额、验资程序以及年检等要求，推出简化经营场所登记要求、推行电子营业执照等提高企业准入便捷性的措施；同时，通过构建和完善市场主体信用信息公示等制度措施，加强对市场主体的监督管理。新的注册资本登记制度的推行，将对促进市场主体健康有序发展、增强经济发展内生动力发挥重要作用。商业银行应当结合注册资本登记制度的改革内容，及时调整基于原有登记制度构建的有关客户评价和管理体系。

（四）建立企业信息公示制度

企业信息透明度的提高有利于发挥社会对企业的监督约束作用，是强化企业诚信意识、促进企业健康规范经营的一项重要举措。2014 年 8 月，国务院发布《企业信息公示暂行条例》，针对企业信息公示事项提出系统性规范要求。根据该条例，企业应当按年通过企业信用信息公示系统向工商行政管理部门报送相关信息，并要求对特定信息进行公示；工商行政管理部门及其他政府部门也应当公示其履职过程中产生的相关企业信息。对于信息公示中存在问题的企业，通过建立经营异常名录制度和严重违法企业名单制度进行惩戒。该《条例》的出台对于加强企业社会监督、转变政府管理方式具有重要意义，商业银行应当充分利用企业信用信息公示系统，丰富贷前调查及贷后管理手段，提高风险防控水平。

（五）加强地方政府性债务管理

近年来，地方政府性债务大幅增长，引起社会各界的高度重视。为妥善管控地方政府性债务风险，2014 年 9 月，国务院出台《关于加强地方政府性债务管理的意见》（以下简称《意见》），对地方政府性债务管理作出全面安排。《意见》提出了地方政府性债务管理的基本原则，明确规定了不同层级地方政府的举债权限，要求地方政府采取政府债券方式举借债务。《意见》还强化了对银行等金融机构的约束，要求金融机构不得违法违规向地方政府提供融资，不得要求地方政府违法违规提供担保。配合《意见》有关“推广使用政府与社会资本合作模式”的要求，2014 年 9 月，财政部发布《关于推广运用政府和社会资本合作模式有关问题的通知》，明确了政府与社会资本合作（PPP）模式下的“使用人付费”和“政府适度补贴”原则，并对 PPP 模式的适用范围、融资管理、项目监管等事项做了规定。商业银行应当切实遵守有关要求，妥善处理存量债权和在建项目融资，密切关注与地方政府性债务管理有关的政策和监管要求，做好相关风险防控工作。

（六）改善企业境外投资管理

为解决我国企业对外投资存在的有关问题，国家发改委和商务部在2014年分别发布《境外投资项目核准和备案管理办法》、《境外投资管理办法》，对境外投资项目管理和境外投资一般管理作出规定。两个办法明确了境内企业境外投资应遵循的基本原则，调整境外投资核准和备案的权限和范围，对企业境外投资应履行的社会责任、环境责任等提出要求。新的境外投资管理规定有助于强化企业对外投资的主体地位，提高对外投资管理的效率。商业银行在支持国内企业“走出去”过程中，应注意完善信贷审批要求，控制境外投资项目融资风险。在为境内企业在敏感国家和地区、敏感行业的投资项目提供融资支持时，应结合国别风险、行业风信及客户信用等因素，有针对性地采取风险防范措施。

（七）推动自贸试验区法制建设

建立上海自贸试验区是我国进一步深化改革开放的重要战略决策。根据自贸试验区法制建设的需要，2014年7月上海市人大常委会制定出台《中国（上海）自由贸易试验区条例》，从管理体制、投资开放、贸易便利和金融服务等多个方面对自贸试验区建设进行了全面规范。根据该条例，自贸试验区建设遵循先行先试、风险可控、分步推进、逐步完善的原则，采取放宽外商投资条件等投资开放措施，按照“一线放开、二线安全高效管住、区内流转自由”原则提供贸易便利。在金融服务方面，条例提出建立自由贸易账户体系、促进投融资汇兑便利、推进利率市场化体系建设以及支持金融业多元化发展改革举措。自贸试验区的建设给商业银行带来了新的市场发展机遇，商业银行应当借助有关金融政策便利，积极提供相关金融服务，努力探索业务创新，大力支持自贸试验区建设发展，同时妥善应对新的市场环境可能带来的风险因素。

二、重要法律法规述评

（一）行政法规和国务院规范性文件

1.《存款保险条例（征求意见稿）》

2014 年 11 月 30 日，国务院法制办发布了由人民银行起草的《存款保险条例（征求意见稿）》（以下简称《征求意见稿》），公开向社会征求意见，表明我国银行业金融机构存款保险立法工作取得重要进展。

（1）《征求意见稿》的起草背景

存款保险，是指存款银行交纳保费形成存款保险基金，当个别存款银行经营出现问题时，使用存款保险基金依照规定对存款人进行偿付。作为一项金融业基础制度安排，存款保险在国际上已发展多年。目前，世界上已有 110 多个国家和地区建立了存款保险制度。实践证明，构建存款保险制度对于保护存款人权益、增强金融业风险防控能力以及创造公平竞争的市场环境具有重要意义和作用。我国早在 1993 年即开始研究建立存款保险制度，但受金融业市场化改革进程等因素影响，存款保险立法工作相对滞后。近年来，随着金融及银行业改革进程的加快，存款保险法制建设工作被提上日程。2013 年 5 月，国务院将《存款保险条例》提升为立法"预备项目"。2013 年 11 月，党的十八届三中全会明确提出"建立存款保险制度，完善金融机构市场化退出机制"。在此背景下，人民银行会同有关部门对存款保险制度做了进一步研究论证，并由国务院法制办公布条例征求意见稿，面向全社会征求意见。

（2）《征求意见稿》的主要内容

《征求意见稿》未区分章节，共有 23 个条款，其内容主要由四个部分组成：基本制度；基金的归集、管理和使用；基金管理机构履职保障；罚则。

第一，基本制度。按照《征求意见稿》，存款保险基本制度主要包括以下方面：

一是适用主体。存款保险的投保机构包括境内设立的商业银行、农村合作银行、农村信用合作社等吸收存款的银行业金融机构。投保机构的境外分支机构和外国银行的境内分支机构原则上不适用存款保险制度。

二是被保险存款范围。被保险存款涵盖存款人（包括各类企业）的人民币存款和外币存款，但金融机构同业存款、投保机构高管人员的本单位存款不属于被保险范围。

三是限额赔付要求。存款保险最高赔偿限额为50万元，该限额可根据经济发展、存款结构等因素实施动态调整。同一存款人在同一家投保机构的存款合并计算。

四是代位权安排。基金管理机构偿付存款人的被保险存款后，即在偿付金额范围内取得该存款人对投保机构的债权。

第二，基金的归集、管理和使用。围绕基金的归集、管理和使用，《征求意见稿》主要有以下内容：

一是基金来源。基金来源由保费、投保机构清算分配的财产、基金运用产生的收益以及其他合法收入组成。

二是交费时限和费率。《征求意见稿》区分原有及新设立（按照条例实施时间为标准）的银行业金融机构，分别规定了各自办理投保手续的期限。保险费率由基准费率和风险差别费率构成，费率标准和投保机构适用的具体费率应按照规定程序确定。投保机构每6个月交纳一次保费。

三是基金的管理。基金的管理运用遵循安全、流动、保值增值原则，其投资方式限于存放人民银行、投资政府债券、中央银行票据、信用等级较高的金融债券及其他高等级债券，以及经国务院批准的其他方式。

四是基金的使用。基金管理机构可选择以下列方式使用存款保险基金：直接偿付；委托其他合格投保机构代偿；以提供担保、损失分摊等方式促成其他投保机构收购或承担问题投保机构的相关业务、资产、负债。存款保险基金的使用应当遵循成本最少原则。

第三，基金管理机构履职保障。《征求意见稿》明确了基金管理机构履职的有关权限等保障措施：

一是核查权。基金管理机构发现投保机构风险状况发生变化、保费交纳基数可能存在问题等情形时，有权进行核查。核查发现重大问题的，应告知银行业监管机构。

二是信息共享及获取权。基金管理机构参加金融监管协调机制，并与人民银行、银监部门建立信息共享机制，还可以根据情况要求投保机构报送相关信息。

三是风险警示措施。基金管理机构发现投保机构存在影响存款安全以及基金安全情形的，可以对其提出风险警示。

四是监管权和监管建议权。在投保机构资本充足率大幅度下降并严重危及存款安全以及基金安全的，基金管理机构与其他有关金融监管部门有权要求其采取补充资本、控制资产增长、控制重大交易授信和降低杠杆率等措施。在发现投保机构已经或者可能发生信用危机等情形，基金管理机构可建议银监部门采取相应措施。

（3）对商业银行的影响

存款保险制度的推出将有助于维护金融市场稳定，保护存款人利益，同时，也会对银行业市场竞争格局和银行业金融机构经营发展产生一定影响。

第一，银行业市场竞争环境将发生变化。拟推出的存款保险制度采取强制保险模式，凡是我国境内设立的吸收存款的银行业机构均须交纳存款保险费，纳入存款保险范围。这一制度安排有助于平衡存款人在大型银行和中小型银行之间关于存款安全性的考量，有利于提升中小型银行吸收存款的能力，对不同规模银行之间的竞争态势产生影响。此外，因保险费率由基准费率和风险差别费率构成，不同风险程度或偏好的银行适用差别化风险费率，这种制度安排有助于促使银行改善风险管理水平，保障银行业市场健康发展、有序竞争。

第二，商业银行合规成本和风险有所增加。存款保险制度的实施需要设立新的专业性机构对保险基金进行管理，并赋予其相应的金融监管权限等履职保障措施。投保机构需要根据规定或者要求，向基金管理机构报送有关资料，接受核查，并可能被要求采取补充资本、控制资产增长、降低杠杆率等措施。如存在未依法投保、未及时交纳保费、不配合基金管理机构核查等情形，投保机构还可能被调增适用的保险费率。存款保险制度的建立有利于强化市场纪律约束，创造公平竞争的市场环境，同时也将增大银行的合规成本和风险。商业银行应对此予以关注，做好法律合规风险防控工作。

2.《不动产登记暂行条例》

2014 年 11 月 24 日，国务院颁布《不动产登记暂行条例》（以下简称《暂行条例》），自 2015 年 3 月 1 日起施行，标志着我国物权法律体系得到进一步完善。

（1）《暂行条例》的出台背景

不动产统一登记制度是物权法律体系的一项重大基础建设。长期以来，受不动产登记法制建设滞后、政府部门分头管理等多重因素影响，我国不动产登记实践中存在一些问题，如：登记管理政出多门，土地使用权、房屋所有权、林地所有权和使用权以及海域使用权等不动产权利分别由不同的政府机构办理登记；不同类别、不同地域的不动产登记要求不够统一，甚至存在冲突；在一定范围内存在着不合理的不动产登记要求等。这些问题的存在不利于市场经济健康发展，也损害了法律制度的统一性和权威性。在此背景下，2007 年颁布施行的《物权法》规定，国家对不动产实行统一登记制度；统一登记的范围、登记机构和登记办法由法律、行政法规规定。国务院在 2013 年立法工作计划中将制定《不动产登记条例》列入二类“预备项目”，由国土资源部、住房和城乡建设部起草。2014 年，经向社会征求意见，《暂行条例》最终获得国务院审议通过。

（2）《暂行条例》的主要内容

《暂行条例》共六章三十五条，由总则、不动产登记簿、登记程序、登记信息共享与保护、法律责任和附则组成，主要内容包括：

第一，原则和适用范围。《暂行条例》首先明确了不动产登记的原则和适用范围：

一是规定不动产登记遵循严格管理、稳定连续和方便群众的原则。根据稳定连续原则，不动产权利人已经依法享有的不动产权利，不因登记机构和登记程序的改变而受到影响。

二是界定了登记事项。《暂行条例》将“不动产”界定为“土地、海域以及房屋、林木等定着物”，规定需要登记的权利包括：集体土地所有权；房屋等建筑物、构筑物所有权；森林、林木所有权；耕地、林地、草地等土地承包经营权；建设用地使用权；宅基地使用权；海域使用权；地役权；抵押权；法律规定需要登记的其他不动产权利。

三是明确了登记类别。《暂行条例》适用于首次登记、变更登记、转移登记、注销登记、更正登记、异议登记、预告登记以及查封登记等。

第二，管理体制。《暂行条例》对原来分散的登记职责进行了整合：

一是明确管理体系和职责。国土资源部负责指导、监督全国不动产登记工作，并要求县级以上地方人民政府确定一个部门负责本行政区域不动产登记工作，并接受上级不动产登记主管部门的指导和监督。

二是明确登记机构。不动产登记原则上由不动产所在地的县级人民政府不动产登记机构办理，直辖市、设区的市人民政府可以确定本级登记机构统一办理所属各区的登记。

三是规定跨区域登记办法。跨县级行政区域的不动产登记，由所跨县级行政区域的登记机构分别办理；不能分别办理的，协商办理；协商不成，由共同的上一级人民政府不动产登记主管部门指定办理。

第三，不动产登记簿。不动产登记簿是不动产权利的登记载体，《暂行条例》对此进行了专章规定：

一是明确登记内容。不动产登记机构应当按照国土资源部的规定设立统一的不动产登记簿，对不动产的自然状况、权属状况、权利限制等事项进行准确、完整、清晰地记载。

二是规范登记形式。不动产登记簿应当采用电子介质，暂不具备条件的，可以采用纸质介质。不动产登记机构应当明确不动产登记簿唯一、合法的介质形式。

三是细化保管责任。《暂行条例》规定不动产登记簿应永久保存，并针对不动产登记簿的保管，提出了建立健全安全责任制、配备安全保护设施、存储设施以及采取安全防护措施等方面的要求。

第四，登记程序。《暂行条例》详细规定了不动产登记程序，对申请主体、登记场所、材料要求、登记机构受理、受理后查验要求、登记时限、权属证书或登记证明核发以及不予登记的情形等均作出了较为明确的规定。

第五，登记信息共享与保护。《暂行条例》专章规定了不动产登记信息的共享与保护制度：

一是明确登记信息共享机制。国土资源部会同有关部门建立统一的不动产登记信息管理基础平台，以汇集各级不动产登记机构的登记信息，实现国家、省、市、县四级登记信息实时共享。不动产登记信息将与住房和城乡建设、农业、林业、海洋等部门有关信息实现实时互通共享。不动产登记机构能够通过共享取得的信息，不得要求不动产登记申请人重复提交。

二是规范登记资料查询。登记资料的查询主体限于“权利人、利害关系人”以及“有关国家机关”。查询主体应当向不动产登记机构说明查询目的，不得将查询获得的不动产登记资料用于其他目的；未经权利人同意，不得泄露查询获得的不动产登记资料。

此外，根据《暂行条例》的规定，条例施行前依法颁发的各类不动产权属证书和制作的不动产登记簿继续有效，现行行政法规有关不动产登记的规定与条例规定不一致的，以条例规定为准。

（3）商业银行应注意的问题

《暂行条例》对不动产登记作出了比较全面的规范，对银行开展有关业务将产生一定影响，商业银行应当注意以下问题：

第一，关注配套规则的出台，适时调整内部管理要求。为保障债权安全，商业银行在融资业务中会涉及抵押登记等不动产登记事项，《暂行条例》的出台有助于提高登记规则的透明度和登记效率。

需要注意的是，《暂行条例》的相关规定较为原则，对一些操作性规定，还须出台配套实施细则和技术规程予以细化，并推进不动产登记簿、登记信息管理基础平台等基础设施建设。现有《土地登记办法》、《房屋登记办法》等法规规章中与《暂行条例》不符的相关要求也需要适时进行调整。商业银行应当关注《暂行条例》相关配套实施细则的出台进程，根据不动产统一登记施行进度，适时调整现行制度办法中关于不动产抵押登记、预告登记的管理要求，切实保障债权安全。

第二，充分利用不动产统一登记机制维护自身权益。《暂行条例》的施行有助于改善商业银行经营环境，提升维护自身权益的能力。商业银行应当注意：一是利用登记信息共享机制和查询便利，迅速了解交易对手或第三方提供的有关不动产权利信息，提高尽职调查工作的效率并降低成本；二是在办理相关不动产登记工作中，应充分利用程序规则的透明度，提高登记效率；三是因不动产登记错误等原因造成损害的，可以利用有关法律责任条款，要求不动产登记机构承担赔偿责任。

第三，注意防范不动产登记相关法律合规风险。《暂行条例》对办理不动产登记事项提出了相应的规范性要求，商业银行应当注意防范与不动产登记相关的法律合规风险。例如，商业银行查询有关不动产信息的，应当注意不得将查询获得的不动产登记资料用于其他目的，不得违反规定泄露查询获得的不动产登记资料、登记信息，或者利用该等信息进行不正当活动。商业银行违反上述要求，给他人造成损害的，将面临相应的赔偿责任，有关责任人员还可能承担相应法律责任。

3.《注册资本登记制度改革方案》

2014 年 2 月 7 日，国务院下发《关于印发注册资本登记制度改革方案的通知》（国发〔2014〕7 号），批准国家工商总局制定的《注册资本登记制度改革方案》（以下简称《方案》），《方案》于 3 月 1 日起实施。《方案》的出台标志着此前在局部地区开展试点的公司注册登记制度改革正式在全国范围内开始实施。

（1）《方案》的出台背景

公司注册登记是公司获得市场准入资格和法人主体地位的基本方式。长期以来，我国实施的是较为严格的公司注册登记制度，主要表现在公司的设立要进行前置行政审批，公司注册资本和实缴资本必须达到法定数额，设立公司需要满足法律法规规定的一系列条件，登记部门在审查公司设立申请时对相关材料的真实性和合法性进行实质性审查等。在市场经济发展初期，实施较为严格的公司登记管理制度对于保障交易安全、巩固公司信誉具有重要意义。随着市场经济的发展，严格的公司登记制度制约了小微企业、创新企业等新兴生产力的发展，影响了市场活力的进一步释放，难以满足市场经济发展需要，亟须进行改革。为进一步简政放权，构建公平竞争的市场环境，2013 年 3 月，党的十八届二中全会和全国人大通过的《国务院机构改革和职能转变方案》提出要逐步改革工商登记制度，将公司注册资本实缴登记制改为认缴登记制，实施宽进严管的方案。公司注册登记改革已于 2010 年在广东部分地区陆续开展试点，取得了较好的成效，对优化营商环境、激发市场主体活力发挥了积极作用。为落实国务院提出的改革要求，全面推进相关改革工作，国家工商总局制定了《方案》，经国务院批准后开始实施。《方案》的制定实施将对加快转变政府职能、创新政府监管方式、建立公平开放透明的市场规则、激励创新创业产生重要意义。

（2）《方案》的主要内容

《方案》提出以“便捷高效、规范统一、宽进严管”为基本原则，通过放松对市场主体的准入管制，改革监管制度，转变监管方式，实现促进市场主体加快发展、增强经济发展内生动力的总体目标。主要内容如下：

第一，放松市场主体准入管制。一是实行注册资本认缴登记制。除重申《公司法》关于取消公司注册资本最低限额和缴纳期限、取消验资程序、简化登记程序等相关修改内容外，《方案》明确公司注册资本应在工商行政管理机关登记，公司股东（发起人）应当就其认缴的出资额、出资方式与出资期限作出约定，并记载于公司章程，公司应将上述信息连同注册资本缴纳情况通过市场信用信息公示系统向社会公示，明确银行业金融机构、保险公司、证券公司等特定商事主体暂不实行注册资本认缴登记制，已实行申报（认缴）出资登记的个人独资、合伙企业、农民专业合作社仍按现行规定执行。

二是改革企业年检制度。《方案》将企业年检制度改为企业年度报告公示制度，规定企业应在规定期限内通过市场主体信用信息公示系统报送年度报告。企业年度报告弄虚作假的，工商管理部门有权予以处罚。

三是简化经营场所登记手续。《方案》大大简化企业设立需要提交的经营场所登记材料，申请人提交场所合法使用证明即可予以登记。考虑到各地区管理的实际需要，《方案》同时赋权各省级政府可以自行或授权下级人民政府作出有关经营场所条件的具体规定。

四是推行电子营业执照和电子化登记管理。为建立适应互联网环境下的工商登记管理系统，《方案》提出推行全国统一标准规范的电子营业执照，与纸质营业执照具有同等法律效力，同时推进网上申请、受理、审核、公示、发照的全程电子化登记管理方式，提高市场主体登记管理的信息化水平。

第二，严格市场主体监督管理。在放松市场准入的同时，《方案》制定了一系列加强市场监管、强化市场主体责任的配套制度，通过创建“宽进严管”的监管方式，促进形成公平竞争的市场秩序。这方面的措施主要有：

一是完善市场主体信用信息公示制度和信用约束机制。构建市场主体信用信息公示系统，公示市场主体登记、备案、监管信息和企业按照规定报送的年度报告、资质资格等各类信息，公示内容可由社会公众查询。建立经营异常名录制度，将未按规定报送年度报告、通过登记场所无法联系的市场主体载入该名录并予以公示。推进“黑名单”管理应用，完善失信惩戒机制，对被载入“黑名单”的市场主体及其责任人采取有针对性的信用约束措施。建立健全境外追偿保障机制，将违反认缴义务、有欺诈行为的境外投资者及其控制人列入“重点监控名单”，严格审查或限制其对华投资。

二是强化司法救济和社会组织监督自律作用。明确政府对市场主体和市场活动监管的职责和界限。工商行政管理机关对工商登记申请材料实行形式审查，因工商登记争议引发的民事纠纷应依法提交人民法院寻求司法救济，当事人依照法院生效裁判文书要求办理工商登记的，工商行政管理机关应依法办理，积极配合相关司法机关履行职责。充分发挥行业协会的管理监督作用，引导市场主体履行出资义务和社会责任。发挥会计师事务所、公证机构等专业服务机构对市场主体及其行为的监督作用，鼓励发展社会信用评价机构，支持开展信用评级，提供客观公正的企业资信信息。

三是加强市场主体经营行为监管和企业自我管理。加强对市场主体准入和退出行为的监管，推进反不正当竞争与反垄断执法，严厉打击商标侵权、销售假冒伪劣商品、虚假广告等违法行为，维护公平竞争的市场秩序。加强市场主体经营场所管理，工商部门会同规划、建设、房屋管理等部门联合查处经营场所违规问题。强化企业自我管理，完善公司内部治理结构，强化公司股东严格按照章程协议约定履行出资责任。

第三，完善相应保障措施。为配合相关具体改革措施的顺利施行，《方案》还制定了一系列配套保障措施，保障改革成效得到最大发挥：一是要求地方各级政府集中各方力量协调推进，制定完善配套监管制度，建立部门间信息沟通共享机制和案件协查移送机制，协调联动推进改革。二是各省、自治区、直辖市要加快建设统一规范的市场主体信用信息公示系统，作为实施改革的前提条件。工商行政管理机关要优化完善工商登记管理信息化系统，确保改革前后工商登记管理业务的平稳过渡。三是积极推进统一的商事登记立法，加快完善市场主体准入与监管的法律法规，建立市场主体信用信息公示管理制度，按部署开展相关法律法规及规章修订工作。四是做好注册资本登记制度改革政策的宣传解读，引导社会正确认识相关改革的意义和作用，广泛参与诚信体系建设，确保改革顺利推进。

（3）商业银行应注意的问题

公司注册登记制度改革有利于激发各类市场主体的创造活力，

创造公平竞争的市场环境。商业银行应充分关注公司登记制度改革对银行经营管理活动产生的影响，注意做好以下几方面工作：

第一，梳理调整与公司工商登记信息相关的客户评价与管理制度。在原有公司登记制度下，公司的注册资本、经营场所必须符合一定的条件和要求，所属的行业范围有相对明确的划分，公司设立申请时提交的各项材料需要经过工商行政管理机关的审查。商业银行依据相关工商登记信息制定了相应的客户评价管理制度，比如在分析评价企业经营风险时将企业注册资本作为重要参考指标；以营业执照上注明的营业范围作为划分客户所属行业类型的主要依据等。随着工商登记制度改革的实施，市场主体准入条件放宽，设立公司应满足的前置性条件弱化甚至取消。相应地，由于实施认缴登记制，包括注册资本在内的相关指标难以满足客户信用风险评价管理需要。为此，商业银行应着手梳理现行贷款、评级、授信等管理办法，清理、调整与工商登记制度改革目标不一致的相关规定，重新设计客户评价和风险管理要求。比如，适当修订客户准入和信用等级评价规则中涉及注册资本的内容，加强对新设公司实收资本的考察，多渠道核实企业真实的资本缴交情况；调整有关行业划分及相关信贷政策，制定更切实有效的行业分类制度；结合年检制度改革，修改贷款发放中要求企业提交年检合格营业执照的相关要求。

第二，转变和丰富尽职调查与贷后管理的方式手段。营业执照、验资报告、企业年检报告等工商登记资料一直是商业银行收集和管理客户信息的重要来源，是银行开展尽职调查和贷后管理的常备要件。工商登记制度改革后，企业年检制度改为年度报告制度，营业执照记载内容也大大简化，部分地区新核发的营业执照不再记载经营范围、注册资本、营业执照有效期等要素信息。这些改革将对商业银行客户信息采集的完整性、准确性造成影响，一定程度上影响尽职调查和贷后管理工作的顺利开展。注册登记制度改革后，以企业法人国家信息资源库为基础构建的市场主体信用信息公示系统将成为企业信息的重要公示平台。为此，商业银行应跟踪关注该公示系统的投产运行情况，充分利用系统功能，全面收集掌握客户相关信息，通过系统对接和信息共享，实现商事主体公示信息在银行领域的有效应用，积极研究新形势下客户尽职调查和贷后管理的方式方法，在开展客户尽职调查和贷后管理时结合具体情况相应调整相关要件资料。密切关注工商部门发布的经营异常名录或“黑名单”，对被载入上述名单名录的客户及时采取相应的风险预警和控制措施，配合相关部门共同完善社会信用约束机制。

第三，修订完善现有单位结算账户管理规定。根据《人民币银行结算账户管理办法》规定，企业法人应在注册地或住所地申请开立银行基本结算账户，并提交营业执照等证明文件。开户银行应对申请人开户申请书填写的事项和证明文件的真实性、完整性、合规性进行审查，审核营业执照是否在有效期内、是否执行年检规定等，并将相关情况报告人民银行。公司注册登记制度改革后，上述银行账户管理规定难以落实。对此，商业银行应就修订《人民币银行结算账户管理办法》及时向人民银行提出建议，同时梳理修订自身账户管理相关制度办法，以适应公司登记制度的变化和新的账户管理要求。此外，根据《方案》规定，下一步将推行电子营业执照制度和全程电子化登记管理，客户凭电子营业执照申请开立人民币单位银行结算账户时，如何进行电子营业执照真实性验证和归档管理需要及早进行研究，积极跟进工商部门电子营业执照有关系统建设进展情况，及时做好系统对接和信息采集，建立完善与电子营业执照制度相适应的单位结算账户管理制度。

4.《企业信息公示暂行条例》

为保障公平竞争，促进企业诚信自律，2014 年 8 月 7 日，国务院公布《企业信息公示暂行条例》（国务院令第 654 号，以下简称《暂行条例》），首次从法规层面对企业信息公示相关问题予以规范。《暂行条例》于 2014 年 10 月 1 日起施行。

（1）《暂行条例》的出台背景

自改革开放以来，我国各类企业迅猛发展，在市场经济中发挥了重要作用，但同时部分企业也暴露出缺乏诚信，向公众隐瞒真实经营状况并从中牟利等问题。2013 年 11 月，《中共中央关于全面深化改革若干重大问题的决定》提出，要“使市场在资源配置中起决定性作用和更好发挥政府作用，建立健全社会征信体系，褒扬诚信，惩戒失信”。2014 年 3 月，国务院《政府工作报告》进一步明确，“要坚持放管并重，加强事中事后监管，对违背市场竞争原则和侵害消费者权益的企业建立黑名单制度，让失信者寸步难行，让守信者一路畅通，让市场主体不断迸发新的活力”。自 2013 年起，我国开始改革注册资本登记制度。2013 年 12 月修订的《公司法》取消了对企业注册资本的一些限制性规定；2014 年 2 月国务院印发《注册资本登记制度改革方案》，将注册资本实缴登记制度调整为认缴登记制度，同时取消了企业年检制度。

为落实党中央和国务院建立健全社会征信体系的精神，保障注册资本登记制度改革的顺利实施，在广泛征求社会各界意见的基础上，国务院制定发布《暂行条例》，通过实行信息公示制度、经营异常名单制度、严重违法企业名单制度等，加快构建企业信用监管体系，为营造诚信营商环境，维护市场经济秩序提供制度支撑和法律依据。

(2)《暂行条例》的主要内容

《暂行条例》共二十五条，对企业信息公示进行了全面规范，主要内容包括：

第一，建立企业信息公示制度。企业信息是指在工商行政管理部门登记的企业从事生产经营活动形成的信息，以及政府部门在履行职责过程中产生的能够反映企业状况的信息。因此，企业信息公示包括两方面的内容：

一是企业自身经营信息。按照《暂行条例》的要求，企业需要在每年 6 月 30 日前，通过企业信用信息公示系统向工商行政管理部门报送上一年度报告，报告内容包括企业联系信息、存续状态信息、投资信息、出资信息、股权变更信息、网站网址信息等必须向社会公示的信息，以及从业人数、资产负债、收入利润等可选择是否公示的信息。除定期报送年度报告外，企业还应在出资信息、股权变更信息、行政许可信息、知识产权出质登记信息、行政处罚信息等依法应当公示的信息形成后，在 20 个工作日内通过企业信用信息公示系统向社会公示。

二是工商行政管理部门及其他政府部门公示其履职过程中产生的相关企业信息。工商行政管理部门应通过企业信用信息公示系统，在信息产生之日起20个工作日内公示其在履行职责过程中产生的企业注册登记、备案信息、动产抵押登记信息、股权出质登记信息、行政处罚信息等信息。其他政府部门应当通过企业信用信息公示系统或其他系统公示其履职过程中产生的行政许可准予、变更、延续信息，以及行政处罚信息。法律、法规授权的具有管理公共事务职能的组织按照政府部门公示信息的规定公示相应的企业信息。

第二，建立企业信用监管制度。为保障企业真实、准确地做好信息公示工作，《暂行条例》还建立了一整套的企业信用监管制度，具体包括：

一是公示信息质疑制度。《暂行条例》规定，公民、法人或其他组织发现政府部门公示的信息不准确的，有权要求该政府部门予以更正；发现企业公示的信息存在隐瞒、弄虚作假情形的，可以向工商行政管理部门举报；无法确定企业公示的哪项信息是正确的，可以向公示信息的政府部门申请查询。

二是公示信息抽查制度。为有效实现对信息公示的事中事后监管，《暂行条例》要求国家和省级工商行政管理部门建立抽查制度，通过注册号随机摇号等方式，抽取一定比例的企业，对其报送的信息进行监督检查。在抽查过程中，工商部门还可委托会计师事务所、税务师事务所、律师事务所等专业机构开展审计、验资、咨询等相关工作。

三是经营异常名录与严重违法企业名单制度。根据《暂行条例》的规定，企业未按照规定的期限公示年度报告或者未按照工商行政管理部门责令的期限公示有关企业信息，或企业公示信息隐瞒真实情况、弄虚作假的，县级以上工商行政管理部门将其列入经营异常名录，并向社会公示。企业被列入经营异常名录满3年仍未履行信息公示义务的，由省级以上工商行政管理部门将其列入严重违法企业名单，并向社会公示。被列入经营异常名录或严重违法企业名单的企业，将在政府采购、工程招投标、国有土地出让、授予荣誉称号等工作中被依法予以限制或禁入。被列入严重违法企业名单的企业法定代表人或负责人，3 年内不得担任其他企业的法定代表人或负责人。

四是信用修复机制。《暂行条例》在对企业信用实施管控的同时，也为企业修复信用记录提供了途径：其一是允许企业对自行公示的信息纠错。其二是允许移出被列入经营异常名录的企业。被列入经营异常名录的企业依照条例规定履行公示义务的，由县级以上工商行政管理部门移出经营异常名录。其三是允许满足条件的企业被移出严重违法企业名单。企业自被列入严重违法企业名单之日起满 5 年未再发生不按期公示企业信息情形的，可由省级以上工商行政管理部门将其移出严重违法企业名单。

（3）商业银行应注意的问题

第一，严格按照《暂行条例》的规定履行信息公示义务。商业银行本身也是在工商行政管理部门登记的企业，在经营过程中需要按照《暂行条例》的规定，切实履行信息公示义务。一是按《暂行条例》的规定完成年度报告报送工作。上市商业银行按照《暂行条例》要求报送的年度报告与按照证监会要求发布的年度报告有所不同，《暂行条例》要求报送的信息主要是企业联系信息、存续状态信息等企业基本状态信息，以及资产负债、收入利润等经营信息，相对上市公司年报而言较为简化。二是配合工商行政管理部门的公示信息抽查、核查工作。《暂行条例》规定，工商行政管理部门可对企业公示的信息依法开展抽查或者根据举报进行核查，企业应当配合，接受询问调查，如实反映情况，提供相关材料。商业银行应遵守《暂行条例》的规定，配合相关抽查、核查工作。

第二，充分利用企业信息公示制度提高风险防控水平。《暂行条例》的出台，使得商业银行在人民银行征信系统之外增加了一条调查企业经营信息的渠道，商业银行应充分利用此种渠道，更为全面和及时地了解企业经营信息，提高风险防控水平。

一方面，商业银行在开展相关业务前的尽职调查过程中，可通过企业信用信息公示系统，了解企业出资情况、资产负债、对外投资、收入和利润等重要经营信息，同时也可通过工商行政管理部门和其他政府部门所公示的企业信息，了解企业的动产抵押、股权出质、行政许可和行政处罚等信息，全面了解和掌握企业生产经营情况。对于在尽职调查过程中发现已被列入经营异常名录或严重违法企业名单的企业，商业银行应审慎考虑其业务准入资格。

另一方面，根据《暂行条例》的规定，在企业经营运作过程中，如形成需要公示的信息，企业、工商行政管理部门和其他政府部门亦需要通过企业信用信息系统向社会公示。这一规定为商业银行在贷后管理等工作中，及时掌握企业经营信息变化提供了便利条件。商业银行可考虑对企业信用信息公示系统实施专项监控，或通过系统对接等方式，对在银行开办有业务的企业，及时了解其经营变化情况，以便采取相应的风险处置措施。对于企业不依法履行信息公示业务，被列入经营异常名录的事件，商业银行可考虑在与企业签订的合同中将其约定为企业违约事件之一，并相应约定宣布贷款提前到期、提前终止合作、要求企业支付违约金等违约救济手段。

5.《关于加强地方政府性债务管理的意见》

2014年9月21日，国务院出台《关于加强地方政府性债务管理的意见》（国发〔2014〕43号，以下简称《意见》），对地方政府性债务管理作出全面安排。

（1）《意见》的出台背景

为应对国际金融危机，我国2008年开始实施积极的财政政策，大规模增加固定资产投资。由于当时地方政府直接举债受到有关法律的严格限制，各地政府纷纷成立融资平台公司，为基础设施建设筹措资金。但是，政府融资平台公司具有明显的债务软预算约束特征，加上融资平台对融资成本的不敏感性，近年来地方政府性债务大幅增长，债务风险不断累积，引起社会有关方面的高度关注。

2013年7月，国务院办公厅发布《关于做好全国政府性债务审计工作的通知》，要求通过审计摸清全国政府性债务规模和结构状况。2013年12月，审计署正式发布《全国政府性债务审计结果》（以下简称《审计结果》），区分不同类型全面披露了政府性债务规模和结构，并提出建立规范的政府举债融资机制等建议。2014 年 8 月，《预算法》修正案通过，强化了政府的预算约束机制，规范了地方政府的发债行为。根据新《预算法》的有关规定，《意见》对政府性债务问题提出了规范性的管理要求。

（2）《意见》的主要内容

《意见》共计七个方面，主要涉及基本原则、地方政府举债融资机制、规模控制和预算管理、债务风险控制、配套制度以及存量债务和在建项目处理等内容。

第一，基本原则。《意见》明确了加强地方政府性债务管理的指导思想，并提出疏堵结合、分清责任、规范管理、防范风险和稳步推进等基本原则。其中，分清责任原则要求政府债务不得通过企业举债，企业债务不得推给政府偿还；规范管理原则要求对地方政府债务实行规模控制，并分类纳入全口径预算管理。

第二，举债融资机制。《意见》规定了举债权限、举债方式等举债融资机制方面的内容。关于举债权限，经国务院批准，省级政府可以适度举借债务，市县级政府则应由省级政府代为举借，并统一要求政府债务只能通过政府及其部门举借。关于举债方式，地方政府举债须根据情况采取一般债券、专项债券等政府债券方式。针对政府与社会资本合作的项目，政府不承担投资者或特别目的公司的偿债责任。《意见》还要求剥离融资平台公司政府融资职能，规定融资平台公司不得新增政府债务。

第三，规模控制和预算管理。《意见》要求对地方政府债务实行规模控制，地方政府债务规模由国务院确定并报全国人大或其常委会批准，分地区限额则由财政部根据各地区债务风险、财力状况测算并报国务院批准。在资金用途上，地方政府举借的债务，只能用于公益性资本支出和适度归还存量债务，不得用于经常性支出。《意见》要求把地方政府性债务纳入全口径预算管理，将一般债务收支纳入一般公共预算管理，将专项债务收支纳入政府性基金预算管理，将政府与社会资本合作项目中的财政补贴等支出按性质纳入相应政府预算管理。

第四，债务风险控制。为控制和化解地方政府性债务风险，

《意见》要求建立债务风险的预警机制、应急处置机制，并严肃财经纪律。关于预警机制，由财政部根据各地债务情况，测算相关指标，并根据评估情况进行风险预警。关于应急处置机制，《意见》要求硬化预算约束，并明确地方政府自负其责，中央政府实行不救助原则。此外，地方政府及其所属部门不得在预算之外违法违规举借债务。

第五，配套制度和金融机构限制。配合地方政府性债务管理需要，《意见》提出了完善债务报告和公开制度、建立考核问责机制和强化债权人约束等要求。《意见》规定，金融机构等不得违法违规向地方政府提供融资，不得要求地方政府违法违规提供担保。金融机构等购买地方政府债券要符合监管规定，向属于政府或有债务举借主体的企业法人等提供融资要严格规范信贷管理，切实加强风险识别和风险管理。金融机构等违法违规提供政府性融资的，应自行承担相应损失，并按照有关法律法规追究相关机构和人员的责任。

第六，存量债务和在建项目。存量债务的处置问题备受关注。《意见》要求在2013年《审计结果》基础上，对地方政府及其部门、企事业单位举借的存量政府性债务进行甄别，并经逐级上报国务院批准后，分类纳入预算管理。纳入预算管理的债务原有债权债务关系不变，地方政府要切实履行偿债责任，必要时可以处置政府资产偿还债务。同时，为确保在建项目后续融资，《意见》要求地方政府优先保障在建项目续建和收尾。对使用债务资金的在建项目，原贷款银行等要重新进行审核，凡符合国家规定的项目，要继续按协议提供贷款。

（3）商业银行应注意的问题

地方政府性债务问题与商业银行关系密切，商业银行应注意研究分析《意见》的有关要求及其影响，妥善处理地方政府融资平台贷款及担保等有关政府性债务事宜。

第一，依法合规开展政府性债务融资活动。《意见》对地方政府性债务问题提出了全面管理要求，为保障融资活动依法合规，商业银行今后在开展地方政府性债务融资时，应当对照《意见》的要求，全面审核相应融资业务的合规性。具体来说，商业银行应认真审查融资主体的融资权限、主体资格、融资形式、融资限额、融资用途等事项，并确认相关融资不脱离地方政府的预算管理。对于《意见》明确针对金融机构提出的有关强化债权人约束等要求，应当严格遵守。

第二，妥善处理存量债权和在建项目融资。《意见》出台后，地方政府将根据要求甄别并上报政府存量债务，经批准后纳入预算管理。商业银行应当密切关注并以债权人身份积极参与该项工作，仔细甄别政府性债务范围；对于未纳入政府性债务的融资事项，应当加强贷后管理或后续贷款的贷前审查等风险管理措施，防范融资主体逃废债务。对于在建项目，商业银行应当根据《意见》对其合法合规性进行重新审核。

第三，关注与规范管理有关的风险因素。根据分清责任、规范管理等原则要求，中央、地方政府承担债务偿还或担保责任受到严格管理：一是在政府与社会资本合作模式中，政府对投资者或特别目的公司不承担其偿债责任；二是地方政府对其债务自负偿还责任，中央政府实行不救助原则；三是地方政府及其所属部门的举债、担保等行为受到严格限制。商业银行应当注意上述内容，准确评估相关融资业务的风险。

（二）国务院部门规章和规范性文件

1.《境外投资项目核准和备案管理办法》和《境外投资管理办法》

为加快境外投资管理职能转变，促进和规范境外投资，国家发展和改革委员会（以下简称国家发改委）和商务部在2014年分别对其制定的境外投资管理相关规定进行了修订。国家发改委于4月8日发布《境外投资项目核准和备案管理办法》（国家发展改革委第9号令，以下简称“发改委9号令”），并于5月1日起施行，2004年发布的《境外投资项目核准暂行管理办法》同时废止；商务部于9月6日发布《境外投资管理办法》（商务部令2014年第3号，以下简称“商务部3号令”），并于2014年10月6日起施行，

2009 年发布的《境外投资管理办法》同时废止。

（1）修订背景

第一，境外投资管理体制改革对完善境外投资管理制度提出新要求。2013 年 11 月党的十八届三中全会通过的《中共中央关于全面深化改革若干重大问题的决定》提出，“要扩大企业及个人对外投资，确立企业及个人对外投资主体地位，允许发挥自身优势到境外开展投资合作，并加快同有关国家和地区商签投资协定，改革涉外投资审批体制。”2013 年 11 月国务院发布的《关于发布政府核准的投资项目目录（2013 年本）的通知》（国发〔2013〕47 号）明确规定“中方投资 10 亿美元及以上项目，涉及敏感国家和地区、敏感行业的项目，由国务院投资主管部门核准。前款规定之外的中央管理企业投资项目和地方企业投资 3 亿美元及以上项目报国务院投资主管部门备案。国内企业在境外投资开办企业（金融企业除外）事项，涉及敏感国家和地区、敏感行业的，由商务部核准；其他情形的，中央管理企业报商务部备案，地方企业报省级政府备案。”根据国务院的上述规定，为适应对外投资管理体制改革需求，有必要对境外投资管理相关部门规章进行修订和完善。

第二，我国企业“走出去”对境外投资管理提出新问题。近年来，我国境内企业境外投资快速发展，目前已成为全球对外投资第三大国，2013 年实现境外投资超过千亿美元。在快速发展的同时，我国企业境外投资面临新形势和新挑战，出现了一些新情况和新问题，如国际投资环境日趋复杂，境外投资主体和行业日益多元，企业对外投资主体地位未能真正落实，部分企业超出自身实力对外承诺重大投资项目但最终无法履约等，迫切需要对现行管理体制进行调整和优化，为企业更好地“走出去”提供制度保障。

基于上述政策、实践的发展变化，国家发改委、商务部陆续对原有境外投资管理规定进行修订，以加强对企业境外投资行为的指导规范，促进我国企业境外投资健康发展。

（2）两个办法的主要内容

①发改委 9 号令

发改委 9 号令共六章三十四条，主要从核准和备案机关及权限、核准和备案程序及条件、核准和备案文件效力、法律责任等方面对企业境外投资加以规范。具体内容包括：

第一，明确核准和备案项目范围。发改委 9 号令规定，核准和备案项目范围为境内投资主体以新建、并购、参股、增资和注资等方式进行的境外投资项目，以及投资主体以提供融资或担保等方式通过其境外企业或机构实施的境外投资项目。同原有规定相比，投资主体在境外设立控股企业或机构在境外实施再投资，但不需要境内投资主体提供融资或担保的项目，不再办理核准和备案手续。

第二，调整境外投资项目核准和备案权限。发改委 9 号令关于境外投资项目核准权限的规定不再区分资源类和非资源类，而是以中方投资限额、项目是否涉及敏感国家地区和行业为依据，对核准权限进行了大幅度调整：需由国家发改委核准的境外投资项目中方投资额从资源开发类 3 000 万美元及以上、非资源类 1 000 万美元及以上统一调整为中方投资额 10 亿美元及以上。对涉及敏感国家和地区、敏感行业的境外投资项目不分限额均需由国家发改委核准。中方投资额 20 亿美元及以上且涉及敏感国家和地区、敏感行业的境外投资项目，在由国家发改委提出审核意见后报国务院核准。除应核准的项目外，其他境外投资项目均实行备案制。

第三，强化核准和备案文件的效力。根据发改委 9 号令，未按规定权限和程序核准或者备案的项目，外汇、海关、出入境管理和税收等部门不得办理相关手续，金融机构不得发放贷款。投资主体实施应由国家发改委核准或备案的项目，在对外签署具有最终法律约束效力的文件前应当取得国家发改委出具的核准文件或备案通知书，或在签署的文件中明确以依法取得国家发改委核准文件或备案通知书为生效条件。核准文件和备案通知书应在有效期内使用，其中建设类项目有效期二年，其他项目有效期一年。

第四，明确相关法律责任。根据国务院关于强化行政问责、严格责任追究的要求，发改委 9 号令新增“法律责任”一章，对国家发改委工作人员和相关投资主体各自应承担的法律责任做了明确规定。

②商务部3号令

商务部3号令共五章三十九条，主要从管理原则、核准和备案范围及程序、境外投资规范性要求、境外投资管理的法律责任等方面对企业境外投资加以规范。具体包括以下内容：

第一，明确境外投资监管原则。商务部3号令在明确企业境外投资主体地位的同时，规定了若干禁止情形，包括企业境外投资不得危害我国的国家主权、安全和社会公共利益，违反我国法律法规；不得损害我国与有关国家（地区）关系；不得违反我国缔结或参加的国际条约、协定；不得出口我国禁止出口的产品和技术。

第二，明确境外投资核准或备案范围。商务部3号令规定，企业境外投资涉及敏感国家和地区、敏感行业的，实行核准制，其他情形的企业境外投资均实行备案管理，取消原来依据境外投资金额划分核准范围的做法，大大缩小了核准事项范围。

第三，规范《企业境外投资证书》发放和使用管理。《企业境外投资证书》是企业境外投资获得备案或核准的凭证。该证书由商务部和省级商务主管部门分别印制并盖章，实行统一编码管理，并按照境外投资最终目的地颁发。证书载明的投资事项发生变更的，持有企业应向原备案或核准机关办理变更手续。企业自领取证书之日起2年内未在境外开展投资的，证书自动失效。

第四，加大对企业境外投资行为规范力度。商务部3号令结合近年来企业境外投资过程中与东道国发生纠纷等突出问题，对投资主体提出履行社会责任、做好环境、劳工保护等方面的要求。

第五，加大对企业境外投资违规行为的处罚力度。商务部3号令在原有处罚规定的基础上，增加了企业以提供虚假材料等不正当手段办理并完成备案，以欺骗、贿赂等不正当手段获得境外投资核准，在开展境外投资过程中出现禁止性情形，以及伪造、涂改、出租、出借或转让《企业境外投资证书》等违规行为的处罚措施。

（3）商业银行应注意的问题

在境内企业境外投资过程中，商业银行可为其提供融资、支付结算、财务顾问等多种金融服务，积极支持我国企业“走出去”。结合相关规定的修改，商业银行在为境内企业提供金融支持时，应关注以下问题：

第一，完善信贷审批事项及条件要求，控制境外投资项目融资风险。根据发改委9号令和商务部3号令的规定，符合要求的企业境外投资项目应分别在发展改革部门和商务部门履行核准或备案程序，取得对外投资的“路条”。商业银行在为其提供融资支持时，应结合项目投资金额和投资方向，将依法取得相应核准或备案文件作为融资条件。对于在融资审批时尚未取得核准或备案文件的境外投资项目，在合理评估风险的前提下，可将投资主体获得相关核准或备案文件作为融资发放前提条件，或要求投资主体在对外签署投资法律文件时，以取得国家有关部门的核准文件或备案文件作为投资法律文件的生效要件。

第二，针对特定风险采取有效防范措施。境内企业在敏感国家和地区、敏感行业的投资面临较高的投资风险，在为此类项目提供融资支持时，商业银行应结合国别风险、行业风信及客户信用等因素，审慎、全面地评估项目风险，针对特定风险有针对性地采取防范措施，考虑通过信用保险、国家主权担保等措施缓释风险。

第三，持续关注相关部委后续服务举措，完善相关制度，推动业务管理水平提升。境外投资相关部门规章出台后，国家发改委、商务部均表示将继续做好境外投资的事前服务和引导工作，加强事中、事后指导、监管和保障，包括：一是加强政策体系建设，健全境外投资风险防控和监管机制，构筑“走出去”政策促进、服务保障和风险防控体系；二是加强宏观统筹规划，加强“走出去”战略布局研究，编制和落实对外投资合作重点国别和重点行业规划，为企业提供宏观指导；三是强化公共服务与保障，建立境外投资公共信息服务平台，为企业提供投资机会、投资障碍、风险预警等信息，保障境外中资企业合法权益；四是完善统计监测，为宏观管理和决策提供数据支撑。商业银行应持续关注国家相关部门后续境外投资监管相关工作措施，充分利用其所提供的宏观规划、制度保障、数据信息等资源，完善自身的相关制度办法，不断提高金融服务和风险防范水平。

2.《关于推广运用政府和社会资本合作模式有关问题的通知》

为尽快形成有利于促进政府和社会资本合作模式（Public – Private Partnership，PPP）发展的制度体系，2014 年 9 月 23 日，财政部印发《关于推广运用政府和社会资本合作模式有关问题的通知》（财金〔2014〕76 号，以下简称《通知》），对相关事项予以明确和规范。

（1）《通知》的出台背景

推广 PPP 模式是贯彻落实党的十八届三中全会关于“允许社会资本通过特许经营等方式参与城市基础设施投资和运营”精神以及实施新型城镇化发展战略的有益探索。与其他方式相比，PPP 模式具有明显的优点和推广价值，主要体现在：一是有利于提高效率和降低工程造价。PPP 模式只有当项目已经完成并得到政府批准使用后，私营部门才能开始获得收益，采用该模式有助于激励私营部门采取措施消除项目完工风险。二是可以取长补短。通过发挥政府公共机构和民营机构各自的优势，建立互利的长期目标，可以最优的成本为公众提供高质量的公共服务。三是有利于风险合理分配。PPP 模式在项目初期即对风险进行合理分配，由于政府分担一部分风险，减少了承建商与投资商风险，提高了项目融资成功的可能性。四是应用范围更广泛。根据国外经验，PPP 模式可广泛适用于城市基础设施和公共服务领域。

在我国推广运用 PPP 模式，可以拓宽城镇化建设融资渠道，形成多元化、可持续的资金投入机制，有利于整合社会资源，激发民间投资活力，促进经济结构调整和转型升级；能够促进政府职能转变，将政府的发展规划、市场监管、公共服务职能，与社会资本的管理效率、技术创新动力有机结合，减少政府对微观事务的过度参与，提高公共服务的效率与质量；有利于深化财税体制改革，从以往单一年度的预算收支管理，逐步转向强化中长期财政规划，这与深化财税体制改革的方向和目标高度一致。

（2）《通知》的主要内容

第一，界定 PPP 模式。政府和社会资本合作模式（PPP）是在基础设施及公共服务领域建立的一种长期合作关系，通常模式是由社会资本承担设计、建设、运营、维护基础设施的大部分工作，并通过“使用者付费”及必要的“政府付费”获得合理投资回报；政府部门负责基础设施及公共服务价格和质量监管，以保证公共利益最大化。PPP 模式的实质是政府购买服务。

第二，明确 PPP 模式适用范围。《通知》要求，即地方各级财政部门应按照政府主导、社会参与、市场运作、平等协商、风险分担、互利共赢的原则，科学评估公共服务需求，探索运用规范 PPP 模式新建或改造一批基础设施项目，借鉴物有所值（Value for Money，VFM）评价理念和方法，对拟采用政府和社会资本合作模式的项目进行筛选，重点关注城市基础设施及公共服务领域，如城市供水、供暖、供气、污水和垃圾处理、保障性安居工程、地下综合管廊、轨道交通、医疗和养老服务设施等，优先选择收费定价机制透明、有稳定现金流的项目。

第三，确定 PPP 模式风险分担原则。推广 PPP 模式应合理分配项目风险，按照“风险由最适宜的一方来承担”的原则，项目设计、建设、财务、运营维护等商业风险原则上由社会资本承担，政策、法律和最低需求风险等由政府承担。对项目收入不能覆盖成本和收益，但社会效益较好的政府和社会资本合作项目，地方各级财政部门可给予适当补贴。政府补贴要从“补建设”向“补运营”逐步转变，探索建立动态补贴机制，将财政补贴等支出分类纳入同级政府预算，并在中长期财政规划中予以统筹考虑。

第四，有效履行政府管理职能。《通知》要求，地方各级财政部门要按照公开、公平、公正的原则，探索项目采购、预算管理、收费定价调整机制、绩效评价等有效管理方式，规范项目运作，实现中长期可持续发展，提升资金使用效益和公共服务水平。要认真做好项目评估论证，确保从项目全生命周期看，采用 PPP 模式后能够提高服务质量和运营效率，或者降低项目成本。要规范选择项目合作伙伴，综合评估项目合作伙伴的专业资质、技术能力、管理经验和财务实力等因素，并按照平等协商原则明确政府和项目公司间的权利与义务。要细化完善项目合同文本，会同行业主管部门协商订立合同，重点关注项目的功能和绩效要求、付款和调整机制、争议解决程序、退出安排等关键环节，积极探索明确合同条款内容。

（3）商业银行应注意的问题

第一，依据PPP模式特点确定PPP项目融资核心要素。作为一种新的融资模式，同其他传统融资方式相比较，PPP模式有其自身特点，在为PPP项目提供融资支持时，商业银行应对此进行深入研究分析，合理确定业务发展核心要素。一是适用领域特定。PPP模式适用于价格调整机制灵活、市场化程度较高、投资规模较大、需求长期稳定、收费定价机制透明、有稳定现金流等特点的基础设施和公共服务项目。二是政府适度支持。PPP模式投资项目的回报除“使用者付费”外，还有政府的适度财政补贴，因此银行为PPP项目安排融资应同时考虑项目本身的预期收益和政府财政、税收等扶持措施的力度，而传统项目融资主要依据项目自身收益，主要考虑项目投资人或发起人的资信情况。三是政府和项目公司各自的权利义务通过项目合同加以明确。项目合同是PPP模式正常运作的重要基础，也是银行提供融资安排的重要依据，对银行债权安全也将产生一定影响。

第二，建立并逐步优化PPP项目融资管理制度。PPP模式融资交易结构比较复杂，涉及主体较多，商业银行应结合该模式特点，有针对性地建立并逐步优化内部融资管理要求，有效防范融资风险。

一是确定融资支持领域和项目。PPP模式适用特定的基础设施和公共服务项目，项目选择由政府主导，从项目全生命周期看，采用PPP模式要能提高服务质量和运营效率，或者降低项目成本。财政部还将建立政府和社会资本合作项目库提供案例参考。商业银行应根据PPP项目特点合理确定融资支持领域，加强与政府部门的沟通联系，及时获取PPP项目信息，筛选优质项目提供融资支持。

二是全面分析项目融资风险。PPP模式的基础是“使用者付费”，银行首先应对项目本身进行审慎评估，合理评价项目自身经济效益。同时，政府适度补贴是PPP项目成功运营的重要支撑，在对项目风险进行评估时，还应考虑政府财政资金支持的方式和力度，特别是基于项目全生命周期的政府跨年度预算平衡安排，以及财税体制改革背景下政府债务约束对项目政府提供项目支持可能产生的影响。

三是结合 PPP 项目流程合理确定融资管理要求。PPP 项目交易结构比较复杂，参与主体较多，涉及政府采购、项目规划、设计、建设、运营、维修等多个环节，每个环节涉及的风险和问题不尽相同。商业银行应根据 PPP 项目流程特点，总结分析不同环节可能涉及的风险，对相关问题进行梳理，明确各环节工作要求，形成规范化、标准化的业务流程，便利操作、降低风险、提升效率。

第三，规范和优化相关法律文件。一是尽力争取参与项目合同磋商，争取在项目合同中设置对贷款银行较为有利的条款。《通知》规定，在明确政府和项目公司之间的权利和义务时，可邀请有意愿的金融机构及早进入项目磋商进程。在政府和社会资本签署项目合同前，贷款银行可基于自身项目融资的经验，就合同内容向双方提出建议，合理设置双方的权利和义务，实现项目风险在双方之间的合理分配，就项目收费、项目资产转移价格、特许经营等问题在项目合同中作出相对有利于项目公司的安排，间接保护贷款银行的权益。积极跟进项目合同协商进展，为贷款审批提供必要信息。

二是在贷款合同中增加相应保护性条款，包括设置合理的贷款前提条件，适度承担项目风险；明确政府补贴、政府违约赔偿金、保险赔偿金、项目资产转移价款等应优先用于偿还贷款；将政府在项目合同项下违约作为贷款违约情形，银行有权因此宣布贷款提前到期，行使担保权利，处分担保物等。

（三）地方性法规

《中国（上海）自由贸易试验区条例》

2014 年 7 月 25 日，上海市人大常委会制定公布《中国（上海）自由贸易试验区条例》（以下简称《条例》），对上海自由贸易试验区（以下简称自贸试验区）建设涉及的制度创新内容和具体改革举措作出相关规定。《条例》自 2014 年 8 月 1 日起施行。

（1）《条例》的出台背景

自2008年国际金融危机以来，美国主导的跨太平洋战略经济伙伴关系协议（Trans - Pacific Partnership Agreement，TPP）、跨大西洋贸易与投资伙伴关系协议（Transatlantic Trade and Investment Partnership，TTIP）和服务贸易协定（Trade in Service Agreement，TISA）等侧重于开放服务贸易，增大跨境投资，强调准入前国民待遇和负面清单管理，这些新规则逐渐成为国际贸易和投资中的主流规则。中国作为全球第一大货物贸易出口国，尚未参与到上述有关规则的谈判之中，可能面临“二次入世”的窘境。同时，国内经济长期高速增长所累积的结构性矛盾逐渐凸显，面临提升经济发展质效、突破发展瓶颈的挑战。在此背景下，党中央、国务院决定建立自贸试验区，作为深化改革的“试验田”和“改革高地”。

2013年7月3日，国务院常务会议审议并原则通过《中国（上海）自由贸易试验区总体方案》（以下简称《总体方案》），明确上海市要通过地方立法，建立与试点要求相适应的试验区管理制度。2013年8月17日，国务院正式批复同意设立自贸试验区。2013年9月29日，自贸试验区正式挂牌成立。此次《条例》的出台，旨在给自贸试验区的各项试点工作提供更加有力的法制支撑，并加快形成与国际投资、贸易规则相衔接的基本制度体系和监管模式。

（2）《条例》的主要内容

《条例》是一部综合性地方立法，共计九章五十七条，从管理体制、投资开放、贸易便利、金融服务、税收管理、综合监管以及法治环境等方面，对推进自贸试验区建设做出全面规范。

第一，设立目标与宗旨。根据《条例》规定，推进自贸试验区建设应当围绕国家战略要求和上海“四个中心”建设目标，按照先行先试、风险可控、分步推进、逐步完善的原则，将扩大开放与体制改革相结合，将培育功能与政策创新相结合，加快转变政府职能，建立与国际投资、贸易通行规则相衔接的基本制度体系和监管模式，培育国际化、市场化、法治化的营商环境，建设具有国际水准的投资贸易便利、监管高效便捷、法治环境规范的自由贸易试验区。

第二，投资开放。根据《条例》规定，投资开放措施主要涉及以下几个方面：

一是放宽外商投资限制条件。《条例》要求自贸试验区在金融服务、航运服务、商贸服务、专业服务、文化服务、社会服务和一般制造业等领域扩大开放，暂停、取消或者放宽投资者资质要求、外资股比限制、经营范围限制等准入特别管理措施。

二是实行外商投资准入前国民待遇加负面清单管理模式。《条例》规定，负面清单之外的领域，外商投资项目实行备案制（国务院另有规定的除外）。目前，2014 版负面清单已经发布，将外商投资准入特别管理措施由 190 条减少到 139 条。

三是优化企业注册与工商登记程序。《条例》规定，企业注册实行注册资本认缴登记制，工商行政管理部门组织建立外商投资项目核准（备案）、企业设立和变更审批（备案）等行政事务的企业准入单一窗口工作机制。实行“先照后证”制度，区内企业取得营业执照后，即可从事一般生产经营活动。

四是境外投资实行备案管理。《条例》允许自贸试验区内投资者开展多种形式的境外投资；境外投资一般项目实行备案管理，境外投资开办企业实行以备案为主的管理。

第三，贸易便利。根据《条例》规定，自贸试验区按照“一线放开、二线安全高效管住、区内流转自由”的原则，提供贸易便利措施，涉及以下几个方面：创新海关监管制度，海关在自贸试验区建立货物状态分类监管制度，实行电子围网管理，推行通关无纸化、低风险快速放行。建立综合管理服务平台，实现部门之间信息互换、监管互认、执法互助。鼓励航运金融、国际船舶运输、国际船舶管理、国际船员服务和国际航运经纪等航运产业发展。放宽企业外籍员工就业管理，为区内企业外籍员工提供入境、出境和居留的便利。

第四，金融服务。根据人民银行有关政策，《条例》明确了以下金融服务制度要求：

一是建立自由贸易账户体系。《条例》以地方性立法的形式确认了《中国人民银行关于金融支持中国（上海）自由贸易试验区建设的意见》（“央行30条”）有关建立自由账户体系的相关规定。

二是促进投融资汇兑便利。《条例》要求简化自贸试验区跨境直接投资汇兑手续，实行跨境直接投资与前置核准脱钩，直接向银行办理所涉及的跨境收付、汇兑业务。其他投融资汇兑便利还包括：企业的境外母公司在境内资本市场发行人民币债券；企业开展境外证券投资以及衍生品投资业务；企业、非银行金融机构以及其他经济组织从境外融入本外币资金、在区内或者境外开展风险对冲管理等。

三是推进利率市场化体系建设。《条例》要求完善自由贸易账户本外币资金利率市场化定价监测机制，规定区内符合条件的金融机构可以优先发行大额可转让存单，放开区内外币存款利率上限。

四是优化外汇管理体制。《条例》要求简化经常项目单证审核、直接投资项下外汇登记手续；放宽对外债权债务管理；改进跨国公司总部外汇资金集中运营管理、外币资金池以及国际贸易结算中心外汇管理；完善结售汇管理，便利开展大宗商品衍生品的柜台交易。

五是支持和鼓励金融业多元化发展。《条例》支持和鼓励不同层级、不同功能、不同类型、不同所有制的金融机构进入自贸试验区；引导和鼓励民间资本投资区内金融业；支持自贸试验区互联网金融发展；支持在区内建立面向国际的金融交易以及服务平台，提供登记、托管、交易和清算等服务；支持在区内建立完善信托登记平台，探索信托受益权流转机制。

第五，综合监管。《条例》规定了一系列综合监管制度安排，重点在于加强对市场主体“宽进”以后的过程监督和后续管理，主要包括：建立国家安全审查工作机制，对属于国家安全审查范围的外商投资，投资者应当申请进行国家安全审查。建立反垄断工作机制，对区内企业涉及垄断协议、滥用市场支配地位等垄断行为，依法开展调查和执法。实行企业年度报告公示制度和企业经营异常名录制度，区内企业未按照规定履行年度报告公示义务的，将被载入企业经营异常名录，并予以公示。建立统一的监管信息共享平台，管委会、驻区机构和有关部门应当及时主动提供信息，参与信息交换和共享，并藉此提高联合监管和协同服务的效能。

（3）商业银行应注意的问题

作为一个自由、开放、低成本的商业环境，自贸试验区势将迎来资本和产业的聚集，为商业银行带来新的市场机遇。结合《条例》及自贸试验区发展情况，商业银行应注意以下问题：

第一，在新型市场环境下增强竞争意识。在自贸试验区内，商业银行面临的竞争将更为激烈，主要表现为：一是银行业金融机构市场准入条件的放宽将增加区内银行数量，提高市场竞争的激烈程度。截至 2014 年 9 月底，87 家有金融牌照的机构和一批金融服务企业已入驻区内，各家商业银行均在积极进行前期客户与业务储备。二是自贸试验区提供了更为自由开放的市场环境，商业银行将在存贷款自主定价、利率汇率衍生产品、人民币跨境交易、大宗商品融资、全球现金管理等方面展开激烈竞争。商业银行应当增强竞争意识，充分发挥自身优势，积极抢占市场先机。

第二，利用法规政策便利开展业务创新。为推进自贸试验区建设发展，截至 2014 年 9 月，在国家层面，已对 3 部法律、20 部行政法规和 3 个国务院文件相关条款在自贸试验区内的适用进行了调整。同时，资本项目可兑换、利率市场化、跨境人民币使用等与商业银行经营密切相关的政策细则也正在加紧制定。商业银行应当深入研究《条例》规定及相关配套政策文件，密切跟踪、及时跟进有关立法政策文件的修订或出台，努力发掘其中的业务创新空间，重点加强以下业务领域的探索创新，争取先发优势：探索建立一套适用于完全市场条件的银行业务定价体系；为自贸试验区货币市场、债券市场、衍生品市场、大宗商品交易平台提供全面金融服务，促进自贸区内金融要素市场功能不断完善；在贸易金融、航运金融、国际结算、离岸业务、资本项目兑换、跨境人民币业务等方面有序推进新产品开发，丰富和完善自身产品体系。

第三，提高风险防控与管理水平。在自贸试验区内，商业银行在获得新的发展机遇的同时，风险管理也面临新的挑战，主要表现为：一是在政策改革创新环境下，市场发育深度和广度将大大增加，市场参与主体将更加多元化，商业银行面临较大的市场风险和交易对手风险；二是利率自由化、资本项目可兑换等金融制度创新将可能提高商业银行面临的流动性压力；三是随着自贸试验区与国际市场的开放性建设，商业银行面临的国别风险将更为突出。在此背景下，商业银行应当高度重视风险管理问题，注意研究总结相关专业经验，切实提升风险防控与管理水平，探索构建与贸易投资自由化、便利化环境相适应的风险管理体系。

第四，注重培育和提高跨国经营能力。建立自贸试验区的重要宗旨和原则是扩大开放，与国际通行规则接轨，培育国际化的营商环境。商业银行作为金融业的重要支柱，也应积极参与构建一个涵盖在岸和离岸业务，本外币一体化，与国际金融市场接轨的自由、开放的金融环境。商业银行应当积极地适应开放的金融环境，探索国际化发展战略，发挥境内外联动效应，积极培育和提高跨国经营能力，逐渐形成跨国金融服务的特色和优势。

三、2015 年展望

（一）颁布实施《存款保险条例》

存款保险制度是保护存款人利益的重要制度安排，是金融安全网的基本组成要素。根据国务院法制办公室公布的征求意见稿，我国境内设立的商业银行、农村合作银行、农村信用合作社等吸收存款的银行业金融机构均应投保存款保险，保险费率由基准费率和风险差别费率组成；实行限额赔付制度，最高偿付限额为人民币 50 万元；存款保险基金由专门设立的机构管理，基金管理机构对投保机构享有包括核查权、监管信息共享、提出风险警示、提出监管措施以及监管建议等在内的权利或履职保障措施。历经多年研究和酝酿，存款保险制度有望于 2015 年正式颁布实施。存款保险制度的建立将对银行业市场竞争环境、银行业金融机构风险管理等方面产生一定影响。商业银行特别是中小银行应借助存款保险制度的出台，进一步改善自身经营机制，加强全面风险管理，实现健康稳定发展。

（二）研究修改《商业银行法》

《商业银行法》于1995年颁布，并在2003年进行了部分修改。《商业银行法》的颁布实施，对保护商业银行、存款人和其他客户的合法权益，规范商业银行的经营行为，保障商业银行的稳健运行发挥了重要作用。但随着我国市场经济的改革发展和经济、金融环境的变化，现行《商业银行法》在立法理念、规则设计、法律衔接等多方面暴露出一些问题，需要适时进行修改完善，并已由第十二届全国人大常委会列入立法规划。根据商业银行经营实践，结合国外银行业立法经验，对《商业银行法》的系统性修订应关注以下方面：一是调整完善商业银行经营范围，确认债券、衍生产品交易、电子银行、理财、贵金属交易及信贷资产证券化等监管实践认可的银行业务；二是借鉴国际立法经验，认可或有限认可银行经营信托业务的资格；三是总结商业银行设立基金公司、保险公司、金融租赁公司等试点经验，明确银行业外部综合化经营的立法原则和规则；四是总结现行银行经营规则的不足，配合利率市场化、巴塞尔协议Ⅲ等要求，全面修改完善商业银行的经营规则；五是确认存款保险制度的法律原则和基本规则；六是增加金融消费者权益保护相关行为规则和监管要求。商业银行应当积极关注《商业银行法》修改工作进展，积极为修法建言献策，有前瞻性地推动和做好银行业务创新发展工作。

（三）继续推进《土地管理法》修订工作

土地是一项十分重要的财产，土地相关立法反映了社会基本制度，属于基础性财产法律制度范畴。现行《土地管理法》颁布于1986年，先后经1988年、1998年和2004年三次修订，最近一次修订距今已有十年。第十二届全国人大常委会立法规划将修改《土地管理法》列为“条件比较成熟、任期内拟提请审议的法律草案”，并处于继续审议过程中。党的十八届三中全会提出，“构建新型农业经营体系，赋予农民更多的财产性权利”，“提高农民在土地增值收益中的分配比例”，“赋予农民对承包地占有、使用、收益、流转及承包经营权抵押、担保权能，允许农民以承包经营权入股发展农业产业化经营”。在此背景下，《土地管理法》的修改应当将切实保障农民土地利益作为重点内容，结合近些年来的改革试点经验，在农村土地制度方面进行有益的探索。在坚持家庭联产承包责任制的前提下，立法应丰富完善农村土地承包经营权等农村土地产权的流转制度，充分维护农民在农村土地中的经济利益和土地权益。土地财产抵押担保是银行维护资产安全的重要手段，土地制度改革也是银行业务创新的重要背景，银行应当对《土地管理法》的修法进程给予必要的关注。

（四）加快银行业金融机构市场退出立法

完善的市场退出法制是维护市场经济健康发展的制度性保障。2007 年《企业破产法》实施后，一般性的企业破产法律制度在我国得以确立。银行业金融机构的破产原则上属于《企业破产法》的调整范围，但因涉及广大存款人（尤其是自然人存款人）切身利益和金融秩序的稳定，银行业机构破产在适用《企业破产法》的同时，也需要有针对性地作出专门制度安排。随着银行业利率市场化改革的逐步推进，银行业竞争程度将更为激烈，部分银行业金融机构市场退出的可能性大大增加。2013 年，国务院将《银行业金融机构破产条例》列入“预备项目”。结合利率市场化等金融改革目标来看，上述立法的紧迫性已十分突出。对银行业金融机构破产问题，相关立法应当充分考量银行破产不同于普通企业破产的特殊性，妥善处理相关制度与破产法律制度、银行法律制度之间的协调与衔接关系。

（五）完善政府性债务管理配套法规

近些年来，在扩大固定资产投资的背景下，因加快城市化建设导致地方政府性债务快速增长，地方政府性债务在举借、管理和使用等方面出现一些问题，积聚了一定的风险。2013 年，审计署发布全国地方政府性债务、全国政府性债务审计结果，并提出妥善处理存量、新增债务、防范和化解相关风险的审计建议。2014 年 9 月，在新《预算法》出台的背景下，国务院发布《关于加强地方政府性债务管理的意见》（国发〔2014〕43 号，以下简称“43 号文”），针对地方政府性存量债务处理、新增债务举债机制等提出了明确的规范管理要求。对商业银行而言，地方政府性存量债务清理和新增债务规范管理所涉及的债权规模庞大，相关立法的影响十分深远。2014 年 10 月，财政部下发《地方政府性存量债务清理处置办法》（征求意见稿），就存量债务清理核实、处置以及在建项目后续融资等拟定规则，公开征求意见。从目前来看，为配合新《预算法》和 43 号文实施需要，国家相关部门后续将在涉及地方政府性存量债务清理、银行参与地方政府性债务融资及城市基础设施建设融资管理等方面进行相应的立法、修法或规章清理工作。商业银行应密切关注后续有关规则的出台、修改或清理进程，及时调整融资业务模式，在地方政府性债务清理过程中依法保护自身债权，依法合规地开展有关城市化建设融资业务。

第二章

银行业监管规章述评

一、银行业监管规章概览

2014 年，全球经济复苏逐步增强，美国和欧洲经济增长较为强劲，新兴市场和发展中国家经济格局深度调整。我国经济运行总体平稳，但经济下行压力依然较大。在错综复杂的国内外经济形势下，银行业面临不少挑战与压力。为妥善应对银行业发展中存在的问题，监管部门在银行风险管理、同业业务、理财业务、外汇管理等方面推出了一系列监管政策与规定，对银行业的健康发展起到重要作用。

概括起来，2014 年中国有关监管部门制定的银行业监管政策和规定主要有以下几方面特点：

（一）强化银行内部控制与风险管理

为进一步推进商业银行规范内部管理、完善内部控制，银监会在充分征求商业银行及社会各界意见的基础上，对《商业银行内部控制指引》（以下简称《指引》）进行修订完善，于 2014 年 9 月 12 日印发执行。修订后的《指引》主要包括以下内容：一是完善对商业银行内部控制评价的工作要求，要求商业银行明确内部控制评价的实施主体、频率、内容、程序、方法和标准，强化内部控制评价结果运用，推动内部控制评价工作制度化、规范化；二是从内、外部两方面提出内部控制监督相关要求，明确了内部监督责任、外部监管措施及处罚规定；三是删除原《指引》中对商业银行部分业务或环节的操作性规定，只对商业银行风险管理、信息系统控制、岗位设置、会计核算、员工管理、新机构设立和业务创新等提出原则性要求，激发商业银行的自发性和主动性。

为进一步完善我国银行业流动性风险监管框架，促进商业银行提高流动性风险管理的精细化程度和专业化水平，合理匹配资产负债结构，增强商业银行和整个银行体系应对流动性冲击的能力，银监会于2014年1月17日发布《商业银行流动性风险管理办法（试行）》（以下简称《办法》）。根据《办法》的规定，商业银行应建立健全流动性风险管理体系，对法人和集团层面、各附属机构、各分支机构、各业务条线的流动性风险进行有效识别、计量、监测和控制，确保其流动性需求能够及时以合理成本得到满足。

（二）规范金融机构行政许可事项

近年来，我国农村信用社股份制改革不断推进，农村中小金融机构业务创新进一步深化。为规范银监会及其派出机构实施农村中小金融机构行政许可行为，促进农村中小金融机构有序发展，银监会于2014年3月13日公布《农村中小金融机构行政许可事项实施办法》（以下简称《办法》）。《办法》的实施与党中央进一步简政放权、深化行政审批制度改革精神相符。此外，《办法》通过在多个审批事项的准入许可中，增加风险管理体系、信息科技系统建设要求及案防控制要求，引导并激励农村中小金融机构健全内部控制机制，提升风险管理水平和能力，实现有效防控各类风险，符合应对各类金融风险防控实际的需要。

为依法审慎开展外资银行市场准入工作，规范银监会及其派出机构实施外资银行行政许可行为，明确行政许可事项、条件、程序和期限，保护申请人合法权益，银监会于2014年9月11日公布《外资银行行政许可事项实施办法》（以下简称《实施办法》）。《实施办法》通过进一步取消部分审批事项，简化了市场准入流程，提高了外资银行展业的便利性。但对于取消的行政许可审批事项，《实施办法》则通过实行报告制强化事中和事后持续监管，采取监管走访、抽查、检查等措施，加强有效监管，并在市场准入环节明确了关于信息科技架构建设、补充资本、高管人员任职等方面的审慎性监管规定。

（三）推动同业业务健康发展

近年来，我国金融机构同业业务创新活跃、发展迅速，在便利流动性管理、优化金融资源配置、服务实体经济发展等方面发挥了重要作用。但是，由于同业存款无须缴纳存款准备金，同业资产也不必计提拨备，不受贷款计划规模、存贷比的约束，资本占用也比较少，在信贷等其他业务受到严格监管以及金融脱媒和利率市场化的压力下，商业银行同业业务出现快速扩张，同时存在一些不规范现象，给金融市场带了风险隐患和不利影响。为进一步明确商业银行同业业务治理的规范性要求，2014 年 5 月 16 日，人民银行、银监会、证监会、保监会和外管局联合公布《关于规范金融机构同业业务的通知》（以下简称“127 号文”）。同日，银监会发布《关于规范商业银行同业业务治理的通知》（以下简称“140 号文”）。2014 年 6 月 24 日，人民银行又发布《关于加强银行业金融机构人民币同业银行结算账户管理的通知》（以下简称“178 号文”）。“127 号文”逐项界定了同业业务的基本类型，对各项同业业务及整体管理提出了规范要求；“140 号文”主要从商业银行同业业务的授权管理、专营部门制、授信管理等方面对“127 号文”予以进一步细化；“178 号文”则对同业银行结算账户的开立、日常管理、专项管理制度等方面提出细化要求。上述三个《通知》的出台，有利于促进商业银行同业业务健康发展，降低企业融资成本，对防范金融市场系统性风险、支持实体经济发展具有积极意义。

（四）加强金融消费者保护

为科学评估银行业金融机构消费者权益保护工作开展情况与实际效果，切实维护银行业消费者合法权益，银监会于 2014 年 8 月 13 日印发《银行业金融机构消费者权益保护工作考核评价办法（试行）》（以下简称《考评办法》），将商业银行消费者权益保护工作被正式纳入监管部门量化考评。《考评办法》明确银监会及其派出机构考核评价工作职责分工，构建消费者权益保护工作考评指标体系，厘清考核评价工作操作流程，确立以考核评分结果划分等级的评价体系，将银行业消费者权益保护工作各项要求进行分解细化，提出了较全面、可操作性较强的具体规范。

为规范商业银行服务价格管理活动，促进商业银行健康可持续发展，银监会、发改委于2014年2月14日联合印发《商业银行服务价格管理办法》（以下简称《管理办法》），并配套印发《关于印发商业银行服务政府指导价政府定价目录的通知》（以下简称《价格目录》）。《管理办法》主要包括政府指导价、政府定价和市场调节价的制定和调整、服务价格信息披露、内部管理、服务价格监督管理等内容，细化了服务价格制定、调整流程，明确了商业银行的定价部门、定价程序、市场调节价和收费项目的公示内容、公示场所和公示时限，强调商业银行应披露服务价格信息，并通过多种渠道和方式保障客户知情权和选择权。《价格目录》涵盖13项收费项目，并明确退休职工个人基本养老金异地取现收费问题，部分免除银行客户账户管理费（含小额账户管理费）和年费。

（五）完善理财业务与保理业务规则

为满足投资者多样化资产管理需求，商业银行近年来不断创新理财资金投资运作模式，持续推出不同类型的理财产品。但目前商业银行理财业务规范性文件主要侧重对理财产品本身的管理，未能完全覆盖理财业务经营部门的组织管理、投资运作、运营管理等实际风险因素。为进一步加强对商业银行理财业务监督管理，有效防控相关风险，2014年7月11日银监会制定并发布《关于完善银行理财业务组织管理体系有关事项的通知》（以下简称《通知》）。《通知》明确要求商业银行应当组建理财业务事业部，依照“单独核算、风险隔离、行为规范、归口管理”原则设立专门的经营管理部门，统一经营管理全行理财业务，充分做好理财业务风险隔离与防范。《通知》还要求商业银行应当建立独立条线的风险控制体系，以“四分离”的风险隔离机制防范系统性和区域性风险，增强商业银行理财业务风险防御能力。此外，《通知》针对商业银行开展理财业务的销售、投资及运营设置了明确且严格的行为规范。

近年来，国内商业银行保理市场呈现出爆发式增长的态势。但由于我国保理市场仍处于粗放式发展阶段，商业银行保理业务在迅猛发展的同时，风险也在累积。为加强保理业务审慎经营管理，促进保理业务健康有序发展，2014 年 4 月 10 日银监会发布《商业银行保理业务管理暂行办法》（以下简称《办法》）。《办法》对保理业务、保理融资、应收账款及转让予以定义并对保理业务进行了分类，从融资产品、客户和合作机构准入、业务审查、专户管理、融资比例和期限等多方面对保理融资业务流程和重点环节进行了规范，并明确了对商业银行公司治理、制度建设及内部控制等方面的要求，同时规定了相关监管措施和罚则。《办法》的出台，将有助于强化银行对保理业务贸易真实性的审核和风险管理，对于假借保理业务之名放松审查标准的授信业务亦有抑制作用，有利于银行保理业务的良性健康发展。

（六）健全业务合作管理制度

近年来，我国第三方支付业务发展迅猛。第三方支付机构的迅速发展既为商业银行提供更多合作良机，也对商业银行的支付结算、理财、存贷款等业务产生了较明显的挤占甚至替代效应。与此同时，商业银行在与第三方支付机构开展业务合作过程中，也暴露出监管规则不完善、业务管理不规范、风险防范不到位、责任界定不清等诸多问题，亟待规范解决。2014 年 4 月 9 日，银监会与人民银行共同印发《关于加强商业银行与第三方支付机构合作业务管理的通知》（以下简称《通知》）。《通知》从客户身份的鉴别、交易限额设定、大额支付通知、备付金业务统一管理、技术安全保障等多个方面对商业银行与第三方支付机构的业务合作提出具体监管要求。《通知》的出台有助于保护客户信息及资金安全，加强和改进商业银行与第三方支付机构的业务合作，理顺双方业务合作关系，妥善处理双方合作中存在的问题。

为了规范商业银行代理保险业务销售行为，保护保险消费者合法权益，促进商业银行代理保险业务持续健康发展，保监会、银监会于2014年1月8日发布《关于进一步规范商业银行代理保险业务销售行为的通知》（以下简称《通知》）。根据《通知》规定，商业银行应当对投保人进行需求分析与风险承受能力测评，根据评估结果推荐保险产品，把合适的产品销售给有需求和承受能力的客户；商业银行销售保单利益不确定的保险产品须取得投保人签名确认的投保声明；商业银行及其销售人员不得设计、印刷、编写相关保险产品的宣传册、宣传彩页、宣传展板或其他销售辅助品；每个银行营业网点应当以纸质或电子形式公示代理保险产品清单，包括代理保险公司的名称和产品种类等信息，应向投保人提供完整合同材料。

（七）放松外汇管理监管要求

随着工商银行对外贸易活动和对外经济技术合作的迅速发展，国际收支交易规模不断扩大，跨境担保行为日趋多样化和复杂化。为简化跨境担保管理程序、降低管理成本，更好地激发市场活力，2014年5月19日，外汇局公布了《跨境担保外汇管理规定》（以下简称《管理规定》）和《跨境担保外汇管理操作指引》。与现行规定相比，《管理规定》对内保外贷和外保内贷管理方式做了较大改动，减少了对这两种跨境担保的办理资格条件限制、简化了管理流程和手续，降低管理成本，更好地激发市场活力。同时，通过对资金用途的限制和监管，防止跨境担保成为资金异常流动的通道。

随着资本项目可兑换以及汇率市场化改革进程的推进，要让人民币汇率波动真正反映市场供求，必须减少对金融机构、企业的约束，在市场准入、产品、头寸限制等监管方面松绑。根据市场变化，中国人民银行2014年3月26日发布了《银行办理结售汇业务管理办法》（以下简称《管理办法》）。《管理办法》将银行结售汇业务区分为即期结售汇业务和人民币与外汇衍生产品业务，并对两种业务分别制定管理规范。在结售汇业务市场准入方面，《管理办法》较之前管理规定降低了市场准入条件，简化了市场准入管理流程，取消部分行政许可和资格要求，监管方向从以事前审批为主转变为以事后监督为主。在结售汇头寸管理方面，《管理办法》取消了银行外汇利润结汇、向境外汇出利润、适用人民币营运资金增持结售汇头寸等多项行政许可，大幅简化了银行头寸管理的监管要求。

二、重要监管规章述评

（一）内部控制与风险管理

1.《商业银行内部控制指引的通知》

为进一步推进商业银行规范内部管理、完善内部控制，银监会在深入总结近年来商业银行内部控制发展实践经验，并充分征求商业银行及社会各界意见基础上，对《商业银行内部控制指引》（以下简称《指引》）进行了修订完善，并于 2014 年 9 月 12 日印发执行。

（1）《指引》的修订背景

《指引》出台实施十余年来（2002 年印发，2007 年修订），对促进商业银行规范内部管理、完善内部控制发挥了积极作用。但随着商业银行业务创新发展以及相关监管制度的陆续出台，《指引》部分规定和要求已难以适应银行业改革发展与监管工作实际：一是部分条款与现有银行业务发展实际不匹配。例如，《指引》规定商业银行应当对大额存款存取实行分级授权和双签制度，但商业银行已将大额存款存取业务嵌入系统进行控制。二是新出台的监管规定修改了《指引》相关内容。例如，《金融企业呆账核销管理办法》（2013 年修订版）对呆账责任认定和追究作出规定，修改了《指引》相关内容。三是部分内部控制要求难以与商业银行现有经营管理现状相匹配。近年来，我国商业银行集团化、综合化和国际化趋势日益明显，面临的风险日益多元化，内部控制重要性日益凸显，需要修订《指引》进一步加强商业银行内部控制体系建设。本着与时俱进、不断提高监管有效性的原则，银监会在充分征求商业银行及社会各界意见建议的基础上，完成了《指引》的修订工作。

(2)《指引》修订的主要内容

修订后的《指引》分为七章，共五十一条，内容更加全面，体现了原则性、导向性的要求，有利于引导商业银行秉承稳健经营的理念，根据自身发展需要，科学确定内控管理重点，合理配置资源，提高内控管理的有效性。

第一，持续改进商业银行内部控制评价制度。商业银行内部控制评价是对商业银行内部控制体系建设、实施和运行结果开展的调查、测试、分析和评估等系统性活动。修订后的《指引》补充完善了内部控制评价的工作要求，要求商业银行建立内部控制评价制度，明确内部控制评价的实施主体、频率、内容、程序、方法和标准，强化内部控制评价结果运用，推动内部控制评价工作制度化、规范化，以利于促进商业银行不断改进其内部控制设计与运行。

第二，建立健全内部控制监督长效机制。修订后的《指引》单设章节，从内、外部两方面提出内部控制监督的相关要求，明确了内部监督责任、外部监管措施及处罚规定。一方面，《指引》要求商业银行构建覆盖各级机构、各个产品、各个业务流程的监督检查体系，建立内部控制问题整改机制和内部控制管理责任制，强化责任追究；另一方面，《指引》要求银监会及其派出机构通过非现场监管和现场检查等方式实施对商业银行内部控制的持续监管，强调发挥内外部监督合力。

第三，增加商业银行违反规定的处罚措施。对内部控制存在缺陷的商业银行以及违反规定的商业银行，《指引》明确银监会及其派出机构应当责成其限期整改，逾期未整改的，可以根据《银行业监督管理法》有关规定采取监管措施。

第四，进一步加大监管原则引导力度。考虑到我国商业银行提供的金融产品和服务不断丰富，且银监会已对授信、资金业务、理财业务、银行卡业务、信息科技等商业银行各主要业务条线制定了一系列监管指引或办法，修订后的《指引》删除了原《指引》中对商业银行部分业务或环节的操作性规定，只对商业银行风险管理、信息系统控制、岗位设置、会计核算、员工管理、新机构设立和业务创新等提出原则性要求，进一步体现监管文件的导向性和原则性要求，激发商业银行的自发性和主动性。

（3）商业银行应注意的问题

第一，充分认识内部控制的重要性。内部控制是商业银行董事会、监事会、高级管理层和全体员工参与的，通过制定和实施系统化的制度、流程和方法，实现控制目标的动态过程和机制。有效的内部控制应当贯穿决策、执行和监督全过程，覆盖各项业务流程和管理活动，覆盖所有的部门、岗位和人员，是商业银行开展经营管理的前提，承担着防范风险的首要责任。同时，商业银行内部控制应当在治理结构、机构设置及权责分配、业务流程等方面形成相互制约、相互监督的机制，任何人不得拥有不受内部控制约束的权力，内部控制存在的问题应当能够得到及时反馈和纠正。另外，商业银行内部控制还应当坚持风险为本、审慎经营的理念，设立机构或开办业务均应坚持内控优先。

第二，健全完善内部控制机制流程。商业银行应当建立由董事会、监事会、高级管理层、内控管理职能部门、内部审计部门、业务部门组成的分工合理、职责明确、报告关系清晰的内部控制治理和组织架构，为内部控制的有效性提供必要的前提条件。董事会、监事会和高级管理层应当充分认识自身对内部控制所承担的责任，并指定不同机构或部门分别负责内部控制的建设、执行和内部控制的监督、评价工作，保证商业银行建立健全内部控制制度体系，对各项业务活动和管理活动制定全面、系统、规范的业务制度和管理制度，并定期进行评估。商业银行内部审计部门、内控管理职能部门和业务部门均承担内部控制监督检查的职责，应根据分工协调配合，构建覆盖各级机构、各个产品、各个业务流程的监督检查体系。

第三，加快建设内部控制评价制度。修订后的《指引》在内部控制评价方面进一步细化要求，商业银行应注意上述监管变化，建立内部控制评价制度。一是明确内部控制评价由董事会指定的部门组织实施，并制定内部控制缺陷认定标准，根据内部控制缺陷的影响程度和发生的可能性划分内部控制缺陷等级，并明确相应的纠正措施和方案。二是根据业务经营情况和风险状况确定内部控制评价的频率，至少每年开展一次，重大事项应及时组织开展内部控制评价，并对评价工作实施全流程质量控制，确保内部控制评价客观公正。三是扩大内部控制评价覆盖面，将并表管理机构纳入内部控制评价范围。同时，强化内部控制评价结果运用，可将评价结果与被评价机构的绩效考评和授权等挂钩，并作为被评价机构领导班子考评的重要依据。

2.《商业银行流动性风险管理办法（试行）》

为加强商业银行流动性风险管理，维护银行体系安全稳健运行，根据《中华人民共和国银行业监督管理法》、《中华人民共和国商业银行法》、《中华人民共和国外资银行管理条例》等法律法规，银监会于2014年1月17日发布《商业银行流动性风险管理办法（试行）》（以下简称《办法》）。

（1）《办法》的出台背景

根据《办法》规定，流动性风险是指商业银行无法以合理成本及时获得充足资金，用于偿付到期债务、履行其他支付义务和满足正常业务开展的其他资金需求的风险。巴塞尔委员针对流动性风险相继出台《稳健的流动性风险管理与监管原则》、《第三版巴塞尔协议：流动性风险计量、标准和监测的国际框架》、《第三版巴塞尔协议：流动性覆盖率和流动性风险监测标准》，构建了银行流动性风险管理和监管的全面框架。银监会亦于2009年出台《商业银行流动性风险管理指引》。2013年6月，我国银行间市场出现阶段性流动性紧张、市场利率快速上升现象，引起了国内外广泛关注，也暴露了商业银行流动性风险管理存在的问题，反映部分商业银行流动性风险管理未能适应业务模式和风险状况的发展变化。为进一步完善我国银行业流动性风险监管框架，促进商业银行提高流动性风险管理的精细化程度和专业化水平，合理匹配资产负债结构，增强商业银行和整个银行体系应对流动性冲击的能力，银监会制定并印发《办法》。

（2）《办法》的主要内容

《办法》共四章六十六条，有四个附件。

第一，总体要求。《办法》适用于在我国境内设立的商业银行，包括中资商业银行、外商独资银行、中外合资银行。农村合作银行、村镇银行、农村信用社和外国银行分行参照执行。根据《办法》的有关规定，流动性风险管理和监管的总体要求是商业银行应当按照本办法建立健全流动性风险管理体系，对法人和集团层面、各附属机构、各分支机构、各业务条线的流动性风险进行有效识别、计量、监测和控制，确保其流动性需求能够及时以合理成本得到满足。

第二，流动性风险管理。

一是规定银行流动性风险管理体系的整体框架和定性要求。《办法》明确指出，商业银行应当建立有效的流动性风险管理治理结构，明确董事会及其专门委员会、监事会（监事）、高级管理层以及相关部门在流动性风险管理中的职责和报告路线，建立适当的考核及问责机制。《办法》要求商业银行应当指定专门部门负责流动性风险管理，其流动性风险管理职能应当与业务经营职能保持相对独立，并且具备履行流动性风险管理职能所需要的人力、物力资源。商业银行监事会（监事）应当对董事会和高级管理层在流动性风险管理中的履职情况进行监督评价，至少每年向股东大会（股东）报告一次。

二是对流动性风险管理策略、政策和程序予以明确。《办法》指出，商业银行应当根据其经营战略、业务特点、财务实力、融资能力、总体风险偏好及市场影响力等因素确定流动性风险偏好。商业银行的流动性风险偏好应当明确其在正常和压力情景下愿意并能够承受的流动性风险水平。商业银行应当根据其流动性风险偏好制定书面的流动性风险管理策略、政策和程序。流动性风险管理策略、政策和程序应当涵盖表内外各项业务以及境内外所有可能对其流动性风险产生重大影响的业务部门、分支机构和附属机构，并包括正常和压力情景下的流动性风险管理。《办法》进一步要求，商业银行流动性风险管理策略应当明确其流动性风险管理的总体目标、管理模式以及主要政策和程序，相关政策和程序包括但不限于：流动性风险识别、计量和监测（包括现金流测算和分析）；流动性风险限额管理；融资管理；日间流动性风险管理；压力测试；应急计划；优质流动性资产管理；跨机构、跨境以及重要币种的流动性风险管理；对影响流动性风险的潜在因素以及其他类别风险对流动性风险的影响进行持续监测和分析。

三是从现金流测算分析、风险预警、限额管理、融资管理、日间流动性风险管理、压力测试、应急计划、优质流动性资产管理、并表和重要币种流动性风险管理等各个方面，对银行流动性风险管理的方法提出了具体要求，促进银行提高流动性风险管理的精细化程度和专业化水平。《办法》要求，商业银行应当对流动性风险实施限额管理，根据其业务规模、性质、复杂程度、流动性风险偏好和外部市场发展变化情况，设定流动性风险限额。流动性风险限额包括但不限于现金流缺口限额、负债集中度限额、集团内部交易和融资限额。商业银行应当制定流动性风险限额管理的政策和程序，建立流动性风险限额设定、调整的授权制度、审批流程和超限额审批程序，至少每年对流动性风险限额进行一次评估，必要时进行调整。商业银行应当对流动性风险限额遵守情况进行监控，超限额情况应当及时报告。对未经批准的超限额情况应当按照限额管理的政策和程序进行处理。对超限额情况的处理应当保留书面记录。

第三，流动性风险监管。《办法》规定了流动性覆盖率、存贷比、流动性比例三项流动性风险监管指标，提出了多维度的流动性风险监测分析框架及工具，明确了流动性风险监管的方法、手段和程序。

《办法》要求监管机构采用非现场监管、现场检查等多种监管手段，对照流动性风险的定性和定量监管标准，评估商业银行流动性风险状况及其流动性风险管理有效性，并根据评估结果采取相应的纠正整改、监管强制措施或行政处罚；在发生影响单家机构或市场的流动性事件时，要求监管机构与境内外相关部门加强协调合作，适时启动流动性风险监管应急预案。

（3）商业银行应注意的问题

第一，商业银行应当在内部定价以及考核激励等相关制度中充分考虑流动性风险因素，在考核分支机构或主要业务条线经风险调整的收益时应当纳入流动性风险成本，防止因过度追求业务扩张和短期利润而放松流动性风险管理。

第二，商业银行在引入新产品、新业务和建立新机构之前，应当在可行性研究中充分评估其可能对流动性风险产生的影响，完善相应的风险管理政策和程序，并获得负责流动性风险管理部门的同意。

第三，商业银行应当持续达到《办法》规定的流动性风险监管指标最低监管标准，其中，流动性覆盖率应当不低于100%，存贷比应当不高于75%，流动性比例应当不低于25%。商业银行应当在法人和集团层面，分别计算未并表和并表的流动性风险监管指标，并表范围按照银监会关于商业银行资本监管的相关规定执行。在计算并表流动性覆盖率时，若集团内部存在跨境或跨机构的流动性转移限制，相关附属机构满足自身流动性覆盖率最低监管标准之外的合格优质流动性资产，不能计入集团的合格优质流动性资产。

（二）行政许可

1.《中国银监会农村中小金融机构行政许可事项实施办法》

为规范银监会及其派出机构实施农村中小金融机构行政许可行为，明确行政许可事项、条件、程序和期限，保护申请人合法权益，根据《中华人民共和国银行业监督管理法》、《中华人民共和国商业银行法》和《中华人民共和国行政许可法》等法律、行政法规及国务院有关决定，银监会于2014年3月13日公布《农村中小金融机构行政许可事项实施办法》（银监会令2014年第4号，以下简称《办法》）。

（1）《办法》的出台背景

为加强农村中小金融机构行政许可事项管理，银监会最早于2006年出台了《合作金融机构行政许可事项实施办法》（银监会令〔2006〕第3号），并于2008年以《农村中小金融机构行政许可事项实施办法》（银监会令〔2008〕第3号）予以修正。上述监管规章对于培育多元化及竞争性的农村金融服务体系、合理配置金融资源、促进农村中小金融机构有序发展等方面具有十分积极的作用。但随着近年来我国经济金融形势的变化和城镇化的发展，巴塞尔新资本协议的实施以及银行业金融机构管理重点由资产负债管理向全面风险管理的过渡，特别是农村信用社股份制改革的推进，农村中小金融机构业务创新的深化，需要出台《办法》加以应对。同时，《办法》的出台与党中央进一步简政放权、深化行政审批制度改革精神相符，将进一步巩固行政审批改革成果，引导农村中小金融机构行政许可制度的改革沿着正确轨道发展。此外，《办法》通过在多个审批事项的准入许可中增加风险管理体系、信息科技系统建设要求及案防控制要求，引导并激励农村中小金融机构健全内部控制机制，提升风险管理水平和能力，实现有效防控各类风险，符合应对各类金融风险防控实际的需要。

（2）《办法》的主要内容

《办法》共八章，一百三十条，主要包括总则、法人机构设立、分支机构设立、机构变更、机构终止、调整业务范围和增加业务品种、董事（理事）和高级管理人员任职资格许可、附则等内容。囿于篇幅所限，下面仅就农村中小金融机构行政许可事项的范围、村镇银行设立、调整业务范围和增加业务品种等三方面做简要介绍。

第一，行政许可事项范围。《办法》规定，农村中小金融机构包括：农村商业银行、农村合作银行、农村信用社、村镇银行、贷款公司、农村资金互助社等。农村中小金融机构以下事项须经银监会及其派出机构行政许可：机构设立，机构变更，机构终止，调整业务范围和增加业务品种，董事（理事）和高级管理人员任职资格，以及法律、行政法规规定和国务院决定的其他行政许可事项。

第二，村镇银行的设立。《办法》规定，村镇银行应具有清晰的支持“三农”和小微企业发展战略；具有与业务经营相适应的营业场所、安全防范措施和其他设施，建立与业务经营相适应的信息科技架构，具有支撑业务经营的必要、安全且合规的信息科技系统，具备保障信息科技系统有效安全运行的技术与措施。其发起人包括自然人、境内非金融机构、境内银行业金融机构、境内非银行金融机构、境外银行和银监会认可的其他发起人，且发起人中应至少有一家银行业金融机构。需要指出的是，《办法》要求，村镇银行主发起人持股比例不得低于村镇银行股本总额的15%，单个自然人、非金融机构和非银行金融机构及其关联方投资入股比例不得超过村镇银行股本总额的10%。职工自然人合计投资入股比例不得超过村镇银行股本总额的20%。境外银行出资设立或入股村镇银行需事前报银监会批准。《办法》明确规定，村镇银行的筹建申请及开业申请由银监分局或所在城市银监局受理、审查并决定。

第三，调整业务范围和增加业务品种。《办法》对农村中小金融机构开办衍生产品交易业务、信用卡业务、离岸银行业务、外汇业务和增加外汇业务品种均设置了明确的审批条件和具体要求。例如，该类机构募集次级定期债务、募集次级定期债务、发行二级资本债券、混合资本债、金融债及须经银监会许可的其他债务、资本补充工具，申请人应符合以下条件：具有良好的公司治理结构；主要审慎监管指标符合监管要求；贷款风险分类结果真实准确；拨备覆盖率达标，贷款损失准备计提充足；最近3年无严重违法违规行为和因内部管理问题导致的重大案件；银监会规定的其他审慎性条件。

（3）农村中小金融机构应注意的问题

第一，农村中小金融机构在设立、变更、终止、董事和高级管理人员任职资格等方面均应按照《办法》的规定取得相应行政许可。

第二，如果申请开办现行法规未明确规定的创新业务和品种的，应注意以下两方面：一是农村中小金融机构申请开办此类创新业务和品种时，由银监局受理并初步审查，银监会审查并决定；二是应符合《办法》规定的有关条件：公司治理良好，具备与业务发展相适应的组织机构和规章制度，内部制度、风险管理和问责机制健全有效；与现行法律法规不相冲突；主要审慎监管指标符合监管要求；符合本机构战略发展定位与方向；经董事会同意并出具书面意见；具备开展业务必需的技术人员和管理人员，并全面实施分级授权管理；具备与业务经营相适应的营业场所和相关设施；具有开展该项业务的必要、安全且合规的信息科技系统，具备保障信息科技系统有效安全运行的技术与措施；最近3年无严重违法违规行为和因内部管理问题导致的重大案件；银监会规定的其他审慎性条件。

2.《中国银监会外资银行行政许可事项实施办法》

为规范银监会及其派出机构实施外资银行行政许可行为，明确行政许可事项、条件、程序和期限，保护申请人合法权益，根据《中华人民共和国银行业监督管理法》、《中华人民共和国商业银行法》、《中华人民共和国行政许可法》、《中华人民共和国外资银行管理条例》等法律、行政法规及国务院有关决定，银监会于2014年9月11日公布《外资银行行政许可事项实施办法》（银监会令2014年第6号，以下简称《实施办法》）。

（1）《实施办法》的出台背景

在《实施办法》公布之前，银监会颁布实施了《外资金融机构行政许可事项实施办法》（银监会令2006年第4号，以下简称旧《实施办法》），对规范市场准入流程、提高市场准入质量、保护申请人合法权益起到了重要作用。近年来，国务院加快推进行政审批制度改革，先后公布了若干批取消和调整行政审批项目的决定。同时，随着金融市场的发展和深化，包括《外资银行管理条例》及其实施细则在内的新的银行业监管法规规章和开放政策陆续实施，中外资银行市场准入标准进一步统一。为及时体现监管政策的发展变化，依法审慎开展外资银行市场准入工作，银监会对旧《实施办法》进行了修订，并与《外资银行管理条例》相衔接，将其更名为《外资银行行政许可事项实施办法》。

（2）《实施办法》的主要内容

《实施办法》共七章，一百五十二条，对外资银行的机构设立、机构变更、机构终止、业务范围、董事和高级管理人员任职资格等事项设定行政许可。囿于篇幅所限，下面仅就《实施办法》所涉行政许可的实施对象、“审慎性条件”以及与中外合资银行的设立及外资银行开办业务有关的行政许可做简要介绍。

第一，行政许可实施对象。《实施办法》所涉行政许可的实施对象为外资银行，具体包括：外商独资银行、中外合资银行、外国银行分行和外国银行代表处。在《实施办法》中，外商独资银行、中外合资银行、外国银行分行统称外资银行营业性机构。

第二，“审慎性条件”。《实施办法》在外资银行机构设立、外资银行开办人民币业务、信用卡业务、代客境外理财业务、代客境外理财托管业务、衍生产品交易业务以及发行债务、资本补充工具等方面，明确要求申请机构均应满足“审慎性条件”。对于所谓“审慎性条件”，《实施办法》明确规定，应至少包括下列内容：（1）具有良好的行业声誉和社会形象；（2）具有良好的持续经营业绩，资产质量良好；（3）管理层具有良好的专业素质和管理能力；（4）具有健全的风险管理体系，能够有效控制各类风险；（5）具有健全的内部控制制度和有效的管理信息系统；（6）按照审慎会计原则编制财务会计报告，且会计师事务所对财务会计报告持无保留意见；（7）无重大违法违规记录和因内部管理问题导致的重大案件；（8）具有有效的人力资源管理制度，拥有高素质的专业人才；（9）具有对中国境内机构活动进行管理、支持的经验和能力；（10）具备有效的资本约束与资本补充机制；（11）具有健全的公司治理结构。

第三，中外合资银行设立。《实施办法》对中外合资银行的设立设置行政许可。《实施办法》要求，拟设立的中外合资银行应具备以下条件：（1）具有符合《中华人民共和国公司法》、《中华人民共和国商业银行法》和《中华人民共和国外资银行管理条例》规定的章程；（2）注册资本应当为实缴资本，最低限额为10亿元人民币或者等值的自由兑换货币；（3）具有符合任职资格条件的董事、高级管理人员和熟悉银行业务的合格从业人员；（4）具有健全的组织机构和管理制度；（5）具有与业务经营相适应的营业场所、安全防范措施和其他设施；（6）具有与业务经营相适应的信息科技架构，具有支撑业务经营的必要、安全且合规的信息科技系统，具备保障信息科技系统有效安全运行的技术与措施。

对于中外合资银行的股东，《实施办法》规定其应当具备下列条件：（1）具有持续盈利能力，信誉良好，无重大违法违规记录；

（2）具备有效的反洗钱制度，但中方非金融机构股东除外；（3）外方股东具有从事国际金融活动的经验，受到所在国家或者地区金融监管当局的有效监管，并且其申请经所在国家或者地区金融监管当局同意；（4）《实施办法》第五条规定的审慎性条件。此外，对于中外合资银行的外方股东，《实施办法》要求其所在国家或者地区应当经济状况良好，具有完善的金融监督管理制度，并且其金融监管当局已经与银监会建立良好的监督管理合作机制。

第四，外资银行开办有关业务的行政许可。《实施办法》对外资银行开办衍生品交易、信用卡、证券投资基金托管、代客境外理财、代客境外理财托管、人民币业务以及发行债务及资本补充工具等设置行政许可，明确要求外资银行在开办上述业务时应具备《实施办法》所规定的有关条件并由银监会审查决定。

（3）外资银行应注意的问题

《实施办法》积极落实国务院行政审批制度改革精神，缩减行政许可范围，简化许可流程，全面体现了国务院关于简政放权的要求。《实施办法》通过进一步取消部分审批事项，简化了市场准入流程，提高了银行业机构展业的便利性。外资银行在设立和业务开展的过程中，应认真贯彻《实施办法》的有关规定，并注意以下方面：

第一，《实施办法》调整了有关行政许可事项的范围。外资银行应根据《实施办法》的有关规定，在开办衍生品交易业务、信用卡业务、证券投资基金托管业务、代客境外理财业务、代客境外理财托管业务、人民币业务以及发行债务及资本补充工具等时取得银监会行政许可，但对于开办电子银行业务、借记卡业务等则无须再履行行政审批手续。

第二，《实施办法》简化了有关行政许可程序。根据《实施办法》，外资银行设立分行时，直接由拟设分行所在地银监局直接报送银监会即可。此外，外资银行修改章程如仅涉及名称、住所、股权、注册资本、业务范围且变更事项已经银监会批准的，不需进行修改章程的申请，但应规定时限内将修改后的章程报送银监会及所在地银监局。

第三，《实施办法》加强了对外资银行的审慎监管。在机构设立方面，外资银行应当建立与业务经营相适应的信息科技架构，具备保障信息系统有效安全运行的技术与措施；在持续市场准入监管方面，外资银行获准变更股东或者调整股东持股比例，应当自银监会批准后，向银监会报送法定验资机构出具的验资证明以及相关交易的证明文件，同时抄报所在地银监会派出机构。

（三）同业业务

《关于规范金融机构同业业务的通知》、《关于规范商业银行同业业务治理的通知》、《关于加强银行业金融机构人民币同业银行结算账户管理的通知》

2014年5月16日，中国人民银行、中国银监会、中国证监会、中国保监会和国家外汇管理局联合公布了《关于规范金融机构同业业务的通知》（银发〔2014〕127号，以下简称“127号文”）。同日，为进一步明确商业银行同业业务治理的规范性要求，银监会发布《关于规范商业银行同业业务治理的通知》（银监办发〔2014〕140号，以下简称“140号文”），6月24日，人民银行又发布《关于加强银行业金融机构人民币同业银行结算账户管理的通知》（银发〔2014〕178号，以下简称“178号文”，以上三个通知合称为《通知》），作为“127号文”的配套性政策文件。

（1）《通知》的出台背景

近年来，我国金融改革发展全面推进，金融机构同业业务创新活跃、发展迅速，在便利流动性管理、优化金融资源配置、服务实体经济发展等方面发挥了重要作用。但是，由于同业存款无须缴纳存款准备金，同业资产也不必计提拨备，不受贷款计划规模、存贷比的约束，资本占用也比较少，在信贷等其他业务受到严格监管以及金融脱媒和利率市场化的压力下，商业银行同业业务出现快速扩张，并存在一些不规范现象，给金融市场带了风险隐患和不利影响。主要体现在：

一是银行同业业务结构期限错配增大了市场流动性风险。2013

年6月底和12月底，银行间市场两次出现“流动性紧张”的风险事件，隔夜回购利率最高达到30%，暴露了部分银行资产负债结构不合理、期限严重错配的风险。

二是同业业务成为规避监管和监管套利的工具。个别金融机构通过代付业务、多方参与的买入返售等手段，将表内资产转入表外，或投向国家禁止或限制贷款的房地产、产能过剩行业，取得高收益的同时规避资本比例等监管要求，影响宏观调控和监管效率。

三是影响实体经济发展、增加企业融资成本。各式各样的同业业务使得资金在金融机构间“空转”，实体经济没有得到相应的资金支持。此外，多方参与的同业合作使资金流转环节增多，实际上提高了企业融资成本。

为防范金融风险、引导资金更多流向实体经济、发展多层次的资本市场体系，人民银行、银监会、证监会、保监会、外管局五部委发文对同业业务进行进一步规范，有利于促进商业银行同业业务规范健康发展，降低企业融资成本，服务实体经济。

（2）《通知》的主要内容

“127号文”逐项界定了同业业务的基本类型，对各项同业业务及整体管理提出了规范要求；“140号文”主要从商业银行同业业务的授权管理、专营部门制、授信管理等方面对“127号文”予以进一步细化；“178号文”则对同业银行结算账户的开立、日常管理、专项管理制度等方面提出细化要求。主要内容如下：

第一，详细界定同业业务及基本类型。根据“127号文”，同业业务是指我国境内依法设立的金融机构之间开展的以投融资为核心的各项业务，主要包括同业拆借、同业存款、同业借款、同业代付、买入返售（卖出回购）等同业融资业务和同业投资业务。“127号文”还逐项界定并规范了同业拆借、同业存款、同业借款、同业代付、买入返售（卖出回购）等同业投融资业务，并要求金融机构开展的以投融资为核心的同业业务，应当按照各项交易的业务实质归入上述基本类型，并针对不同类型同业业务实施分类管理。

第二，明确同业代付和买入返售业务的适用范围。一是限制同业代付的适用范围。同业代付业务原则上仅适用于银行业金融机构办理跨境贸易结算。境内信用证、保理等贸易结算原则上应通过支付系统汇划款项或通过本行分支机构支付，委托方不得在同一市、县有分支机构的情况下委托当地其他金融机构代付，不得通过同业代付变相融资。这禁止了商业银行之间通过同业代付将表内贷款转化为表外代付的行为。二是规范买入返售（卖出回购）业务的资产范围和交易结构。买入返售（卖出回购）业务项下的金融资产应为银行承兑汇票，债券、央票等在银行间市场、证券交易所市场交易的具有合理公允价值和较高流动性的金融资产。根据“127 号文”，卖出回购方不得将业务项下的金融资产从资产负债表转出；三方或以上交易对手之间的类似交易不得纳入买入返售或卖出回购业务管理和核算。金融机构开展买入返售（卖出回购）和同业投资业务，不得接受和提供任何直接或间接、显性或隐性的第三方金融机构信用担保，国家另有规定的除外。此项规定禁止了同业市场上常见的由担保银行、过桥银行、通道同业机构等多方参与的受益权买入返售等业务模式。

第三，建立健全同业业务内部控制和风险管理制度。金融机构应将同业业务纳入全面风险管理，建立健全前中后台分设的内部控制机制，加强内部监督和责任追究，并从信用风险管理、授权管理、资本管理、流动性管理等方面对金融机构同业业务提出了具体管理要求。

一是加强同业业务信用风险管理。“127 号文”要求金融机构建立全机构统一的同业业务授信管理政策，将同业业务纳入统一授信体系。“140 号文”重申并细化了对商业银行授信管理要求，提出由商业银行法人总部对表内外同业业务进行集中统一授信，不得办理无授信额度或超授信额度的同业业务。为防范交易对手风险，“140 号文”还规定商业银行应建立交易对手准入机制，由法人总部对交易对手进行集中统一的名单制管理，定期评估交易对手信用风险，动态调整交易对手名单。

二是强化同业业务授权管理。“127 号文”要求金融机构根据同业业务的类型及其品种、定价、额度、金融资产标的以及分支机构的风控能力等进行区别授权。“140 号文”则对商业银行授权管理提出了更严格的要求：法人总部对同业业务进行统一管理，实行专营部门制，专营部门由法人总部集中统一授权，不得转授权。对于不能通过金融交易市场进行电子化交易的同业业务，可以委托其他部门或分支机构代理市场营销和询价、项目发起和客户关系维护等操作性事项，但是同业业务专营部门需对交易对手、金额、期限、定价、合同进行逐笔审批，并负责进行集中会计处理，全权承担风险责任。对同业拆借、买入返售和卖出回购债券、同业存单等可以通过金融交易市场进行电子化交易的同业业务，不得委托其他部门或分支机构办理。

三是细化同业业务资本管理要求。“127 号文”要求金融机构按照“实质重于形式”原则，根据所投资基础资产的性质，准确计量风险并计提相应的资本与拨备，并提出了具体比例要求。单家商业银行对单一金融机构法人的不含结算性同业存款的同业融出资金，扣除风险权重为零的资产后的净额，不得超过该银行一级资本的 50%。单家商业银行同业融入资金余额不得超过该银行负债总额的三分之一（农村信用社省联社、省内二级法人社及村镇银行暂不执行）。

四是重视同业业务流动性管理。“127 号文”要求金融机构合理配置同业业务的资金来源及运用，将同业业务置于流动性管理框架之下，防范期限错配风险。“127 号文”还要求金融机构审慎确定融资期限，其中同业借款业务最长不超过三年，其他同业融资业务最长期限不得超过一年，业务到期后不得展期。

第四，鼓励资产证券化、同业存单等同业业务发展。“127 号文”要求金融机构加快推进资产证券化常规发展，盘活存量、用好增量，并鼓励金融机构积极参与银行间市场的同业存单业务试点，提高资产负债管理的主动性、标准化和透明度。

第五，严格规范同业银行结算账户管理。“178 号文”要求同业银行结算账户开立除应严格按照《人民币银行结算账户管理办法》外，开户银行应逐户获得一级法人或一级分行授权，并提高同业开户的审核要求，采取多种措施对开户证明文件的真实性、完整性和合规性一级存款银行开户意愿真实性进行审核，例如首次开户面签、通过上门核实或大额支付系统核实存款银行开户意愿的真实性等。同业银行结算账户的日常管理应遵循依法依约使用的原则，并严格执行开户生效日制度、对账制度、久悬管理制度、年检制度。为落实上述要求，“178号文”还规定各银行应制定本银行及分支机构在其他银行开立同业银行结算账户的专项管理制度，加强对同业业务的集中管理，包括建立健全同业银行结算账户开立内部授权制度、严格同业业务的分级办理制度、加强同业银行结算账户的预警监测及强化银行内控管理等。

（3）商业银行应注意的问题

第一，规范各类型同业业务及其会计核算。《通知》明确了同业业务的定义和基本类型，并对各基本类型业务进行逐项界定，对各类型业务的会计核算提出基本要求。但在实践中，商业银行开展的同业业务名称各异，商业银行对各类同业业务进行管理时，应注意按照业务实质归入上述基本类型，针对不同类型实施分类管理，并根据《企业会计准则》和《通知》要求将各类型业务计入正确的会计科目。

第二，建立健全同业业务风险管理和内部控制制度。同业业务作为商业银行重要业务之一，须纳入全面风险管理范畴，建立完备的内部控制机制。商业银行须根据《通知》要求，在同业业务信用风险管理、授权管理、资本管理和流动性管理方面完善内部管理制度。

在信用风险管理方面，将同业业务纳入统一授信管理，建立交易对手准入机制，根据交易对手资本、业务规模等因素确定交易对手评价标准和评价流程，拟定交易对手名单。

在授权管理方面，商业银行须在2014年9月底前实现全部同业业务的专营部门制，明确专营部门的业务范围、权限；对于其他部门和分支机构已开展的同业业务进行全面梳理，允许已开展的存量业务到期结清或移交专营部门。

在资本管理方面，《通知》要求商业银行根据所投资基础资产的性质准确计量风险和计提相应资本，这将改变同业业务一直以来较低的风险权重标准，需要逐项分析各类业务的最终资金投向及银行承担的风险，根据《商业银行资本管理办法（试行）》适用合适的风险权重标准，这将对商业银行的资本管理产生一定影响。

在流动性管理方面，商业银行在遵守同业业务期限限制的同时，应将同业业务纳入全行流动性管理，注重资产和负债的期限匹配，遏制“短借长贷”等期限错配行为可能形成的流动性风险，避免出现同业业务违约事件。

第三，规范理财资金投资，拓展理财资金投资渠道。2013 年初，银监会颁布《关于规范商业银行理财业务投资运作有关问题的通知》（银监发〔2013〕8 号），对商业银行理财资金直接或间接投资非标准化债权资产的比例、资本管理等进行了较为严格的规定；但部分商业银行通过三方或多方之间复杂的同业业务安排，实际上规避了上述规定。对此，“127 号文”明确规定，特定目的载体之间以及特定目的载体和金融机构之间的同业业务，参照本通知执行。商业银行理财资金投资行为被纳入《通知》管辖范围。特别是“127 号文”对买入返售（卖出回购）项下金融资产范围的限制以及三方或以上交易对手之间的安排不纳入买入返售（卖出回购）管理和核算，将对理财资金通过买入返售投资信托受益权等各类非标准化债权资产造成影响。商业银行除须根据《通知》要求进一步规范理财资金投资外，还应加大产品创新、拓展新的投资品种，提高理财产品的竞争力。

第四，大力发展资产证券化、同业存单等业务。《通知》明确提出要加快推进资产证券化及同业存单业务试点，为商业银行规范开展同业业务开了“正门”，值得商业银行关注。信贷资产证券化有助于提高商业银行信贷资产流动性，优化调整商业银行信贷资产结构；同业存单业务则可推进商业银行流动性管理。商业银行应借助此次契机，大力推进信贷资产证券化，积极参与同业存单业务试点，加强信贷资产流动性管理，提高资产负债管理的主动性、标准化和透明度。

第五，加强同业银行结算账户管理。商业银行需从他行和本行同业银行结算账户两方面进一步加强同业银行结算账户管理。在他行同业银行结算账户管理方面，严格依据“178 号文”为其他银行开立同业银行结算账户，认真审核开户证明文件，验证开户的真实意愿，并加强账户的日常管理，对于久悬账户或不符合开立条件的账户，按照相关管理办法和“178号文”进行及时处理。在本行同业银行结算账户管理方面，应制定本银行及分支机构同业银行结算账户的内部授权制度和流程，全面及时掌握本银行所有分支机构在其他银行开立同业银行结算账户的情况。对于发现的异常开立的账户及时通知开户行予以撤销。

（四）金融消费者权益保护

1.《商业银行服务价格管理办法》

为规范商业银行服务价格管理活动，促进商业银行健康可持续发展，银监会、发改委于2014年2月14日联合印发《商业银行服务价格管理办法》（中国银监会　国家发展改革委令2014年第1号，以下简称《管理办法》），并配套印发《关于印发商业银行服务政府指导价政府定价目录的通知》（发改价格〔2014〕268号，以下简称《价格目录》）。《管理办法》和《价格目录》自2014年8月1日起施行。

（1）《管理办法》和《价格目录》的出台背景

我国商业银行业务发展和受理渠道的多样化，使银行服务价格披露和金融消费者行使知情权和选择权的方式比较复杂，而相关法律法规较为原则且规定分散，以致银行服务价格领域存在一些需要进一步规范和改进的问题。为维护金融消费者合法权益，规范银行服务价格管理，银监会和发改委对原《商业银行服务价格管理暂行办法》（中国银行业监督管理委员会　国家发展和改革委员会令2003年第3号，以下简称《暂行办法》）进行了修订，形成《管理办法》。同时，为切实满足社会公众和企事业单位的基本金融服务需求，发改委、银监会还联合制定并印发《价格目录》。

（2）《管理办法》和《价格目录》的主要内容

《管理办法》共七章三十八条，主要包括：政府指导价、政府定价和市场调节价的制定和调整、服务价格信息披露、内部管理、服务价格监督管理等内容。《价格目录》涵盖13项收费项目，并明确退休职工个人基本养老金异地取现收费问题，部分免除银行客户账户管理费（含小额账户管理费）和年费。与《暂行办法》相比，《管理办法》细化了服务价格制定、调整流程，明确了商业银行的定价部门、定价程序、市场调节价和收费项目的公示内容、公示场所和公示时限，强调商业银行应披露服务价格信息，并通过多种渠道和方式保障客户知情权和选择权。具体包括以下几个方面：

第一，明确服务价格制定和调整流程，推动商业银行规范定价。将商业银行服务收费定价进一步区分为政府指导价、政府定价和市场调节价三类，并增加关于定价流程的管理要求。政府指导价和政府定价流程如下：第一步，组织商业银行进行成本调查；第二步，征求客户、银行和有关方面的意见，以平衡各方利益；第三步，做出决定并公布。对于市场调节价，则要求商业银行按照制定定价策略和原则、成本及收入测算、价格决策、形成说明和宣传材料、网点及网站公示等步骤进行。

第二，强调服务价格市场化原则，加强服务价格工作报告监督机制。促进服务价格市场化，取消商业银行就市场调节价向银监会报告的要求。加强商业银行服务价格内部管理监督，新增商业银行总行报送服务价格工作报告要求，报告内容包括：组织架构和管理总体情况、项目设置及收入情况、免费项目设置及社会责任承担情况、收入结构和评估情况、信息披露情况、投诉处理情况、客户意见采纳情况等。

第三，突出强调服务价格披露，加强商业银行收费透明度约束。要求商业银行对新增和提高实行市场调节价的服务价格，至少实行前3个月进行公示；要求商业银行通过电子银行等自助渠道提供服务时须做好事前提示，明确界定同城业务覆盖的区域范围并告知客户；特别要求，商业银行应提醒客户提供真实有效联系信息以便将价格调整信息及时告知客户，并要求商业银行标注优惠措施的生效和终止日期等。

第四，强化银行内部价格管理控制约束，推动商业银行提升服务价格管理水平。商业银行应建立健全服务价格管理制度和内部控制机制，建立清晰的服务价格制定、调整和信息披露流程，严格执行内部授权管理，明确价格行为违规的问责机制和内部处罚措施，建立服务价格投诉管理制度，指定一个部门牵头负责服务价格管理工作。

第五，构建三位一体的监督管理架构，加大对商业银行收费的监督力度。监管部门对违规行为的界定随管理幅度的扩充而更加细化，由原来的四项增至九项。首次提出鼓励有关单位和个人对商业银行服务价格违法行为进行监督，并对侵害客户合法权益的问题采取法律措施或投诉；行业协会等自律组织要充分发挥自律协调作用。

第六，强化普惠金融理念，对部分基础金融服务实行政府指导价和定价管理。商业银行应对异地领取养老金业务免收每月前 2 笔且每笔不超过 2 500 元（含 2 500 元）的本行异地（含本行柜台和 ATM）取现手续费。对银行客户账户中（不含信用卡）没有享受免收账户管理费（含小额账户管理费）和年费的，要根据客户申请，为其提供一个免收账户管理费（含小额账户管理费）和年费的账户（不含信用卡、贵宾账户）。对个人跨行柜台转账汇款手续费、对公跨行柜台转账汇款手续费、个人现金汇款手续费、个人异地本行柜台取现手续费四项收费设定了政府指导价。

（3）商业银行应注意的问题

第一，服务收费相关管理办法、操作规程及服务协议文本等应与《管理办法》、《价格目录》要求保持一致。商业银行对现行涉及服务收费、价格管理的中间业务管理、客户投诉管理等制度、流程以及与客户权益密切相关的服务收费协议文本、告知书、确认书等，均应根据《管理办法》、《价格目录》做好相应修订和完善。在相关协议文本或法律文件中，除需以通俗易懂、醒目清晰的方式明示服务项目、服务内容、服务价格、优惠措施及生效和终止日期、与价格相关的例外条款、限制性条款、咨询或投诉的联系方式等信息外，还应与客户明确约定价格调整时的告知方式，以确保充分履行告知义务。对代理业务，应确保在客户确认文件中标注委托方名称、服务项目、收费金额、咨询（投诉）联系方式等信息。

第二，及时纠正内外部收费专项检查中发现的问题，确保服务价目表贯彻执行。商业银行要做好服务价目表的执行培训和外部宣传，建立服务价目表动态更新机制。总行层面各相关业务部门应结合各地区域经济特点，在服务价目表和相关管理办法基础上，拟制更为细化的收费标准或指导意见。还应将依法合规收费纳入企业文化与员工手册等制度规范，探索将服务价目表执行情况纳入分支机构内控合规考核，提高全行各层级对服务收费的重视程度。

第三，进一步梳理完善服务价格管理架构，完善部门间沟通协调机制。大多数商业银行虽已明确服务价格管理工作的牵头部门，但对各部门间的职责界定仍不清晰，尚需予以进一步梳理。尽快形成统一的定价审核、监督和检查流程，避免未经必要的内部审查、审批流程而新增相关收费项目、提高费用标准或以其他形式擅自增加客户费用成本。各相关业务部门均应按《管理办法》规定科学、规范地提出本专业收费定价建议，全面规范定价流程。

第四，提升服务价目表实施的系统化管控效应，切实防范基层分支机构违反监管新规、新版服务价目表的操作风险。商业银行应积极推动收费管理的标准化和规范化建设，探索将监管部门及总行服务收费核心要求纳入系统硬控制，逐步实现进账单、客户发票等重要凭证所载收费项目名称能通过系统从服务价目表中抓取，确保相关要素名称一致，同时，可探索将客户类型、客户级别、收费费率等重要参数纳入系统刚性控制，并使入账科目与收费专业、具体项目等有效联动，避免柜员超标收费及不合规入账等操作风险。

2.《银行业金融机构消费者权益保护工作考核评价办法》

为科学评估银行业金融机构消费者权益保护工作开展情况与实际效果，切实维护银行业消费者合法权益，银监会于2014年8月13日发布《银行业金融机构消费者权益保护工作考核评价办法（试行）》（银监发〔2014〕37号，以下简称《考评办法》），标志着商业银行消费者权益保护工作被正式纳入监管部门量化考评。

（1）《考评办法》的出台背景

银监会在成立消费者权益保护局之初，即将银行业金融机构消费者权益保护考核评价纳入监管规划。2013年1月，银监会印发的《银行业消费者权益保护工作规划纲要（2012—2015）》中提出，将制定消费者权益保护工作考评办法，按年度对各银行业金融机构消费者保护工作进行考评，并将考评结果纳入商业银行风险评级。但因国内银行业消费者权益保护工作起步较晚，工作实践中经验积累有限，消费者权益保护工作考评体系的建立条件一直不成熟。

2013年8月，银监会发布《银行业消费者权益保护工作指引》（以下简称《指引》），首次对商业银行消费者权益保护工作的行为准则与制度安排提出全面的具体要求。《指引》对商业银行消费者权益保护工作起到了正面引导作用，但在国内银行业经营压力较大的背景下，若无强制性制度约束，相关工作要求的落实效果难以得到保障。

经过监管部门和商业银行近两年的探索，银行业消费者权益保护工作框架逐渐清晰，建立考核评价体系的条件基本成熟。在这样的背景下，银监会制定并印发《考评办法》。《考评办法》将银行业消费者权益保护工作各项要求进行了分解细化，提出了比《指引》更全面、可操作性更强的具体规范。

（2）《考评办法》的主要内容

《考评办法》分正文和评分原则两部分。其中：正文部分共五章二十七条，涵盖考评的组织形式、操作流程、结果运用等内容。评分原则详细介绍了各个考评要素、考评指标及其评分原则。具体内容如下：

第一，构建消费者权益保护工作考评指标体系。银行业金融机构消费者权益保护考核评价包括制度体系是否完备、制度执行是否有可靠保障、工作开展是否有效、内部考核与管理是否得当和重点问题是否发生5个考评要素，共18个指标，每个指标对应一个或多个扣分项或加分项。扣分项分值100分，加分项分值10分，总分值110分。

第二，明确银监会及其派出机构考核评价工作职责分工。银监会及其派出机构按照法人监管和属地监管原则分别负责其监管的法人银行业金融机构考评工作。此外，银监会派出机构还须对辖内银行业金融机构一级分支机构进行考评，并确定是否对其他分支机构进行考核评价。银监会派出机构完成辖内银行一级分支机构考评工作后，应将考核结果印送该法人银行业金融机构及其法人监管机构。

第三，厘清考核评价工作操作流程。消费者权益保护工作考核评价流程包括信息收集、初评、复评、结果反馈等环节。信息收集环节，商业银行应提交与消费者权益保护工作相关的内部制度材料。初评环节，考核评价人员根据收集的信息和评分原则进行指标评分，并填写考评底稿。复评阶段，复评人员可针对考评指标作出不同于初评的考评结果，但须说明理由并以书面形式详细记录。结果反馈阶段，商业银行如对考评结果有异议，应在 10 个工作日内提出反馈意见及新的证明材料，监管机构可据此重新审定。

第四，确立以考核评分结果划分等级的评价体系。《考评办法》按得分区间将商业银行分为四个等级，并对各等级作出定性评价。考评结果为一级，表示商业银行消费者权益保护工作开展得力，在经营管理和业务环节中能够有效落实消费者保护理念，保障消费者合法权益。考评结果为四级则表示商业银行消费者权益保护工作制度体系不健全，可能存在系统性缺陷。此外，考评办法还明确银监会及其派出机构将按评分等级采取不同的后续监管措施，对于评分等级较低的，监管机构将通过发出风险提示、通报、督促整改等方式加强监管。

（3）商业银行应注意的问题

第一，消费者权益保护工作应当注重实效。从考评指标权重看，制度体系是否完备、制度执行是否有可靠保障、内部考核与管理是否得当三类评级要素合计仅占总分的 33%，工作开展是否有效和重点问题是否发生合计占 67%，尤其是“侵害消费者基本合法权益的情形”一项指标分值就达到 15%。此外，《考评办法》还明确了“重点问题是否发生”中任何一项考评指标分数被全部扣除，该机构考评结果不得为一级的原则。这就要求商业银行在建立完善消费者权益保护制度体系的基础上，应更加关注消费者权益保护工作对基层机构经营行为的约束和控制，切实保护消费者合法权益不受侵犯。

第二，加强机构内部相关部门的分工协作。《考评办法》提出了比《指引》范围更广泛，内容更丰富的消费者权益保护工作要求，如：投诉处理、网点服务设施建设、舆情管理、诉讼与仲裁案件处置等。对于任何一家机构而言，相关要求的落实都需多个部门彼此协作，共同承担。因此商业银行应结合《考评办法》的各项工作要求明确相关内设部门的职责分工，并建立顺畅的内部沟通协调机制，保证消费者权益保护工作顺利有效开展。

第三，注意保存工作开展过程与成效的相关证明材料。从《考评办法》评分原则可以看出，多数考评指标均以商业银行能否提供充分的证明材料为评分依据，商业银行如无法提供消费者权益保护工作开展过程及成效的相关证据材料，则相关工作无法在考评时被予以确认。因此，商业银行在落实《指引》与《考评办法》要求的同时，还应注意常态化整理、保存相关证明材料，建立工作信息台账，做到相关制度与工作流程有证可查，避免因工作记录缺失被扣减考核分数。

（五）理财业务与保理业务

1.《关于完善银行理财业务组织管理体系有关事项的通知》

为规范商业银行理财业务发展，完善理财业务组织管理体系，2014 年 7 月 11 日，银监会发布《关于完善银行理财业务组织管理体系有关事项的通知》（银监发〔2014〕35 号，以下简称《通知》），对商业银行理财业务经营管理部门的事业部改制、经营规范及风险隔离与防范等事项提出了具体要求。

（1）《通知》的出台背景

近些年，为满足投资者多样化资产管理需求，商业银行不断创新理财资金投资运作模式，持续推出不同类型的理财产品。截至 2014 年 5 月末，全国 400 多家银行业金融机构共存续理财产品 50 918款，理财资金账面余额 13.97 万亿元。在银行理财业务快速发展的同时，一些问题也逐渐暴露，例如：理财业务与自营业务相互交叉交易，理财产品之间通过相互交易调整收益，以及商业银行误导性销售、不适当销售理财产品等。由于目前商业银行理财业务规范性文件主要侧重对理财产品本身的管理，未能完全覆盖理财业务经营部门的组织管理、投资运作、运营管理等实际风险因素。因此，为进一步加强对商业银行理财业务的监督管理，有效防控相关风险，银监会制定并发布了《通知》。

（2）《通知》的主要内容

第一，加快完成理财业务事业部改制。《通知》明确要求商业银行应当组建理财业务事业部，依照“单独核算、风险隔离、行为规范、归口管理”四项原则设立专门的经营管理部门，统一经营管理全行理财业务，充分做好理财业务风险隔离与防范。改制后的理财业务经营部门应当充分体现独立性，能够在其授权范围内拥有独立的经营决策权与自主管理权，可根据业务发展需要自主配置人、财、物等资源，设置相对独立的人员考核机制和激励机制。

第二，设置单独核算的经营运作管理。《通知》要求商业银行理财业务经营部门作为独立的利润主体，不仅要建立独立的会计核算、统计分析和风险调整后的绩效考评体系，同时对每只理财产品应当分别单独建立明细账、单独核算，并覆盖表内外的所有理财产品。

第三，建立独立条线的风险控制体系。《通知》明确要求商业银行应当建立独立条线的风险控制体系，以“四分离”的风险隔离机制防范系统性和区域性风险，增强商业银行理财业务风险防御能力。

一是理财业务与信贷等银行自营业务相分离。银行理财业务应当回归资产管理业务本质，其资金来源应当与具体投资运用相互对应，完全独立于信贷等其他银行业务，信贷资金也不得为本行理财产品的投资运作提供融资或担保。

二是自营业务与代客业务相分离。理财业务作为商业银行的代客业务，应当与自营业务相分离，建立独立账户、风险管理流程和内控制度，严禁理财资金用于自营业务或通过理财产品期限设置、会计记账调整等方式调节监控指标。

三是理财产品与代销的第三方理财产品相分离。商业银行针对理财产品与代销的第三方理财产品应当设置独立且差异的准入、考核、推介和销售制度，且代销第三方机构产品必须采用发行机构制作的法律文件，不得出现代销机构的标识。

四是不同理财产品之间相分离。严禁商业银行将不同理财产品之间进行相互交易，并通过期限错配等方式满足理财产品的刚性兑付或调节理财产品的支付收益。

第四，明确商业银行理财业务的行为规范。《通知》针对商业银行开展理财业务的销售、投资及运营规定了明确且严格的行为规范。

一是销售行为规范。商业银行在销售理财产品时应当充分向客户提示风险，在销售文件中制定专页的风险提示书和客户权益须知，载明理财产品的投资范围及资产配比、费用收取方式和标准、收益测算依据和方式等，提示客户理财产品非存款，预测收益不等于实际收益，产品有风险，投资须谨慎。在销售时，商业银行应当严格依照适当性原则，将合适的理财产品销售给合适的客户，确保理财产品的风险评级与客户风险承受能力评估结果相匹配。

二是投资行为规范。商业银行应当审慎尽责管理理财产品投资组合，充分评估资产组合可能发生的流动性风险，制定相应解决预案，对投资运作过程建立全程跟踪评估机制，及时处置重大市场风险。同时依据理财产品相关法律文件代表投资者利益行使法律权利或者实施其他法律行为。

三是运营行为规范。《通知》要求商业银行应当加强理财产品运营管理，建立专门的理财业务会计制度、管理信息系统及托管机制，合理设置募集期和清算期，做到理财产品全流程的信息充分披露和不同阶段的持续性披露，及时、准确地将理财产品相关信息报送至全国银行理财信息登记系统。

第五，建立理财业务归口管理，落实风险责任承担。商业银行理财业务经营管理部门应当建立集中统一管理本行理财业务，制定各项规章制度的机制，具体包括理财产品的研发设计、投资运作、成本核算、风险管理、合规审查、产品发行、销售管理、数据系统、信息报送等。商业银行应将理财业务风险纳入全行风险管理体系管理，并对理财业务事业部风险管理的健全性和有效性承担最终责任。

（3）商业银行应注意的问题

第一，依照“四项原则”完善理财业务组织管理体系。目前，针对理财业务，大多数商业银行已设置专门的经营管理部门（如资产管理部），依托商业银行现行运行核算与风险管理机制进行理财业务投资运作和风险防控，但缺乏独立的决定权与经营权。商业银行应当按照银监会《通知》要求加快完善理财业务组织管理体系，建立相对独立的运行核算流程、风险隔离与防范机制、流动性管理体制、人员管理体系等，制定专门的业务凭证与法律文件，切实在代客理财业务与自营业务之间形成清晰的界限，更好地实现风险隔离与业务管理。

第二，关注基础资产本身，加强理财产品独立运作管理。《通知》明确规定，商业银行信贷资金不得为本行理财产品提供融资和担保，理财业务应当回归资产管理业务的本质，将有效防止目前部分商业银行为理财产品投资风险兜底的做法。因此，商业银行应当改变理财业务的现有运作模式，从提供资金保障向有效运作管理转变，加强对理财产品自身关注，提高理财产品投资运作管理能力。此外，理财产品所投资的基础资产是理财产品的运行基础和风险来源，商业银行还应当强化对基础资产的管理，充分做好投资前期的尽职调查，准确分析判断基础资产的风险属性，坚持做好投资存续期的跟踪监测，切实防范相关投资风险，有力保护投资者的合法权益。

第三，禁止理财产品相互交易与“资金池—资产池”运作方式。通过理财产品相互交易形成“资金池”到“资产池”的运作模式已成为一些商业银行保证理财产品实现预期收益目标的通行做法。在此种模式下，一旦单只理财产品发生投资风险将对其他理财产品的运作管理产生直接影响。为避免风险发生，商业银行理财业务经营管理部门应当对每只产品分别单独建立明细账、单独核算，不得通过本行理财产品相互交易进行“收益输送”，不得通过发行新产品对接存量产品进行“期限错配”，不得通过基础资产置换进行“风险腾挪”，严格按照《通知》要求规范理财产品运作，逐渐推动理财产品回归本质。

第四，设置有效风险隔离机制，提高风险防控能力。依照目前商业银行理财业务一般运作模式，其主要依托全行统一的业务管理机制，不可避免地出现各类业务的相互交易与交叉操作，造成理财业务风险防控效用明显不足。为避免此种情况发生，商业银行应当按照《通知》规定严格执行“四分离”的业务操作规范，设置区别于自营业务和代销业务的理财业务运作流程和管理信息系统，建立符合理财业务特点的独立条线风险控制体系，实现不同类型业务风险的有效隔离，提供理财业务的风险防控能力。

第五，加强理财业务信息披露，确保理财产品适当销售。由于理财业务投资运作的复杂性与专业性，社会大众投资者往往较难掌握理财产品的风险构成，实践中经常出现商业银行误导性销售和不当销售的情形。因此，银监会在相关规范性文件中要求商业银行应当充分做好理财产品信息披露，在此基础上，《通知》进一步就信息披露的内容与形式做了明确、具体的规定，商业银行应当按照《通知》要求加强理财产品的全流程、持续性信息披露，逐渐形成产品信息透明化，使投资者更为清晰地了解购买理财产品的真实风险收益特征。同时，商业银行还应当规范产品销售行为，做好投资者风险承受能力评估与理财产品风险评级，严格区分一般个人客户、高资产净值客户和私人银行客户，进行理财产品销售的分类管理，确保将合适理财产品销售给合适的客户。

第六，严格规范理财业务投资行为与运营行为。《通知》对理财业务的投资行为与运营行为提出了具体要求，商业银行在进行理财资金投资与运作时，应当审慎尽职管理投资组合，建立投资资产的全程跟踪评估机制与风险管理应预案，及时评估、防范资产组合的投资风险，切实保护投资者合法权益。

2.《私募投资基金监督管理暂行办法》

2014 年 8 月 21 日，中国证监会发布《私募投资基金监督管理暂行办法》（证监会令第 105 号，以下简称《暂行办法》），对私募投资基金（以下简称私募基金）的概念、范围、备案要求、合格投资者范围、资金募集和投资运作规则等予以明确规定。

（1）《暂行办法》的出台背景

自1985年引入风险投资概念，允许风险投资性企业运作以来，我国私募基金行业已有了迅猛发展。截至2014年8月底，仅已备案的私募基金管理人即达3 562个，管理私募基金5 232只，管理资产规模约1.98万亿元。

相对于私募基金行业的发展势头，我国私募基金法律体系尚不完善，私募基金行业规范健康发展缺乏有效法律保障。为此，近年来国家相关部门陆续出台了一些针对私募基金的政策法规，如2011年11月发改委办公厅发布《关于促进股权投资企业规范发展的通知》、2012年《证券投资基金法》修订增加非公开募集基金章节等。2013年6月，中编办发布《关于私募股权基金管理职责分工的通知》，明确私募基金划归证监会监管。为建立健全私募基金监管制度，贯彻落实中编办的职责分工要求，2014年8月21日，证监会制定印发《暂行办法》，对私募基金相关行为予以规范。

（2）《暂行办法》的主要内容

第一，界定私募基金的概念及监管范围。根据《暂行办法》规定，私募基金是指在中华人民共和国境内，以非公开方式向投资者募集资金设立的投资基金，其组织形式包括实践中广泛存在的公司制和合伙制私募基金，投资范围包括买卖股票、股权、债券、期货、期权、基金份额及投资合同约定的其他投资标的。对于证券公司、基金公司、期货公司及其子公司从事私募基金业务的，《暂行办法》规定在优先适用其他法律法规和证监会规定的基础上，同样适用本办法。

从上述规定看，《暂行办法》对私募基金的界定是以基金的"非公开"募集方式为标准，而不是以基金的设立形式及投资标的为标准，这有利于证监会将各类私募基金统一纳入监管，防止多头监管和监管真空。

第二，建立私募基金登记备案制度。根据《暂行办法》，设立私募基金管理机构和发行私募基金不设行政审批，而是实行登记备案制度，即各类私募基金管理人向基金业协会进行管理人主体的备案登记，并在完成基金募集后向基金业协会办理基金的备案手续。基金业协会的登记备案不构成对私募基金管理人投资能力、持续合规情况的认可，不作为对基金财产安全的保证。

第三，确立合格投资者制度。《暂行办法》对私募基金合格投资者标准做了明确规定，要求合格投资者必须符合以下标准：(1) 具备相应风险识别能力和风险承担能力；(2) 投资于单只私募基金的金额不低于 100 万元；(3) 单位投资者净资产不低于 1 000万元，个人投资者金融资产不低于 300 万元或者最近三年个人年均收入不低于 50 万元。这一标准对个人合格投资者的要求高于以往的集合信托、证券公司资管计划、基金公司资管计划、保险公司资管计划等投资工具。同时，《暂行办法》还规定养老基金、社会公益基金、在基金业协会备案的投资计划等投资者可视为合格投资者。

《暂行办法》对合格投资者人数未做单独限制，而是规定不得超过《证券投资基金法》、《公司法》、《合伙企业法》等法律规定的特定数量，即非公开募集基金合格投资者累计不得超过二百人；有限公司制私募基金合格投资者人数累计不得超过五十人；有限合伙制私募基金合格投资者人数为二个以上五十个以下。

为防止变相公开募集，《暂行办法》规定以合伙企业、契约等非法人形式，通过汇集多数投资者资金直接或间接投资于私募基金的，应当穿透核查最终投资者是否为合格投资者，并合并计算投资者人数。但对于前述养老基金、社会公益基金、在基金业协会备案的投资计划以及证监会规定的其他投资者，《暂行办法》将其视为单一合格投资者，豁免穿透核查和合并计算投资者人数。

第四，明确私募基金募资规则。《暂行办法》从坚守私募原则、杜绝变相公募和坚持面向合格投资者募集资金两个原则出发，对私募基金的募资规则做了明确规定，具体包括：(1) 不得向合格投资者之外的单位和个人募集资金，不得通过公众传播媒体或者讲座、报告会、分析会和布告、传单、短信、微信、博客和电子邮件等方式向不特定对象宣传推介；(2) 不得向投资者承诺资本金不受损失或者承诺最低收益；（3）要求对投资者的风险识别能力和风险承担能力进行评估，并由投资者书面承诺符合合格投资者条件；（4）要求私募基金管理机构自行或者委托第三方机构对私募基金进行风险评级，只能向风险识别能力和风险承担能力相匹配的投资者进行推介；（5）要求投资者如实填写风险调查问卷，如实承诺资产或者收入情况；（6）要求投资者确保委托资金来源合法，不得非法汇集他人资金投资私募基金。

第五，明确私募基金投资运作规则。《暂行办法》从坚持诚信守法，恪守职业道德底线，防范道德风险角度对私募基金的投资运作行为提出了规范性要求，包括：（1）募集私募基金应根据或者参照《证券投资基金法》制定并签订基金合同；（2）私募基金应由托管人托管，如不进行托管，应当在基金合同中明确保障私募基金财产安全的制度措施和纠纷解决机制；（3）私募基金管理人应坚持专业化管理原则，建立利益冲突和利益输送防范机制；（4）禁止私募基金管理人、托管人、销售机构及其他私募服务机构及其从业人员进行资产混同、利益输送等违规投资运作行为；（5）私募基金管理人应如实向投资者披露信息，并对信息报送及重要文件资料保存等事宜做了规定。

（3）商业银行应注意的问题

第一，合理运用相关规定扩展资产管理业务。《暂行办法》的发布，大大拓宽了商业银行资产管理业务空间，具体表现为：

一是降低了持牌机构在资管通道业务中的义务。《暂行办法》允许各类私募基金以非公开方式向合格投资者募集资金进行投资，且不设行政审批程序，这就在实际上降低了持牌机构及其设立的投资计划作为资管业务通道的义务，只要在基金业协会进行备案的各类私募基金管理人，均可成为银行资管业务的合作机构。但是需要注意的是，基金业协会对私募基金管理人和基金产品的登记备案仅限于形式审查，商业银行在选择私募基金管理人作为合作对象时，不应将基金业协会登记备案作为唯一条件，而应确立合作准入的具体标准，从私募基金管理人的股东或合伙人实力、投资能力、资信状况、过往业绩等方面进行全面考察。

二是对私募基金投资范围不做限制。根据《暂行办法》规定，私募基金的财产除可投资股票、债券、期货、期权、基金份额外，还可通过投资合同的约定，投资于未上市公司股权、债权以及包括收益权在内的其他财产权利等，投资范围大大拓宽。

三是特殊目的载体不再是资管业务通道的必备要素。《暂行办法》发布后，私募基金管理人既可以设立投资公司或者合伙企业作为特殊目的载体开展业务，亦可以不运用特殊目的载体而直接设立契约型基金，以委托管理为基础法律关系的契约型基金将在未来得到大力发展。私募基金管理主体和投资范围的拓展意味着商业银行在开展资管业务投资时可选择的合作机构更多，投资工具更丰富，有助于商业银行合理选择更为优质的合作伙伴，督促合作机构切实履行自身的管理职责，提高资管投资的安全性和效率。

第二，审慎把握和遵循合格投资者范围相关规定。《暂行办法》对合格投资者标准作出规定，同时明确了合格投资者穿透核查要求。商业银行在开展与私募基金相关的业务时应对此予以关注，避免相关违规风险。按照《暂行办法》的规定，商业银行募集的理财资金如拟直接投资于私募基金，或通过未在基金业协会备案的信托计划、保险资管计划等间接投资于私募基金，均需要穿透核查最终投资者是否为合格投资者，并合并计算投资者人数。在此种情况下，商业银行相关理财产品销售对象的资质和人数需符合《暂行办法》对合格投资者的规定，但是如果借助依法设立并在基金业协会备案的投资计划或证监会认定的其他合格投资者通道投资于私募基金，则不受穿透核查相关要求的限制。

第三，完善私募基金托管协议，明晰界定基金托管人的义务。《暂行办法》第二十一条规定，除基金合同另有约定外，私募基金应当由基金托管人进行托管，但《暂行办法》并未明确基金托管人的具体职责，需要在基金合同等法律文件中予以明确界定。

私募基金不同于公募投资基金，其投资标的包括股权、债权、期权等多种金融产品，组织形式则有契约型、合伙型和公司型等多种类型，其运作的隐蔽性较强，透明度较差，因此，商业银行在从事私募投资基金托管业务时，应结合私募基金及其产品特点，完善基金托管协议，理顺托管人与基金管理人、投资者等相关主体的法律关系，合理界定托管人的职责：一是根据私募投资基金的组织形式和投资标的类型，分类制定托管协议文本；二是在托管协议中明确界定托管人资产保管和投资监督的范围，特别是明确托管人对股权和债权投资后的资金运用不承担监督责任；三是明确基金管理人如实宣传托管人职责的义务，在基金合同和风险揭示书中明确托管人的免责事由。

第四，依法合规开展私募基金代销业务。《暂行办法》对私募基金销售机构的销售行为作出了明确规定，商业银行代理销售私募基金，除应遵守银监会代销业务相关规定外，还须注意落实《暂行办法》有关要求。一是严格按照合格投资者准入标准，从资产规模或收入水平、单笔最低认购金额等方面调查了解客户情况，加强客户适当性管理；二是结合基金业协会制定的投资者风险识别能力和承担能力问卷及风险揭示书的内容与格式指引，对投资者进行风险评级并充分揭示相关风险；三是应严格遵守私募基金的募集规则，不得向合格投资者之外的单位和个人募集资金，避免用《暂行办法》禁止的方式向不特定对象宣传推介；四是向客户充分揭示代理销售的权利义务，明确告知基金管理人及其责任，代销机构对基金投资风险不承担任何责任。

3.《商业银行保理业务管理暂行办法》

2014年4月10日，中国银监会发布《商业银行保理业务管理暂行办法》（中国银监会令2014年第5号，以下简称《办法》），自公布之日起施行。

（1）《办法》的出台背景

近年来，随着经济形势由卖方市场向买方市场转变，购货商赊销付款逐步成为重要的结算方式。与一般贷款融资相比，保理业务准入门槛相对较低，使得企业可将应收账款转变为现金收入，拓宽企业特别是小微企业融资渠道，有效解决小微企业融资难题，受到企业尤其是小微企业的欢迎。在这一背景下，我国商业银行保理业务迅速发展起来，特别是2013年以来，国内商业银行保理市场呈现出爆发式增长的态势。但由于我国保理市场仍处于粗放式发展阶段，商业银行保理业务在迅猛发展的同时，风险也在累积。为防范和控制风险，加强保理业务审慎经营管理，促进保理业务健康有序发展，银监会出台了《办法》。

（2）《办法》的主要内容

《办法》共分为六章，三十七条，明确了制定目的和适用范围，对保理业务、保理融资、应收账款及转让予以定义并对保理业务进行了分类，从融资产品、客户和合作机构准入、业务审查、专户管理、融资比例和期限等多方面对保理融资业务流程和重点环节进行了规范，并明确了对商业银行公司治理、制度建设及内部控制等方面的要求，同时规定了相关监管措施和罚则。《办法》主要内容如下：

第一，界定保理业务相关定义与分类。根据《办法》，保理业务是商业银行以债权人转让其应收账款为前提，集应收账款催收、管理、坏账担保及融资于一体的综合性金融服务；应收账款是指企业因提供商品、服务或者出租资产而形成的金钱债权及其产生的收益；应收账款转让是指与应收账款相关全部权利及权益的让渡；保理融资是指以应收账款合法、有效转让为前提的银行融资服务。

《办法》还明确，保理业务分为国内保理和国际保理、有追索权保理和无追索权保理、单保理和双保理三大类。其中，按照基础交易的性质和债权人、债务人所在地，分为国际保理和国内保理；按照商业银行在债务人破产、无理拖欠或无法偿付应收账款时，是否可以向债权人反转让应收账款、要求债权人回购应收账款或归还融资，分为有追索权保理和无追索权保理；按照参与保理服务的保理机构个数，分为单保理和双保理。

第二，进一步规范保理融资业务。一是明确合格应收账款标准。应收账款是保理业务的基础，某一应收账款是否可以作为商业银行保理业务的标的直接关系到叙做保理的有效性。因此，银行在开展保理业务前，需对应收账款的性质进行甄别。根据《办法》要求，商业银行应当根据自身内部控制水平和风险管理能力，制定适合叙做保理融资业务的应收账款标准，规范应收账款范围。为了严格控制风险，《办法》明确规定了六类不合格的“应收账款”。商业银行不得基于不合法基础交易合同、寄售合同、未来应收账款、权属不清的应收账款、因票据或其他有价证券而产生的付款请求权等开展保理融资业务。

二是要求银行从严审查交易背景真实性。近年来国内大量的保理纠纷案例显示，背景贸易虚假已经成为保理银行的主要融资风险之一，也是导致保理业务频繁发生纠纷的主要因素。《办法》明确要求，商业银行受理保理融资业务时，应严格审核卖方和或买方的资信、经营及财务状况，分析买卖双方产生的应收账款的出质、转让及账龄结构等情况，合理判断买方的付款意愿、付款能力以及卖方的回购能力，审查买卖合同等资料的真实性与合法性。对因提供服务、承接工程或其他非销售商品原因所产生的应收账款，或买卖双方互为关联企业的，《办法》要求要从严审查交易背景的真实性和定价的合理性。

三是着重对单保理业务提出审慎管理要求。在单保理业务中，银行独立为卖方提供应收账款融资、管理及催收等服务，需要准确掌握买卖双方的履约能力，以进行全面的业务风险评估。为防控相关风险，《办法》规定，单保理融资中，商业银行需确定卖方或买方一方比照流动资金贷款进行授信管理，严格实施受理与调查、风险评估与评价、支付和监测等全流程控制。此外，商业银行办理单保理融资业务时，应当在保理合同中原则上要求卖方开立用于应收账款回笼的保理专户等相关账户。商业银行应当指定专人对保理专户资金进出情况进行监控，确保资金首先用于归还银行融资。

第三，严格保理业务风险管理。一是建立保理业务管理制度，健全保理业务管理机制。《办法》要求，商业银行应科学审慎制定贸易融资业务发展战略，并纳入全行统一战略规划，建立科学有效的贸易融资业务决策程序和激励约束机制，有效防范与控制保理业务风险；制定详细规范的保理业务管理办法和操作规程，明确业务范围、相关部门职能分工、授信和融资制度、业务操作流程以及风险管控、监测和处置等政策；定期评估保理业务政策和程序的有效性，加强内部审计监督，确保业务稳健运行；当建立全行统一的保理业务授权管理体系，由总行自上而下实施授权管理，不得办理未经授权或超授权的保理业务。

二是强调全面风险防控，细化风险分类管理。《办法》规定，商业银行应当将保理业务的风险管理纳入全面风险管理体系，动态关注卖方或买方经营、管理、财务及资金流向等风险信息，定期与卖方或买方对账，有效管控保理业务风险。此外，商业银行应将保理业务纳入统一授信管理，明确各类保理业务涉及的风险类别，对卖方融资风险、买方付款风险、保理机构风险分别进行专项管理。当发生买方信用风险，保理银行履行垫付款义务后，应将垫款计入表内，列为不良贷款进行管理。商业银行还应按照《商业银行资本管理办法（试行）》要求，按保理业务的风险实质，计量风险加权资产，并计提资本。

三是完善公司治理，强化内部控制。根据《办法》的要求，商业银行应根据自身特点及经营发展需要，建立与业务规模和复杂度相适应的业务组织架构，针对保理业务建立完整的前中后台管理流程，前中后台应当职责明晰并相对独立。保理业务规模较大、复杂度较高的商业银行，必须设立专门的保理业务部门或团队，配备专业的从业人员，负责产品研发、业务操作、日常管理和风险控制等工作。商业银行还应当加强保理业务 IT 系统建设，保理业务规模较大、复杂程度较高的银行应当建立电子化业务操作和管理系统，对授信额度、交易数据和业务流程等方面进行实时监控，并做好数据存储及备份工作。

（3）商业银行应注意的问题

此次银监会制定《办法》，意在规范保理市场发展，监管重心是国内保理业务。《办法》的出台，将有助于强化银行对保理业务贸易真实性的审核和风险管理，对于假借保理业务之名放松审查标准的授信业务亦有抑制作用，有利于银行保理业务的良性健康发展。因此，商业银行在开展保理业务的过程中，应关注以下几个方面的问题：

第一，审慎开展尽职调查。一是评估客户信用风险。保理业务的第一还款来源是买方按期支付的应收款项，如果出现买方经营失败、破产、倒闭、无支付能力或恶意拖欠，未能在规定时间内足额付款情况时，银行将面临资金损失。在有追索权的情况下，银行可向卖方追索，要求卖方在宽限期内无条件回购应收账款。因此，商业银行应尽可能全面了解卖方与买方情况，对双方的交易背景、贸易习惯、交易商品以及结算流程等内容进行审核，做实风险评价。二是审查交易真实性。保理业务应收账款相比流动资金贷款办理相对简单，实践中不法分子多通过伪造、变造发票、旧票新用、一票多用、虚假合同等方式套取银行信用。商业银行应严格审核商业发票、增值税发票、货运单据等单据原件及交易行为是否真实合理存在，提高对骗保、虚假贸易背景的甄别能力。其中，关联企业之间的交易由于更加复杂，其潜在风险更加隐蔽，因此，银行应从严审查其交易背景真实性和定价合理性，判断其上下游企业之间的交易及结算方式是否正常。三是确保债权权属清晰。商业银行应当按照“权属确定，转让明责”的原则，确保应收账款初始权属清晰确定、历次转让凭证完整、权责无争议，防止应收账款债权与第三方发生权利冲突。已在其他银行或商业保理公司等第三方办理出质或转让的应收账款不得办理保理业务，获得质权人书面同意解押并放弃质押权利和获得受让人书面同意转让应收账款权属的除外。

第二，加强对基础商务合同的审查。为确保基础买卖合同项下的债权为合格应收账款，商业银行应重点关注以下三个方面：一是债权的合法性。银行应关注买卖双方资质、买卖标的物性质等，尤其在从事针对国内企业的出口保理业务时，更需要注意该问题。因为我国有许多法律和监管规章约束出口商出口交易的合法有效问题，诸如是否有出口权、是否超越经营范围等都是甚为关注的问题。二是债权的可转让性。银行应注意审查基础买卖合同中是否存在限制或禁止债权转让的条款，如果银行接受的债权是不可转让或转让受到限制的债权，那么将无法实现债权的有效索偿。三是债权的完整性。银行应注意审查基础买卖合同中是否存在寄售、安装证明、分期付款、权利保留等条件，确保银行取得的应收账款不存在权利瑕疵。

第三，细化业务流程及风险控制。一是实行客户与产品的差别化管理，针对中小型客户，可以提供有追索权保理等较低风险的业务品种，通过客户准入的差别化，提高综合收益率，另外追加股东连带责任保证等担保方式，最大限度地防范风险。二是重视对保理从业人员的培训，建立专业化、精细化、集约化的从业人员队伍，提高从业人员交易识别能力，防范欺诈性交易的发生。在此基础上，银行应当直接开展保理业务，不得将应收账款的催收、管理等业务外包给第三方机构。三是对整个交易的过程应主动介入、跟踪管理，着重了解销售商与买方是否严格履行合同约定的义务，分析、判断交易双方的履约风险发生及权益实现的可能性，规避基础商务合同履约风险可能带来的损失。四是加强融后资金监测力度，密切监控保理款项现金流向，进行专户管理，确保保理款项用于卖方购买原材料等企业生产经营活动相关的资金周转，严禁以任何形式流入股市、楼市、股本权益性投资等，确保应收账款的回收。

（六）业务合作管理

1.《关于加强商业银行与第三方支付机构合作业务管理的通知》

为保护客户信息及资金安全，规范商业银行与第三方支付机构合作业务管理，2014 年 4 月 9 日，银监会与人民银行共同印发《关于加强商业银行与第三方支付机构合作业务管理的通知》（银监发〔2014〕10 号，以下简称《通知》），并要求各商业银行根据《通知》规定，于 2014 年 6 月 30 日前完成与第三方支付机构业务合作相关制度及合同修订工作。

（1）《通知》的出台背景

近年来，我国第三方支付业务发展迅猛，以互联网技术为依托，通过支付平台与电子商务的融合，线上支付向线下支付的渗透，不断拓展市场版图，业务领域也由网络支付、银行卡收单、预付卡的发行与受理进一步延伸至保险、基金、跨境支付等准金融领域。第三方支付机构的迅速发展既为商业银行提供更多合作良机，也对商业银行的支付结算、理财、存贷款等业务产生了较明显的挤占甚至替代效应。与此同时，商业银行在与第三方支付机构开展业务合作过程中，也暴露出监管规则不完善、风险防范不到位、责任界定不清等诸多问题，亟待规范解决。在此背景下，银监会会同人民银行制定并印发《通知》。《通知》的出台，有助于加强和改进商业银行与第三方支付机构的业务合作，理顺双方业务合作关系，妥善处理合作中存在的问题。

（2）《通知》的主要内容

《通知》共二十条，从客户身份的鉴别、交易限额设定、大额支付通知、备付金业务统一管理、技术安全保障等多个方面对商业银行与第三方支付机构的业务合作提出具体监管要求。主要包括以下内容：

第一，强调客户身份的双重认证流程。为了保障客户资金安全，《通知》再次重申了客户与第三方支付机构建立业务关联需由商业银行进行身份认证，同时进一步明确第三方支付机构也需对客户进行身份认证的监管要求。《通知》规定，客户银行账户与第三方支付机构首次建立业务关联时，应经双重认证，即客户在通过第三方支付机构认证的同时，还需通过商业银行的客户身份鉴别。账户所在银行应通过物理网点、电子渠道或其他有效方式直接验证客户身份，明确双方权利义务。此外，《通知》规定商业银行通过电子渠道验证和辨别客户身份，应采用双（多）因素验证方式对客户身份进行鉴别。不具备双（多）因素验证的客户，不得与第三方支付机构建立业务关联。

第二，要求设置支付限额的硬控制。《通知》规定商业银行在客户与第三方支付机构建立业务关联时，应对客户的技术风险承受能力进行评估。确保客户与第三方支付机构相关的账户关联、业务类型、交易限额等决策要求应与其技术风险承受能力相匹配。此外，《通知》规定，商业银行应设立与客户技术风险承受能力相匹配的支付限额，包括单笔支付限额和日累计支付限额。同时，为了满足客户临时性的资金需求，《通知》要求商业银行应向客户提供临时调整支付限额的服务，在进行身份验证和辨别后，按照客户申请，在临时期限内可以适当调整单笔支付限额和日累计支付限额。

第三，完善对客户资金安全的保障措施。《通知》要求商业银行对账户与第三方支付机构建立关联的客户应开通至少一种账户变动即时通知的技术方式，不具备即时通知条件的客户，不得通过银行与第三方支付机构建立一次签约，多次支付的业务合作关系。对预留手机号码且设定短信通知的客户，商业银行应在客户进行支付时对第三方支付机构提供的手机号码和银行预留的手机号码进行一致性检验，通过后方可进行支付，银行已按照前述要求在业务关联时进行信息验证的除外。此外，《通知》加强了对客户大额、可疑支付的风险控制，要求商业银行应对客户通过第三方支付机构进行大额资金划转强化身份认证，确保由客户本人发出资金划转。同时，《通知》还提出商业银行应就大额支付、可疑支付及时通知客户。

《通知》将商业银行为客户开通账户变动通知作为商业银行的法定义务，增加了商业银行客户维护的成本，但从保障客户资金安全的角度来看，一方面便于客户及时掌握资金变动情况，另一方面也避免了客户资金遭遇风险时损失进一步扩大。

第四，明确业务合作监管要求，厘清责任边界。监管法规的滞后及商业银行营销冲动使个别商业银行在与第三方支付机构合作中忽视了业务管理及风险控制，最终导致风险事件频发。与此同时，由于双方责任界定不清晰，加之网络支付举证困难等多重因素，往往由商业银行承担经济赔偿或声誉风险。为了规范商业银行与第三方支付机构业务合作，《通知》从以下几个方面加强了监管：

一是强调商业银行总行对第三方支付业务合作的管控。《通知》规定，商业银行应将与第三方支付机构的合作业务纳入全行业务运营风险监测系统的监控范围，对其中的商户和客户在本行的账户资金活动情况进行实时监控，达到风险标准的应组织核查。特别是对其中大额、异常的资金收付应做到逐笔监测、认真核查、及时预警、及时控制。《通知》还要求，商业银行应对客户通过第三方支付机构进行的交易建立自动化的交易监控机制和风险控制模型，及时发现和处置异常行为、套现或欺诈事件。此外，《通知》还进一步明确总行对客户备付金业务的统一管理权限及监管要求，提出未经总行书面授权，任何分支机构不得直接与第三方支付机构合作开展备付金存管业务。

二是建立健全数据及网络安全保障措施。《通知》要求商业银行应采取技术措施保障来自第三方支付机构的传输数据和操作指令的完整性、一致性和不可抵赖性。对不具备对等安全保障能力的第三方支付机构，原则上应不予合作。此外，《通知》指出，银行应构建安全的网络通道，如专线连接、VPN 通道等，指定安全边界，通过部署防火墙、DMZ 隔离区等，防止第三方支付机构越界访问。

三是要求商业银行明确界定与第三方支付机构的责任界限。《通知》要求，商业银行在与第三方支付机构签订业务合作协议时，应就非商业银行直接进行客户身份认证的批量扣款或电子支付，与第三方支付机构就赔付责任达成一致。

四是严格限制第三方支付机构对商业银行业务的屏蔽行为。《通知》规定，商业银行应明确要求第三方支付机构不得在未经授权的情况下屏蔽银行的支付界面与接口。

第五，重申对客户信息安全的保障义务。《通知》规定，商业银行应按照有关法律法规要求，做好客户信息安全与保密工作。商业银行与第三方支付机构合作开展各项业务，对涉及的客户金融信息安全，应严格遵循有关法律法规和监管制度的规定，严格遵照客户意愿和指令进行支付，不得违法违规透露。

第六，优化商业银行客户服务流程。《通知》要求商业银行应保留完整的支付信息，在相关法律法规规定的期限内妥善保管，并向客户提供第三方支付机构的签约查询和交易查询功能。此外，《通知》规定，商业银行接受客户申请，通过身份验证后，应当提供可以撤销客户账户与第三方支付机构业务合作关联的服务。

（3）商业银行应注意的问题

第一，完善与第三方支付机构业务合作机制。一是确立总行统筹管理，业务分级授权的管理体制。一方面从总行层面进一步加强对第三方支付机构的管理力度，将第三方支付业务合作纳入全行业务运管风险监测系统的监控范围，统一备付金存管的管理。另一方面，综合考量业务发展、风险管理和内部控制要求，在监管制度允许的情况下，对不同业务种类分别设置业务审批及管理权限，兼顾业务发展的灵活性及风险防控需求。二是依法完善业务合作机制。商业银行应从第三方支付机构的准入、合作、退出环节落实监管要求，加强对合作主体的审查和动态监控，通过信息共享、责任界定、技术安全等多个层面细化业务合作过程中的管理要求。三是健全第三方支付业务合作风险防控机制。商业银行应进一步优化第三方支付业务合作安全防护系统，通过保障数据传输安全、构建安全网络通道等措施，建立安全、稳定的支付环境。严格限制与不具备安全保障能力的第三方支付机构合作。

第二，加强对客户资金及信息安全的保护。第三方支付业务通常具有交易不透明、交易非直接、交易非纸面的特点，客户对自身资金和信息的保护处于比较被动及弱势的地位。商业银行应根据有关法律、行政法规及监管要求，针对网络支付业务流程及特点制定针对性的风险防范措施，切实保障客户资金及信息安全。一是落实《通知》有关身份需认证、支付有限额、账户变动应《通知》的监管要求，建立健全对客户资金的安全保障措施。二是完善业务系统设置，满足客户查询第三方支付交易信息、变更或撤销与第三方支付机构业务关联的业务需求，保障客户的选择权。三是重视对客户金融信息的保护。商业银行在对外提供个人金融信息时，应获得客户的事先授权。同时，商业银行应建立信息安全内部控制制度，实现客户信息保护工作的规范化、制度化，确保客户信息的使用、披露等各个环节均能得到有效控制。

第三，推进支付及风险信息的共享机制。《通知》再次强调在第三方支付业务中，商业银行应保留完整的交易信息。商业银行应以《通知》的出台为契机，要求支付机构提供包括但不限于商户名称、交易类型、交易时间和地点、交易金额等完整的交易信息，并在此基础上，建立自动化交易监控系统和风险监控模型，及时发现和处置可疑交易信息。同时，商业银行应秉持合作共赢的原则，建立与第三方支付机构风险信息的沟通机制，分享风险信息，共同防范第三方支付业务中的欺诈等风险事件，提升风险防控能力。

第四，完善与第三方支付业务合作的管理制度及相关协议。商业银行应按照《通知》要求，完善与第三方支付业务合作相关管理制度，从机构准入、业务管理、风险控制、客户信息及资金保护等方面加强与第三方支付机构业务合作风险管理；修订完善与第三方支付机构业务合作协议，细化双方在客户资金与信息保护、责任界定及赔付责任、交易风险监控等方面的权利义务。

2.《关于进一步规范商业银行代理保险业务销售行为的通知》

为了规范商业银行代理保险业务销售行为，保护保险消费者合法权益，促进商业银行代理保险业务持续健康发展，保监会、银监会于2014年1月8日发布《关于进一步规范商业银行代理保险业务销售行为的通知》（保监发〔2014〕3号，以下简称《通知》），自2014年4月1日起实施。

（1）《通知》的出台背景

商业银行代理销售保险产品已成为银保合作领域的一项重要业务。随着该项业务的迅速发展，相关的客户投诉、纠纷也随之增多，主要问题包括：代销行为偏离销售适当性原则，投保人风险承受能力与所购保险产品明显不符；代销过程中存在误导宣传的情形，片面强调保险投资功能和收益率，或将保险与储蓄相提并论，诱使存款人盲目投保；保险公司人员违规展业，混淆银保代理关系；投保单、保险合同、产品说明书等文件不规范，导致当事方权利义务不清；等等。针对这些问题，监管机关以《通知》形式进一步明确了保险公司和商业银行有关义务与责任。

（2）《通知》主要内容

第一，明确代理销售保险产品的适当性原则。商业银行应当对投保人进行需求分析与风险承受能力测评，根据评估结果推荐保险产品，把合适的产品销售给有需求和承受能力的客户。基于保险产品风险属性不同，《通知》区分两类情形分别明确了相应的管理要求。

一是投保人具有特定情形的，商业银行原则上仅限代销保单利益确定的保险产品。这些情形包括：投保人填写的年收入低于当地省级统计部门公布的最近一年度城镇居民人均可支配收入或农村居民人均纯收入；投保人年龄超过65周岁或期交产品投保人年龄超过60周岁。《通知》同时规定，具有上述情形的，保险合同不得通过商业银行与保险公司的相关业务系统自动核保现场出单，而应由商业银行将保单材料转至保险公司，保单材料经核保人员核保后，由保险公司完成出单。

二是保费的交付具有规定情形的，商业银行销售保单利益不确定的保险产品须取得投保人签名确认的投保声明。所谓“保单利益不确定的保险产品”，是指分红型、万能型、投资连结型、变额型等人身保险产品和财产保险公司非预定收益型投资保险产品等。此类保险产品不同程度地融合了传统保障功能与投资理财功能，但风险较大，保费的交付涉及规定情形的，应先由投保人签署投保声明，表明投保时了解产品情况，并自愿承担保单利益不确定的风险。这些情形包括：趸交保费超过投保人家庭年收入的4倍；年期交保费超过投保人家庭年收入的20%，或月期交保费超过投保人家庭月收入的20%；保费交费年限与投保人年龄数字之和达到或超过60；保费额度大于或等于投保人保费预算的150%。

第二，引导风险保障型和长期储蓄型保险产品发展。监管机关有意引导保险公司和商业银行注重保险产品传统特性，使保险产品回归侧重保障功能的本质，减少因过多销售带有投资功能的保险产品产生各类风险。《通知》明确规定各商业银行代理销售意外伤害保险、健康保险、定期寿险、终身寿险、保险期间不短于10年的年金保险、保险期间不短于10年的两全保险、财产保险（不包括财产保险公司投资型保险）、保证保险、信用保险的保费收入之和不得低于代理保险业务总保费收入的20%。对于业务占比达不到上述要求的商业银行总行及其一级分支机构，监管机构有权采取限期整改等监管措施。

第三，完善保险合同等法律文件样式及内容。保险公司应合理设计保险单册样式，保险单册封套在颜色、样式、材料等方面应与商业银行单证材料有明显区别。保险单册封面应以规定字体标明“保险合同”及保险公司名称，并用不小于三号的字体标明风险提示语及犹豫期提示语。《通知》针对投资型保险产品的常见风险和犹豫期特别规定了相应的提示语句，例如，分红保险风险提示语为

"您投保的是分红保险，红利分配是不确定的"；犹豫期提示语为"您在收到保险合同后 15 个自然日内有全额退保（扣除不超过 10 元的工本费）的权利。超过 15 个自然日退保有损失"。

第四，防控商业银行代销保险业务操作风险。商业银行及其销售人员不得设计、印刷、编写相关保险产品的宣传册、宣传彩页、宣传展板或其他销售辅助品。每个网点应当以纸质或电子形式公示代理保险产品清单，包括代理保险公司的名称和产品种类等信息，应向投保人提供完整合同材料。商业银行应在保险单、业务系统和保险代理业务账簿中完整、真实地记录商业银行网点名称及网点销售人员姓名或工号。除投保人书写困难，并进行了有效授权外，商业银行网点销售人员应请投保人本人填写投保单。商业银行及其销售人员不得截留客户投保信息，应将完整、真实的客户投保信息提供给保险公司。

第五，规范扣划收取保险费授权方式。商业银行在代销保险时通过银行扣划收取保费的，应当就扣划的账户、金额、时间等内容与投保人达成协议，并有独立于投保单等其他单证和资料的银行自动转账授权书，授权书应包括转出账户、每期转账金额、转账期限、转账频率等信息。商业银行在划款时还须向投保人出具保费发票或保费划扣收据。

（3）商业银行需要注意的问题

第一，加强银保合作中保险机构与保险产品的准入管理。商业银行在选择银保合作机构时，应当更加关注对方的保险产品类型结构，加大与产品种类丰富、注重研发风险保障型和长期储蓄型保险产品的保险公司的合作力度。在代销产品选择上，应严格执行《通知》规定的比例限制，至少每季度定期监控本行代销保险产品的品种结构情况，计算代销规定类型保险产品保费收入占比，及时调整代销产品品种、合理规划保费收入结构，避免因违反监管要求导致合规风险。

第二，建立健全保险客户识别与风险评估机制。基于传统保险产品主要满足风险保障及资金储蓄需要的特征，商业银行在代销保险产品业务中尚未建立对客户及保险产品进行风险评级，并进行匹配销售的制度规范。近年来，面向个人客户销售的保险产品多融合投资理财功能，分红险、万能险、投连险等保单利益不确定的保险产品在人身保险销售市场中占有相当大的比重。上述保险品种与商业银行理财产品、基金等投资产品的风险特征近似，商业银行未对投保人与代销的保险产品采取任何风险评级与匹配性管理措施，在风险控制与金融消费者权益保护方面存在缺失。商业银行应按《通知》要求，在现有保险产品代销流程中加入投保人需求分析和风险承受能力测评环节，并制定相应的操作规程与风险评估方法。

第三，完善代销保险业务相关法律文件。商业银行应根据《通知》要求，修订完善代理协议等相关法律文件，合理分配商业银行和保险公司的权利义务，确保代销行为依法合规。具体包括：(1) 与保险公司的合作协议应包含销售适当性要求、不同类型保险产品代销的比例控制等条款；(2) 审查合作保险机构提供的保险合同等文件是否按照《通知》规定，增加了风险提示及犹豫期提示语句并标明保险人全称，保单样式是否与商业银行凭证有明显区别；(3) 投保单等投保要约文件应以显著字体载明投保人已经了解该保险产品情况，自愿承担保单利益不确定风险；(4) 制作独立于投保单的扣划收取保费授权书，并在该授权书上载明转出账户、每期转账金额、转账期限、转账频率等信息。

第四，规范商业银行代销保险产品业务操作行为。从实务情况看，涉及代理销售保险产品的投诉、纠纷多是由操作风险事件引起的。例如，商业银行人员违规代投保人填写投保单要素，客户事后主张投保单记载要素不是其真实意思表示导致纠纷；有些商业银行网点为避免保险公司获知客户信息，以网点电话、客户经理人员电话冒充投保人联系电话，或者采取其他手段截留客户资料；个别商业银行人员泄露客户信息；等等。商业银行应及时根据《通知》相关规定，检查现行业务制度、操作规程是否对存在上述风险点的业务环节有清晰的规范要求，是否设置了有效的风险防控措施。

3.《关于规范保险资产托管业务的通知》

为规范保险资产托管行为，保监会会同银监会于 2014 年 10 月

24 日联合发布《关于规范保险资产托管业务的通知》（保监发〔2014〕84 号，以下简称《通知》），并自发布之日起执行。

（1）《通知》的出台背景

目前，我国关于保险资产托管的具体办法主要包括《保险机构投资者股票投资管理暂行办法》、《保险公司股票资产托管指引（试行）》，适用范围仅限于保险公司股票投资及托管，对于保险资产在其他领域的投资及托管，缺乏统一的监管规定予以规范，亟待补充完善。为此，保监会会同银监会在多次征求保险公司和托管银行意见的基础上，制定并发布了《通知》，以规范和加强对保险资产托管业务的监督管理。

（2）《通知》的主要内容

《通知》共十四条，对保险资产托管机构的选任、托管机构职责、保险资金的收支规范、资产估值核算、托管机构合规监督、保险机构的配合义务、托管机构禁止行为、托管机构合规运作评价等问题提出规范性要求。具体内容如下：

第一，完善保险资产托管机制。保监会 2010 年发布的《保险资金运用管理暂行办法》明确规定，保险集团（控股）公司、保险公司应当选择符合条件的商业银行等专业机构，实施保险资金运用第三方托管和监督，具体办法由保监会制定。但由于此后保监会未出台具体监管规定，以致个别保险机构未落实前述监管要求，保险资产托管也未实现全面覆盖。为此，《通知》完善了保险资产托管的监管要求：

一是明确保险托管机制的具体要求。《通知》第一条规定，保险机构应当建立和完善保险资产托管机制，选择符合规定条件的商业银行等专业机构，将保险资金运用形成的各项投资资产全部实行第三方托管和监督，以提高投资运作的透明度，防范资金运作风险。同时，《通知》第九条还规定，保险机构应及时向保监会提交保险资产托管业务实施方案，未按规定开展保险资产托管业务的，保监会将依法予以处罚。此外，根据《通知》第十三条规定，保险资产管理机构应当将自有资金及发行资产管理产品募集的资金投资形成的所有资产托管。《通知》通过界定应进行托管的保险资产范围、适用主体等，进一步完善了保险资产第三方托管机制。

二是规定保险机构对托管机构的配合义务。《通知》第七条规定，托管机构履行投资监督职责时，保险机构应当配合，及时、准确、完整地向托管机构提供投资监督所需的财务数据、划款指令人员授权变更情况、保险机构的关联方情况、专业投资机构的关联方情况等重要信息。如因保险机构未能执行上述规定，导致托管机构不能有效履行投资监督职责的，保险机构应承担相关责任。

第二，明确托管机构职责。根据《通知》规定，托管机构应当至少履行八项职责，包括安全保管托管的保险资产、代理或协助开立托管资金账户和证券账户、办理资金划转和清算交割、估值和会计核算、提供托管资产报告及相关数据信息、保存托管业务资料、对保险资产投资信息及相关资料履行保密义务、监督托管保险资产的投资运作并配合保监会监督检查等。

《通知》还对估值核算及投资监督提出具体要求：托管机构应当按照《企业会计准则》和托管合同的约定，对托管的保险资产进行估值和核算，并及时定期与保险机构进行对账，对各类金融资产的估值方法开展定期评估，就估值核算的科学性、合理性和公允性提出建议；托管机构应当切实履行托管保险资产的投资监督职能，根据保险资金运用的相关规定及时更新投资监督规则和流程，在托管合同生效后，对所托管保险资产在投资范围、投资品种、投资比例、投资限制和禁止行为等方面进行合规监督；托管机构在履行投资监督职能时，如发现保险机构或专业投资管理机构违反法律法规或保险资金运用相关规定的，应立即通知该保险机构或投资管理机构，同时应向保监会报告；托管机构还应及时跟踪对上述违规行为的整改情况，并将整改结果及时向保监会报告。

第三，界定托管机构禁止行为。《通知》第八条规定，托管机构从事保险资产托管时，不得有以下行为：一是将保险资产托管业务与保险产品销售业务挂钩；二是通过非法垄断进行不正当竞争；三是挪用托管的保险资产；四是混合管理托管资产和固有资产，或者混同管理不同托管账户资金；五是违反合同约定将保险资产委托他人托管，但境外投资委托境外次托管人不受此限；六是以托管的保险资产为他人设定担保；七是利用托管保险资产的投资信息和相关资料谋取非法利益；八是违规泄露相关投资信息。

《通知》第八条特别强调，保险机构不得将保险资产托管业务与保险产品销售业务挂钩，且不得因托管机构拒绝执行违规的划款指令或因严格履行投资监督职责而解除托管合作关系。

第四，规范保险资金收支活动。《通知》对保险资金收支活动提出监管要求：一方面，保险机构应当确保各项收支活动（除费用类支出外）主要通过托管资金账户进行；另一方面，托管机构应当严格按照保险机构或专业投资管理机构的有效指令，办理资金收支，并确保托管保险资产的收支活动（除费用类支出外）主要通过托管资金账户进行。

第五，建立托管机构合规运作评价机制。《通知》第十条规定，保监会按照"独立客观、持续完善"原则，制定并适时调整托管机构合规运作评价计分标准，定期跟踪评价托管机构的合规运作情况。合规运作评价内容主要包括托管保险资产数据信息报送情况、投资监督职能履行情况、其他合规运作情况等。此外，《通知》还规定，对于合规运作评价计分结果低于80分或者履行保险资产托管职责存在风险的托管机构，保监会将责令其整改并提交整改报告，并视整改情况，向相关保险机构提示托管机构的履职风险，若托管机构继续履职将给资金运用带来较大风险进而影响保险机构偿付能力的，保监会将责令更换托管机构。保监会还将向保险行业通报托管机构不合规运作事项。

（3）商业银行应注意的问题

《通知》明确了保险资产托管业务的基本原则和具体规范，为商业银行从事保险资产托管业务提供了监管依据，有助于规范保险资产托管业务，也有助于商业银行进一步拓展保险资产托管市场。与此同时，《通知》对商业银行履行保险资产托管职责提出了更为严格的要求。商业银行应按照《通知》的要求做好有关托管工作，并重点关注以下几个方面：

第一，切实履行托管机构职责。为确保保险资产托管业务依法合规发展，托管银行应做好以下工作：一是依法履行托管职责，规范托管账户开立、资金划转、估值对账等业务流程，加强对保险资金运作的动态监督；二是落实托管业务禁止行为规范要求，建立健全内部控制措施，完善事前预防、事中识别、事后整改全流程风险防控机制，切实防范各项禁止行为的发生；三是加强投资监督等相关信息报送工作，积极配合保监会监督工作。

托管银行应根据监管规定，及时更新保险资金投资监督规则和流程，对保险资产实施有效托管。鉴于我国现阶段对保险资金运用的监管规定缺乏系统性，且透明度不高，可考虑在有关托管协议中明确约定，保险机构或保险资产管理机构应当向托管银行提供托管协议适用的保险业监管规定；若有关监管规定发生变化更新，保险机构或保险资产管理机构应及时通知托管银行，并与托管银行协商变更投资监督事项。

第二，完善保险资产托管内部管理体制。保监会公布的托管机构合规运作评价计分标准，既是保监会跟踪评价托管机构合规运作情况的监管指标，也是托管机构自身检视托管服务水平的重要依据。商业银行在开展保险资产托管业务时，可以参照评价计分标准，进一步完善托管业务风险管理制度，提高保险资产托管业务水平。一是优化托管业务流程，根据评价计分标准，制定信息报送、投资监督、合规运作等托管事项具体管理要求，确保业务流程与监管要求有效对接。二是建立托管业务自评机制，参照评价计分标准，制定符合托管银行业务实际的内部评价机制，通过定期检查，及时发现并整改托管业务中存在的薄弱环节。

第三，进一步规范银保业务合作。近年来，为提升保险机构综合贡献度，一些托管银行建立了保险资产托管和保险产品销售联动机制，利用自身网点优势，以保险产品销售额换取保险资产托管，或将保险资产托管作为保险产品销售准入门槛，不利于保险资产托管市场的规范发展。为落实《通知》关于托管机构不得将保险资产托管与保险产品销售业务挂钩的要求，托管银行应注意依法规范与保险机构及保险资产管理机构的合作机制：一是要完善银保业务合作内部管理制度，制定科学合理的银保合作主体准入、业务准入标准，避免将保险资产托管份额与保险产品销售准入挂钩，或与保险产品销售额度挂钩；二是要规范银保合作协议相关约定，避免在协议中使用涉嫌将保险资产托管业务与保险产品销售业务挂钩的合同条款表述，防范违规风险。

4.《公开募集证券投资基金运作管理办法》

为了规范公开募集证券投资基金运作活动，保护投资者的合法权益，促进证券投资基金市场健康发展，2014 年 7 月 7 日，证监会印发《公开募集证券投资基金运作管理办法》（中国证券监督管理委员会令第 104 号，以下简称《运作办法》）。《运作办法》于 2014 年 8 月 8 日起正式实施，《证券投资基金运作管理办法》（中国证券监督管理委员会令第 79 号，以下简称原《运作办法》）同时废止。此外，中国证监会还同时下发了《关于实施〈公开募集证券投资基金运作管理办法〉有关问题的规定》（中国证券监督管理委员会公告〔2014〕36 号，以下简称《实施规定》），对《运作办法》实施过程中有关问题进行了释明。

（1）《运作办法》的出台背景

2012 年 12 月修订的《证券投资基金法》（以下简称新《基金法》）拓宽了证券投资基金法的适用范围，调整了证券投资基金的监管方式，并对公开募集证券投资基金（以下简称公募基金）的投资和运作制定了更具原则性和灵活性的政策安排。《运作办法》作为《基金法》重要的配套法规，是基金募集、申购赎回、投资管理等环节须普遍遵守的业务规范。为了适应新《基金法》实施后公募基金投资及运作需求，证监会以加强监管、放松管制为指导思想，对原《运作办法》进行了修订，对公募基金运作中所涉问题做了较为细致和明确规定。

（2）《运作办法》的修订内容

《运作办法》共计八章五十九条，主要从公募基金的发行及募集、基金类别、基金投资等方面对公募基金投资运作管理规定进行了修订。主要内容如下：

第一，落实并细化公募基金注册制度。新《基金法》虽取消了公募基金募集核准制，规定基金管理人申请募集公开发行的证券投资基金，仅需向证券监督管理机构申请注册，但由于原《运作办法》并未相应修订，致使相关政策未能真正落实。《运作办法》在新《基金法》的基础上进一步明确和细化了公募基金募集注册制度，其第九条规定，证监会依法受理基金募集注册申请，并进行审查，作出注册或者不予注册的决定，并通知申请人；不予注册的，应当说明理由。此外，《运作办法》第四条也指出，证监会对基金募集的注册审查以要件齐备和内容合规为基础，以充分的信息披露和投资者适当性为核心，以加强投资者利益保护和防范系统性风险为目标。同时，该条还明确指出，证监会不对基金的投资价值及市场前景等作出实质性判断或者保证。《实施规定》第三条又进一步规定，对常规基金产品，按照简易程序注册，注册审查时间原则上不超过20个工作日；对其他产品，按照普通程序注册，注册审查时间不超过6个月。基金发行注册制的落实，将有效地解决基金发行的时滞问题，提升公募基金发行的市场化程度。

第二，降低发起式基金募集门槛。发起式基金是指，基金管理人在募集基金时，使用公司股东资金、公司固有资金、公司高级管理人员或者基金经理等人员资金认购基金的金额不少于1 000万元人民币，且持有期限不少于三年的公募基金。为了鼓励发起式基金发展，《运作办法》第十二条规定，发起式基金不受“基金募集份额总额不少于两亿份，基金募集金额不少于两亿元人民币；基金份额持有人的人数不少于二百人的”的基金备案条件限制。此外，《运作办法》为确保发起式基金的整体质量，又进一步要求发起式基金的基金合同生效三年后，若基金资产净值低于两亿元的，基金合同自动终止。

第三，调整基金分类标准，增加基金类型，拓宽基金发展空间。一是调整股票基金的认定标准。《运作办法》第三十条规定，百分之八十以上的基金资产投资于股票的，为股票基金。该规定改变了原股票型基金最低股票仓位为60%的监管要求，通过调高股票型基金的最低仓位，强化股票型基金的股票投资属性，鼓励更多资金进入股票市场。二是增设基金中基金（即FOF）。新《基金法》首次肯定了“基金中基金”的法律地位，但是缺少投资运作的具体要求。《运作办法》则为基金中基金的正式推出提供了更为明确的法律依据。《运作办法》第三十条规定，百分之八十以上的基金资产投资于其他基金份额的，为基金中基金。自此，基金中基金正式进入公募基金领域，进一步拓宽了公募基金的种类。三是取消对基金管理人发行同类基金的限制。原《运作办法》第七条规定，拟募集的基金不得与拟任基金管理人已管理的基金雷同。《运作办法》删除了该条规定，不再限制基金管理人发行基金的类别及数量，基金管理人可以根据市场需求自行决定产品设计。

第四，完善基金投资风险控制措施。一是加强对公募基金持债情况的管理。《运作办法》第三十二条第一款及《实施规定》第一条规定，除可转债基金投资于可转债部分外，一只基金持有一家公司发行的证券，其市值不得超过基金资产净值的百分之十。该规定将原《运作办法》第三十一条基金投资禁止行为中的“股票”变更为“证券”，通过控制公募基金持有债券的数量，降低公募基金持债风险。二是限制基金投资基金的比例。《运作办法》第三十二条第四款规定，一只基金持有其他基金（不含货币市场基金），其市值不得超过基金资产净值的百分之十，但基金中基金除外。根据该规定，除基金中基金外，其他基金也可以投资基金，基金的投资范围得以进一步拓宽，但同时要求基金投资额不能超过基金资产净值的百分之十。此外，《运作办法》第三十二条还明确了基金中基金的投资禁止行为，即基金中基金持有其他单只基金，其市值不得超过基金资产净值的百分之二十，或者投资于其他基金中基金。《运作办法》旨在通过限制基金投资比重，降低集中投资风险。三是明确基金杠杆率，降低杠杆风险。根据《运作办法》第三十二条第六款规定，基金总资产不得超过基金净资产的百分之一百四十。同时，《实施规定》第一条第二款又指出，对于该款规定，封闭运作的基金和保本基金可以豁免，但基金的总资产不得超过基金净资产的200%；杠杆型基金可以豁免，其杠杆比率由基金合同自行约定，但基金名称中应当列明杠杆，法律文件中应当明确杠杆投资策略、充分揭示风险并做好投资者适当性安排。

第五，强化公募基金关联交易监管要求。一是细化基金管理人开展关联交易的监管要求。《运作办法》第三十三条不仅按照《基金法》的规定，指出基金管理人进行关联交易应当遵循基金份额持有人利益优先原则，依法履行信息披露义务。同时，还要求相关关联交易应当符合基金的投资目标和投资策略要求，按照市场公平合理价格执行，基金管理人应建立健全内部审批机制和评估机制，重大关联交易应提交基金管理人董事会审议，并经过三分之二以上的独立董事通过。二是加强基金托管人对关联交易的监督。《运作办法》规定，相关交易必须事先得到基金托管人的同意。根据该规定，基金托管人对基金关联交易承担事前审查义务，但对重大关联交易标准、关联交易审查范围等，《运作办法》均未明确。

第六，鼓励公募基金转型与合并。原《运作办法》仅规定，连续六十个工作日出现基金份额持有人数量不满二百人或者基金资产净值低于5 000万元情形的，基金管理人应当向中国证监会报告并提出解决方案。但对于具体解决方案并未明确。为了推动市场上迷你基金的合并，《运作办法》第四十一条明确规定，解决方案可以包括转换运作方式、与其他基金合并或者终止基金合同等。同时需召开基金份额持有人大会进行表决。此外，《运作办法》要求发起式基金，在基金合同生效三年后继续存续的，也要按照该规定执行。该规定的出台，有助于促进市场欢迎度不足的基金转型，提高基金管理人和基金产品的管理效率。

（3）商业银行应注意的问题

第一，关注创新型基金合法合规性。《运作办法》修订的一大亮点是放松对公募基金的行政监管，减少行政干预，为公募基金运作和投资创造更为宽松的投资环境，促进公募基金创新和多元化发展。商业银行作为基金托管人，应积极与监管部门沟通，了解市场上基金创新的动态及监管机构的态度，做好对基金创新的前瞻性研究。针对具体公募基金，商业银行应全面掌握拟托管公募基金关于投资者适当性及业务环节等制度安排，全面评估基金创新的合法合规性及对基金托管人的影响。

第二，审慎履行关联交易监督职责。如前文所述，《运作办法》要求基金托管人对公募基金的关联交易进行事前监督，但未明确基金托管人关联交易监督的范围、标准等具体事项。由于关联交易是否“符合基金的投资目标和投资策略”以及是否“按照市场公平合理价格执行”等事项缺乏客观标准和判断依据，托管银行对上述事项进行监督，存在较大困难。为落实《运作办法》监管要求，商业银行可以采取以下措施：一是结合银行基金托管业务实际，优化关联交易监督流程；二是修订基金法律文件中关联交易监督条款，明确关联交易监督业务流程及基金托管人职责，增设基金托管人免责条款；三是完善托管系统建设，提升对关联交易的判断能力和监督能力。

第三，全面修订基金法律文件。为落实《运作办法》关于托管人需对基金法律文件真实性、准确性、完整性承担法律责任的监管要求，商业银行应对涉及基金法律文件变更的法条进行全面梳理，并相应修订基金法律文件的条款。同时，商业银行应严格按照《运作办法》监管要求，对股票型基金、基金中基金的投资比例、投资限制等具体事项进行审查，确保协议约定依法合规。

（七）外汇管理

1.《银行办理结售汇业务管理办法》

为适应银行办理结售汇业务发展及金融监管机关外汇管理职能的现实需求，进一步完善银行结售汇监管制度，保障外汇市场平稳运行，中国人民银行于2014年3月26日发布了《银行办理结售汇业务管理办法》（中国人民银行令〔2014〕2号，以下简称《管理办法》）。

（1）《管理办法》的出台背景

进入2014年以来，人民币汇率一改单边升值态势，双向波动特征逐步显现。随着资本项目可兑换以及汇率市场化改革进程的推进，要让人民币汇率波动真正反映市场供求，必须减少对金融机构、企业的约束，在市场准入、产品、头寸限制等监管方面松绑。根据市场变化，中国人民银行适时发布了《管理办法》，体现了简政放权、构建合理监管体系的改革思路。《管理办法》的出台取代了实施10余年之久的《外汇指定银行办理结汇、售汇业务管理暂行办法》（中国人民银行令〔2002〕4号）和《中国人民银行关于结售汇业务管理工作的通知》（中国人民银行令〔2004〕62号）。

（2）《管理办法》的主要内容

《管理办法》分为五章，共三十三条，主要规范了结售汇业务市场的准入与退出、业务监督管理和违规处罚等内容。相较于之前的规范，主要修订了以下几方面内容：

第一，《管理办法》将银行结售汇业务区分为即期结售汇业务和人民币与外汇衍生产品业务，并对两种业务分别制定管理规范。根据《管理办法》规定，“即期结售汇业务是指在交易订立日之后两个工作日内完成清算，且清算价格为交易订立日当日汇价的结售汇交易”；“人民币与外汇衍生产品业务是指远期结售汇、人民币与外汇期货、人民币与外汇掉期、人民币与外汇期权等业务及其组合。”2002年颁布的《外汇指定银行办理结汇、售汇业务管理暂行办法》（以下简称《暂行办法》）规范对象主要是即期结售汇业务，而对于远期结售汇及其他外汇衍生品业务的相关办法由人民银行另行规定。这主要是由于当时我国外汇交易市场并不活跃，远期结售汇业务仅在少数银行进行试点，其他外汇衍生品业务更不多见。而自2005年汇率形成机制改革以来，人民币与外汇衍生产品业务迅速发展，目前外汇市场已推出了远期、掉期、期权及其组合等基础衍生品。因此《管理办法》将人民币与外汇衍生产品纳入广义的结售汇业务，与即期结售汇业务相区分，对两类业务分别制定管理规范。

第二，在结售汇业务市场准入方面，《管理办法》较之前管理规定降低了市场准入条件，简化了市场准入管理流程，取消部分行政许可和资格要求，监管方向从以事前审批为主转变为以事后监督为主。具体体现在以下几个方面：首先，《管理办法》整合了目前市场上各种人民币与外汇衍生产品业务的市场准入条件，实行一次性准入管理。原《暂行办法》第四条规定“金融机构经营结汇、售汇业务，须人民银行批准，取得外汇指定银行资格；非外汇指定银行不得经营结汇、售汇业务。”上述准入条件仅适用于即期结售汇业务，而对远期、掉期和期权等业务的市场准入分散在不同规范性文件中。《管理办法》对即期结售汇业务和人民币与外汇衍生产品业务的市场准入分别制定了管理规定，对各类人民币与外汇衍生产品业务的市场准入条件进行了统一规范。其次，《管理办法》降低了市场准入门槛，取消了《关于人民币对外期权交易有关问题的通知》中申请期权业务应具有3年以上远期业务资格的条件。最后，《管理办法》简化了市场准入审批管理方式，规定银行可根据经营需要一并申请即期结售汇业务和人民币与外汇衍生产品业务资格，同时地方性银行业务资格可由所在地外汇管理分局、外汇管理部审批，取得上级机构授权的银行分支机构从事结售汇业务只需所在地国家外汇管理局分支局备案。上述新规体现了我国结售汇业务简政放权的监管思路。

第三，在结售汇头寸管理方面，《管理办法》取消了银行外汇利润结汇、向境外汇出利润、适用人民币营运资金增持结售汇头寸等多项行政许可，大幅简化了银行头寸管理的监管要求。《管理办法》还规定"银行应遵守结售汇综合头寸管理规定"，这一规定改变了之前收付实现制的结售汇周转头寸管理制度，允许人民币外汇衍生产品交易产生的汇率敞口在即期外汇市场进行平盘，赋予银行更大的自主权，使其充分发挥市场主体在外汇业务发展中的主观能动性。此外，《管理办法》还规定结售汇综合头寸限额核定应考虑国际收支状况、银行外汇业务经营情况以及宏观审慎管理等因素，体现了国际上最新的管理理念。

第四，根据业务实践，《管理办法》修订了部分违规情形与相应罚则内容，总体上放宽了罚则尺度，取消了部分过于严厉的处罚措施。《管理办法》将违规行为汇总划分为三种情形：一是银行未经批准擅自办理结售汇业务的；二是银行未按规定进行结售汇业务操作的，包括未按规定审核相关凭证或商业单据，未按规定将结售汇综合头寸保持在核定限额内的，以及未按规定执行汇价管理规定；三是银行未按规定向外汇局报送结售汇、综合头寸等数据及其他相关报表和资料的，按照《外汇管理条例》进行罚款或责令停业整顿或者吊销业务许可证等相应处罚。

（3）商业银行应注意的问题

《管理办法》减少了金融机构在结售汇业务上的约束，在市场准入、产品、头寸限制等管理上予以松绑，使银行结售汇更加自由，人民币汇率形成更能反映市场供求。然而《管理办法》的执行也给银行结售汇业务带来了新的挑战。一方面，市场准入门槛的降低，将使原本不具备结售汇业务资格的金融机构有机会进场，市场参与主体的增加带来更丰富产品的同时，将带来更激烈的竞争与风险；另一方面，监管机关权力下放，将事前审批转为事后监管，商业银行将更多依靠内部风险管理制度防控相关风险，对银行内控管理能力提出了更高要求。

第一，应建立健全本行结售汇业务风险管理制度，形成结售汇业务经营和风险管理定期评价机制，并加强对相关业务人员的外汇管理政策培训，提高员工风险防控意识。

第二，在办理结售汇业务时，应注意做好客户尽职调查，对相关凭证或商业单据进行核实，与有真实需求背景的客户进行与其风险能力相适应的衍生产品交易。

第三，应遵守国家外汇管理局交易头寸管理规定，根据国际收支状况、自身外汇业务经营情况以及宏观审慎管理等因素核定头寸限额，并在规定时限内将结售汇综合头寸保持在核定限额以内。”

第四，应及时、准确、完整地向监管部门报送结售汇、综合头寸等数据及其他相关资料，并配合监管部门的现场和非现场监督检查工作。

2.《跨境担保外汇管理规定》

2014 年 5 月 19 日，国家外汇管理局（以下简称“外汇局”）下发《关于发布〈跨境担保外汇管理规定〉的通知》（汇发〔2014〕29 号，以下简称《通知》），公布了《跨境担保外汇管理规定》（以下简称《规定》）和《跨境担保外汇管理操作指引》（以下简称《操作指引》），实现了跨境担保外汇管理政策的统一。《规定》与《操作指引》已于 2014 年 6 月 1 日正式生效。

（1）《规定》的出台背景

自 1996 年中国人民银行发布《境内机构对外担保管理办法》（银发〔1996〕302 号）以来，外汇局陆续发布了《境内机构对外担保管理办法实施细则》(〔97〕汇政发字第10号)、《关于境内机构对外担保管理问题的通知》(汇发〔2010〕39号)和《国家外汇管理局关于发布〈外债登记管理办法〉的通知》(汇发〔2012〕19号)等多个涉外担保外汇管理法规。上述法规在规范对外担保行为和加强对外担保管理的同时，为我国对外经济技术合作，支持对外贸易发展、劳务出口和招商引资提供了积极支持。然而，随着对外贸易活动和对外经济技术合作的迅速发展，国际收支交易规模不断扩大，跨境担保行为日趋多样化和复杂化，现行规定已不能完全满足当前我国对外经济交往需求，主要体现在以下两个方面：

一是现行规定仅规范对外担保和外保内贷业务，而未涉及其他跨境担保类型，导致实践中存在当事人借道非典型担保规避现行对外担保管理政策的情况，不仅在一定程度上削弱了对外担保的管理效果，也客观上造成了外债统计数据的失真。

二是现行规定对融资性对外担保和非融资性对外担保适用不同的管理要求，对金融机构对外担保及企业对外担保的管理要求区别也较大，且多以外管局审批或登记为前提条件，存在管理方式手续繁复、管理成本较高等缺点，不利于跨境担保活动的进一步发展。

此次外管局以简政放权、职能转变为方针，出台《规定》及配套《操作指引》，旨在简化跨境担保管理程序、降低管理成本，更好地激发市场活力。《通知》生效后，外管局现行规定的12项规范性文件同时废止。

(2)《规定》主要内容

与现行规定相比，《通知》对内保外贷和外保内贷管理方式做了较大改动，减少了对这两种跨境担保的办理资格条件限制、简化了管理流程和手续，通过对资金用途的限制和监管，防止跨境担保成为资金异常流动的通道。主要内容如下：

第一，跨境担保的外汇管理范围。根据外汇管理的目标和职责，《规定》总则部分界定了跨境担保的外汇管理范围，即“担保人向债权人书面做出的、具有法律约束力、承诺按照担保合同约定履行相关付款义务”且“可能产生资金跨境收付或资产所有权跨境转移等国际收支交易的担保行为”。具体划分为内保外贷、外保内贷和其他形式跨境担保三种类型予以区别管理。除总则的概括性规定外，《操作指引》还列举了五项不按跨境担保管理的交易类型，包括：不具有契约性质或不受法律约束的承诺，如不具有法律约束力的安慰函或支持函；不包括现金交付或财产折价清偿等付款义务的承诺；不会同时产生与此直接对应的对债务人享有债权的承诺；已有管理方式进行有效管理，经外管局明确不按跨境担保纳入外汇管理范围的跨境承诺，如即期和远期信用证、信用保险；经外管局明确不再重复纳入规模和统计范围的跨境承诺，如境内银行在对外开立保函、开立信用证或发放贷款时要求境内客户提供的保证金或反担保。

与现行规定相比，《规定》拓宽了纳入跨境担保管理的担保行为范围，将符合法律的形式要求、以付款为担保履约方式、对国际收支可能产生重要影响的所有类型跨境担保全部纳入调整范围。此外，《通知》虽然从概念上对跨境担保做了融资性担保和非融资性担保的区分，但未再对融资性担保和非融资性担保做区分管理。

第二，内保外贷的管理方式。《规定》将内保外贷界定为担保人注册地在境内，债务人和债权人注册地均在境外的跨境担保。对于内保外贷业务，外管局采取事后登记的管理方式。根据《规定》，担保人可在自行签订内保外贷合同后，办理内保外贷登记手续。银行担保人通过数据接口程序或其他方式向外管局报送相关数据，担保人为非银行金融机构或企业的，在签订担保合同后 15 个工作日内到所在地外管局办理登记手续。如发生内保外贷履约，银行可自行办理，非银行金融机构和企业凭担保登记凭证到银行办理履约。未发生担保履约的，需注销登记。

与现行规定相比，上述规定取消了关于内保外贷诸多限制。一是取消了境内机构内保外贷事前审批和指标核定制度，仅在担保合同签订后办理登记手续；二是取消了对担保人和被担保人资产负债比例或关联关系的要求；三是将外管局的核准、登记或备案与内保外贷合同有效性判断脱钩；四是取消了担保履约核准制度，仅需在对外形成债权后，按相关要求办理对外债权登记即可。

此外，为防范担保履约可能引发对外债权和债务迅速增加而给国际收支造成的风险，《规定》和《操作指引》在取消事前审查和降低管理要求的同时，还对内保外贷项下担保资金用途做出了一系列限制，包括担保资金仅用于债务人正常经营范围内的相关支出；原则上不得直接或间接调回境内适用；用于直接或间接获得对境外其他机构的股权或债权时，该投资行为应符合国内相关部门有关境外投资的规定；被担保的债务为境外机构衍生交易项下支付义务时，债务人从事衍生交易应当以止损保值为目的，符合其主管业务范围且经过股东适当授权等。

第三，外保内贷的管理方式。《规定》明确了外保内贷债权人必须是境内金融机构，债务人必须是非金融机构，被担保的债务只能是本外币普通贷款或信用额度。在满足上述条件的前提下，参与主体可自行签订外保内贷合同，外管局的核准、登记不构成外保内贷合同的生效要件。外保内贷采取集中登记制度，由境内金融机构通过资本项目信息系统向外管局集中报送相关数据。如担保发生履约的，债权人可直接与境外担保人办理履约收款，履约后债务人应办理外债登记及信息备案手续，但可不纳入普通外债额度限制。

与现行规定要求外保内贷在履约时直接占用中国境内债务人外债额度不同，《规定》和《操作指引》更为宽松，规定只有当境内债务人因外保内贷项下担保履约形成的对外负债中未偿本金余额超过其上年度末经审计的净资产数额的，超过部分才需要占用其自身外债额度。因此，境内债务人向债权人申请办理外保内贷业务时，应向债权人真实、完整地提供其已办理外保内贷业务的债务违约、外债登记及债务清偿情况。

第四，其他形式跨境担保和物权担保。《通知》将之前未纳入管理范围的除内保外贷和外保内贷以外所有跨境担保均列为其他形式跨境担保。根据《规定》，除外管局另有规定外，其他形式跨境担保对参与主体没有资格限制，也无须履行外汇管理登记手续，参与主体可在符合境内外法律法规的前提下自行签订担保合同，但担保项下债权人主张担保权利和担保人承担担保履约义务仍应符合担保行为相关的外债、直接投资及证券投资等相关管理规定。

此外《规定》和《操作指引》还对物权担保的外汇管理做了

专门规定，包括外管局不对担保物权的合法性进行审查，而由担保当事各方自行审查；当担保人与债权人分属境内、境外或担保物权登记地与担保人、债权人的任一方分属境内、境外时，担保人或债权人申请汇出或收取担保财产处置收益时，可直接向境内银行提出申请，银行审查担保履约真实性、合规性并留存必要材料后，可办理相关购汇结汇和跨境收支；对于构成内保外贷或外保内贷的，应按相关规定办理。此种做法进一步简化了一般性物权担保设立和履约手续，有利于保护债权人利益。

（3）商业银行应注意的问题

《通知》对跨境担保管理政策进行了改革，取消了审批、核准手续，简化了业务办理流程，降低了境内企业运作成本，势必进一步促进跨境担保业务的快速发展，而承担债权人或担保人角色的商业银行也将面临更多审查义务，承担更大商业风险，因此，商业银行在办理跨境担保业务时，应关注以下几方面问题：

第一，严格履行对跨境担保参与主体的资格审查。《通知》取消了对内保外贷和外保内贷参与主体一系列资格条件限制和事前审批、数量控制和履约核准等管理政策，将控制风险手段转移为事后监管，以及担保人和担保受益人对被担保人的尽职调查。作为担保人或担保受益人的商业银行，要注意根据《通知》和担保合同的规定，严格审查被担保人办理跨境担保的主体资格、资信状况、履约可能性和违约风险。

在内保外贷项下，《规定》和《操作指引》均规定商业银行在签署担保合同前应对担保申请人和被担保人的主体资格以及担保履约可能性和还款能力是否符合境内外相关法律法规进行尽职调查。商业银行应注意就担保申请人和被担保人的经营及财务情况、资信状况，基础交易背景相关证明文件和交易合同等进行审查，分析被担保人预计还款资金来源，担保履约可能性等，在确保业务主体资格合法合规的同时，有效筛查被担保人违约风险。

在外保内贷项下，《规定》和《操作指引》规定境内债务人未清偿对境外担保人债务前，未经外管局批准，应暂停签订新的外保内贷合同，已经签订外保内贷合同的应暂停办理新的提款。商业银行应注意要求申请办理业务的被担保人提供真实、完整的已办理外保内贷业务的债务违约、外债登记及债务清偿情况，对于被担保人存在未清偿外债的，不予办理新外保内贷业务。

第二，完善内保外贷项下资金用途的审查和监督。《规定》对内保外贷项下融资资金用途做了具体限定，要求担保资金仅用于债务人正常经营范围内的相关支出，且原则上不得直接或间接调回境内使用。商业银行应制定相应的内部管理机制和程序，从以下几方面做好担保资金贷前审查和贷后监督工作：一是在办理内保外贷业务前要求债务人提供相关证明文件，严格审查交易背景真实性，防止债务人虚构贸易背景进行套利或以其他形式进行投机性交易；二是应根据《操作指引》的具体要求，对可能将资金直接或间接调回境内使用的行为加以排查，包括但不限于向境内机构进行股权或债权投资，获得50%以上资产在境内的境外标的公司股权，偿还原融资资金以股权或债权调回境内的债务，以及符合一定条件的向境内机构预付贸易合同款项；三是根据《操作指引》规定确保内保外贷项下某些特殊交易类型资金用途符合相应的管理要求；四是担保合同签署后以适当方式监督债务人的资金使用情况，避免因债务人将担保项下资金直接或间接调回境内使用而使我行受到处罚。

第三，注意及时办理相关登记和注销手续。根据《规定》，外管局对内保外贷和外保内贷实行登记管理。尽管《通知》将外管局的登记、备案和核准，以及其他管理事项和要求与担保合同有效性判断脱钩，但对于上述新规与《最高人民法院关于适用〈担保法〉司法解释》中关于“未经有关主管部门批准或者登记对外担保合同无效”规定之间的冲突尚未有明确解释，因此，商业银行还应注意根据《通知》规定及时办理登记或注销手续，在签署相关跨境担保合同后根据不同类型跨境担保的管理要求，及时办理登记手续，报送相关数据信息，并在担保责任到期，债务人清偿担保项下债务或发生担保履约后，及时办理注销登记手续。

此外，发生担保履约的，还应注意督促债务人在规定时间内到外管局办理对外债权债务登记和相关信息备案。内保外贷项下，商业银行通过资本项目信息系统进行登记和信息备案。外保内贷项下，商业银行应注意督促境内债务人在履约后15个工作日内到外管局办理登记手续。履约形成的对外负债，其未偿本金余额不应超过上年度末经审计的净资产数额，超出部分，占用债务人自身的外债额度。担保履约需办理结汇或购汇的，应注意按《通知》要求债务人提供相关材料并向外管局提出申请。鉴于外管局不对担保当事各方设定担保物权的合法性进行审查，且担保人或债权人申请汇出或收取担保财产处置收益时，可直接向境内银行提出申请，因此商业银行应注意在办理相关购汇、结汇和跨境收支前审查担保物权的真实性、合法性、有效性，并留存必要材料。

3.《银行对客户办理人民币与外汇衍生产品业务管理规定》

与中国人民银行《银行办理结售汇业务管理办法》（中国人民银行令〔2014〕2号）相匹配，国家外汇管理局也颁布了《银行对客户办理人民币与外汇衍生产品业务管理规定》（汇发〔2014〕34号，以下简称《管理规定》），自2014年8月1日起实施，同时废止了涉及衍生产品管理的6项外汇管理法规文件。《管理规定》细化了人民币与外汇衍生产品交易和管理规则，支持银行增加外汇产品，降低部分产品市场准入门槛。

（1）《管理规定》的出台背景

近年来，人民币汇率一直呈现单边升值波动小相对稳定的态势，市场需求大多集中在如何防范人民币升值风险上，对其他外汇风险管理工具需求不高，且市场主体缺乏全面审慎风险管理意识，制约了市场的规范发展。随着人民币国际化的推进和境内企业“走出去”，人民币汇率避险工具需求增长迅速。特别是2014年以来，外汇市场从人民币单一升值预期转变为双向波动格局，企业汇率风险敞口也相应增加了，因此市场对期权和掉期等外汇产品需求也不断增加。《管理规定》顺应市场趋势，以外汇期权为重点，丰富了汇率避险工具，进一步放宽2011年以来期权业务的适用范围，允许银行为客户办理实需项下的卖出期权及组合业务。至此，国内外汇市场汇率避险工具品种已基本齐备。

(2)《管理规定》的主要内容

《管理规定》分为三章，共十六条，从基本交易原则，市场准入管理和业务管理三方面对人民币外汇远期、掉期和期权产品进行了规范。《管理规定》内容与人民银行《银行办理结售汇业务管理办法》基本匹配，对之前各项人民币与外汇衍生产品业务管理做了以下修订：

第一，增加卖出人民币对外汇期权业务。《管理规定》规定“银行可以基于普通欧式期权基础，为客户办理买入或卖出期权业务，以及保函两个或多个恰全的期权组合业务。”之前监管规定仅允许银行为客户提供简单的看涨、看跌期权，或者风险逆转这两种产品。卖出期权业务的开放，为了解市场波动、熟悉金融产品、具有稳定首付汇现金流的企业，提供了一种新的管理汇率风险并实现业务增值的方式，也标志着中国外汇期权市场风险对冲工具的进一步完备。

第二，外汇衍生产品实需管理。实需交易是指客户办理衍生产品业务具有对冲外汇风险敞口的真实需要背景。《管理规定》将坚持实需交易原则作为银行办理衍生产品业务的基本原则。要求银行在与客户达成交易前，按照“了解你的客户”、“了解你的业务”和“尽职调查”原则，确认客户办理衍生产品业务符合实需交易原则，并获取由客户提供的声明、确认函等证明其真实需求背景的书面材料。上述规定体现了加强银行落实风险可控、相互促进和权益保护“展业三原则”的监管要求，保障外汇衍生产品市场服务实体经济的汇率风险管理。

第三，推进外汇衍生产品管理简政放权。主要体现为以下三项具体措施：一是《管理规定》对各类衍生产品业务实行统一的一次性准入管理。将之前分散设置的人民币外汇远期、掉期和期权产品市场准入和业务管理相关规定予以整合。在市场准入方面，对所有代客衍生产品业务实行统一的准入标准，即取得即期结售汇和其他银行业监管部门相关资格，具备健全的风险管理、内部控制制度和相应的系统和专业人员等条件的金融机构均可开展代客衍生产品业务。在业务管理方面，《管理规定》对人民币外汇远期、掉期和期权产品分别设置了业务管理规定和要求。上述规定有利于市场主体更清晰地依法合规开展业务。二是《管理规定》降低了期权业务的准入门槛，取消申请期权业务应具有3年以上远期业务资格的准入门槛，允许符合条件的金融机构一次性申请开办全部代客衍生产品业务或分期申请远期和期权业务资格。三是《管理规定》将地方性银行的管理权限由外汇总局下放至外汇局分支局，将银行分支机构的管理方式由备案制改为报告制。

第四，允许市场自主定价。原有规定要求银行对客户美元挂牌最高卖出价与最低买入价之差不得超过中间价的3%，并且最高卖出价与最低买入价区间应包含中间价。《管理规定》取消了上述买卖差价的浮动区间限制，规定对客户美元挂牌汇价浮动区间由银行根据市场供求自主定价。这是继之前取消对非美元货币挂牌汇价浮动区间限制之后，再次放开汇率浮动区间。至此，监管对外币对人民币挂牌汇率的浮动区间限制全部取消。

（3）商业银行应注意的问题

《管理规定》增加人民币外汇衍生业务品种，降低业务准入门槛，下放管理权限，推进简政放权等一系列措施，在丰富外汇业务产品、发展外汇市场，赋予商业银行更多自主性的同时，也将外汇衍生产品业务监管重点风险识别和防控工作的重点前移和内化至银行内控管理中。因此，商业银行在开展人民币与外汇衍生品交易时，将面临更重要的审慎经营和风险防控职责。为进一步促进外汇业务发展，更好地服务和满足实体经济的需要，商业银行应注意：

第一，进一步提高业务创新能力，扩展外汇市场的广度和深度，发挥创新业务在资源配置、价格发现和风险规避上的功能和优势。同时还应努力提升服务意识，为企业充分使用外汇资金提供便利，满足实体经济需要。

第二，建立完善衍生产品业务内部管理制度，明晰内部分工，确保内部管理机制符合监管要求，并涵盖业务操作规程、产品定价模型、风险管理制度、会计核算制度、统计报告制度等方面，依法合规审慎开展与自身风险管理水平相适应的衍生产品交易。

第三，开展衍生产品交易时，应严格落实实需交易原则，按照

"了解你的客户"、"了解你的业务"、"尽职审查"等监管要求对相关凭证或商业单据进行审查，了解客户资金流向和外汇风险敞口情况，确保客户办理衍生产品业务的实需背景，以及产品和客户实际风险敞口相匹配。

4.《外债转贷款外汇管理规定》

2014年1月21日，国家外汇管理局发布了《国家外汇管理局关于印发〈外债转贷款外汇管理规定〉的通知》（以下简称《通知》），对外汇转贷款登记审批、账户开立、结汇购汇核准等管理程序予以简化，以完善外债转贷款外汇管理，推进简政放权，促进投融资便利化。

（1）《通知》的出台背景

外债转贷款是指境内机构从境外借用直接外债后，按照国家相关规定或者根据自身与境外债权人关于资金用途的约定，在对外承担第一性还款责任的前提下，向境内其他机构继续发放的贷款资金。从境外借款的境内机构为转贷款债权人，境内其他机构为转贷款债务人。外债转贷款具有贷款条件优越、期限长等特点，一直是境内企业引进外资、利用外资，加强地方基础设施建设水平的重要途径。《通知》发布前，我国外债转贷款管理模式较为落后，行政审批环节众多、程序繁复，随着外债转贷款规模的逐年发展扩大，国家外汇管理局为适应形势变化，及时调整相关政策，颁布《外债转贷款外汇管理规定》，简化管理环节和行政程序，进一步促进外汇转贷款业务发展，使境内企业能够更好地引进和利用外资。

（2）《通知》的主要内容

《通知》印发了《外债转贷款外汇管理规定》（以下简称《规定》），共六部分，规范了外债转贷款范围、转贷款债权人和债务人还款责任，登记注册手续、外债转贷款账户开立规定，以及有关资金划转和结售汇要求等。同时《通知》废止了之前与外债转贷款业务相关的六个规范性文件，整合了业务管理规定，明确了相关操作程序。《规定》具体包括以下几方面内容：

第一，将外债转贷款划分为政策性外债转贷款与商业性外债转贷款，分别明确两类外债转贷款的操作程序。根据《规定》，政策性外债转贷款指国家财政部门代表中央政府对外谈判和签约，并由国家财政部门（财政外债转贷款）或是由开展转贷款业务的政策性银行、国有商业银行和股份制商业银行（财政性外债转贷款）作为转贷款债权人向境内其他机构继续发放的贷款。商业性转贷款指由境内金融机构按照规定直接借用商业性外债后，按照相关政策要求，使用该笔资金向特定境内机构继续发放的贷款。《规定》要求两类外债转贷款应分户存放，且对两类外债转贷款的资金划转和结售汇进行分类管理。

第二，将外债转贷款管理方式调整为以对转贷款债权人进行管理为主，减少对转贷款债权人的直接管理，从而达到缩减业务办理的中间环节和办理时限，降低管理成本的目的。一方面《规定》规定外债转贷款实行债权人集中登记制度，由转贷款债权人到所在地外汇局办理转贷款集中登记手续，转贷款各级债务人不再需要到外汇局办理逐笔登记；另一方面，《规定》取消转贷款项下还本付息及购汇核准手续。转贷款债务人凭转贷款协议和还款通知书等凭证直接到银行办理还款手续。

第三，规范外债转贷款业务开户管理，简化开户流程，细化了账户收入支出范围。转贷款债务人根据转贷款协议以自身名义开立外债转贷款专用账户或还本付息专用账户（以下统称外债转贷款账户），并且明确规定了两类账户的收入支出范围。《规定》还取消了原有的转贷款账户开立核准程序，规定转贷款债务人可凭开户申请和转贷款协议直接向银行申请办理开户手续。同时规定同一币种的同一笔外债转贷款最多只能开立两个外债转贷款账户。

第四，简化外债转贷款项下资金划转手续。除规定转贷款债务人可凭转贷款协议和还款通知书直接到银行办理还款手续外，转贷款债权人和多级债务人之间，可以根据外债转贷款协议约定和转贷款下级债务人申请，跨级直接办理与提款和还款相关的资金划转手续。上述规定大大提高了转贷款资金使用效率，降低了业务成本。

第五，在结售汇方面，取消了政策性转贷款结汇核准程序。规定转贷款债务人获得的来源于政策性外债转贷款的外汇资金，可凭借转贷款协议和结汇申请直接到开户银行办理结汇手续。债务人获得的来源于商业性外债转贷款的外汇资金，不得办理结汇。

第六，转变外债转贷款监管方式，从事前审批为主转变为事后监督为主。《规定》强调以统计监测和非现场核查为依托，加大对银行内部控制制度、统计报告制度和业务合规性等事后监管力度。同时地方外汇局将以登记管理为核心，定期或不定期地检查银行外债转贷款业务的合规性。努力实现外汇管理的电子化、智能化，提高外汇转贷款业务管理效率。

（3）商业银行应注意的问题

第一，商业银行从事外债转贷款业务应建立健全外债转贷款业务内部管理制度和操作流程。按照《通知》及有关外汇管理法规审核转贷款债权人及多级债务人的开销户、提款、结汇、购汇、还本付息及相关外汇划转的真实性与合规性。

第二，商业银行在为客户办理外债转贷款业务时，对于与业务相关的资料应留存5年备查。此外，对于按《通知》应进行审核的特定材料，在初次受理业务时应要求客户提供完整材料，再次受理同一业务不再要求客户重复提交。

第三，作为转贷款债权人的商业银行应注意按照《通知》按时向所在地外汇管理机构填报《外债转贷款签约（协议变更）及变动情况月报表》，配合监管机构对外债转贷款业务内部控制制度执行情况、统计报告制度和业务合规性的定期或不定期检查。

第四，除按《规定》要求完善外债转贷款业务内部控制、操作流程及统计报告等相关制度外，商业银行还应做好外债转贷款业务培训，强化业务人员风险管理意识，保障业务合法合规性。

（八）涉恐资产冻结

《涉及恐怖活动资产冻结管理办法》

为规范涉及恐怖活动资产冻结的程序和行为，维护国家安全和社会公共利益，2014年1月10日，中国人民银行、公安部、国家安全部制定出台了《涉及恐怖活动资产冻结管理办法》（以下简称

《办法》)。

1.《办法》的出台背景

及时冻结涉恐资产是预防和打击恐怖活动的重要和有效措施,联合国安理会有关决议要求各国“毫不迟延”地冻结涉恐资产。2011年10月29日,全国人大常委会审议通过了《关于加强反恐怖工作有关问题的决定》(以下简称《决定》),明确规定了金融机构和特定非金融机构对涉及恐怖活动组织及恐怖活动人员的资产立即予以冻结,并向相关国家机关报告的法定义务。同时,《决定》还授权人民银行会同公安部、国家安全部制定冻结涉及恐怖活动资产的具体办法。为明确对涉恐资产冻结的程序和要求,细化金融机构对恐怖活动组织及人员相关资产报告、监测、冻结的措施和义务,中国人民银行、公安部、国家安全部制定了《办法》,为金融机构开展对涉及恐怖活动资产的监测、冻结等工作提供支持和依据。

2.《办法》的主要内容

《办法》共二十二条,内容主要包括金融机构、特定非金融机构(以下简称金融机构)应当履行的资产冻结义务、解除冻结措施的条件、当事人权益保护、涉外资产冻结、监督与处罚五个方面。

第一,金融机构应当履行的资产冻结和协助义务。一是涉恐资产冻结义务。金融机构冻结涉恐资产,可通过两种方式进行:第一种为按照公安部发布的恐怖活动组织及恐怖活动人员名单、冻结资产的决定,依法对相关资产采取冻结措施。第二种为金融机构发现恐怖活动组织及恐怖活动人员拥有或者控制的资产,应当立即采取冻结措施。对于恐怖活动组织及恐怖活动人员与他人共同拥有或者控制的资产,且无法分割或者确定份额的,《办法》第五条规定,金融机构应当一并采取冻结措施。《办法》第十一条还规定涉恐资产被冻结期间,有关账户可以收取冻结资产产生的孳息和其他收益、受偿债权,以及特定条件下已生效的证券或期货交易指令产生的资产受让。二是冻结后的报告义务。《办法》第六条规定,金融机构采取冻结措施后,应当立即将资产数额、权属、位置、交易信息等情况以书面形式报告资产所在地县级公安机关和市、县国家安全机关，同时抄报资产所在地中国人民银行分支机构。《办法》第九条规定，金融机构有合理理由怀疑客户或者交易对手、相关资产涉恐的，应当按照人民银行规定报告可疑交易，并向公安机关报告。三是协助调查义务。《办法》第七条规定，金融机构及其工作人员应当依法协助、配合公安机关和国家安全机关的调查、侦查，提供与恐怖活动组织及恐怖活动人员有关的信息、数据以及相关资产情况；配合中国人民银行及其分支机构的反洗钱调查，提供涉及恐怖活动组织及恐怖活动人员资产的情况。

第二，解除冻结措施的条件。涉恐资产被冻结后，金融机构不得擅自解除冻结措施。但在符合法定条件情况下，《办法》规定金融机构应当立即解除冻结措施。一是公安部公布的恐怖活动组织或人员名单有调整，不再需要采取冻结措施；二是公安部或国家安全部发现金融机构冻结措施有错误并书面通知的；三是公安机关对有关资产的处理另有要求并书面通知的；四是人民法院作出生效判决对有关资产处理有明确要求；五是法律、行政法规规定的其他情形。

第三，当事人权益保护。一是知情权。为保护客户的知情权，《办法》第六条规定，金融机构采取冻结措施后，除人民银行及其分支机构、公安机关、国家安全机关另有要求外，应当及时告知客户，并说明采取冻结措施的依据和理由。二是异议权。《办法》第十四条规定，资产所有人、控制人或者管理人对金融机构采取的冻结措施有异议的，可以向资产所在地县级公安机关提出异议。同时规定了异议审查的机关和审查期限。发现属于错误冻结的，应当解除冻结措施。三是被冻结资产申请使用。涉恐资产被冻结后，资产所有人、控制人或者管理人因基本生活支出或其他特殊原因需要使用被冻结资产的，《办法》第十二条规定其可向资产所在地县级公安机关提出申请。申请被审查核准的，公安部要求金融机关按照指定用途、金额、方式处理有关资产。

第四，涉外资产冻结。由于恐怖活动具有跨区域、跨国界特征，涉恐资产冻结涉及涉外因素，主要包括：一是境外机构要求境内金融机构冻结资产或提供相关信息；二是我国金融机构的境外分支机构按当地法律或规定冻结涉恐资产。对于境外机构要求境内金融机构冻结资产或提供信息的，《办法》第十五条规定，金融机构不得擅自采取冻结措施或提供相关信息，应当告知对方通过外交途径或司法协助途径提出请求。对于金融机构的境外分支机构按照当地法律法规规定或监管要求，对涉恐资产采取冻结措施的，《办法》规定境外分支机构应及时报告金融机构总部，由总部向其所在地公安机关和人民银行分支机构报告。

第五，监督与处罚。《办法》中规定人民银行及其分支机构对金融机构执行情况进行监督、检查。人民银行等部门工作人员违反规定，泄露工作秘密、冻结措施错误造成损失的，依照有关规定给予处分；涉嫌构成犯罪的，追究刑事责任。金融机构及其工作人员违反规定的，由人民银行及其分支机构按照《反洗钱法》等有关规定处罚；涉嫌构成犯罪的，追究刑事责任。

3. 商业银行应注意的问题

第一，建立完善内部制度办法及操作规程。作为冻结涉恐资产的主要金融机构，商业银行应当制定冻结涉及恐怖活动资产的内部制度办法和操作规程，明确职能部门任务分工和职责范围，加强组织协调，对分支机构和附属机构执行情况进行监督和管理，发现问题的，及时督办整改，保证对涉恐资产冻结工作的顺利开展。针对公安部等机构发布和调整恐怖活动组织及恐怖活动人员名单情况，金融机构应指定专门机构或者人员关注并及时掌握名单变动情况，避免因更新不及时、监测不到位而影响对涉恐人员信息获取和资产冻结工作。

第二，加强信息管理和交易监测。为全面履行冻结涉恐资产相关义务，商业银行应完善客户身份信息和交易信息管理，加强客户档案信息维护，严格按照监管机构相关规定，及时、完整、规范采集客户各项信息，确保客户档案的真实性和准确性，并对客户各项交易信息建立登记簿，以全面掌握客户的身份、账户、交易、资产等信息。同时完善监测指标，加强交易监测，发现涉恐资产情况或涉恐活动的，应依照规定立即采取有效措施，并向公安机关、人民银行及其分支机构等进行报告。

第三，积极协助配合开展涉恐资产冻结工作。商业银行应按照《办法》中规定和要求，积极协助配合公安机关、国家安全机关和人民银行及其分支机构开展涉恐资产冻结相关工作。对于公安机关等做出冻结资产决定的，应依法立即对相关资产采取冻结措施，不得擅自解除冻结；对于通过日常监测发现可疑人员或活动的，应及时向有关部门报告；严格按照《办法》规定对涉恐资产进行管理，按规定进行款项收取、资产受让或划转支配。同时加强对相关工作人员的培训管理工作，防止因操作风险引发冻结措施错误或泄密情况。

三、2015 年展望

2015 年，影响经济健康平稳发展的周期性因素和结构性矛盾相互交织，短期风险和长期积累的深层次问题相互叠加，我国经济增长继续放缓的潜在风险不容忽视，经济下行压力可能进一步显现。国际上，预计全球经济复苏将会呈现不均衡态势，欧元区、俄罗斯等部分地区经济下行压力明显。在 2015 年全面深化改革的过程中，如何贯彻落实党的十八届四中全会作出的全面推进依法治国决定，不断完善金融法制体系，推进依法行政、依法监管，充分发挥金融对稳增长、调结构、惠民生、防风险的重要作用，是我国金融监管机构面临的重要问题。展望新的一年，我国银行业监管法制建设有以下几个重点领域值得关注：

（一）加强存款保险条例配套制度建设

从西方银行业监管经验来看，存款保险制度是稳定银行和金融的最重要制度之一。美国在 20 世纪 30 年代经济大萧条、银行大崩溃之后推行了存款保险制度，后来为世界各国所借鉴。我国也在 1993 年《国务院关于金融体制改革的决定》中提出建立存款保险制度。近年来，随着银行体系对社会化资本开放程度日益提高，以及利率市场化进程不断推进，银行间竞争进一步加剧，有必要尽快出台存款保险制度，为利率市场化背景下的金融稳定提供坚实的制度保障。2014 年 11 月 30 日，国务院法制办已公开向社会征求《存款保险条例》意见，央行也已在系统内召开全国存款保险制度工作电视电话会议，研究部署存款保险制度推出事宜。这标志着酝酿多年的存款保险制度即将在我国落地。从征求意见稿内容看，本次存款保险制度既设置了较高的保险金额，以实现对储户尽可能广的覆盖率（据央行测算，将涵盖 99.6% 储户的全部存款），也通过可变的风险调整保费制度，避免中小银行的逆向道德选择风险，较好地与国际实践实现了接轨。但作为存款利率市场化的一项金融业基础性制度安排，我国金融监管机构还需要做好存款保险条例配套制度建设工作，通过健全商业银行破产制度、进一步优化存款准备金制度、明确存款保险机构的职能定位等配套举措，确保存款保险制度的应有作用得到充分发挥。

（二）建立健全互联网金融监管机制

近年来，互联网金融以低门槛和普惠性的优势，在传统金融机构难以覆盖的小微、个体领域发挥了较为明显的作用，一定程度上弥补了传统金融的不足。但另一方面，互联网金融由于缺乏监管，各中介平台资质良莠不齐，平台“跑路”现象时有发生，如不加以规范，将损害行业的健康发展。为做好对互联网金融的监管，监管部门可考虑从以下方面着手进行规范：一是尽快出台互联网金融监管纲领性文件，对互联网金融的定义、监管原则、监管部门和监管手段作出明确界定，在鼓励互联网金融创新的同时，划定互联网金融发展的边界和红线，使互联网金融真正发挥服务实体经济、弥补传统金融不足的积极作用。据了解，人民银行已制定《关于促进互联网金融健康发展的指导意见》，并在小范围内征求意见，银监会也已制定 P2P 监管细则，预计上述监管规定将于 2015 年正式发布。二是建立互联网金融消费者权益保护机制。监管部门应通过多种渠道做好金融消费者教育，提高互联网金融消费者的金融消费知识，并强化互联网金融企业在经营中进行信息披露和风险提示的义务。

要探索建立有效的互联网金融投诉渠道，为互联网金融消费者维权提供制度支持。三是落实互联网金融监管执法机制，加强对互联网金融机构违规行为的处罚力度，防止其损害金融消费者利益。

（三）进一步提升金融服务小微企业能力

受传统信贷偏好的影响，缺少抵质押物的新兴技术产业、涉农产业和广大小微企业“融资难”、“融资贵”问题依然突出。此外，大量资金通过层层包装后在资本市场进行空转，或是被投向房地产业、产能过剩产业等领域，未能真正投入到实体经济所需要的重要领域。为此，监管部门应努力推动金融机构更好地服务实体经济，并考虑在以下方面推进有关制度建设工作：一是进一步提升金融服务涉农企业和小微企业的能力和水平，鼓励商业银行开发适合涉农企业和小微企业融资需求的信贷机制和金融产品；二是引导民间金融服务实体经济，鼓励民间金融服务环保型产业、战略性新兴产业；三是完善金融信息平台建设，尽快完善中小企业的征信体系建设。

（四）继续推进人民币国际化进程

目前，跨境人民币的功能主要还集中在人民币结算领域，围绕货物贸易项下的贸易融资进行，支付占比接近25%。人民币在我国对外资本输出领域起到的作用仍较为有限，也未成为被国际金融及大宗商品市场普遍接受的计价货币。一方面，为尽快推动人民币国际化的战略目标，监管部门有必要加大对离岸人民币投资渠道的政策支持，推动建立活跃的离岸人民币金融市场，提升境外机构或个人持有或投资人民币的意愿。另一方面，要加快与其他国家间货币互换协议的签署和落实，推动人民币在境外储备、计价和结算功能的普及。此外，要在严控投机性交易的同时，进一步完善跨境人民币有序流动机制，推动人民币汇率形成机制的市场化。

（五）进一步加强国际监管协调

在国际金融危机后，各国金融监管部门都依据巴塞尔委员会出台的一系列监管原则，结合本国金融监管目标，制定了更为严格的跨国银行监管规则。在银行体系和风险来源日渐复杂，跨境风险套利行为多发的背景下，这一监管趋势有其积极的一面。但另一方面，跨国经营的我国商业银行被迫接受以西方大型金融机构所习惯的复杂金融模型和计量技术为基础构建的风险监管体系，对我国商业银行的国际化经营造成了沉重的合规压力。为降低我国银行业金融机构面临的跨境法律和合规压力，我国金融监管机构应积极参与国际银行监管规定的制定工作，推动建立简单、透明、有效的国际监管标准，继续深化与境外银行监管机构的监管合作和协调，加快构建有效的监管信息交换和共享机制，进一步完善并表监管机制和制度，提升对中资商业银行境内外风险的监管水平和效率，择机推动对商业银行法、银行业监督管理法、贷款通则等基础性银行业法律、监管规定的修订和完善，使之与现行金融环境、监管实践及国际通行做法相一致。

第三章

相关司法解释与典型案例述评

一、最高人民法院司法解释述评

2014 年，最高人民法院先后发布十余项司法解释和审判政策文件，内容涉及民事、商事、刑事、行政和知识产权等方面。其中，与银行业经营管理密切相关的司法解释有 4 件，即《最高人民法院关于修改关于适用〈中华人民共和国公司法〉若干问题的规定的决定》（法释〔2014〕2 号）、《最高人民法院关于审理融资租赁合同纠纷案件适用法律问题的解释》（法释〔2014〕3 号）、《最高人民法院关于执行程序中计算迟延履行期间的债务利息适用法律若干问题的解释》（法释〔2014〕8 号）和《最高人民法院关于审理利用信息网络侵害人身权益民事纠纷案件适用法律若干问题的规定》（法释〔2014〕11 号）。概括起来，相关司法解释和规定有以下几方面的特点：

第一，修订《公司法》相关司法解释，使之与修改后的《公司法》相适应。十二届全国人大常委会第六次会议通过了《中华人民共和国公司法》修正案，修订后的新《公司法》自 2014 年 3 月 1 日起正式施行。针对《公司法》此次修订，最高人民法院发布《最高人民法院关于修改关于适用〈中华人民共和国公司法〉若干问题的规定的决定》，分别对《最高人民法院关于适用〈中华人民共和国公司法〉若干问题的规定》（一）、（二）、（三）进行修订，调整了司法解释援引《公司法》条款的序号，并删除了股东“将出资额转入公司账户验资后又转出”构成抽逃出资以及代垫出资机构的连带责任两项规定。

第二，进一步完善融资租赁业务司法裁判标准。《合同法》第十四章专章规定了融资租赁合同，但条款较为原则，难以满足金融机构开展融资租赁业务和人民法院审判需要。《关于审理融资租赁合同纠纷案件适用法律问题的解释》明确了融资租赁合同的认定及效力、出租人的特许经营资质、合同的履行和租赁物的公示、合同的解除和违约责任等内容，是对《合同法》第十四章的延伸和有效补充，有利于相关金融机构和生产企业健康、规范地开展融资租赁业务。

第三，明确迟延履行期间债务利息计算规则。为进一步明确《民事诉讼法》第二百五十三条有关迟延履行期间债务利息的计算标准，惩戒迟延履行行为，补偿债权人损失，最高人民法院在深入调研的基础上，结合司法实践，制定了《关于执行程序中计算迟延履行期间的债务利息适用法律若干问题的解释》，明确迟延履行期间债务利息中一般债务利息与加倍部分债务利息的关系、计算加倍部分债务利息的截至时间和扣除期间，以及外币案件加倍部分债务利息计算规则等，有利于充分发挥该制度对于促使债务人及时履行义务的积极意义。

第四，解决审理利用信息网络侵害人身权益民事纠纷案件法律适用问题。针对互联网发展过程中出现的法律适用问题，最高人民法院制定了《最高人民法院关于审理利用信息网络侵害人身权益民事纠纷案件适用法律若干问题的规定》，立足司法解释的功能定位，严格按照《侵权责任法》的精神，结合审判实践中遇到的难点问题，在充分考虑互联网技术的特点、发展现状和未来趋势的前提下，为个人和经营主体等民事主体的权益保护提供了充分的司法手段，具有较强的针对性和操作性。

（一）《最高人民法院关于修改关于适用〈中华人民共和国公司法〉若干问题的规定的决定》（法释〔2014〕2号）

1. 出台背景

2013年12月28日，十二届全国人大常委会第六次会议通过

《中华人民共和国公司法》修正案，决定对《中华人民共和国公司法》（以下简称《公司法》）进行部分修订，修订后的新《公司法》自2014年3月1日起正式施行。新《公司法》修订主要集中在公司注册资本方面，取消了公司注册资本最低限额、货币出资比例要求、注册资本缴纳期限以及验资程序，放宽了公司的设立条件，简化了公司的登记事项。针对《公司法》此次修订，最高人民法院2014年2月20日发布《最高人民法院关于修改关于适用〈中华人民共和国公司法〉若干问题的规定的决定》（法释〔2014〕2号），分别对《最高人民法院关于适用〈中华人民共和国公司法〉若干问题的规定（一）》（法释〔2006〕3号，以下简称《司法解释（一）》）、《最高人民法院关于适用〈中华人民共和国公司法〉若干问题的规定（二）》（法释〔2008〕6号，以下简称《司法解释（二）》）和《最高人民法院关于适用〈中华人民共和国公司法〉若干问题的规定（三）》（法释〔2011〕3号，以下简称《司法解释（三）》）进行修订，调整了司法解释援引《公司法》条款的序号，并删除了股东"将出资额转入公司账户验资后又转出"构成抽逃出资以及代垫出资机构的连带责任两项规定。新的司法解释自2014年3月1日与新《公司法》同步施行。

2. 主要内容

（1）关于公司股东诉讼中原告的资格问题

股东诉讼是公司法律制度的重要组成部分，对于维护股东合法权益和社会公共利益十分必要。《公司法》第二十二条、第一百五十一条、第一百五十二条等创建了股东诉讼制度，并从防止滥用代表诉讼制度的角度将原告资格条件限定为"有限责任公司的股东、股份有限公司连续180日以上单独或者合计持有公司1%以上股份的股东"。但由于《公司法》未明确规定持股时间起算点和当时持股与连续持股的问题，直接影响到人民法院对原告资格的准确认定。对此，《司法解释（一）》采用了简单方便的计算方法，即《公司法》第一百五十一条规定的180日以上连续持股期间，"应为股东向人民法院提起诉讼时，已期满的持股时间"，也就是自股东起诉之日向前推算满180日即符合持股时间，并且明确“合计持有公司1%以上股份”是指两个以上股东持股份额的合计。此外，对于原告在侵权行为发生当时是否必须持股的问题，考虑到侵权行为情况比较复杂，如果规定当时持股，其程序性审查需要占用更多的司法资源，加大司法成本，最高人民法院在借鉴国外立法经验的基础上，结合我国现阶段司法实践，在《司法解释（一）》中未作强制性要求，也就是不以侵权行为发生时持有股权为原告资格的认定条件。但如果原告在诉讼过程中丧失股东资格，可以依照《公司法》和民事诉讼法的有关规定驳回起诉。

（2）关于公司僵局提起解散公司诉讼的具体标准和条件

公司僵局是指公司在运行中由于股东或董事之间发生分歧或纠纷，彼此不愿妥协处于僵持状况，导致公司机构不能按照法定程序作出决策，无法正常运转，甚至瘫痪的事实状态。为打破公司僵局，《公司法》赋予了持有公司全部股东表决权百分之十以上的股东因公司僵局通过司法途径解散公司的权利，其条件是“公司经营管理发生严重困难”、“继续存续会使股东利益受到重大损失”和“通过其他途径不能解决”。但是，《公司法》并没有明确符合上述条件的具体标准，《司法解释（二）》对此明确规定了判断标准：一是公司持续两年以上无法召开股东会或者股东大会；二是股东表决时无法达到法定或者公司章程规定的比例，持续两年以上不能做出有效的股东会或者股东大会决议；三是公司董事长期冲突，且无法通过股东会或者股东大会解决；四是经营管理发生其他严重困难，公司继续存续会使股东利益受到重大损失的情形。同时，《司法解释（二）》还规定，“股东以知情权、利润分配请求权等权益受到损害，或者公司亏损、财产不足以偿还全部债务，以及公司被吊销企业法人营业执照未进行清算等为由，提起解散公司诉讼的，人民法院不予受理”，防止在具体执行过程中偏离《公司法》的立法原意。

对于“通过其他途径不能解决”，本意是指针对公司出现的僵局，公司已经穷尽了内部的救济途径仍然无法解决。但“其他途径不能解决”是否是股东提起解散公司诉讼前必须的前置程序呢？

《司法解释（二）》第五条规定："人民法院审理解散公司诉讼案件，应当注重调解。当事人协商同意由公司或者股东收购股份，或者以减资等方式使公司存续，且不违反法律、行政法规强制性规定的，人民法院应予支持。当事人不能协商一致使公司存续的，人民法院应当及时判决"，据此，鉴于法院在诉讼过程中的地位特殊，如果法院介入仍无法解决（调解）公司的僵局，就可以认定为"通过其他途径不能解决"。

此外，对于有权提起解散公司诉讼的主体，《公司法》规定为持有公司全部股东表决权百分之十以上的股东，《司法解释（二）》进一步明确，单独持有或合计持有公司全部股东表决权百分之十以上的股东，均可提起解散公司诉讼。

（3）关于因公司僵局提起解散公司诉讼的限制条件

第一，明确原告不能同时提出"解散"和"清算"诉讼请求。实践中，股东因公司出现僵局而起诉请求解散公司时，往往同时申请法院对公司进行清算。由于两个诉讼的种类截然不同（前者是变更之诉，后者属于非讼案件），且股东在提起解散公司诉讼时，公司解散的事实并未发生，因此，须先由人民法院以生效判决确定公司是否解散。在法院判决公司解散后，公司应首先按照《公司法》第一百八十三条，在解散事由出现之日起十五日内成立清算组自行清算。当公司逾期不成立清算组进行清算时，相关方才可以向人民法院申请强制清算。因此，《司法解释（二）》明确规定"股东提起解散公司诉讼，同时又申请人民法院对公司进行清算的，人民法院对其提出的清算申请不予受理"。

第二，明确诉讼参加人。鉴于解散公司诉讼案件性质上属于变更之诉，系变更股东和公司之间的出资与被出资的法律关系，因此，《司法解释（二）》明确规定股东请求解散公司诉讼的被告应当是公司。但考虑到解散公司诉讼案件可能影响到其他公司股东的利益，并且有关调解工作尚需其他股东参与，《司法解释（二）》同时又规定了原告提起解散公司诉讼时应当告知其他股东，或者由人民法院通知其参加诉讼，其他股东可以以共同原告或者第三人的身份参加诉讼。

第三，明确人民法院判决对公司其他股东的效力和“一事不再理”原则的适用。《司法解释（二）》规定，人民法院就解散公司作出的生效判决对参加诉讼的当事人和未参加诉讼的其他股东具有约束力。换言之，法院判决解散公司的，该判决对公司和公司其他股东，包括公司的董事、监事、高管人员和职工等均有效力。《司法解释（二）》还规定，人民法院判决驳回解散公司诉讼请求后，提起该诉讼的股东或者其他股东又以同一事实和理由提起解散公司诉讼的，人民法院不予受理。

（4）关于公司清算过程中对债权人合法权益的保护

公司清算过程中对债权人的保护问题是公司清算的核心问题之一，《司法解释（二）》对此进行了较为详细的规定。一是扩大了债权人申请强制清算的条件，《公司法》仅规定公司在出现解散事由后逾期不成立清算组的，债权人可以申请强制清算，《司法解释（二）》在此基础上，对债权人申请法院强制进行清算的条件扩大为三项，即“公司解散逾期不成立清算组进行清算的；虽然成立清算组但故意拖延清算的；违法清算可能严重损害债权人或者股东利益的”。二是对损害债权人合法权益的情形及相应的法律责任进行了明确规定。《司法解释（二）》针对实践中不依法履行清算义务从而损害债权人合法权益现象较为突出的问题，有针对性地规定了十种损害债权人合法权益的情形及相应法律后果。三是建立在公司强制清算过程中发现资不抵债时债权人协商机制，即规定在公司清算中出现破产原因时，如果债权人能够基于意思自治通过自行协商达成债务清偿方案，则无必要再进入破产清算程序，清算组依据债务清偿方案清偿债务后，依法向人民法院申请裁定终结清算程序，以节省债权人成本，提高效率。

（5）关于公司成立前债务的责任主体

在公司设立阶段，发起人对外订立合同，有的是为公司利益，有的则可能是为自身利益。实践中，合同相对人并不能确切知道合同是为了实现谁的利益。《司法解释（三）》适当降低了合同相对人的查证义务，总体上按照外观主义标准确定上述合同责任的承担。

第一，发起人为设立公司以自己名义订立的合同，合同相对人请求该发起人承担合同责任的，原则上应由该发起人承担责任。如果公司成立后确认了该合同，或公司已实际享有合同权利或履行合同义务，且合同相对人也要求公司承担责任，即公司愿意且相对人也接受其成为合同主体的情况下，可以由公司承担合同责任。

第二，发起人为设立公司以设立中公司名义订立合同，公司成立后，应当由公司承担合同责任。但是，如果公司有证据证明发起人是为自己的利益签订合同，且合同相对人对此明知，则不应由公司承担合同责任，合同责任仍由发起人承担。

第三，公司未成立，因设立公司而产生的债务，债权人有权要求全体发起人承担，发起人之间对此承担连带清偿责任。

第四，因设立公司而产生的侵权责任，公司成立后，受害人可请求公司承担侵权损害赔偿责任的；公司未成立，受害人可请求全体发起人承担连带赔偿责任。公司或无过错的发起人承担赔偿责任后，可以向有过错的发起人追偿。

（6）关于非货币财产出资

修订后的《公司法》规定股东可以用实物、知识产权、土地使用权等可以用货币估价并可以依法转让的非货币财产作价出资，取消了关于货币出资的最低限额，但对于非货币资产出资不实的判断标准未作规定。对此，《司法解释（三）》规定，出资人以非货币财产出资时未经评估的，法院可委托评估机构进行评估，如评估值显著低于公司章程所定价额，则认定出资人未全面履行出资义务；对于出资人以房屋、土地使用权或者需要办理权属登记的知识产权等财产出资，如财产已交付公司使用但未办理权属变更登记，或虽已办理权属变更但未实际交付公司使用，均应认定出资人未全面履行出资义务，当事人应在法院指定期限内办理予以补正。

（7）关于股东出资义务的履行

督促股东全面履行出资义务、保障公司资本充实是《司法解释（三）》的一个重要目的。在促使股东履行出资义务上，《司法解释（三）》主要采取以下措施：

第一，拓宽出资责任承担的主体范围。1. 在公司设立时，有限责任公司股东如果未按章程缴纳出资，发起人股东与该股东承担连带责任。2. 增资时，股东未尽出资义务的，违反勤勉义务的董事、高管人员应当承担相应责任。3. 协助抽逃资金的其他股东、董事、高管人员或者实际控制人应当承担连带责任。4. 未尽出资义务的股东转让股权时，知道该事由仍受让其股权的受让人，与该股东承担连带责任。

第二，拓宽请求股东履行出资义务的主体范围。《公司法》未明确谁可以请求股东履行出资义务，《司法解释（三）》则明确并拓宽了原告的范围：公司、其他股东、债权人。

第三，明确股东未尽出资义务时的责任包括利息损失。即股东或其他相关责任人就未尽出资义务或抽逃出资部分所产生的利息损失承担赔偿责任。但是，这种赔偿责任是一次性的责任，不是重复责任。股东等责任人已经承担上述责任后，公司、其他股东或其他债权人不得再次请求其承担同样的责任。

第四，限制股东在出资责任中的抗辩。《司法解释（三）》明确规定股东的出资义务不受诉讼时效的限制，同时股东不得以自己为名义股东的理由来抗辩出资义务的履行。

第五，以列举方式明确界定抽逃出资行为。《公司法》明文禁止股东抽逃出资，但却未明确界定抽逃出资的形态。《司法解释（三）》第十二条以列举方式，将一些较为常见的损害公司权益的资本侵蚀行为界定为抽逃出资，包括：虚增利润进行分配、虚构债权债务关系转出出资、利用关联交易转出出资，以及其他未经法定程序抽回出资的行为。

（8）关于借名出资情况下债权人利益的保护

虽然《司法解释（三）》规定，名义股东与实际出资人约定由名义股东出面行使股权、由实际出资人享受投资权益，如无其他违法情形，该约定有效，但是为保护债权人利益，《司法解释（三）》也明确规定公司债权人以登记于公司登记机关的股东未履行出资义务为由，请求其对公司债务不能清偿的部分在未出资本息范围内承担补充赔偿责任，股东以其仅为名义股东而非实际出资人为由进行抗辩的，人民法院不予支持。名义股东承担赔偿责任后，可以向实际出资人追偿。

3. 商业银行需要注意的问题

商业银行在日常经营活动中，应注意公司制度变化对债务人公司经营管理活动产生的影响，并充分运用《公司法》和司法解释中相关债权人保护条款维护自身合法权益。

第一，根据注册资本实缴登记制度变化改进信贷风险管理方式。对商业银行而言，注册资本并不是评价债务人还款能力的关键。相比之下，公司净资产、现金流、贷款担保等要素更能反映公司清偿能力。新《公司法》实施后，公司登记材料中将不包括企业的注册资本实际缴纳情况，也没有验资报告，因此，商业银行应借助于其他方式了解企业真实的资产状况和经营状况，认真审查公司章程和股东出资协议的有关规定，掌握公司资本的缴纳安排，动态监测公司的实收资本情况，将公司实收资本审计作为信贷决策及风险管理的重要组成部分。

第二，密切关注债务人公司经营管理状况，如有出现公司僵局引发诉讼的倾向时，应及早采取应对措施。《公司法》和《司法解释（二）》赋予相关股东在符合法律规定的条件下因公司僵局提起解散公司诉讼的权利。从债务人公司角度来看，当公司出现僵局影响到公司继续存续的意义时，依法进行解散和清算不失为一个较好的选择。但公司解散意味着债务人永远退出市场，其民事主体资格一旦彻底消灭，债权人未受清偿部分将无法再得到偿付。因此，对于商业银行而言，公司解散和清算未必是实现债权的最好方式。《司法解释（二）》对“公司经营管理发生严重困难”时股东提起解散公司诉讼作出了时间期限的要求，在一定程度上为债权银行提早介入，防止进入清算程序后的被动赢得了时间。为此，债权银行在贷后管理过程中，应密切关注债务人经营管理状况，特别是对于有限责任公司这类人合公司，因股东之间相互信任对其公司存续意义重大，一旦公司出现公司僵局迹象，银行应及早采取措施，逐步压缩信贷规模、追加担保，甚至依法宣布借款提前到期，维护信贷资产安全。

第三，积极行使关于公司债权人保护的相关规定，依法追究未足额出资股东的赔偿责任。《司法解释（三）》明确债权人有权请求相关主体在未出资（或抽逃出资）的本息范围内对公司债务不能清偿的部分承担补充赔偿责任。商业银行行使上述权利时应注意符合以下条件：一是要在债权的诉讼时效期间内行使上述权利。二是要注重掌握股东未履行出资义务的有关证据。根据《司法解释（三)》第二十一条规定，债权人应提供对股东履行出资义务产生合理怀疑的证据，股东就其已履行出资义务承担举证责任。因此，商业银行要首先举证股东未履行出资义务的相关证据，且这些证据还要被法院认定为足以产生“合理怀疑”。三是要抓准诉讼时机。《司法解释（三)》规定，未履行或者未全面履行出资义务的股东已经在未出资本息范围内对公司债务不能清偿的部分承担过补充赔偿责任的，其他债权人提出相同请求的，人民法院不予支持。另外，公司以股东会决议解除股东的股东资格后，并办理法定减资程序或由其他人缴纳出资后，人民法院对债权人的请求也不予支持。因此，商业银行一旦掌握相关信息，就应果断出击，避免久议不决，贻误战机。

第四，善于运用公司清算程序，最大限度地实现债权。其中，应特别注意以下环节：首先，公司进入清算程序后，逾期不成立清算组进行清算，或虽然成立清算组但故意拖延清算的，或违法清算可能严重损害债权人或者股东利益的，商业银行应果断向人民法院申请指定清算组进行清算，防止债务人逃废银行债务或造成公司资产价值贬损；其次，对于清算过程中公司股东、董事、实际控制人及清算组违反《司法解释（二)》规定，损害债权人合法权益的行为，商业银行应依法向其主张赔偿责任；最后，如果公司财产不足以清偿其债务时，应注意调查了解股东是否存在未缴纳或未足额缴纳出资的情况，一旦发现问题，应当依法进行追偿。

（二）《最高人民法院关于审理融资租赁合同纠纷案件适用法律问题的解释》（法释〔2014〕3号）

1. 出台背景

2014年2月24日，最高人民法院发布《关于审理融资租赁合同纠纷案件适用法律问题的解释》（法释〔2014〕3号，以下简称《融资租赁司法解释》），自2014年3月1日正式施行。

融资租赁通常是指出租人根据承租人对租赁物和出卖人的选择，将从出卖人处取得的租赁物按合同约定出租给承租人占有、使用，向承租人收取租金的交易活动。近年来，我国融资租赁业务发展迅速。据统计，截至2013年末，全国融资租赁行业租赁合同余额突破2万亿元，融资租赁公司已超过1 000家。随着融资租赁业务蓬勃发展，相关诉讼纠纷案件也呈不断攀升趋势，2008年，各地法院受理一审融资租赁案件860件，2012年为4 591件，2013年则达到8 530件。

与高速发展的业务相比，融资租赁法律规制相对滞后。1996年，最高人民法院发布《关于审理融资租赁合同纠纷案件若干问题的规定》。1999年制定《合同法》时，对该规定的相关内容予以吸收，并在第十四章专章规定了融资租赁合同，成为融资租赁业务开展的主要法律依据。但是，《合同法》关于融资租赁较为原则的规定已难以满足业务开展和人民法院审判需要。为此，2009年，最高人民法院着手《融资租赁司法解释》起草工作，期间经反复论证、修改，并多次征求社会和相关部门意见，2013年11月25日，最高人民法院审判委员会讨论通过了《融资租赁司法解释》，于2014年2月24日发布。

2. 主要内容

《融资租赁司法解释》共五部分二十六条，主要内容如下：

（1）融资租赁合同的效力

一是赋予人民法院认定是否构成融资租赁关系裁量权。在我国融资租赁行业快速发展过程中，一些融资租赁公司所从事的业务不够规范，有的业务虽然名为融资租赁，实际上并无实际的租赁物，从当事人的权利义务约定上看，仅有资金的借贷，而无租赁物的占用、使用；有的虽有租赁物，但租金明显高于租赁物价值，合同约定的租金体现的不是租赁物的购买价值及出租人的成本利润，而是承租人占用资金的利息成本。就这些合同的性质问题，《融资租赁司法解释》第一条作出了明确规定，一项交易是否构成融资租赁法律关系，人民法院要结合标的物的性质、价值、租金的构成以及当事人的合同权利和义务等因素来判断。如果名为融资租赁实为其他业务，则法院将不按融资租赁法律关系进行司法裁判，具体属于什么业务，就按相关法律法规来裁判。如果租赁物不存在，或租赁物低值高估，以融资租赁之名行借贷之实，则将会被法院认定为借款合同关系。

二是明确真实的售后回租属于融资租赁法律关系。售后回租是指企业将现有资产出售给其他企业，又随即租回的融资方式，是国际上较为流行的一种融资方式。在租赁业务中，售后回租业务模式占比约七八成。多年来，一直存在售后回租性质是属于抵押借款合同还是融资租赁合同的争议。鉴于售后回租交易有利于市场主体盘活资产、引导资金服务实体经济，监管部门规章已经明确认可此类交易形式。同时，承租人与出卖人相重合，不违反《合同法》第二百三十七条关于融资租赁合同构成要件的规定，《融资租赁司法解释》肯定了售后回租交易模式。但是，如出租人与承租人签订售后回租合同，只是以融资租赁之名行借贷之实，则法院将按照借款关系处理。

（2）出租人的特许经营资质

从出租人的角度来看，融资租赁交易具有特殊性，出租人购买租赁物的目的是给承租人使用，而不是自己经营，从融资租赁交易的本质来看，要求出租人具备特定租赁物的行政许可并无必要。从承租人的角度来看，减少对出租人具备此类经营许可的限制，也有利于承租人获得更多的资金支持。因此，《融资租赁司法解释》第三条对出租人特许经营资质问题做了相应的规定："根据法律、行政法规的规定，承租人对租赁物的经营使用应当取得行政许可的，人民法院不应仅以出租人未取得行政许可为由认定融资租赁合同无效。"

（3）出租人对租赁物的保护措施

租赁期间，租赁物由承租人占有使用，经常出现承租人对外转让、抵押租赁物的情形。特别是大量没有登记的机械设备等动产，在承租人对外转让租赁物时，受让人可根据善意取得制度取得租赁物的所有权，如出租人丧失对租赁物的所有权，其租金债权的物权保障将消失殆尽。为保护出租人相关权益，《融资租赁司法解释》创新了出租人保护租赁物的一些方法，列明了承租人擅自处置租赁物不适用善意取得的四种情形。同时，《融资租赁司法解释》第九条在明确第三方善意取得制度适用的前提下，列明四种情形不适用善意取得制度：①出租人已在租赁物的显著位置作出标识，第三人与承租人交易时知道或者应当知道该物为租赁物的；②出租人授权承租人将租赁物抵押给出租人并在登记机关办理抵押权登记的；③第三人与承租人交易时未按照行业或地区主管部门的要求在相应机构进行融资租赁交易查询的；④出租人有证据证明第三人知道或者应当知道交易标的物为租赁物的其他情形。

（4）承租人逾期支付租金出租人可采取的救济措施

一是付款请求权。按期支付租金是承租人主要的义务。根据《融资租赁司法解释》第二十条规定，承租人没有按时履行支付租金义务或迟延履行其他付款义务，出租人有权要求承租人按照合同约定支付租金、逾期利息和相应违约金。

二是加速到期。《合同法》第二百四十八条规定，承租人经催告后在合理期限内仍不支付租金，出租人可以宣布租赁合同加速到期，要求承租人支付全部租金。加速到期实际上是要求承租人继续履行合同的一种方式。实践中，有些出租人同时采取加速到期和解除合同两种救济方式，《融资租赁司法解释》第二十一条规定，应当按照《合同法》第二百四十八条规定处理，即出租人只能选择加速到期和解除合同二者之一。同时，为了保护出租人权益，《融资租赁司法解释》第二十一条规定，出租人请求承租人支付全部租金，最终未能全额收回租金的，可另行起诉承租人请求解除融资租赁合同、收回租赁物。

三是解除合同权。《融资租赁司法解释》第十二条和第二十二条规定，承租人未按照约定期限和数额支付租金，符合合同约定的解除条件，经出租人催告后在合理期限内仍不支付，或者合同对于欠付租金解除合同的情形没有明确约定，但承租人欠付租金达到两期以上，或者数额达到全部租金15%以上，经出租人催告后在合理期限内仍不支付，出租人可以解除融资租赁合同。

四是损害赔偿请求权。为了解决合同解除后，出租人收回租赁物但租赁物残值不足以抵扣债权问题，《融资租赁司法解释》第二十二条明确赋予出租人损害赔偿请求权，即出租人可以要求承租人赔偿损失。但是，租赁物价值相对应的那部分损失额应当从损失赔偿额中扣除，以免导致出租人双重受偿和承租人双重赔偿不公平现象。

（5）出租人的违约责任

出租人的违约主要包括三方面：一是由于出租人的原因影响承租人对租赁物的占有和使用，例如：无正当理由收回租赁物，无正当理由妨碍、干扰承租人对租赁物的占有和使用，因出租人的原因导致第三人对租赁物主张权利。在这种情况下，承租人有权解除融资租赁合同，并要求出租人承担赔偿责任。二是出租人没有配合承租人导致其对出卖人索赔逾期或者索赔失败，例如：出租人明知租赁物有质量瑕疵而不告知承租人，未向承租人提供必要协助，怠于行使融资租赁合同或买卖合同中约定的只能由出租人行使对出卖人的索赔权。在这种情况下，承租人可要求出租人承担相应责任。三是租赁物不符合融资租赁合同而且出租人实施了相关行为，例如：出租人对租赁物的选定起决定作用，出租人干预或者要求承租人按照出租人意愿选择出卖人或者租赁物，出租人擅自变更承租人已经选定的出卖人或者租赁物等。

（6）租赁物毁损、灭失的风险分担

《融资租赁司法解释》第七条和第十条规定，承租人占有租赁物期间，租赁物毁损、灭失的风险由承租人承担。如租赁物由于不可归责于当事人的原因发生毁损、灭失，出租人有权要求承租人按照租赁物折旧情况给予补偿。如当事人约定租赁期间届满后租赁物归出租人，但因租赁物毁损、灭失或者附合、混同于他物导致承租人不能返还，出租人有权要求承租人给予合理补偿。

3. 商业银行需要注意的问题

近年来，一些商业银行通过设立融资租赁子公司等方式，积极开展融资租赁相关业务，取得较好经营业绩。由于融资租赁业务涉及的交易主体多，法律关系复杂，处理不当容易产生法律风险。为防控相关风险，商业银行在通过子公司开展融资租赁业务时，应对可能存在的法律风险予以高度关注。

第一，加强对融资租赁公司法律风险管控。一是建立健全授权管理工作，将融资租赁公司业务纳入授权范围，明确融资租赁公司业务事项处理权限、有关报批事项及报批流程，为商业银行融资租赁公司稳健经营提供制度保障。二是将融资租赁公司纳入法律风险并表管理，要求其定期报告法律风险总体情况、诉讼案件管理情况等。对于较为复杂的融资租赁业务，商业银行有关业务部门和法律部门要指导和督促融资租赁公司依法合规开展融资租赁业务。三是完善考核评价机制。融资租赁业务法律风险管理具有较强的专业特征，加之该业务结构较为复杂，有必要通过适当的考核评价方式督促融资租赁公司加强内控机制建设，有效防控法律风险。

第二，充分运用司法解释维护自身合法权益。《融资租赁司法解释》在保护出租人和承租人合法权益方面作出了一些创新和突破，商业银行要充分利用该司法解释对双方当事人的保护措施，协助和指导融资租赁公司维护自身合法权益。一是防范承租人擅自处置租赁物。为防范承租人利用占有租赁物便利擅自处置租赁物风险，融资租赁公司要在租赁物显著位置做出标识，或及时办理相关登记等方式，避免出现第三人善意取得租赁物情况。二是做好租金收取工作。为确保租金能够及时足额收回，融资租赁公司要充分运用《融资租赁司法解释》关于租赁合同加速到期、解除合同和损害赔偿请求权等规定，督促承租人依约履行租金支付义务。三是依法合规做好融资租赁业务。《融资租赁司法解释》明确了出租人有关不当行为导致承租人利益受损，承租人对出租人的索赔权利，融资租赁公司要不断强化操作风险管理，避免出租人干预承租人选择出卖人或租赁物等不当行为，防止合同双方发生纠纷影响租金收回情况。

第三，切实加强交易文件法律审查。《融资租赁司法解释》赋予法院结合标的物性质和当事人权利义务等因素，对是否构成融资租赁法律关系作出认定的裁量权，如融资租赁合同被认定实际不构成融资租赁法律关系，特别是被认定构成借贷关系，融资租赁公司经营范围又不包括借贷业务，其将面临较大的法律风险。因此，在开展融资租赁相关业务时，融资租赁公司应注意加强对相关法律文件的审查，针对租赁物性质、价值和租金构成等重要因素进行认真谨慎地法律审查，确保融资租赁交易真实有效。要特别关注售后回租业务，仔细审查租赁物是否真实存在、租赁物是否存在低值高估现象，严防以融资租赁之名行借贷之实交易。

第四，强化前期尽职调查工作，确保相关协议合法有效。在融资租赁业务中，供货方和租赁物由承租人选择，承租人也高度关注租赁物的质量问题，但由于融资租赁项下的买卖合同是融资租赁公司与供货方签订的，为防范承租人以租赁物存在质量问题或技术缺陷等为由拒付租金，融资租赁公司应要求承租人对租赁物的情况作深入调查，全面掌握租赁物相关资料，并要求承租人出具相关承诺。同时，对于需要取得特许经营资质的租赁物，《融资租赁司法解释》虽然不再要求出租人取得相应资质，但仍要求承租人取得相关行政许可，因此，融资租赁公司要关注租赁物是否属于特许经营范围，以及承租人是否取得相关政府部门行政许可等情况，避免承租人欠缺特许经营资质导致租赁合同无效。

第五，做好承租人资信调查与后续监测跟踪工作。为避免承租人的实际违约行为导致租金无法收回，融资租赁公司要重点关注承租人的资信情况，充分利用自身资源优势（例如，商业银行与融资租赁子公司可共享客户信用评级系统），依法合规地做好承租人信用评估工作，防范承租人信用风险。在融资租赁业务开始后，要不定期地对承租人经营等情况进行后续跟踪监督，重点关注租赁物的运行情况以及企业经营和财务状况，如出现违法或违约行为，应根据《融资租赁司法解释》规定的宣布租赁合同加速到期、解除合同等救济手段，及时采取补救措施，确保债权安全。

（三）《最高人民法院关于执行程序中计算迟延履行期间的债务利息适用法律若干问题的解释》（法释〔2014〕8号）

1. 出台背景

迟延履行利息制度是《民事诉讼法》第二百五十三条规定的执行措施，目的在于促使债务人及时履行义务，惩戒迟延履行行为，补偿债权人损失。但现有规定较为原则，且散见于多个司法解释中，未形成体系，导致各地法院在实施过程中做法不一，不仅损害了法律的统一性和严肃性，也不利于该制度应有作用的发挥。为统一实施标准，明确执行细则，最高人民法院在充分调研的基础上，结合司法实践，于2014年7月7日制定公布《关于执行程序中计算迟延履行期间的债务利息适用法律若干问题的解释》（法释〔2014〕8号，以下简称《债务利息司法解释》），自2014年8月1日起施行。

2. 主要内容

《债务利息司法解释》全文共七条，主要内容如下：

（1）一般债务利息与加倍部分债务利息的关系和计算规则

一般债务利息是指在生效法律文书中，根据实体法规定确定的利息，加倍部分债务利息是指在强制执行程序中，被执行人因迟延履行而依法应多支付的利息。《债务利息司法解释》第一条中规定了两种利息单独计算，互不影响。其中，一般债务利息根据生效法律文书确定的基数、起止时间、利率等计算，加倍部分债务利息计算基数为债务尚未清偿的生效法律文书确定的除一般债务利息之外的金钱债务，利率为日万分之一点七五，期间为迟延履行期间。

（2）加倍部分债务利息起止时间和扣除期间

《债务利息司法解释》第二条、第三条规定了加倍部分债务利息计算的起止时间和扣除期间。加倍部分债务利息自生效法律文书确定的履行期间届满之日起计算，直至被执行人履行完毕之日。存在分期、分次履行情况的，相应部分的加倍部分利息计算至每次履行完毕之日止。此外，《债务利息司法解释》还规定了人民法院划拨、提取被执行人的存款、收入、股息、红利等财产，以及对被执行人财产拍卖、变卖或以物抵债等情况下，加倍部分债务利息计算的时间。对于非因被执行人申请，对生效法律文书审查而中止或暂缓执行期间及再审中止执行的期间，不计算加倍部分债务利息。

（3）外币案件加倍部分债务利息计算规则

对于给付外币的案件，《债务利息司法解释》第五条规定了执行时以该种外币按日万分之一点七五计算加倍部分债务利息。如果申请执行人主张以人民币计算的，应当先将生效法律文书确定的外币折算或者套算为人民币后再进行计算，同时规定了外币折合成人民币时的汇率选择标准。

（4）加倍部分债务利息清偿顺序及执行回转程序中处理

被执行人财产不足以清偿全部债务，《债务利息司法解释》第五条规定应当先清偿生效法律文书确定的金钱，再清偿加倍部分债务利息。当事人之间对清偿顺序另有约定的，按照约定处理。对于执行回转程序中，原申请执行人迟延履行金钱给付义务的，《债务利息司法解释》第六条规定应当承担加倍部分债务利息。

3. 商业银行需要注意的问题

第一，明确贷款利率标准和计算规则。《债务利息司法解释》明确了被执行人迟延履行期间的一般债务利息和加倍部分债务履行利息计算问题。其中，一般债务利息根据生效法律文书确定的方法计算。通常情况下，一般债务利息计算遵循意思自治原则，在不违反法律、法规强制性规定情况下，按照当事人的约定计算。对于商业银行来讲，利息收入是其营业收入的重要组成部分。因此，商业银行在发放贷款过程中，应与借款人明确贷款期间的利率标准及计算规则。除明确借款人还款期间、正常利率外，还应明确银行计息起算时点、本金或利息逾期后罚息计算规则，并确保相关约定符合法律、法规规定和监管要求，避免因利息约定不明、计算标准不明确等原因导致一般债务利息无法获得法院支持。

第二，积极主张合法利息诉求，维护自身合法权益。虽然《债务利息司法解释》规定迟延履行期间一般债务利息按生效法律文书确定方法计算，但未明确利率的计算标准。商业银行在发放贷款时，会与借款人约定贷款利率标准。当借款人贷款本金逾期后，商业银行要加收罚息，一般为约定利息上浮50%。对于迟延履行期间一般债务利息，是按照发放贷款时的约定利率计算，还是按照借款人逾期后加收罚息的利率计算，《债务利息司法解释》并未明确。商业银行在不良贷款诉讼案件中，应加强与法院的沟通协调，向法院阐述银行利息计算规则，积极主张合法利息诉求，切实维护自身的合法权益。

第三，理顺内部计息机制和规则。由于商业银行贷款利息计算一般由系统完成，计算规则较为固定。但实践中，由于贷款情况和案件实际的不同，不良贷款诉讼案件中，法院会根据借款人违约事由、双方当事人主张依据、证据材料证明力等情况确定债务利率标准，有的法院还会依据公平原则自由裁量利息的偿还情况。由于法院判定的利息计算标准与银行自身系统内计息标准不同，会导致利息的偿还时期和数量无法对应。商业银行应理顺内部计息机制，根据不良贷款诉讼案件动态的利息判定情况，确定合理适宜的计息规则。同时做好相关文书存档和证据材料保留工作，以便在监管部门或审计部门开展监督检查工作时提供详细说明。

（四）《最高人民法院关于审理利用信息网络侵害人身权益民事纠纷案件适用法律若干问题的规定》（法释〔2014〕11号）

1. 出台背景

近年来，互联网行业和相关信息科技迅速发展，在深刻影响社会生活的同时，也带来了诸如网络知识产权保护、个人信息保护、网络犯罪的惩治以及利用信息网络侵害人身权益的治理与预防等一系列法律问题。针对互联网发展过程中出现的有关法律问题，最高人民法院曾制定《关于审理侵害信息网络传播权民事纠纷案件适用法律若干问题的规定》，并联合最高人民检察院制定《关于办理利用信息网络实施诽谤等刑事案件适用法律若干问题的解释》。为进一步规范网络行为，建立良好的网络秩序，维护公民人身权益，2014 年 8 月 21 日，最高人民法院制定发布《关于审理利用信息网络侵害人身权益民事纠纷案件适用法律若干问题的规定》（法释〔2014〕11 号，以下简称《规定》），自 2014 年 10 月 10 日起施行。

2. 主要内容

《规定》共十九个条文，主要内容包括以下七个方面：

（1）结合互联网技术发展，合理确定管辖法院和诉讼程序。《规定》坚持方便当事人诉讼和方便人民法院审理的原则，结合互联网技术的发展现状，在第二条明确规定："利用信息网络侵害人身权益提起的诉讼，由侵权行为地或者被告住所地人民法院管辖。侵权行为实施地包括实施被诉侵权行为的计算机等终端设备所在地，侵权结果发生地包括被侵权人住所地。"同时，为避免出现起诉难问题，《规定》明确指出：一是在诉讼程序上，允许原告仅起诉网络用户或网络服务提供者。二是原告起诉网络服务提供者后，网络服务提供者以涉嫌侵权的信息系网络用户发布为由抗辩的，人民法院可以根据案件情况和原告的请求责令网络服务提供者提供涉嫌侵权的网络用户的姓名（名称）、联系方式、网络地址等个人信息，以方便原告起诉。

（2）确立网络服务提供者是否"知道"侵权的认定标准。目前，互联网行业已经进入了内容、社区和商务高度结合的形态。在这种背景下，如何认定《侵权责任法》第三十六条第三款规定的"知道"，需要更加慎重。如果司法裁判中认定的标准过严，会造成网络服务提供者承担责任过重，可能会使网络服务提供者自我审查过严，经营负担加大，进而影响合法信息的自由传播，不利于互联网的发展。如果司法裁判中的标准过宽，则会导致网络服务提供者怠于履行必要的注意义务，放纵甚至主动实施侵权行为。《规定》第九条在兼顾两者的前提下明确规定："人民法院依据《侵权责任法》第三十六条第三款认定网络服务提供者是否'知道'，应当综合考虑下列因素：①网络服务提供者是否以人工或者自动方式对侵权网络信息以推荐、排名、选择、编辑、整理、修改等方式作出处理；②网络服务提供者应当具备的管理信息的能力，以及所提供服务的性质、方式及其引发侵权的可能性大小；③该网络信息侵害人身权益的类型及明显程度；④该网络信息的社会影响程度或者一定时间内的浏览量；⑤网络服务提供者采取预防侵权措施的技术可能性及其是否采取了相应的合理措施；⑥网络服务提供者是否针对同一网络用户的重复侵权行为或者同一侵权信息采取了相应的合理措施；⑦与本案相关的其他因素。”

（3）清晰界定利用自媒体等转载网络信息行为的过错及程度。微博、微信等近几年迅猛发展的社交网络以及由此产生的自媒体，在传播范围、影响力等各个方面均有超出传统媒体之势。在信息传播的主体上，往往是自媒体先发出声音，产生影响后，传统媒体再跟进。在信息传播的形态上，以社交网络为媒介的转载等二次传播，影响巨大。针对这些特征，《规定》第十条对转载网络信息行为的过错及程度认定作出规定：“人民法院认定网络用户或者网络服务提供者转载网络信息行为的过错及其程度，应当综合以下因素：①转载主体所承担的与其性质、影响范围相适应的注意义务；②所转载信息侵害他人人身权益的明显程度；③对所转载信息是否作出实质性修改，是否添加或者修改文章标题，导致其与内容严重不符以及误导公众的可能性。”

（4）强调经营主体的权益保护。由于互联网信息传播具有快速性和广泛性，利用网络侵害经营主体商业信誉、降低经营主体商品或服务社会评价的现象逐步增加。为此，《规定》第十一条规定：“网络用户或者网络服务提供者采取诽谤、诋毁等手段，损害公众对经营主体的信赖，降低其产品或者服务的社会评价，经营主体请求网络用户或者网络服务提供者承担侵权责任的，人民法院应依法予以支持。”该规定既界定了网络侵害经营主体权益的行为特征和损害结果，又明确了侵权责任的承担主体，为经营主体维护自身合法权益提供了有效的法律依据。

（5）明确个人信息的保护范围。在互联网时代，个人信息尤其是个人电子信息的保护正面临着诸多挑战。个人信息的收集几乎无处不在，个人信息的内涵越来越丰富，范围越来越广。基于这些背景，《规定》第十二条在利用司法手段保护个人信息方面作出规定："网络用户或者网络服务提供者利用网络公开自然人基因信息、病历资料、健康检查资料、犯罪记录、家庭住址、私人活动等个人隐私和其他个人信息，造成他人损害，被侵权人请求其承担侵权责任的，人民法院应予支持。但下列情形除外：①经自然人书面同意且在约定范围内公开；②为促进社会公共利益且在必要范围内；③学校、科研机构等基于公共利益为学术研究或者统计的目的，经自然人书面同意，且公开的方式不足以识别特定自然人；④自然人自行在网络上公开的信息或者其他已合法公开的个人信息；⑤以合法渠道获取的个人信息；⑥法律或者行政法规另有规定。"

(6) 严格非法删帖、网络水军等互联网灰色产业的民事责任。实践中，以非法删帖服务为代表的互联网灰色产业之所以存在，一个非常重要的原因就是互联网技术的不对等性，发布侵权信息的网络用户或者网络服务提供者往往具备技术优势。《规定》从民事责任角度对这些行为作出规制，第十四条明确规定："被侵权人与构成侵权的网络用户或者网络服务提供者达成一方支付报酬，另一方提供删除、屏蔽、断开链接等服务的协议，人民法院应认定为无效。擅自篡改、删除、屏蔽特定网络信息或者以断开链接的方式阻止他人获取网络信息，发布该信息的网络用户或者网络服务提供者请求侵权人承担侵权责任的，人民法院应予支持。接受他人委托实施该行为的，委托人与受托人承担连带责任。"《规定》第十五条明确规定："雇佣、组织、教唆或者帮助他人发布、转发网络信息侵害他人人身权益，被侵权人请求行为人承担连带责任的，人民法院应予支持。"

(7) 加大被侵权人的司法保护力度。针对司法实践中出现的维权成本高，利用网络侵害他人人身权益的违法成本过低的现实，《规定》第十八条规定："被侵权人为制止侵权行为所支付的合理开支，可以认定为《侵权责任法》第二十条规定的财产损失。合理开支包括被侵权人或者委托代理人对侵权行为进行调查、取证的合理费用。人民法院根据当事人的请求和具体案情，可以将符合国家有关部门规定的律师费用计算在赔偿范围内。被侵权人因人身权益受侵害造成的财产损失或者侵权人因此获得的利益无法确定的，人民法院可以根据具体案情在50万元以下的范围内确定赔偿数额。”如此规定加大了司法保护的力度，有利于遏制网络侵权行为的蔓延，进而实现网络环境规范有序。

3. 商业银行需要注意的问题

《规定》立足司法解释的功能定位，严格按照《侵权责任法》的精神，结合审判实践中遇到的难点问题，在充分考虑互联网技术的特点、发展现状和未来趋势的前提下，为个人和经营主体等民事主体的权益保护提供了充分的司法手段，具有较强的针对性和操作性。商业银行在经营管理中应注意以下几个问题：

第一，注重日常舆情监测，有效防控声誉风险。声誉风险作为商业银行全面风险管理的必要组成部分，随着微博等网络媒体的崛起，防控形势更加严峻。因此，商业银行要加强日常舆情监测，在加大对报纸、杂志、电视、广播、网站论坛等传统媒体监测的同时，进一步扩大信息采集面，将搜集触角延伸至微博、微信等新兴媒体，确保负面舆情得到及时发现和妥善引导，防止事件扩散、升级和发酵，引发声誉风险。

第二，积极利用法律手段，维护自身合法权益。商业银行应认真分析网络媒体刊载的负面舆情事件，对于银行确有过错的，应积极与客户磋商，及时承认错误，求得客户的理解，及时化解矛盾；对于对方恶意诽谤或诋毁的，如确已损害公众对商业银行的信赖，降低商业银行的社会评价，商业银行应积极行使《规定》第十一条赋予的权利，要求网络用户或网络服务提供者承担侵权责任，维护自身合法权益。

第三，不断提高服务水平，从源头上杜绝声誉事件。商业银行应进一步加强员工培训，不断提升银行从业人员职业素质、业务技能和服务水平，自觉维护银行良好声誉。要畅通客户投诉处理流程，更好地倾听客户呼声，客户对服务内容和效率提出质疑时，要耐心解释，理性引导，从源头上杜绝声誉事件。此外，商业银行还要规范信息披露机制，明确要求未经审批，各分支机构和员工不得擅自接受媒体采访，或在互联网上发布有关信息，避免引起公众误解。

二、典型案例述评

2014年，中国银行业先后发生多起值得关注的典型诉讼案例，涉及在建工程价款优先受偿权、保函欺诈、第三方支付、保兑仓融资、商品融资、协助执行等问题，有关案例引起媒体和社会公众的广泛关注，成为本年度银行业诉讼纠纷的热点和难点问题。通过对这些典型诉讼案例进行研究分析，可以发现当前银行业经营管理中存在的相关问题及隐患，有利于促进商业银行依法合规经营，不断提升金融服务水平和服务质量，切实防控相关风险，推动银行业健康持续发展。为此，本书收集了2014年度银行业发生的八个典型案例，并予以分析和点评，以期从中可以获得相关启示和经验。

（一）建设工程价款优先受偿权纠纷案

1. 基本案情

2011年11月，某商业银行常山支行（以下简称常山支行）与浙江某铜业有限公司（以下简称某铜业公司）签订《小企业借款合同》和《最高额抵押合同》，约定由常山支行向某铜业公司发放小企业贷款，某铜业公司用该公司名下的在建工程、土地使用权及地上附属物提供最高额抵押担保。在抵押合同签订前，上述抵押的在建工程承包人某建筑公司向常山支行出具承诺函，确认收到某铜业公司支付的工程款620万元，并承诺对剩余工程价款放弃在建工程优先受偿权。某建筑公司承诺函出具后，某铜业公司随即向该公司致函，言明因银行贷款需要，某建筑公司向常山支行出具承诺函中关于其收到工程款的情况并不属实，某建筑公司实际未收到620万元工程款。

贷款合同签订后，截至2012年4月，常山支行共向某铜业公司发放小企业贷款1 092万元，某铜业公司也依合同约定办理了抵押登记。因某铜业公司经营不善，未能按约定偿还贷款，常山支行向法院提起诉讼清收贷款。法院经审理后判决常山支行胜诉，并确认常山支行对某铜业公司的抵押财产行享有优先受偿权。2013 年 1 月，某建筑公司向常山县法院提起诉讼，要求某铜业公司支付工程款，同时提出某建筑公司放弃工程价款优先受偿权的承诺违反法律规定，应属无效，要求法院确认该公司对上述抵押的在建工程享有优先受偿权，并将常山支行列为第三人。

2013 年 11 月，常山县法院一审审理认定某建筑公司放弃工程价款优先受偿权的承诺无效，判决该公司在某铜业公司欠付工程价款范围内对在建工程享有优先受偿权。常山支行不服，向衢州市中级人民法院提起上诉。衢州市中级人民法院二审认为，建设工程价款优先受偿权系财产性权利，某建筑公司向常山支行出具放弃该权利的承诺，并未违反法律的强制性规定，应当有效。据此，2014 年 3 月，衢州市中级人民法院终审判决某建筑公司在其承诺放弃优先受偿权的范围内不得优先于常山支行的抵押权优先受偿。

2. 分析与点评

本案是建设工程价款优先受偿权问题引发的典型被诉案件，涉及的问题和争议焦点主要集中在三方面：一是建设工程价款优先受偿权的主要内容；二是承包人放弃建设工程价款优先受偿权的效力问题；三是本案中某建筑公司是否还能享有优先受偿权。

（1）建设工程价款优先受偿权的主要内容

我国《合同法》第二百八十六条规定，建设工程发包人未按照约定支付工程价款的，承包人有权就建设工程折价或拍卖的价款优先受偿。《最高人民法院关于建设工程价款优先受偿权问题的批复》（法释〔2002〕16 号，以下简称《批复》）进一步明确，人民法院在审理房地产纠纷案件和办理执行案件中，应认定建筑工程的承包人的优先受偿权优于抵押权和其他债权。根据上述法律和司法解释，承包人就建设工程折价或者拍卖所得价款享有法定的优先于抵押权和其他债权受偿的权利。既然建设工程价款优先受偿权是相对于建设工程抵押权人的抵押权和其他债权人的债权而言的优先，其权利的行使势必影响着抵押权人和其他债权人合法权益的实现。为避免权利滥用，必须对建设工程价款优先受偿权的行使主体、行使范围和行使期限进行限定。

首先，建设工程价款优先受偿权的行使主体显然为建设工程的承包人。但是，如果施工合同的承包人与发包人在订立总承包合同后，总承包人又进行合法分包的，分包人能否享有工程价款优先受偿权？根据合同相对性原理，建设工程价款优先受偿权是建设工程承包人基于合同之债而对发包人所享有的一项法定权利，与发包人不存在建设工程合同关系的任何一方当事人，均无法享有基于合同之债而形成的优先受偿权。并且，发包人与分包单位之间并不存在基于合同关系而直接形成的权利义务关系，发包人也就不会对分包人形成迟延支付工程价款的违约行为。因此，分包人不能就该债务对工程本身行使优先受偿权。

其次，建设工程价款优先受偿权的行使范围。《批复》规定，建设工程价款包括承包人为建设工程应当支付的工作人员报酬、材料款等实际支出的费用，不包括承包人因发包人违约所造成的损失。也就是说，承包人根据合同约定向发包人要求的各项损害赔偿金，包括违约金和逾期支付工程款的利息等不应列入优先受偿的范围。

最后，建设工程价款优先受偿权的行使期限。《批复》规定，建设工程承包人行使优先权的期限为六个月，自建设工程竣工之日或者建设工程合同约定的竣工之日起计算。据此，建设工程价款优先受偿权行使期限的起算点分为两种情况，一种为正常竣工的情况下，起算点应当为竣工之日；另一种为建设工程非正常竣工情况下，起算点应当为合同约定的竣工之日。但是对于非正常竣工情况下，如果合同未对实际竣工日期进行明确约定，或约定的竣工日期早于停工日期的，《批复》并未具体规定。对此，部分法院规定以实际停工日期为起算点，本案中，涉案建设工程尚未施工完毕，未实际竣工，合同中约定的竣工日期也早于停工日期，二审法院遂依据浙江省高级人民法院执行局《执行中处理建设工程价款优先受偿权有关问题的解答》（浙高法执〔2012〕2 号）有关规定，认定以实际停工日为建设工程价款优先受偿权行使期限的起算点。

（2）承包人放弃建设工程价款优先受偿权的效力

本案中，某铜业公司为获取常山支行贷款，要求某建筑公司出具放弃建设工程价款优先受偿权的承诺函，某建筑公司出于自身利益考虑也向常山支行出具了承诺函。但是，某建筑公司之后却以放弃建设工程价款优先受偿权的承诺因违反法律规定无效为由，要求法院确认对其建设工程价款依旧享有优先受偿权，并得到一审法院支持。

本案争议的核心问题就在于承包人放弃建筑工程价款优先受偿权的承诺是否有效。根据《民法通则》，判断一个民事主体作出的民事法律行为是否具有效力，应当从行为主体是否具有民事行为能力、意思表示是否真实以及是否违反法律或者社会公共利益三个方面考量。本案中，首先，某建筑公司作为企业法人，自其依法成立时便具有民事权利能力和民事行为能力，能够以自己的意思独立进行民事活动取得权利并承担相应的义务，也应对自身的民事行为承担相应的法律责任。其次，某建筑公司向常山支行出具承诺函是其处于自身利益考虑作出的真实意思表示，常山支行自始至终都为善意相对人，并未对某建筑公司采取欺诈或胁迫方式骗取其出具承诺函。最后，虽然建设工程价款优先受偿权是一项法定权利，但是该权利系财产性权利，应允许权利人放弃，因此，某建筑公司向常山支行出具的承诺书中表示放弃建设工程价款优先受偿权，该行为并不违反法律的强制性规定，应属有效。二审法院正是出于上述理由，支持了常山支行的上诉请求，判决某建筑公司放弃建设工程价款优先受偿权的承诺有效。

（3）某建筑公司是否还能享有优先受偿权

如上所述，某建筑公司向常山支行作出的放弃建设工程价款优先受偿权的承诺应属有效，那是否可以据此推出某建筑公司已经丧失了该优先受偿权？我们认为并非如此。事实上，某建筑公司这一承诺系向常山支行作出，仅能证明某建筑公司针对常山支行的抵押权放弃了建设工程价款优先受偿权，并不能证明其向其他债权人也放弃了该项权利。某建筑公司的建设工程价款优先受偿权依然存在，仍旧可以优先于其他债权人受偿，但是顺位应在常山支行的抵押债权之后。据此，本案二审法院最终判决某建筑公司对其建造的工程享有工程价款优先受偿权，但不得优先于常山支行的抵押权。

3. 相关启示

近年来，随着我国房地产业的迅猛发展，房地产类项目的贷款规模越来越大，其中部分房地产开发企业在建设房地产项目过程中，如遇后续建设资金供应不足，则多以在建工程抵押担保的方式向商业银行申请融资，建设工程已经成为商业银行的重要贷款抵押物之一。但是，由于在建设工程之上存在着优先于建设工程抵押权的各种优先债权，司法实践中对优先权放弃的效力认定存在不同的审判思路，导致商业银行建设工程抵押权实现存在一定的法律风险。

（1）择优选择贷款企业，认真做好贷前调查工作。在发放在建工程抵押贷款时，商业银行应认真调查贷款企业情况，选择信誉好、资质高、发展较为稳定的房地产开发企业，对其房地产开发资质、注册资金到位情况、对工程项目投入的自有资金比例、还款能力等进行严格审查。要认真审查建设工程的国有土地使用证、建设工程用地规划许可证、建设工程规划许可证、建筑工程施工许可证、开工证明、建筑工程规划图纸等建设工程相关资料。此外，还应要求借款人提交建设工程各项税费缴纳凭证、建设工程预算、决算书面材料以及工程价款支付凭证，全面核实借款人是否拖欠工程价款。

（2）合理确定抵押物范围，确保抵押物完全覆盖债权。商业银行在接受建设工程抵押的，应当将在建工程占用范围内的建设用地使用权，连同在建工程的投入资产同时抵押，并在核定抵押率时，充分考虑建设工程承包人的工程价款因素，对于借款拖欠工程价款的情况的，更应从严核定。如果已经办理的在建工程抵押价值不足，还应就建设工程中逐渐直至最终形成的财产及其占用范围内的建设用地使用权办理后续抵押，直至抵押物价值足额，确保能够完全实现债权。

（3）跟踪融资资金流向，做好贷后管理。商业银行在贷后管理过程中，要做好贷款资金使用跟踪工作，保证贷款资金确实投入到在建工程建设中去，要严格按照发包人与承包人有关工程价款支付约定，跟踪工程价款支付情况。一旦发现在建工程抵押人未按约定支付承包人的工程价款，要及时了解拖欠原因，有必要时可要求借款人或是在建工程抵押人追加贷款抵押物或其他担保措施。对于在建工程已经竣工的，应要求借款人提供工程价款支付的证明，如存在拖欠工程价款情况，应要求借款人提供除在建工程以外的其他担保，尽可能减少建设工程价款优先受偿权引发的贷款风险。

（4）谨慎接受承包人放弃优先权承诺，维护自身合法权益。对于在建工程承包人愿意出具放弃建设工程价款优先受偿权书面承诺的，商业银行在接受承诺后，不能因承诺而减少抵押物范围或提高抵押率，同时应仔细核查承包人承诺内容的真实性，尽到合理的谨慎义务。如发生抵押人与承包人发生工程价款纠纷诉讼时，要及时申请参加诉讼程序，对建设工程价款金额、优先受偿权的范围以及行使期限等内容进行核实，并向法院出具承包人放弃建设工程价款优先受偿权的书面承诺，以争取优先实现在建工程抵押权，维护自身合法权益。

（二）保函欺诈纠纷案

1. 基本案情

中材装备集团有限公司（以下简称中材集团）系某银行天津分行（以下简称天津分行）优质客户。2008 年 2 月 5 日，中材集团因向巴基斯坦格里布瓦尔水泥公司（以下简称格里布瓦尔公司）提供水泥生产线项目，向该银行天津北辰支行（以下简称北辰支行）申请开立以格里布瓦尔公司为受益人的履约保函两笔，保函约定适用新加坡法律。随后，北辰支行以天津分行名义向格里布瓦尔公司开立履约保函 2 笔。2008 年 5 月 29 日，受益人格里布瓦尔公司通过该国国民银行向天津分行就上述两笔保函发出索赔电文，但其后受益人又数次向天津分行发送报文，要求将两笔保函项下款项延期支付。申请人中材集团与受益人格里布瓦尔公司数次协商无果后，认为格里布瓦尔公司属于欺诈索赔，并向天津市第二中级人民法院提起财产保全申请，请求法院裁定天津分行停止或冻结支付上述两笔保函项下款项。2009年10月14日，天津分行收到天津市第二中级人民法院民事裁定书，裁定其中止支付上述两笔保函项下款项。随后，中材集团将受益人格里布瓦尔公司及天津分行作为共同被告向天津市第二中级人民法院提起诉讼，申请法院认定格里布瓦尔公司向天津分行索赔属于欺诈行为，并判定天津分行终止向被告格里布瓦尔公司支付上述保函项下款项。2009年10月15日，天津分行再次收到保函受益人格里布瓦尔公司向其发送的索赔报文。

审理过程中，原告中材集团诉称，被告格里布瓦尔公司谎称原告在主合同项下违约，通过该国国民银行向天津分行发送两份电文，并在电文中故意做虚假陈述，进行欺诈性索款，格里布瓦尔公司的索款行为构成欺诈。根据保函国际惯例中“欺诈例外”原则，本案应受中国法院管辖并适用中国法律。故请求法院判令：（1）确认格里布瓦尔公司在保函索赔中存在欺诈；（2）天津分行终止向格里布瓦尔公司支付两笔保函项下款项；（3）诉讼费用由被告格里布瓦尔公司承担。

被告格里布瓦尔公司辩称，就保函问题，双方约定适用新加坡法律，但原告中材集团自始至终没有举出新加坡法律，且格里布瓦尔公司索款材料既非虚假，亦非无索款理由，原告诉称的格里布瓦尔公司在索款过程中存在欺诈的事实根本不存在，原告的诉请缺乏事实和法律依据，故请求驳回原告的诉讼请求。

天津分行在法庭中辩称，该行开立保函程序合法，符合我国相关法律、法规及国际惯例的规定，不存在任何过失。根据国际商会《见索即付保函统一规则》（URDG458）第二条的规定，天津分行开出的保函为独立性的见索即付保函，该保函独立于原告中材集团与被告格里布瓦尔公司之间的基础交易主合同。如证明保函存在欺诈必须对基础交易主合同进行审查，而该行开出的保函同基础交易主合同是相互独立的，原告以保函欺诈为由起诉天津分行，缺乏事实和法律依据，天津分行不应承担任何责任。对原告的其他诉讼请求，天津分行愿服从法院裁决。

2011年9月，天津市第二中级人民法院就该案作出一审判决，判令天津分行终止向被告格里布瓦尔公司支付两笔保函项下款项，案件受理费、保全费由被告格里布瓦尔公司负担。

格里布瓦尔公司不服一审判决，向天津市高级人民法院提起上诉，天津市高级人民法院经开庭审理，于2014年初作出终审判决，驳回格里布瓦尔公司上诉，维持原判。

2. 分析与点评

本案的争议焦点主要在三个方面：一是天津法院对本案是否具有管辖权及准据法的适用；二是保函的独立性与基础合同的关系；三是保函欺诈的认定。

（1）天津法院对本案是否具有管辖权及准据法的适用

本案案情较为复杂，原告中材集团及被告天津分行属于中国法人，被告格里布瓦尔公司属于外国法人。保函规定的管辖法律是新加坡法律，而基础合同的争议解决方式为在迪拜进行仲裁，因此，天津法院是否拥有管辖权及本案的准据法适用成为本案的首要争议点。

对于天津法院是否拥有对本案的管辖权，一二审法院均认为，首先，欺诈属于一种侵权行为，根据我国法律规定，因侵权行为提起的诉讼，侵权结果发生地法院有权管辖，由于保函项下款项支付地为天津分行住所地，该住所地属于侵权结果发生地，故天津法院作为天津分行住所地的管辖法院，对本案具有管辖权。

关于本案准据法的适用，原告中材集团主张本案属于侵权法律纠纷，应适用侵权结果发生地法律，即中华人民共和国法律。被告格里布瓦尔公司认为根据保函的约定，应适用新加坡法律。一二审法院认为，根据《中华人民共和国涉外民事关系法律适用法》第四十四条规定，侵权责任应适用侵权行为地法律，且该保函的双方当事人为被告格里布瓦尔公司及天津分行，对原告中材集团不具有约束力。同时，国际商会《见索即付保函统一规则》（URDG458）引言明确规定："本规则并不影响国内法律关于欺诈性的或者明显的滥用或者不正当使用保函的原则或规则”，即将欺诈情形作为一种例外情形交由各国国内法律进行规制。因此，由于涉案保函明确约定适用URDG458的规定，故对于本案涉案保函索款是否存在欺诈的问题，应作为一种例外情形按照国内法律即中华人民共和国法律的规定进行审理判决。

（2）保函的独立性与基础合同的关系

本案另一个争议焦点在于涉案保函的独立性与基础合同的关系，即法院是否应审查基础合同。被告格里布瓦尔公司认为，本案属于保函纠纷，该保函属于独立性的见索即付保函，所谓独立性的见索即付保函是指为了担保债务的履行，保证人应基础交易债务人的委托，向基础交易债权人作出的、只要债权人提出索款要求并提交符合规定的单据，保证人即不得援引基础交易项下的任何抗辩即需向债权人支付约定金额的承诺。独立性的见索即付保函与基础合同互相独立，且保函中约定“即使中材集团与格里布瓦尔公司就基础合同存在争议，银行亦应兑付保函”。因此，就基础合同，双方约定根据格里布瓦尔公司所在国法律在迪拜进行仲裁，中国法院无权就基础合同进行审查，否则会影响仲裁庭的审查判断。一审法院经审理认为，诚实信用和反欺诈是商业活动应普遍遵守的原则，被告格里布瓦尔公司提出的维护保函独立性的意见，不能对抗该原则的适用。因此，在审理保函欺诈案件中，根据认定侵权责任的需要，应当对基础合同的履行情况进行有限度的审查，以正确判定被告格里布瓦尔公司有无行使索赔权的正当理由及索赔声明是否故意进行了虚假陈述，在此限度内的审查与基础合同的仲裁条款并无冲突。因此，中国法院有权就基础合同项下双方的履约情况进行有限度审查，该审查与保函的独立性也并无冲突。二审法院认可该观点，对于上诉人格里布瓦尔公司关于基础合同约定提交迪拜仲裁，法院不应审查基础合同之主张，不予支持。

（3）保函欺诈的认定

本案争议的第三个焦点在于如何认定格里布瓦尔公司的索款是否构成欺诈。根据《最高人民法院关于贯彻执行〈中华人民共和国民法通则〉若干问题的意见（试行）》第六十八条规定，一方当事人故意告知对方虚假情况，或者故意隐瞒真实情况，诱使对方当事人作出错误意思表示的，可以认定为欺诈行为。根据《最高人民法院关于民事诉讼证据的若干规定》第二条规定，当事人对自己提出的诉讼请求所依据的事实或者反驳对方诉讼请求所依据的事实有责任提供证据加以证明。因此，本案中，中材集团起诉状中提出格里布瓦尔公司为欺诈索赔，为证明其主张，中材集团必须首先提供证据证明其已经履行了基础合同项下义务，格里布瓦尔公司索赔声明所述其未履行基础合同项下义务为虚假陈述，意在诱使天津分行作出错误意思表示，支付保函项下款项，从而最终损害中材集团利益。而格里布瓦尔公司为证明其索赔不属于欺诈，则必须对中材集团提出的理由进行抗辩，并对其抗辩理由承担相应的举证责任，证明其索赔声明中所述并非虚假情况。法院综合当事人举证和质证意见后认为，由于中材集团提供证据能够证明其已经完全履行基础合同项下的各项义务，而格里布瓦尔公司所提交证据并不能证明中材集团未能履行各项义务，故最终认定格里布瓦尔公司索赔声明构成欺诈。

3. 相关启示

本案属于涉外保函欺诈纠纷，天津分行实属牵连被诉，在本案中既无过失也没有承担责任。但本案仍然对银行开展涉外保函业务提出了诸多需要改进之处，银行应在以后的业务开展中对业务流程、合同文本等加以完善和改进。

（1）高度重视涉外保函文本中法律适用和争议解决条款，降低商业银行维权成本

鉴于银行在开立涉外保函所获收益有限，更多的是出于维护优质客户关系办理保函业务，因此，如涉外保函约定适用境外国家或地区法律，一旦涉诉，银行必然要面对人力、物力、财力等诸多支出，导致收益和风险不成正比，损害银行利益。因此，从诉讼便利性、成本以及对法律熟悉程度等因素考虑，银行应尽量争取在涉外保函中明确保函纠纷受中国法院管辖或适用中国法律。同时，鉴于国际商会《见索即付保函统一规则》（URDG758）第 35 条 a 款“除非

保函另有规定，任何担保人和受益人之间与保函有关的争议，应由担保人开立保函的分支机构所在地点的国家有管辖权的法院排他性地解决”和第34条a款“除非保函另有规定，否则其适用的法律应当是担保人开立保函的分支机构所在地点的法律”的规定，银行也可以在保函文本中明确约定保函纠纷适用URDG758的相关规定，同样可以起到保函纠纷受中国法院管辖或适用中国法律的效果。

现实情况中，涉外保函申请人大多为银行优质客户，许多处于强势地位，如业务部门因客户要求或者业务需要而不得不适用境外法律的，银行则应聘请境外法律项下有资质的律师出具法律意见，以充分规避可能存在的法律风险。同时，银行可通过补充完善《开立担保协议》，将法律适用和争议解决的风险及相关成本最大程度转移给申请人，避免银行承担较大风险。

（2）充分利用涉外保函的独立特性维护银行自身利益

目前，银行所开立的涉外保函绝大多数属于独立保函，就独立保函与基础合同的关系，URDG758第5条a款规定，“就其性质而言，保函与基础关系和申请是独立的，担保人绝不需要关心这些关系或者受他们的约束。即使在保函中为了识别的目的而对基础关系有所援引，也不改变保函的独立性质”、“保函项下担保人的支付承诺不受因为担保人和受益人关系之外的任何关系而产生的请求或者抗辩的影响”，URDG758的以上规定明确了涉外保函的独立性无可挑战，完全独立于作为其开立依据的基础合同，保函与基础合同属于相互独立的两个不同交易，银行对外支付保函款项，完全受制于保函自身规定，不受申请人和受益人之间基础合同的影响。具体而言，银行应重视涉外保函的独立特性主要体现在以下两个方面：

一是注重索赔条款的设置，尽可能减少银行的审查义务。在保函文本中应对银行应审查的单据明确列出，不应存在模糊表述或者罗列单据过于繁杂，且明确银行对单据仅负有形式审核义务，不对相关单据的内容负责，避免因单据过于复杂、繁琐或超出银行审查能力所及，使银行陷入基础交易纠纷。

二是处理受益人索赔时应仅依据保函规定进行赔付，避免其他因素尤其是基础交易的影响。对于独立性涉外保函，只要受益人提交的索赔文件及手续符合保函规定的要求，银行就应该无条件支付，不得无故拖延或拒付，防止卷入申请人和受益人之间因基础合同交易产生的纠纷或直接发生保函纠纷。在本案中，天津分行本无过失，完全属于牵连被诉，格里布瓦尔公司索赔伊始，天津分行应中材集团要求将保函赔款期限进行了延迟，完全属于被牵连进入诉讼案件。

（3）对涉外保函基础交易可能产生的风险预先研判并采取有针对性的防范措施

对于涉外保函业务，鉴于受益人位于境外，受地理、语言、通讯、相关资料匮乏等条件所限，银行往往不关注或很少关注受益人的信用风险和基础合同的履行风险，仅仅对申请人的信用和履约能力进行审查把关。但随着国际交易的日益复杂多变，在交易双方的基础合同履行中，仅有一方具备履约能力和履约意愿是远远不够的，受益人的信用风险、国别风险，环境风险，国际制裁风险，税收风险等都可能对基础合同的履行造成决定性影响，导致涉外交易的双方发生纠纷，并最终影响银行的利益。对此，银行业务部门应加强对国际交易相关知识和风险的学习、研究和分析，在充分把握风险实质的基础上，采取切实可行的防范措施，并可通过在《开立担保协议》中添加防控相关风险的约定，明确由申请人承担上述风险带来的后果，不得以此要求银行拒付保函款项，也不以此对抗银行垫付的保函款项。

（4）充分利用保函的特性避免陷入纠纷

在现今国际经济交往中，交易双方发生纠纷日益常见，但银行应尽量避免卷入交易双方的纠纷。在保函业务中，银行作为“申请人—银行—受益人”这种三方关系的一方，很容易被牵扯入基础合同的纠纷中，像本案中天津分行被牵连卷入交易双方的基础合同纠纷已不是孤例。

商业银行出具的涉外保函大多是见索即付独立保函，一旦受益人提出索赔，只要出具书面索赔通知和相关单据后，银行经形式审查合格，则银行将无条件的、不可撤销的承担赔付责任，虽然银行有可能面对的是受益人的恶意索赔，但是对于只负有形式审查的银行来讲，这种风险当然应由申请人承担，这也是国际惯例中涉外保函“见索即付”和“独立”特性的精髓所在。因此，银行对于受益人的索赔不要怀有畏惧心理，如果银行及时处理了赔付，保函关系也就归于消灭，基于保函恶意索赔产生的纠纷归入了基础合同纠纷中，银行就从“申请人—银行—受益人”三方关系中脱身出来，变成了“申请人—受益人”之间的基础合同纠纷，而银行赔付的风险根据《开立担保协议》的约定应由申请人承担，即由申请人自行承担基础交易合同纠纷可能带来的损失。

当然，实际业务中，银行出于维护客户关系、防范同业竞争对手“抢户”等因素，可能需要根据具体情况灵活处理，但银行也应对可能产生的风险加以重视，正确处理业务发展与风险防控的关系，不应为了业务发展而减弱甚至忽视对风险的把控，而应在充分沟通协调的基础上，尽量争取客户的理解和支持，避免将“申请人—银行—受益人”的三方关系变成“申请人—银行”或“银行—受益人”这种不利于银行的双方关系。

（三）第三方支付纠纷案

1. 基本案情

2013 年 10 月 12 日，戴某收到不法分子一条代办大额度透支信用卡短信，联系电话是 139……，戴某遂与对方联系，将其身份证号发送给 139……。此后，戴某又按照不法分子要求前往湖南某银行全通支行（以下简称全通支行），持本人身份证开立个人结算账户并存入 10 万元，未开通电子银行服务，开户时填写的手机号码为 139……。戴某开户时，其签署的《个人客户业务申请书》、《电子银行个人客户服务协议》及《电子银行个人客户注册申请书》等文书中，全通支行以协议条款或特别风险提示方式，提示了银行卡、密码等是保护客户网银和账户资金安全的重要工具，持卡人务必妥善保管，切勿外借或泄露给他人。开户完成后，戴某又将账号等信息发送给不法分子。

10 月 21 日，戴某到全通支行反映，他账户中的存款 10 万元不翼而飞。全通支行立即配合戴某查询账户情况，发现戴某账户内的10万元存款于10月18日、10月19日分两笔，每笔5万元通过支付宝快捷支付方式划走。戴某发现上述款项被转走后，向当地公安机关报案，但公安机关以支付宝（中国）网络技术有限公司（以下简称支付宝公司）不在本地，按照属地管辖应由浙江公安机关负责为由，拒绝受理该案。

经全通支行核实，10月21日，戴某到该行网点反映情况时提供的联系电话为138……，与10月17日开户时提供的电话不一致，支行经办人员当即询问戴某开户时提供的139……手机号码为何不用，戴某称“手机已于昨日丢失”。全通支行意识到戴某存款被盗转可能系外部欺诈事件，随即通过电子邮件联系支付宝公司，报告非戴某本人交易情况。支付宝公司回函，反馈戴某与支付宝公司签订了快捷支付协议，签订协议时提供的电话号码为139……，与其在全通支行开户时填写的手机号码139……一致。同时，支付宝公司要求戴某提供向公安机关报案相关资料，但戴某不配合。

戴某由于损失未能挽回，遂向法院起诉全通支行，诉讼理由主要是：戴某身份证、储蓄卡均由本人保管，没有开通支付宝账户，也没有在网上消费购物，未对外泄露银行卡账户密码，但银行卡内的存款10万元却被他人通过支付宝快捷支付划走，全通支行对存款被他人冒领存在明显过错，要求该行赔偿损失10万元。

在一审法院审理中，12月19日，河南某公安机关侦查一起不法分子网络诈骗案件，从支付宝公司调取了相关资料，发现戴某是被害人之一，遂向全通支行调取戴某开户情况。全通支行获得戴某被骗材料，并通知戴某，戴某最终承认自己是被诈骗后将身份证信息及银行卡信息泄露给不法分子，并在银行开户时预留了不法分子的电话号码。戴某遂再次向当地公安机关报案，公安机关予以立案。随后，戴某将报案资料等文件发送给支付宝公司，支付宝公司全额赔付了戴某被盗资金。2014年3月，戴某撤回对全通支行起诉。

2. 分析与点评

本案是一起典型的客户银行存款被他人通过支付宝快捷支付盗

取引发的被诉案件。支付宝快捷支付是指通过移动设备或者网站等途径订购商品、服务的用户，无须开通网上银行和取得U盾等加密设备，在首次使用时，只需输入真实姓名、身份证号、银行卡卡号、银行开户时预留的手机号和手机验证码等相关信息即可开通支付服务，在以后的使用过程，只需要直接输入支付宝支付密码和手机动态密码即可完成付款交易的支付方式。

（1）快捷支付交易流程和涉及的法律关系分析

快捷支付功能依赖于客户在第三方支付机构开立的账户与银行卡账户，第三方支付机构在客户的授权下（快捷支付协议），根据客户有效的电子指令对客户开通快捷支付的银行卡账户进行资金汇划。客户需注册第三方支付机构账户，将需开通快捷支付的银行卡与第三方支付机构账户绑定，通过输入身份证号码、银行卡号（信用卡还需输入有效期、CVV码）、开立银行卡时预留的手机号码进行验证。第三方支付机构接受客户的验证请求后，发送短信验证码至客户预留手机号，客户再输入该短信验证码进行验证，如上述要素验证无误，即开通快捷支付。在使用快捷支付业务进行支付时，客户需使用已注册的第三方支付机构账户登录并发出支付指令，第三方支付机构接受客户的支付请求后，会发送短信验证码至客户预留手机号上，客户再输入该短信验证码进行验证，验证无误后支付成功。

快捷支付业务涉及三个法律关系，一是客户与银行之间的借记卡或贷记卡合约法律关系；二是客户与第三方支付机构之间的快捷支付服务协议关系。客户开通快捷支付服务后，第三方支付机构根据快捷支付协议与客户发出的快捷支付指令，委托银行从客户的银行卡中划转资金；三是银行与第三方支付机构的快捷支付合作协议关系。合作协议对银行与第三方支付机构关于快捷支付业务的开展方式、双方的权利义务等进行了约定。银行一般会与第三方支付机构约定，当出现非持卡人本人及授权人通过快捷支付转移资金造成持卡人损失的，由第三方支付机构先行赔付。

（2）本案争议焦点及法律分析

本案争议焦点主要有四个：一是戴某是否存在过错。二是全通支行办理涉案业务是否存在过错，是否应当赔偿戴某损失。三是戴某选择储蓄合同纠纷为案由起诉，全通支行是否有兑付存款义务。四是银行与支付宝公司快捷支付合作协议相关条款对各方责任的影响。

第一，戴某是否存在过错。戴某的过错主要体现在两个方面，一是戴某违反了合同附随义务。《合同法》第六十条规定了合同双方的附随义务："当事人应当按照约定全面履行自己的义务。当事人应当遵循诚实信用原则，根据合同的性质、目的和交易习惯履行通知、协助、保密等义务。"同时，戴某在开户时与全通支行签订的借记卡协议也明确约定戴某负有妥善保管重要凭证义务和保密义务。但是，戴某将身份证号码、借记卡卡号等重要信息擅自发给不法分子，显然属于违反附随义务的行为。二是戴某轻信不法分子有关谎言，以致上当受骗，存款被盗。从快捷支付业务流程可以看出，客户在开立银行卡时在预留手机号码，是银行和第三方支付机构重要的身份验证方式，戴某在全通支行开户时预留了不法分子手机号，以至于第三方支付机构将验证码发送给不法分子。因此，戴某未能尽到附随义务，并且轻信不法分子谎言，存在严重过错。

第二，全通支行办理涉案业务是否存在过错，是否应当赔偿戴某损失问题。根据全通支行与戴某借记卡协议有关约定，全通支行负有妥善保管客户账户资金、按指令办理业务、提供安全快捷的网银服务等义务。本案中，全通支行根据戴某要求办理开户业务，并按照戴某设置的身份认证方式进行身份验证，全通支行所有业务操作完全符合监管规定以及双方借记卡协议的约定。同时，全通支行已对戴某尽到安全提示义务。在戴某签署的《个人客户业务申请书》等文书中，全通支行以协议条款或特别风险提示方式，警示了银行卡、密码等是保护客户账户资金安全的重要工具，持卡人务必妥善保管，切勿外借或泄露给他人。全通支行为保障戴某的合法权益亦已尽到风险提示义务。因此，全通支行办理涉案业务没有任何过错，没有侵害戴某权益，不应赔偿戴某损失。

第三，戴某选择储蓄合同纠纷为案由，全通支行是否有兑付存款义务问题。根据《商业银行法》规定，凭密码支取银行存款是储户基本权利。戴某在全通支行预留了不法分子手机号，并将银行卡卡号、身份证号等发给不法分子，相当于将客户身份认证的全部凭证交给不法分子（类似于将银行卡密码泄露），无异于授权不法分子支取其存款，并且戴某的这些行为使得全通支行身份验证手段全都无法发挥防范外部欺诈作用。因此，全通支行没有违约，戴某违约以致存款被盗，全通支行不应再承担兑付存款责任。

第四，银行与支付宝公司快捷支付合作协议相关条款对各方责任的影响。银行与第三方支付公司有关合作协议一般会约定，第三方支付公司在客户资金以快捷支付途径被盗转情况下，客户向第三方支付公司提交相关资料（身份证复印件、银行卡号、支付金额、公安机关报案回执等）情况下，第三方支付公司对客户主张的事实予以核实，如情况属实，客户签署有关承诺函后，第三方支付公司将先行赔付客户损失。但是，根据合同相对性原则，前述约定仅能够约束银行与第三方支付公司，不能够约束客户，一旦银行与客户发生纠纷，客户拒绝提供相关材料，单纯要求银行承担兑付存款义务，协议约定的赔付流程难以实现，银行也难以引用前述赔付条款主张对客户的损失免责。本案中，全通支行没有引用有关支付宝公司赔付流程条款要求免责，而是做好两手准备，一方面积极协调支付宝公司和戴某，建议戴某按照支付宝公司赔付流程要求准备赔付材料，促使支付宝公司及时赔付戴某损失，另一方面，从全通支行办理业务依法合规、没有任何过错、不应当承担任何责任角度做好民事诉讼案件应诉工作。最终，支付宝公司赔付了戴某损失，本案得以妥善解决。

3. 相关启示

（1）加强风险提示工作，维护客户合法权益。快捷支付属于创新型支付方式，颠覆了传统意义上凭密码付款的支付方式，第三方支付机构通过对客户身份证号、银行卡号和银行预留手机号进行验证通过后支付。因此，银行应立足于快捷支付业务流程，在客户办理开户并预留手机号码时，着重向客户提示快捷支付相关风险。例如，注意银行卡号、预留手机号码、身份证号等信息的重要作用，以及这些信息与第三方支付公司快捷支付业务存在的关联关系，相关信息保管不善可能引起的不利后果等，维护客户资金安全和合法权益。

（2）规范与第三方支付机构业务合作。一是商业银行总行应规范与第三方支付机构开展合作业务关系，统一合作模式，防止辖内分支机构自行其是，擅自与第三方支付机构开展业务合作，避免本行不同机构与第三方支付机构合作模式或权利义务关系存在差异现象，以及由此可能带来的系统性风险。二是完善与第三方支付机构快捷支付合约条款，明确约定第三方支付机构对客户资金通过快捷支付途径被盗取情况下的先行赔付义务条款，以及第三方支付机构需在银行建立保证金账户条款等。三是理顺对客户的赔付流程。银行和第三方支付机构均要制定快捷支付纠纷对客户的赔付流程指引，便于与客户发生纠纷付后，各方都能及时启动赔付流程，有效维护客户权益。同时，鉴于银行与第三方支付机构合作协议无法约束客户，要重点完善客户不配合启动赔付流程情况下的处理机制，可以考虑由客户授权银行代理客户办理赔付事宜，便于赔付工作顺利开展。

（3）强化客户身份验证工作。商业银行要严格执行银监会、人民银行《关于加强商业银行与第三方支付机构合作业务管理的通知》有关要求，客户银行账户与第三方支付机构首次建立业务关联时，须通过第三方支付机构和商业银行的双重身份鉴别；客户账户所在银行应通过物理网点、电子渠道或其他有效方式直接验证客户身份。由于预留或修改银行预留手机号码涉及客户的资金安全，银行要严格控制预留或修改客户手机号码流程，防范外部欺诈风险。

（4）增强客户防范金融诈骗意识和能力。由于个别客户安全意识缺失，防范外部欺诈能力不强等原因，现实中不法分子利用诈骗或窃取等手段通过快捷支付盗取客户银行卡资金事件并不少见。为减少客户资金被盗风险，银行应强化金融消费者教育工作，增强其防范欺诈意识和能力。例如，对于开通网上银行的银行卡，设置网上支付限额，间接限定快捷支付限额，对快捷支付密码不定期修改，避免工资卡或存有大量现金的银行卡开通快捷支付功能，避免向其他人员甚至第三方支付公司客服人员（不法分子可利用改号软件冒充客服人员）透露银行卡信息、账号密码和手机验证码等相关信息等。

（四）保兑仓融资纠纷案

1. 基本案情

2012年2月，某银行济南分行、旺隆公司（经销商）与某钢铁公司（生产商）签订《保兑仓业务三方合作协议》，约定：为保障某银行济南分行与旺隆公司在2012年2月24日至2013年2月23日期间发生的各类授信业务项下协议的履行，旺隆公司、某钢铁公司双方同意以银行承兑汇票作为双方贸易合同的付款方式，并由旺隆公司向某银行济南分行申请开具汇票，某银行济南分行作为汇票的承兑银行，某钢铁公司作为汇票的收款人。某银行济南分行同意贷款给旺隆公司，用以支付旺隆公司在上述贸易合同项下的货款。提货采用旺隆公司从某钢铁公司自行提货的模式。银行承兑汇票开出后，旺隆公司即可向某钢铁公司提取与初始保证金100%等值的货物。此后，旺隆公司每次向某钢铁公司提货时，某钢铁公司均应凭某银行济南分行签发的《提货通知书》办理。某钢铁公司收到《提货通知书》的当日立即向某银行济南分行签发《发货通知书》，并按《提货通知书》规定向旺隆公司办理发货事宜。某钢铁公司违反上述规定给旺隆公司办理提货手续的，应当向某银行济南分行承担连带还款责任。

2012年8月14日，某银行济南分行与旺隆公司签订《商业汇票银行承兑合同》，约定：某银行济南分行为旺隆公司办理银行承兑汇票8 150万元，期限为2012年8月14日至2013年2月14日。2012年8月15日，某银行济南分行将出票人为旺隆公司、收款人为某钢铁公司的17份共计8 150万元的银行承兑汇票交付某钢铁公司，按照《保兑仓业务三方合作协议》约定履行了义务。此后，某钢铁公司在未收到某银行济南分行提货通知的情况下，未按《保兑仓业务三方合作协议》约定将剩余5 705万元承兑汇票退回某银行济南分行，自行将等值货物交付旺隆公司。

某银行济南分行与旺隆公司签订《商业汇票银行承兑合同》于

2013 年 2 月 14 日到期，旺隆公司未按合同约定履行还款义务。截至 2013 年 3 月 25 日，旺隆公司共欠某银行济南分行银行承兑汇票垫付款本金 5 670.72 万元及利息 108.18 万元。某银行济南分行遂将旺隆公司和某钢铁公司诉诸法院，要求旺隆公司偿还银行承兑汇票项下款项 5 670.72 万元及利息 108.18 万元，某钢铁公司承担连带责任。2014 年 10 月，法院判决某银行济南分行胜诉。

2. 分析与点评

保兑仓融资，一般是指以银行信用为载体，以银行承兑汇票为结算工具，生产商受托对承兑汇票保证金以外金额部分由生产商以回购方式作为担保措施（或承担连带保证方式），经销商（银行客户）申请银行承兑汇票作为货款支付给生产商的一种特定融资业务服务模式。这种融资模式的核心是银行的信用差额由生产商承担清偿责任，而生产商的清偿责任又以自己控制货物作为担保，对货物进行仓储式管理来降低法律风险。

保兑仓融资交易流程为：经销商与银行签订《商业汇票银行承兑合同》，向银行缴存一定比例的汇票承兑保证金；银行签发以生产商为收款人的银行承兑汇票；经销商将银行承兑汇票交付生产商，要求提货；银行根据经销商缴纳的保证金的一定比例签发提货单；生产商根据提货单向经销商发货；经销商实现销售后，再缴存保证金，重复以上流程；汇票到期后，由经销商支付承兑汇票与保证金之间的差额部分。交易流程具体见下图：

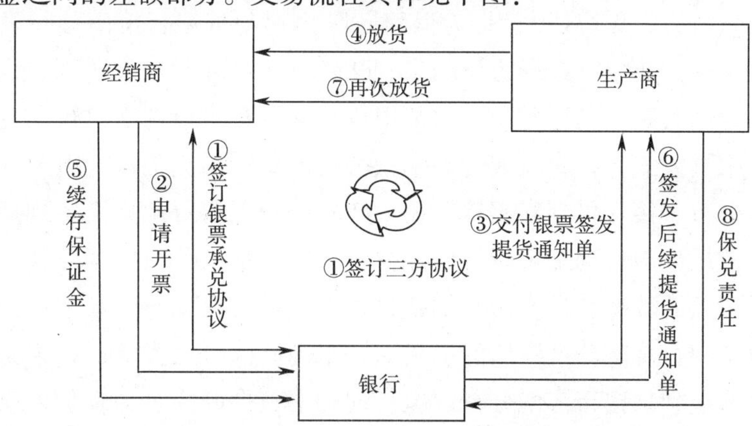

在保兑仓融资中，由于有银行信用支持，能够实现制造商、经销商和银行的多赢局面，受到业界（尤其是生产领域的企业）的青睐。对生产商而言，通过增强经销商的销售能力，解决了产品积压问题，扩大了产品市场份额，能够获得更大的商业利润。同时，生产商无须向银行融资，降低了资金成本。对经销商而言，银行为其提供了融资便利，解决了全额购货的资金困难。经销商可通过大批量的订货获得生产商给予的优惠价格，降低销售成本。对于银行而言，通过保兑仓融资，能够获取服务费及票据贴现费用，增加中间业务等收入。

保兑仓融资包含多层法律关系，涉及《物权法》、《合同法》、《担保法》、《票据法》等，不管是从业务角度还是法律角度，均较为复杂。一是经销商和生产商的买卖合同关系；二是经销商与银行间的融资和票据关系，这种关系一般以经销商与银行的商业汇票银行承兑合同关系为表现形式，经销商向银行缴存一定比例的汇票承兑保证金，银行通过签发以生产商为收款人的银行承兑汇票方式，向生产商全额支付货款，从而为经销商垫款，银行遂与经销商形成融资关系；三是生产商与银行的担保关系和债权回购关系，银行已向生产商开具了银行承兑汇票，此时的主动权掌握在生产商手中，如果经销商不能在汇票到期前向银行支付足额票款，此时由生产商就提货总额与银行承兑汇票总额间的差额进行付款或回购，以维护保兑仓业务的正常发展。

本案中，某银行济南分行与某钢铁公司、旺隆公司签订《保兑仓业务三方合作协议》，是为保障旺隆公司与某银行济南分行发生的相关授信业务。根据协议约定，旺隆公司与某钢铁公司之间设立贸易合同关系，旺隆公司以向某银行济南分行申请开立银行承兑汇票的融资方式，将收款人为某钢铁公司的银行承兑汇票，由某银行济南分行直接支付到某钢铁公司，旺隆公司在银行承兑汇票到期前将票款足额支付到某银行济南分行，某银行济南分行根据旺隆公司支付票款的数额和进度向某钢铁公司发出提货通知书，某钢铁公司依据某银行济南分行发出的提货通知书向旺隆公司发货；如某钢铁公司未接到某银行济南分行的提货通知书就向旺隆公司发货，应对旺隆公司的债务承担连带责任。但是，在业务开展过程中，某钢铁公司未按照约定履行《保兑仓业务三方合作协议》，在未接到提货通知书的情况下就向旺隆公司发货，构成违约。应当注意的是，某钢铁公司的违约行为破坏了保兑仓业务的交易结构，使得某银行济南分行的风控措施失效，面临融资无法收回风险。因此，根据《保兑仓业务三方合作协议》关于某钢铁公司违反约定给旺隆公司办理提货手续的，应当向某银行济南分行承担连带还款责任等约定，法院判决旺隆公司偿还某银行济南分行银行承兑汇票垫付款本金5 670.72万元及利息108.18万元，某钢铁公司就旺隆公司的偿还义务承担连带责任。

3. 相关启示

保兑仓融资由生产商承担融资差额担保责任，表面看来银行风险不高，但是，由于保兑仓融资业务环节较多，法律关系较为复杂，稍有不慎就有可能产生法律风险：一是由于向银行申请承兑汇票的经销商是生产商指定或推荐的，存在生产商与经销商串通套取银行信用风险；二是生产商的操作风险。保兑仓业务中，银行对货权的控制需要生产商配合，如生产商操作不当，可能在未收到银行指令情况下向经销商放货；三是生产商的资信风险。保兑仓融资不要求汇票承兑申请人提供物权担保，而是寄希望于生产商在交易流程中与银行的配合，保兑仓融资能否顺利开展、银行融资能否顺利收回，很大程度上取决于生产商的资信。从本案来看，商业银行可采取以下措施防控相关风险：

（1）审慎制定保兑仓融资合同文本。银行与生产商、经销商签订的书面合同条款务必明确完善，涉及商业银行重大利益的合同条款不可或缺，例如，生产商的回购责任和担保责任条款，以及银行有权选择要求生产商承担回购责任或担保责任条款。合同签订过程中，要征求法律事务部门意见，合同文本须经过法律部门审查。业务部门在开展保兑仓业务，应当优先适用本行统一制定的合同文本。

（2）防范制造商与经销商合谋套取银行信用。在保兑仓业务中，银行的风险主要来自于生产商和经销商的合谋骗贷行为。虽然经销商向银行缴纳了部分银行承兑汇票保证金，并由生产商对差额进行担保，但由于货物一直由生产商控制，银行没有办法对真实的商品交易情况进行实际监控，一些不法生产商和经销商可能虚构商品交易情况，套取银行信用。为防范前述风险，银行可在办理保兑仓融资业务中引进仓储中介方式，由第三方仓储公司对真实的商品交易情况进行实际监控，避免生产商单方仓储管理不足。这种引入仓储公司参与方式，可以在一定程度上减少生产商与销售商一起串通取得银行信用的可能。

（3）着重做好债务人资信调查工作。银行开展保兑仓融资业务应谨慎选择客户，重点做好前期尽职调查工作，有效发挥前期调查风险屏障功能，对生产商和经销商提供材料的真实性以及业务背景真实性进行重点核查，谨防其利用虚假申请材料骗取银行信用。要重点考察生产商和经销商的经营能力和信用状况，尽量选择那些主营业务突出，经营状况指标超过行业平均水平，经营现金流充沛，内部管理制度健全，管理者素质较高的企业。

（4）密切跟踪业务进展情况，加强后期管理工作。保兑仓业务开始后，银行要密切关注生产商和经销商经营状况，可根据实际，加强对生产商和货物的动态监控，指派专人负责定期检查货物出入库情况和存货情况，充分利用网络信息技术对生产商库存货物进行实时监控，最大限度地维护银行资产安全。

（五）刑民交叉借款纠纷案

1. 基本案情

2011 年 1 月，某机械有限公司法定代表人杨某、某国有商业银行人民路支行（以下简称人民路支行）和某投资担保公司（以下简称担保公司）签订《个人借款/担保合同》，杨某向人民路支行申请个人经营贷款 200 万元，贷款用途为某机械有限公司经营周转，担保公司作为保证人为该借款提供连带责任担保，合同同时约定借款合同全部或部分条款无效、被撤销的，不影响保证条款的效力。2012年1月，借款人出现逾期违约。人民路支行及时通知担保公司，担保公司将欠款本息204.33万元全部还清。2013年5月，某市人民法院刑事判决认定，某机械有限公司法定代表人虽为杨某，但实际控制人为杨某之父杨某某，杨某某伙同他人采取虚构贷款理由，编制虚假财务报表，虚构购销合同等手段，从人民路支行骗取贷款200万元，据此判决杨某某构成贷款诈骗罪。2013年11月，担保公司起诉人民路支行，要求确认担保合同无效，人民路支行返还204.33万元及利息。一审法院审理后认为，涉案借款合同是杨某某以欺诈手段订立，侵害了国家金融管理制度和信贷管理秩序，故而无效，主合同无效，作为从合同的担保合同应属无效，虽然双方约定了独立担保，但独立担保在国内不能适用。据此，一审法院判决担保无效，人民路支行返还担保公司204.33万元及其利息。人民路支行不服一审判决，提起上诉。2014年5月，经审理，二审法院维持原判。

2. 分析与点评

本案是借款合同涉及刑事诈骗犯罪引发担保合同是否有效的典型被诉案件。本案的争议焦点是刑事判决认定借款人杨某之父杨某某构成贷款诈骗罪是否必然导致本案借款合同及担保合同无效，原告担保公司的保证责任能否因此免除。我国《担保法》和相关司法解释规定，担保合同是主合同的从合同，主合同无效，担保合同无效，担保合同另有约定的，按照约定。审判实践中，对于借款合同涉及刑事犯罪，借款合同是否无效，以及借款合同无效是否导致担保合同无效存在不同观点。一旦法院认定借款合同无效，进而认定担保合同无效，则可能引发银行贷款不能偿还的风险。

（1）行为人刑事上构成诈骗罪，签订的民商事合同是否有效

当前，法院审判实践中，对刑民交叉案件涉及的民商事合同效力问题，主要有三种观点：一是合同无效。刑事上构成诈骗罪，行为人的行为损害了国家利益，且属于以合法形式掩盖非法目的，故根据《合同法》第五十二条的规定，应认定合同无效。二是可撤销。刑事上构成诈骗罪，在民事上，应认定行为人在签订合同时，

主观上构成欺诈。该欺诈行为损害的是向对方或第三人的利益，故根据《合同法》第五十四条的规定，应认定为合同可撤销。认定合同为可撤销，将决定合同有效与否的权利赋予受欺诈方，更有利于保护权利人的权益，也体现了私法领域意思自治的基本原则。三是应区别情况认定民商事合同的效力。依区分标准不同，该观点又分为两种：一种是以合同相对人或其工作人员参与犯罪与否为标准进行划分。合同相对人或其工作人员参与犯罪构成犯罪的，对该单位与合同相对人之间签订的合同应当认定无效；合同相对人或其工作人员没有参与犯罪的，对该单位与合同相对人之间签订的合同不因行为人构成刑事犯罪而认定无效。另一种是以权利人是否先向公安机关报案为标准进行划分。权利人先行向公安机关报案，则认定相对方涉嫌诈骗罪，在刑事追赃不足以弥补损失后另行提起民事诉讼的，不能认定基于诈骗行为而签订的民商事合同有效。若权利人未报案，而是直接提起民事诉讼，则若其不行使撤销权，可认定基于诈骗行为而签订的合同有效。

本案中，借款人杨某父亲杨某某不是争议借款担保合同的合同主体，其不仅在某机械有限公司没有任何股权，不在公司担任任何职务，法律上与某机械有限公司没有任何关联。杨某某因骗取银行贷款被追究刑事责任与本案没有必然联系。而且，人民路支行作为合同相对人没有参与犯罪，不能因杨某某构成刑事犯罪而认定人民路支行与杨某某签订的借款合同和担保合同均为无效合同。

合同效力的认定应尊重当事人意思自治原则，只要订立合同时各方意思表示真实，没有违反法律、行政法规的强制性规定，就应当确认合同有效。最高人民法院《关于正确适用〈中华人民共和国合同法〉若干问题的解释（二）》第十四条对《中华人民共和国合同法》第五十二条第（五）项规定的“强制性规定”解释为，是指效力性强制性规定，而非管理性强制性规定。本案杨某某触犯刑律的犯罪行为，并不必然导致借款合同无效，因为借款合同的订立没有违反法律、行政法规效力性强制性规定。效力上采取从宽认定，是该司法解释本意，也可在最大程度上尊重当事人的意思自治。

本案的借款合同及借款数额虽然列入刑事案件，但在法律上，此合同是可撤销合同，而非无效合同。借款人虚构贷款用途，利用虚假合同骗取银行贷款，构成犯罪的，借款合同及担保合同的效力如何认定，实践中对此有不同观点。我们认为，此类涉及犯罪的借款合同属于可撤销合同，主要理由如下：首先，骗取行为与合同行为是两种截然不同的行为，在《民法》上前者属于不法行为，后者属于民事法律行为，前者是在缔约阶段单方实施的，后者是诈骗人与被诈骗人双方共同实施的，二者性质与内容迥异。其次，评价合同效力时，评价对象是合同这种法律行为本身，而非其他。是否损害国家、集体或第三人利益，评价对象为合同本身，由于借款合同本身并不损害国家、集体或第三人利益，故不能以此认定合同无效。因此，对于此类合同应适用我国《合同法》第五十四条第二款相关规定，一方以欺诈、胁迫的手段或者乘人之危，使对方在违背真实意思的情况下订立的合同，受损害方有权请求人民法院或者仲裁机构变更或者撤销。据此，银行对该借款合同依法享有变更或撤销权，如银行不主张变更或撤销，则该借款合同属于有效合同，当事人应当继续履行合同义务。

同时，《担保法》第五条规定，担保合同是主合同的从合同，主合同无效，担保合同无效。担保合同另有约定的，按照约定。本案担保合同明确约定，本合同借贷条款全部无效、被撤销或被解除，不影响保证条款的效力，保证人仍应按照约定承担担保责任。因此，即使本案借款合同被认定为无效，被答辩人作为担保人仍然应当按照约定承担担保责任。

（2）担保人担保责任是否免除

根据《民法通则》、《合同法》和《担保法》及相关司法解释有关规定，主合同有效，担保合同无效的情形主要如下：①担保人主体资格不合格而导致担保合同无效。②当事人恶意串通签订担保合同，损害国家、集体或第三人利益的，应为无效合同。③《担保法》第三十条规定，主合同当事人双方串通，骗取保证人提供保证的；主合同债权人采取欺诈、胁迫等手段，使保证人在违背真实意思的情况下提供保证的。④《担保法司法解释》第四十条规定，主合同债务人采取欺诈、胁迫等手段，使保证人在违背真实意思的情况下提供保证的，债权人知道或者应当知道欺诈、胁迫事实的，按照《担保法》第三十条的规定处理。本案不存在《担保法》等相关法律规定的保证人不承担民事责任的情形。人民路支行既没有与借款人串通，骗取担保公司提供保证，也没有采取欺诈、胁迫等手段，使担保公司在违背真实意思的情况下提供保证。因此，担保公司的保证责任不能免除，两审法院判决皆不当，理应纠正。

此外，担保公司和借款人杨某之间是有偿的委托保证关系，应该承担更大的法律责任。一是担保公司之所以提供贷款担保，主要是因为其是从事担保行业的经营性公司，对外担保是其经营的业务，收取担保费用，是有偿服务，不是无偿担保，根据合同不仅收取担保费，而且还收取了保证金。二是根据《最高人民法院关于诈骗犯罪的被害人起诉要求诈骗过程中的收取担保费用的保证人代偿“借款”应如何处理的请示的复函》（1994 年 9 月 6 日），收取担保费用的保证人较无偿提供担保的保证人承担更多的义务。保证人提出自己也是诈骗犯罪的受害人的免责理由不能成立。

3. 相关启示

本案中，两审法院以涉案借款合同是杨某某以欺诈手段订立，侵害了国家金融管理制度和信贷管理秩序为由，判定主合同无效，作为从合同的担保合同无效。杨某某被刑事审判定罪是法院裁决涉案民事合同纠纷案件性质的关键因素。在当前一些借贷纠纷案件中，这种通过刑事案件逃废银行债务的现象时有发生，应引起商业银行的关注和重视。

（1）有效防控借款合同因涉及刑事犯罪问题而引发的法律风险。商业银行要做好贷前尽职调查工作，有效发挥贷前调查风险屏障功能，对借款人提供材料的真实性以及贷款背景真实性进行重点核查，谨防借款人提供虚假信息或伪造业务材料骗取贷款。要加强对借款人自身资信及偿债能力的审查，不应过分依赖担保对贷款安全的保障作用，避免担保合同无效时，产生贷款损失。

（2）注重加强贷后管理工作。贷款发放后，定期跟踪并有效识别借款人经营调整、人员变动等状况，加强对贷款实际用途的监测，提前预判可能出现的风险，适时采取追加担保、变更担保方式等措施，保证贷款安全。要特别注意监测贷款资金流向，一旦发现借款人虚构贷款项目、伪造贷款资料或挪用贷款资金的，应当立即根据合同约定终止借款合同，采取合法有效方式追回贷款。对于恶意拖欠贷款、转移资产、以虚假交易设立债权逃废银行债务等情形，要及时采取法律手段进行清收，避免丧失最佳诉讼时机。

（3）依法灵活运用诉讼技巧防控贷款风险。对借款合同涉及刑事诈骗犯罪的，商业银行在应诉过程中，要认真分析案情，搜集有关证据，应诉时可从借款人或其工作人员构成表见代理，银行作为善意合同当事人未参与欺诈，依法享有合同撤销权以及可撤销合同未撤销之前应属有效等方面积极主张借款合同有效，避免担保人以主合同无效、担保合同无效为由不承担担保责任。

（六）未成年人财产抵押纠纷案

1. 基本案情

2009 年 6 月，某融资担保有限公司（以下简称某担保公司）与某商业银行周宁支行（以下简称周宁支行）签订最高额保证合同，约定某担保公司对周宁支行发放的个人经营性贷款在最高融资余额 3 490 万元范围内承担连带责任保证。2010 年 2 月，叶某、叶某之妻徐某及其女儿叶某某与周宁支行签订《最高额抵押合同》，约定为某担保公司提供连带保证责任的个人经营性贷款承担抵押担保，担保的主债权为周宁支行发放的自 2010 年 1 月 1 日至 2013 年 7 月 31 日期间在 349 万元最高余额内的个人经营性贷款，抵押物为叶某某、徐某及叶某共同所有的一套房屋。因叶某某当时未成年，由叶某和徐某代为签订了《最高额抵押合同》，并办理了抵押登记。

2011 年 11 月，叶某、徐某与周宁支行签订《个人借款合同》，借款 290 万元用于购买钢材，某担保公司作为合同的连带责任保证人亦予以盖章确认。借款协议签订后，周宁支行依约发放了 290 万元贷款。2014 年 3 月，因该笔贷款逾期，周宁支行起诉叶某、徐某、某担保公司，要求归还贷款及利息，并对抵押房屋折价或拍卖、变卖的价款优先受偿。

周宁支行起诉后，叶某某随即向法院起诉周宁支行、叶某和徐某，叶某某认为，叶某、徐某与周宁支行恶意串通，以其享有共有份额的房产为他人提供担保，违反了《民法通则》中关于监护人除为被监护人利益外，不得处理被监护人财产的强制性规定，要求法院判决确认《最高额抵押合同》无效，并解除抵押登记。一审法院经审理后认为，周宁支行与叶某、徐某之间并未恶意串通，周宁支行作为善意第三人有理由相信叶某、徐某作为叶某某的法定代理人具有处分涉案房屋的权利，且并无证据证明叶某和徐某当初订立抵押合同的行为损害了叶某某的利益，因此，抵押合同应当合法有效。据此，一审法院判决驳回叶某某的诉讼请求。叶某某不服，提起上诉。2014 年 11 月，经审理，二审法院判决维持原判。

2. 分析与点评

我国《民法通则》规定，除为被监护人的利益外，监护人不得处理被监护人的财产。在司法实践中，法院在认定以未成年人财产提供的担保是否有效存在争议。本案正是以未成年子女名下财产提供担保问题引发的典型被诉案件，涉及的问题和争议焦点主要集中在三个方面：一是叶某和徐某作为监护人能否以叶某某的财产设置抵押；二是周宁支行抵押权是否有效；三是叶某某主张的其财产利益损失应当由何人承担。

（1）叶某和徐某作为监护人能否以叶某某的财产设置抵押

我国《未成年人保护法》第二条规定，未成年人是指未满十八周岁的公民。《民法通则》将未成年人的民事行为能力分为三类。一是不满十周岁的未成年人为无民事行为能力人，由他的法定代理人代理民事活动。二是已满十周岁未满十八周岁的未成年人为限制民事行为能力人，可以进行与其年龄、智力相适应的民事活动，其他民事活动由他的法定代理人代理，或征得他的法定代理人同意。所谓与其年龄、智力相适应的民事活动，一般而言，是指进行满足其日常生活需要的数额不大的民事行为；或从事只取得利益而不承担义务的行为，如接受赠予奖励；或接受以自己的行为获得的人身权利和财产权利。三是已满十六周岁不满十八周岁的公民，以自己的劳动收入为主要生活来源，即能够以自己的劳动水平取得收入，并能维持当地群众一般生活水平的，视为完全民事行为能力人。

未成年人财产，是指未成年人以自己名义享有的财产。未成年人财产主要分为两类，一类是因继承、赠予或者其他无偿方式取得的财产；另一类是因劳动、营业或其他有偿方式获得的财产。由于未成年人绝大多数属于无民事行为能力或限制行为能力人，没有管理自身财产的能力，因此，《民法通则》第十八条和《最高人民法院关于贯彻执行〈民法通则〉若干问题的意见（试行）》第十条规定，未成年人的法定代理人对未成年人财产进行管理和保护。

未成年人财产抵押是一种复杂的民事法律行为，对于无民事行为能力的未成年人而言，自然应由其监护人代为办理；对于限制民事行为能力的未成年人而言，其事实上也不能充分理解抵押行为的法律后果，故也不能单独实施抵押行为，其财产抵押设定只能由监护人代为实施。本案中，由于在签订《最高额抵押合同》时，叶某某尚未成年，系限制民事行为能力人，不能单独实施不动产抵押行为。因此，叶某和徐某作为监护人完全可以代叶某某签订《最高额抵押合同》。

（2）周宁支行抵押权是否有效

我国《民法通则》第十八条第一款规定，监护人应当履行监护职责，保护被监护人的人身、财产及其他合法权益，除为被监护人的利益外，不得处理被监护人的财产。据此，判断未成年人财产抵押是否有效，应当首先判断该抵押行为是否系为未成年人的利益。对于什么是“为被监护人的利益”，法律和司法解释未作进一步规定或说明。司法实践中，法官往往依据常识和常理自由裁量是否为“为被监护人利益”，一旦法官认为监护人处置被监护人财产的行为并非为被监护人利益，可能判决处置行为无效。我们认为，所谓为被监护人利益，应该在主观上具备使未成年人受益的愿望，客观上监护人的处置行为，可以使被监护人生活质量得以提高、学习条件得以改善、使被监护人的财产得以升值或产生其他确实对未成年人有利的情形。同时，衡量被监护人财产处置行为是否对被监护人有利，应着眼于监护人在实施处分行为时的客观现实，而非若干年后情势变迁的结果。

本案中，涉案房产为叶某、徐某和叶某某共同共有，叶某和徐某为经营需要，以该房产作为抵押物向周宁支行申请贷款，经营所得用于家庭生活需要，其本质是为了包括叶某某在内的家庭共同利益，其目的是为了提高包括叶某某在内的家庭成员的生活质量。并且，商业经营本身风险与收益的机率并存，不能凭事后经营不利导致贷款不能偿还的结果，便认为叶某和徐某与周宁支行最初的订约行为损害了叶某某的利益。

值得注意的是，本案中周宁支行已经尽到了善意第三人的义务。《物权法》第九十七条规定，处分共同共有的不动产应当经全体共同共有人同意。叶某、徐某在叶某某未满十八岁时，作为叶某某的法定代理人代为签订《最高额抵押合同》，于法不悖，并且叶某某为未成年人，周宁支行也不便向其征询意见。因此，在涉案房产共有人均同意处分的情况下，周宁支行有理由相信叶某和徐某对涉案房屋具有处分权，并依法办理了抵押登记，周宁支行已经尽到注意义务，不存在过错。事实上，未成年财产抵押效力的认定应当从兼顾未成年人之保护以及维护交易安全的角度出发，根据处分行为的性质和抵押权人是否具有主观过错确定抵押效力。如抵押行为是有对价的，且抵押权人并不明知或应当知道监护人设定抵押的行为必然损害未成年人的利益，则抵押行为应当有效。如果抵押行为没有对价，仅是单纯地为未成年人财产设定义务，且抵押权人明知道或应当知道这一抵押权的设置将最终损害未成年人的财产利益，则抵押行为应认定为有效。

综上所述，周宁支行接受涉案房产抵押并向叶某和徐某发放了贷款，是一种有偿行为，并且周宁支行主观上不存在过错，应当认定叶某和徐某以叶某某享有共有权利的房产设定抵押依法有效，周宁支行有权就该房产折价或拍卖、变卖的价款优先受偿。

（3）叶某某主张的财产利益损失应当由何人承担

本案中，叶某、徐某以叶某某享有共有份额的房产设定抵押担保，现叶某与徐某因不能偿还周宁支行贷款，周宁支行已经向法院提起诉讼，要求就涉案房产折价或拍卖、变卖的价款行使优先受偿权。也就是说，如果叶某与徐某在法院判决的指定期间内仍不能偿还贷款本金及利息，周宁支行则有权申请法院强制拍卖抵押房产。对此，叶某某认为侵害了其财产权益。《民法通则》第二十条第三款规定，监护人不履行监护职责或者侵害被监护人的合法权益的，应当承担责任；给被监护人造成财产损失的，应当赔偿损失。因此，对于叶某某的财产损失，应当要求其监护人承担赔偿责任。同时，还可以根据《最高人民法院关于贯彻执行〈民法通则〉若干问题的意见（试行）》第二十条的相关规定，由其他有监护资格的人或者单位提起变更监护人的特别程序之诉。

3. 相关启示

目前，在以房地产作为抵押担保向银行申请贷款的实务中，未成年人作为房地产所有权人或者房地产所有权人之一的情形越来越普遍，其中未成年人财产抵押的效力成为热点法律问题。一些法院偏重维护未成年人利益，判决商业银行抵押权无效，由此也导致部分债务人企图利用未成年财产抵押来逃避债务。因此，商业银行应当慎重接受未成年人财产抵押贷款，有效防控以未成年人名下财产提供担保问题引发的法律风险。

（1）尽职做好贷前调查。商业银行在发放贷款接受抵押担保时，要对借款人提供的抵押物状况进行实地调查核实，了解抵押人是否具有合法的主体资格、是否对抵押物享有所有权或者依法处分权、其设定抵押担保的意思表示是否真实以及是否取得处分抵押物的授权等状况。此外，还应对抵押物是否存在权属争议、存在状态、价值和抵押物的处置是否存在法律障碍等问题进行法律审查，确保抵押权合法有效并最终实现。

（2）重点核查贷款用途。如发现抵押物所有人或共有人为未成年人的，商业银行应尽量要求借款人提供其他形式的担保。如确需接受未成年人财产抵押担保的，应当重点考察贷款用途。除购房按揭抵押贷款、未成年人留学贷款等明显有利于未成人利益的贷款外，商业银行应综合考虑贷款是否对未成年人或未成年人家庭有利，必要时应要求借款人补充提供其他形式的担保，避免抵押无效时产生贷款风险。对于以未成年人财产为监护人以外的第三人或公司、企业等流动性资金周转借款提供抵押担保等明显不利于未成年人利益的情况，商业银行应当不予接受未成年人财产抵押，要求借款人另行提供担保。

（3）跟踪掌握资金流向。对于未成年人财产抵押贷款，商业银行要认真做好贷后跟踪管理工作，时时掌握贷款资金流向，确保贷款用途符合借款协议约定。如发现贷款用途与借款协议约定不符，应及时向借款人了解情况，确保贷款使用有利于未成年人利益，必要时应当要求借款人提供新的担保。同时，商业银行应注意保留在贷款发放和贷后监督过程中已尽调查核实义务、不存在过错等方面的证据材料，便于在担保协议被认定无效时，依法向债务人和担保人追究赔偿责任。

（七）商品融资质押监管纠纷案

1. 基本案情

2012 年 2 月 11 日，某银行与借款人某贸易公司（以下简称贸易公司）、监管人华北某物流公司（以下简称物流公司）签署《商品融资质押监管协议》，约定某银行和贸易公司共同确认将质物 6 380吨钢材交由物流公司监管，在监管期间由物流公司代理某银行占有质物，并根据协议约定履行监管质物责任，监管期间因各种原因质物发生短少、损毁、变质、灭失等可能影响某银行权益的情形，物流公司应当在 24 小时内通知某银行，物流公司因违反协议给某银行和贸易公司造成的损失的，应承担实际损失的赔偿责任。同时，协议还约定，物流公司对贸易公司提交的质物权属及品质证明文件等（包括但不限于购销合同、增值税发票、报关单、货运单、质量合格证书、商检证明）进行审查，并核查贸易公司交付的质物及现有库存，如经核对，贸易公司交付的质物及实际库存与《质物种类、价格、最低要求通知书》记载相符，物流公司接受贸易公司交付的质物，代表某银行占有质物。

同日，某银行和贸易公司向物流公司出具《质物种类、价格、最低要求通知书》，载明贸易公司将价值2 552万元的6 380吨钢材出质给某银行，要求物流公司根据《商品融资质押监管协议》的约定进行监管。物流公司出具了《质物清单》，注明其收到《质物种类、价格、最低要求通知书》，同意接受某银行委托代为监管质物，确认质物已存放于该公司拥有使用权的仓库，质物已在物流公司的占有、保管、监管之下，在物流公司监管期间，质物的最低价值/最低数量始终不得低于人民币2 552万元/6 380吨，货物明细载明螺纹钢1 880吨、盘螺3 300吨、线材1 200吨，共计6 380吨。前述协议签订后，物流公司将质物存放在第三方仓库，但没有与第三方仓库签订任何仓储协议，对场地没有任何使用权，也没有实际占有、保管质物。

2012年2月20日，某银行与贸易公司签订《商品融资合同》，约定某银行向贸易公司发放1 500万元借款，期限6个月，以交由物流公司监管的质物进行质押担保。因贸易公司不能正常偿还借款，某银行对贸易公司提起诉讼。2012年11月，某银行和贸易公司在法院主持下达成调解协议，由贸易公司偿还某银行全部商品融资本息。在案件诉讼过程中，某银行发现贸易公司质押钢材实际余额仅为1 602.94吨。在处置质物后，贸易公司仍欠某银行融资本金995.96万元。由于质物短少，2012年12月，某银行向某中级人民法院起诉物流公司，要求物流公司赔偿某银行借款损失995.96万元及相应利息。

诉讼中，物流公司辩称：根据质押监管协议，质物应以实际交付为准，贸易公司实际交付仅为2 200吨，并非6 380吨，其已经对相关单据进行了审核，并按照合同约定履行了保管监管义务。某中级人民法院经审理认为，某银行作为质权人委托物流公司占有、保管、监管质物，形成了委托监管合同关系，物流公司应按照合同约定在接收质物时进行审核，在履行监管责任中对质物的储存和出入库情况进行清点，物流公司出具《质物清单》，表明其认可已经将全部质物存在仓库，并占有、保管、监管质物。某银行处置质物时发现仓库中实际存在的质物明显少于物流公司出具的《质物清单》载明数量，致使某银行不能按照合同约定行使质权，已经对某银行造成实际损失。据此，2013 年 7 月，某中级人民法院一审判决物流公司在短少质物价值（1 760 万元）范围内承担对某银行 995. 96 万元贷款的赔偿责任。

一审判决后，物流公司以贸易公司及实际控制人伪造单据、提供虚假质物骗取贷款，该案已被公安机关刑事立案为由，向某高级人民法院提起上诉，请求法院驳回某银行诉讼请求，中止审理本案。某高级人民法院经审理认为，物流公司根据监管协议约定，应当履行对质物的审核、占有、保管和监管义务，因其懈怠职责，导致质物出现缺失，应承担赔偿责任。贸易公司涉嫌贷款诈骗，与本案并非同一法律关系，物流公司申请中止本案审理的理由不能成立，遂驳回物流公司上诉，维持一审判决。

物流公司仍然不服，于 2014 年 1 月向最高人民法院申请再审。最高人民法院审查后认为，物流公司在《商品融资质押监管协议》中承诺在未尽保管责任导致质物短少给银行造成损失时承担赔偿责任。物流公司出具的《质物清单》注明其已接收贸易公司 6 380 吨货物，确认上述质物已存放于物流公司拥有使用权的仓库或场地，在其占有、保管、监管之下，并保证监管期间质物的最低价值不低于 2 552 万元。然而，物流公司与案涉质物的仓储方没有仓储协议，对仓储场地不具有使用权，并不实际占有、保管质物。实际上，仓库中现存质物仅 1 602. 94 吨，明显少于物流公司在《质物清单》中保证的数量和价值。某银行出于对物流公司及其出具的《质物清单》的信任，与贸易公司签订《商品融资合同》并发放了 1 500 万元借款。而物流公司怠于履行监管职责，未能审查、核对出实际库存与《质物种类、价格、最低要求通知书》和贸易公司声称交付货物之间在数量上的巨大差异，造成质物短少，某银行的借款本息未能获得清偿，应当根据《商品融资质押监管协议》的约定对某银行的损失承担赔偿责任。一、二审法院判令物流公司在其保证的质物价值范围内对某银行未获清偿的借款本息承担赔偿责任，具有事实和法律依据。根据《最高人民法院关于在审理经济纠纷案件中涉及经济犯罪嫌疑若干问题的规定》第一条关于“同一公民、法人或其他经济组织因不同的法律事实，分别涉及经济纠纷和经济犯罪嫌疑的，经济纠纷案件和经济犯罪嫌疑案件应当分开审理”的规定，贸易公司是否存在伪造单据骗取贷款的行为不影响物流公司依约承担民事赔偿责任，本案无须中止审理或移送公安机关。据此，2014 年 5 月，最高人民法院裁决驳回物流公司再审申请。

2. 分析与点评

商品融资，是指商品所有权人基于真实的贸易或生产背景，以其未来或已经持有的商品进行质押，向银行申请短期融资，银行委托第三方监管企业对融资方的储备物、存货或交易应收商品进行监管，以商品价值作为首要还款保障，向融资方提供结构性短期融资的业务。本案是一起典型的质物监管企业操作风险危及商业银行贷款安全的案例，争议焦点问题主要有三个：一是某银行与物流公司存在何种法律关系，二是物流公司对质物占有、保管和监管期间是否尽职尽责，是否应当承担赔偿责任，三是本案是否应当中止审理。

（1）某银行与监管公司存在何种法律关系

在商品融资实务中，银行与监管公司之间的法律关系最为复杂。从自有监管和输出监管两种类型以及监管公司具体承担责任范围的异同条款，银行与监管公司间法律关系主要可分为两种：

一是仓储保管法律关系。在自有监管模式下，监管公司要根据动产质押监管协议运送至其自有仓库的质押动产进行全流程管理，承担《合同法》有关仓储合同中类似于保管人的保管责任。在这种情况下，实际上存在两次交付行为，一次是质物从出质人至质权人的观念交付，一次是质物从质权人至监管公司的现实交付。监管公司的出现，改变了质权人对质物的直接占有模式，监管公司基于与质权人的仓储保管关系直接占有质物。银行作为质权人，依据担保有关法律规定，对质物的占有、保管义务和返还义务由监管公司代为承担。具体而言，监管企业主要对质物承担验收责任及保管责任两种责任。相应地，在监管公司验收后，发生质物的品种、数量、质量不符合约定的，或者因保管不善造成质物毁损、灭失的损失应由监管公司承担。

二是委托监管法律关系。在输出监管模式下，监管公司实质上为银行的受托人，租赁借款人或第三方仓库，派员对质物的状态及流动情况进行监督、管理。对出质人而言，监管公司在动产质押监管协议约定的范围内作出的行为视为质权人的行为，直接对质权人发生效力。此时，对质物实施直接控制的主体实质上仍是出质人，即借款企业。而监管公司并没有直接占有标的物，只是作为银行与质物之间的桥梁，实现银行对质物的间接占有。实际上，质物处于出质人与监管公司的共同管理之下，监管公司对质物的控制力较弱，借款人对质物控制力较强，但是，监管公司作为银行的受托人，仍应当按照《合同法》的规定和监管协议的约定，对质物负有占有、保管和监管等义务。如果监管公司没有尽到受托责任，导致质物在监管期间发生灭失或者损坏，则应当向质权人承担赔偿责任。

本案中，物流公司没有自有仓库，将质物存放于第三方仓库，显然属于输出监管模式。在这种监管模式下，某银行与监管公司属于委托监管法律关系。根据《民法通则》、《合同法》相关规定以及《商品融资质押监管协议》约定，物流公司至少负有以下义务：一是审核义务。在质物的转移占有过程中，物流公司应核查贸易公司交付质物是否真实，数量是否与合同约定相符。二是报告义务。监管期间，物流公司应当定期向某银行报告质物数量、变动情况，质物发生短少、损毁、变质、灭失等影响某银行权益情况时，应当及时报告并采取适当的应急措施。三是妥善保管义务。物流公司应当定期对质物进行查验、核对和清点数目，对质物出入库情况进行记录，确保质物数量和价值达到监管协议约定要求。

（2）物流公司质物占有、保管和监管期间是否尽职尽责，是否应当承担赔偿责任

物流公司向某银行出具了《质物清单》，《质物清单》载明了质物转移给物流公司占有时，以及在监管期间最低价值/最低数量始终不得低于人民币 2 552 万元/6 380 吨，这种关于最低价值或最

低数量的约定，属于物流公司对质物数量、质量符合合同约定的认可。本案中，物流公司没有尽职尽责，在接收质物及监管过程中存在较为明显的过错，主要表现在三个方面：一是没有履行质物审核义务。在质物转移占有过程中，没有审核贸易公司交付的质物数量是否与合同约定相符。二是没有实际占有、保管并监管质物。《质物种类、价格、最低要求通知书》载明，物流公司确认质物已存放于该公司拥有使用权的仓库，质物已在物流公司的占有、保管、监管之下。但是，物流公司没有与第三方仓储公司签订有关协议，其对存放质物的仓库没有使用权，无法实现占有、保管和监管质物合同目的，也就无法完成对某银行的受托义务。三是没有实现监管期间质物最低数量不得低于人民币 2 552 万元的承诺。因此，物流公司的行为严重违反了法定义务与约定义务，根据《合同法》第四百零六条关于“有偿的委托合同，因受托人的过错给委托人造成损失的，委托人可以要求赔偿损失”的规定，以及《商品融资质押监管协议》相关约定，物流公司应当承担赔偿责任。

（3）本案是否应当中止审理

首先，《最高人民法院关于在审理经济纠纷案件中涉及经济犯罪嫌疑若干问题的规定》第一条规定，同一公民、法人或其他组织因不同的法律事实，分别涉及经济纠纷和经济犯罪嫌疑的，经济纠纷案件和经济犯罪嫌疑案件应当分开审理。本案中，公安机关立案侦查的刑事案件的是贸易公司及实际控制人涉嫌骗取贷款，与贸易公司和某银行借贷合同存在相关性，但是，两者一个是刑事法律关系，一个是民事法律关系，属于不同的法律关系，而且，本案项下的商品融资质押监管关系与借贷关系又属于不同的法律关系，质押监管民事纠纷应当与刑事犯罪案件应当分开审理。

其次，根据《民事诉讼法》第一百五十条的规定，当一起案件必须以另一案的审理结果为依据，而另一案尚未审结时，应中止诉讼。物流公司严重违反《商品融资质押监管协议》的客观事实，不会因贸易公司及实际控制人是否涉嫌刑事犯罪而受到任何影响，本案的审理并不需要以刑事案件的侦查结果作为依据，因此，本案不应当中止审理。

最后，鉴于贸易公司及实际控制人涉嫌骗取贷款刑事案件与本案属于不同的法律关系，物流公司也不能申请法院适用《最高人民法院关于在审理经济纠纷案件中涉及经济犯罪嫌疑若干问题的规定》中关于"人民法院作为经济纠纷受理的案件，经审理认为不属经济纠纷案件而有经济犯罪嫌疑的，应当裁定驳回起诉，将有关材料移送公安机关或检察机关"的规定，要求将本案移送公安机关。

3. 相关启示

（1）有效发挥贷前调查风险屏障功能

本案贷款形成风险，一个很重要的原因是借款人骗贷，某银行没能有效识别，虽然最终某银行剩余贷款损失由监管公司赔偿，未形成损失，但经验教训仍应引以为戒。为防范相关风险，商业银行要不断加强信贷业务操作风险管理，加强信贷前中后台风险控制的协调性，突出对重点环节风险防控。要以"防假、反假、合规"为重点，认真落实《中国银监会办公厅关于加强信贷管理严禁违规放贷的通知》（银监办发〔2014〕40号）提出的客户准入、审查审批、贷款发放和贷后管理等环节"十个严防、严禁"工作要求，强化信贷管理制度执行，切实保障信贷业务健康发展。要重点做好贷前尽职调查工作，有效发挥贷前调查风险屏障功能，对借款人提供材料的真实性以及贷款背景真实性进行重点核查，谨防利用虚假申请材料骗取我行贷款。

（2）高度重视质物核押工作

从本案来看，虽然监管公司有义务审核质物数量与质量，但是，为确保质物数量、质量符合协议约定，价值足以覆盖贷款债权，商业银行不能完全依赖监管公司，要提高责任心，妥善核查质物，认真有效地开展质物审核工作，确保质物真实、充足、有效，从源头控制贷款风险。要深入调查和核实借款人对质物是否享有完全所有权，避免因质物权属问题产生法律风险。对于质量标准复杂、数量庞大、重量难以估算、质量难以确定的质物，质物转移占有前应要求有资质的专业检验机构对质物进行检验，杜绝质物质量、数量方面的瑕疵。

（3）加强贷后管理，密切跟踪质物变化情况

贷款发放后，商业银行要密切关注借款人经营状况，可根据实际情况，加强对质物的动态监控，指定专人负责定期检查质物的管理和变化，随时评估质物市值与贷款债权比率，督促借款人和监管企业按照合同及相关协议约定履行各项义务。对于与本案情况相同的输出监管的模式，要密切关注质物入库和出库信息，重点关注质物总数量、总价值是否符合约定，质量是否发生变化，坚决杜绝以次充好、以坏换好情况发生，确保银行债权和质权安全。

（4）清晰界定质押监管具体内容

本案某银行贷款能够全额收回的重要原因，在于质押监管协议约定的各方权利义务关系较为明确。在相关法律法规没有明确规定质押监管各方权利义务，国家标准尚未出台的情况下，商业银行应根据与监管公司建立的法律关系类型，在质押监管协议中就质物权属审查、质量检验责任、保管责任等商品融资业务中质押监管的核心问题做出明确约定，避免在担保物权属、品质及数量发生争议时引发的诉讼风险。在各方签订质押监管协议时，应本着权、责、利统一的原则和诚实信用原则，根据监管公司的资质及具体融资业务的实际情况合理约定各方的权利义务关系，从而有效防控质押监管环节的法律风险。

（5）督导监管公司切实履行监管职责，防范监管公司操作风险

商业银行要充分认识监管公司监管行为对商品融资债权的影响，建立规范的监管企业管理制度，加强对监管企业的有效监管，防范监管公司操作风险。一是要严格监管企业准入机制，对监管企业内控机制、经营资质、经营状况、监管能力、履约信誉、财务状况和实际风险控制与责任承担能力等因素进行综合评定，进行必要的尽职调查，尽可能将风险防范工作放在事前。二是要对监管企业做好日常动态管理，加强日常监测和巡查，发现监管公司存在操作风险的，要督导其及时纠正。对质物存放地为借款人厂房、仓库的，要特别注重督促监管企业对质物的实时监督、现场监督，避免监管公司擅离职守或与借款人恶意串通等现象。

（八）协助执行纠纷案

1. 基本案情

2013年7月18日，河南省某中级人民法院（以下简称某中院）执行法官持《协助查询存款通知书》至某银行东莞虎门支行（以下简称虎门支行），要求查询河南省某建筑公司（以下简称建筑公司）在某银行开户情况。虎门支行工作人员通过登录系统查询建筑公司的开户情况，根据系统显示结果，建筑公司共有6个账户，其中在广东地区开立的账户共有2个，其中一个账户性质为“一般结算账户”，另一个账户性质为“贷款户”。虎门支行同时将上述一般结算账户和贷款户的账户交易明细及账户余额进行了查询，并将查询结果一并反馈某中院执行法官。

获取查询结果后，某中院执行法官出具《协助冻结存款通知书》，要求对建筑公司在广东辖内开立的上述两个账户进行冻结。根据查询结果，建筑公司名下的“一般结算账户”，账户内资金为企业存款，虎门支行依据法律法规规定和某中院要求，对该账户办理了额度冻结。但建筑公司名下的“贷款户”，是银行为专门记录相应客户负债情况而开立的内部账户，主要用于银行内部账务处理时，显示建筑公司在本行贷款欠款数额，并非用于存款的账户，且该账户内并无实际存款余额，系统也无法办理冻结。虎门支行工作人员当场向执行法官详细解释了贷款户的相关情况，并根据执行法官意见如实填写了《协助冻结存款通知书（回执）》。执行法官当场未对虎门支行未冻结贷款户行为表示异议。

2013年8月17日，虎门支行收到某中院邮寄送达的《罚款决定书》，决定书以虎门支行未按要求办理对建筑公司贷款账户冻结，违反《民事诉讼法》第一百一十四条第一款第二项和第一百一十五条第一款的规定为由，决定对虎门支行罚款50万元。8月21日，虎门支行向某中院执行局及河南省高级人民法院（以下简称河南高院）立案庭提交书面《复议申请书》，申明贷款户与存款账户的区别及贷款户无法办理冻结等实际情况，请求河南高院依法撤销某中院作出的处罚决定。2014 年 1 月，河南高院召集某中院、申请执行人、虎门支行召开听证会，听取各方意见。随后，河南高院在充分研究论证基础上，认同银行观点，撤销了对虎门支行的罚款决定。

2. 分析与点评

本案争议的焦点集中在三个方面：一是贷款账户是否为银行结算账户；二是贷款账户中是否存在可支配的存款；三是贷款账户是否可以被执行。

（1）贷款账户不同于银行结算账户

人民银行《人民币银行结算账户管理办法》（以下简称《办法》）规定，银行结算账户是指银行为存款人开立的办理资金收付结算的人民币活期存款账户，可以分为单位银行结算账户和个人银行结算账户。单位银行结算账户按用途又分为基本存款账户、一般存款账户、专用存款账户、临时存款账户。其中，一般存款账户用于办理存款人借款转存、借款归还和其他结算的资金收付，可以办理现金缴存，但不得办理现金支取。上述账户的开立需要经人民银行核准或备案。从《办法》内容看，贷款账户不属于《办法》规定的存款人（即借款人、被执行人）可在银行开立的存款账户范围。

实践中，银行在向符合信贷发放条件的借款人发放贷款时，为实现账务处理，借款人通常需按《办法》规定新开立或指定一个一般存款账户作为偿还银行贷款的还款账户。同时，银行依据借款人的借款凭证和信贷部门的电子准贷证，即可由银行计算机系统自动生成一个账户户名为借款人名称的贷款账户，无须借款人提交《办法》规定开立存款账户所需的企业法人营业执照、借款合同等证明材料，也不需要经人民银行核准或备案。

银行这种处理方式是为了符合“有借必有贷，借贷必相等”的会计原则。从银行会计报表上看，贷款账户记于银行资产类科目下，存款账户记于银行负债类科目下；从借款人的企业会计报表看，则完全相反。之所以贷款账户与借款人存款账户同名，是银行为便于合理区分、正确核算诸多借款人对银行的欠款情况。这种处理方式与税务机关内部以纳税人名称管理纳税人缴税情况类似。因此，贷款账户属于银行资产，为银行所有的账户，不是借款人（被执行人）依照《办法》规定开立的银行结算账户（存款账户）。

（2）贷款账户内不存在被执行人可支配的存款

人民法院冻结被执行人银行存款账户目的是为限制被执行人对其存款的支配权，为下一步扣划奠定基础。贷款账户户名虽然为被执行人，但不属于被执行人所有、支配或使用，被执行人对贷款账户没有类似存款账户那样的支付密码、预留印鉴或账户介质。贷款账户内也无客观存在且可供被执行人支配的存款，而仅是记载被执行人作为借款人在银行的贷款情况，包括正常及逾期本金余额、正常及逾期本金利息、贷款金额、欠息情况、贷款到期日等信息。

（3）贷款账户不属于执行标的

根据《民事诉讼法》、《最高人民法院关于人民法院民事执行中查封、扣押、冻结财产的规定》（法释〔2004〕15 号）等相关法律、法规和司法解释的规定，人民法院查封、冻结、扣押的对象应为“被执行人的财产”。如前所述，贷款账户在会计核算上反映的是银行资产，对被执行人而言则是企业负债，并不是被执行人在银行的存款或其他财产。因此，贷款账户依法不应作为借款人（被执行人）涉诉案件的执行标的。

综上所述，贷款账户是银行按照会计原则开立的用于区分不同借款人贷款发放、收回、计息的内部核算账户，由银行使用和控制，不属于借款人的银行存款账户，其内不存在可供借款人支配的财产。由于贷款的发放与归还均需通过借款人（被执行人）一般存款账户及同名的银行贷款账户的借贷记录完成，如人民法院冻结银行贷款账户，将造成两个方面影响，一是借款人无法正常归还贷款，担保人或第三人也不能代替借款人还款，银行贷款形成逾期或欠息，导致银行不良资产上升，进而对银行经营管理引发一系列不良影响。二是借款合同约定银行分期发放贷款时，银行将无法按约发放贷款，客观上造成银行被动违约，很可能被借款人追究违约责任，并承担由此给借款人造成的经济损失。因此，冻结贷款账户不但缺乏法律依据，还会导致银行与借款人之间的借款合同不能正常履行。

3. 相关启示

近年来，随着人民法院等有权机关不断加大对生效裁决执行和犯罪活动的打击力度，查询、冻结、扣划需求越来越多，商业银行承担了大量的协助查询、冻结、扣划工作。由于银行业务的专业性较强，有时在协助执行过程中可能出现有权机关对银行业务不甚了解的情况，容易引发纠纷。本案中，某中院以虎门支行未协助冻结贷款账户为由决定予以处罚便是这种情形。因此，商业银行协助执行工作过程中，既要依法履行义务，又要加强与有权机关沟通，尽可能避免发生类似的问题。

（1）加强与有权机关沟通，依法履行协助执行义务

商业银行在协助有权机关执行相关账户操作时，对于依法应提供的信息和查控需求应积极配合，认真履行协助执行义务，避免因迟延或拒绝履行相关义务导致有权机关予以处罚。对于金融专业性强、流程设计复杂的银行业务，应加强与有权机构沟通，阐述相关业务特性，说明不能及时提供查控结果或不能协助执行的理由，争取有权机关理解和支持。对于内部操作或账务处理，不属于协助执行范围的，应注重甄别和区分，依法向有权机关提供相关信息，避免误解和分歧。

（2）创新协助执行方式，积极开展网络查控工作

在传统柜台处理模式下，商业银行承担了大量协助执行工作，不但查控效率低，耗费大量时间和人力，还因流程长、环节多而容易产生操作风险。个别有权机关有时不能理解商业银行的业务设置或操作流程，认为商业银行怠于协助执行，甚至予以罚款处罚。在当前大数据、信息化背景下，商业银行可通过应用网络信息技术改进协助执行工作，与有权机关建立专门的电子化系统，通过加密专线连接，集中实施查控指令。对有权机关而言，可减少烦琐手续，节省司法成本，提高执行效率；对银行而言，可释放柜台窗口资源，降低操作风险和法律风险，在协助执行工作中实现与有权机关的合作与双赢。

三、2015 年展望

党的十八大以来，最高人民法院充分发挥法治的引领作用，牢牢把握“司法为民、公正司法”工作主线，进一步提高司法公信力。一方面，扎实推进司法体制改革，加强法官队伍的正规化、专业化、职业化建设，提高司法能力和水平；另一方面，大力推进信息化建设，以“天平工程”建设为载体，积极开展审判流程公开、裁判文书公开、执行信息公开三大平台建设。2015 年，最高人民法院将继续推动审判流程的标准化、制度化、规范化建设，依法适当突出执行工作强制性，强调执行工作信息化、规范化，进一步完善审判、执行流程，提高审判、执行管理效能。最高人民法院将通过制定司法解释、出台指导意见等方式，对已颁布的法律以及民商事审判和执行工作中面临的新情况、新问题作出指导和规制，其中，有部分内容涉及银行业经营管理中遇到的有关法律问题，值得关注。

（一）制定《民事诉讼法》有关司法解释

修改后的《民事诉讼法》正式施行已经两年有余，对合理化解民事纠纷、保障当事人合法权益发挥了重要作用。《民事诉讼法》修改内容多、范围广，既有对原有制度的补充、修改，也增加了一些新制度，实施过程中面临诸多难点，人民法院需要在审判实践中逐步摸索，积累经验。预计 2015 年最高人民法院将继续加强民事诉讼法有关问题的研究和总结，并适时出台相关司法解释。相关内容可能包括对 1992 年发布的《最高人民法院关于适用〈中华人民共和国民事诉讼法〉若干问题的意见》进行修订，对民诉文书样式和现行民事案件案由进行修订，对第三人撤销之诉、担保物权实现之诉、诉讼监督、小额诉讼程序等出台司法解释或指导性意见。

（二）制定《公司法》有关司法解释

《公司法》条文虽长达二百一十八条，但由于市场经济运行的复杂性，仍然有很多具体问题在《公司法》中未能作出明确规定，以致在众多公司经营过程当中以及人民法院审理公司案件时遇到很多困惑。因此，在新《公司法》颁布以后，国务院和最高人民法院纷纷出台行政法规和司法解释。在先后出台三个公司法司法解释后，最高人民法院将继续研究制定适用《公司法》有关司法解释，可能涉及因公司机关会议决议无效和撤销、股东知情权、有限责任公司新增资本认购、股份有限公司发行新股、利润分配请求权、股权转让、股东代表诉讼等纠纷案件的适用法律问题。同时，还将研究公司注册资本登记制度改革后，有关债权人保护理念如何定位，传统上保护债权人的抽逃出资规则、出资不足规则、连带责任规则、利润分配规则、法人人格否认规则等应如何对待或适用问题。

（三）制定《企业破产法》有关司法解释

《企业破产法》是保障市场经济秩序的基础性法律，为企业退出、企业拯救提供了法治化路径。从《企业破产法》施行以来的总体情况看，破产法制对于市场秩序的积极调整作用未得到充分发挥，破产案件启动难的问题仍然存在，一些人民法院受理破产案件动力不足。2015 年，最高人民法院将加快研究制定《企业破产法》司法解释（三）和（四），对破产管理人和破产费用的适用问题进行规定，以解决破产管理人的指定和破产费用的确定等方面出现的新情况和新问题，进一步明确相关标准，加强破产制度适用，通过实践探索不断推进破产制度的完善。

（四）制定知识产权方面的司法解释

为探索完善知识产权司法保护体系，最高人民法院会同有关方面，在总结知识产权司法实践经验的基础上，经研究论证，拟设立北京、上海、广州知识产权法院，并先后发布了知识产权法院管辖、法官选任等司法解释。知识产权法院也将适应加强司法保护的需要，进一步探索完善诉讼程序和证据规则，强化保全措施适用，探索建立技术事实调查制度，解决审判实践中因诉讼程序交叉影响案件及时审结等问题。预计最高人民法院将研究制定《关于审理侵犯专利权纠纷案件应用法律若干问题的解释（二）》、《关于审理商标授权确权行政案件若干问题的规定》等一系列知识产权方面的司法解释。

（五）制定《物权法》担保物权编有关司法解释

《物权法》是维护社会主义市场经济秩序，关系人民群众切身利益的民事基本法，与民事审判工作密切相关。《物权法》施行后，出现了与《民法通则》、《担保法》、《海商法》等有关担保物权内容规定诸法并行的局面。为处理好《物权法》与有关担保法律规定衔接问题，最高人民法院已着手起草《物权法》担保物权编司法解释，主要涉及担保物权的一般规定、抵押权、质权、留置权、定金担保等疑难复杂问题，以及公司担保、共同担保、动产担保物权竞合、应收账款担保和保理、动产质押、最高额抵押、非典型担保等问题，以规制和指导《物权法》实施后担保物权纠纷案件的审判工作。

（六）制定无效合同诉讼时效有关司法解释

最高人民法院已起草了无效合同所涉诉讼时效问题司法解释的征求意见稿，主要涉及无效合同所涉请求权是否适用诉讼时效，返还财产、赔偿损失请求权诉讼时效期间的起算，因保证合同、抵押合同、质押合同、留置合同无效产生的赔偿损失请求权的诉讼时效期间起算问题等。预计2015年最高人民法院将加快研究出台《关于无效合同所涉诉讼时效的规定》。

（七）研究银行卡纠纷处理有关指导意见

近年来，银行卡纠纷案件明显增多，相当一部分案件涉及新型的金融交易方式，有的还涉及民刑交叉问题，不同地区人民法院对银行卡纠纷案件“同案不同判”现象比较突出，相关权利义务关系十分复杂，诸多实务中的问题亟待解决。对此，2015年最高人民法院将进一步对银行卡资金划转、转账支付、信用卡被盗刷引发的纠纷案件进行调研，并研究制定审理此类案件的典型案例或指导性意见。

第四章

国际银行业法制发展述评

本章选摘了部分有代表性的国际性组织、国家及地区2014年颁布的规范性文件（包括法案、指引、立法建议等），内容涉及金融稳定理事会（FSB）、巴塞尔银行监管委员会（BCBS）（以下简称巴塞尔委员会）、国际证监会组织（IOSCO）、国际存款保险机构协会（IADI）及经合组织（OECD）等国际性组织最新监管文件，欧盟及部分国家金融监管体制改革法案，银行公司治理，银行业务风险管理，金融消费者保护，网络融资监管动态，金融衍生品交易监管以及反洗钱监管等。虽然文中述及的部分规范性文件并不仅适用于银行业，但银行业无疑是重要的调整对象，因此，总体而言，这些规范性文件可以反映出2014年国际金融监管及银行业法制发展的主线和整体特点。

一、有关国际组织、国家和地区金融法规文件述评

（一）国际金融监管与金融改革

1. 欧盟金融监管

2008年以来，欧盟区域特别是欧元区危机迭起，主权债务危机、银行业危机和经济危机相互传染、叠加，形成恶性循环，严重影响欧盟居民、企业及社会的稳定和信心，也给欧元带来致命冲击。在欧盟银行体系中，欧盟成员国的银行监管各自为政，缺乏统

一有效的金融监管规则和机制。为解决上述问题，2012 年 6 月，欧盟提出“银行业联盟”（banking union）计划，逐步推进欧盟区域金融一体化，降低银行合规成本，提高银行处置效率，维护欧洲银行业乃至整个金融体系的稳定，防范系统性风险。根据欧盟银行监管改革方案，银行业联盟涵盖单一银行监管机制、单一处置机制和单一存款保险机制三大支柱，彼此相辅相成、不可分割。

2013 年 9 月和 10 月，欧洲议会和欧盟理事会先后决议通过建立欧盟单一银行监管机制的最终方案①，授权欧洲中央银行（ECB）统一监管欧元区银行机构，并建立由欧洲中央银行以及各参与成员国监管部门共同组成的“单一银行监管机制”（SSM）②。2014 年 4 月和 5 月，欧洲议会和欧盟理事会分别通过关于建立“单一存款保险机制”（DGS）和“单一处置机制”（SRM）的决议；2014 年 6 月和 7 月，欧盟宪报先后正式发布《关于修订欧盟存款保险机制的指令》（以下简称《单一存款保险指令》）③、《关于建立存款机构恢复处置框架指令》④ 及《关于建立单一处置机制条例》⑤（后两者均

---

① *Council Regulation* (*EU*) *No.* 1024/2013 *of* 15 *October* 2013 *Conferring Specific Tasks on the European Central Bank Concerning Policies Relating to the Prudential Supervision of Credit Institutions.* 2013 年 10 月 29 日，欧盟宪报正式发布。http：//eur - lex. europa. eu/legal - content/EN/TXT/PDF/？ uri = CELEX：32013D0797&rid = 1。

② 2014 年 11 月，欧洲中央银行正式开始运作，在单一银行监管机制框架内履行其银行审慎监管职责。关于欧盟单一银行监管机制，《银行业法制年度报告 2014》第四章（第 310 - 314 页）有专门介绍。

③ *Directive* 2014/49/*EU of the European Parliament and of the Council of* 16 *April* 2014 *on Deposit Guarantee Schemes.* http：//eur - lex. europa. eu/legal - content/EN/TXT/PDF/？ uri = CELEX：32014L0049&from = EN.

④ *Directive* 2014/59/*EU of the European Parliament and of the Council of* 15 *May* 2014 *Establishing a Framework for the Recovery and Resolution of Credit Institutions and Investment Firms and Amending Council Directive* 82/891/*EEC*, *and Directives* 2001/24/*EC*, 2002/47/*EC*, 2004/25/*EC*, 2005/56/*EC*, 2007/36/*EC*, 2011/35/*EU*, 2012/30/*EU and* 2013/36/*EU*, *and Regulations* (*EU*) *No.* 1093/2010 *and* (*EU*) *No.* 648/2012, *of the European Parliament and of the Council.* 简称“BRRD”。http：//eur - lex. europa. eu/legal - content/EN/TXT/PDF/？ uri = CELEX：32014L0059&rid = 1.

⑤ *REGULATION* (*EU*) *No.* 806/2014 *OF THE EUROPEAN PARLIAMENT AND OF THE Council of* 15 *July* 2014 *Establishing Uniform Rules and a Uniform Procedure for the Resolution of Credit Institutions and Certain Investment Firms in the Framework of a Single Resolution Mechanism and a Single Resolution Fund and Amending Regulation* (*EU*) *No.* 1093/2010. 参见：http：//eur - lex. europa. eu/legal - content/EN/TXT/PDF/？ uri = CELEX：32014R0806&from = EN.

涉及“单一处置机制”），至此，欧盟银行业联盟三大支柱的基本架构已初步确立。现将欧盟“单一存款保险机制”（DGS）和“单一处置机制”（SRM）主要内容概述如下：

（1）欧盟“单一存款保险机制”

欧盟于1994年引入存款保险机制，但由于未统一存款保险的实施标准，在各成员国银行发生危机时，容易在成员国之间引发监管套利等行为，不利于维护欧盟区域金融系统稳定。为降低存款保险管理成本，提高存款保险运行效率及能力，简化保险偿付流程，欧盟推出单一存款保险机制，明确统一了存款保险的适用范围、对象、保险额度、偿付期限等关键要素的适用标准，建立存款保险基金（DGS funds），并对存款保险基金的筹资标准及筹资时间表进行统一规范。

关于存款保险的额度标准。根据《单一存款保险指令》[①]，存款保险的额度上限为10万欧元[②]，同一银行内同一人名下的不同账户金额需合并计算。根据测试，该限额可覆盖95%以上的合格账户。为防止监管套利引发流动性危机，《单一存款保险指令》规定，各成员国不得违反前述规定擅自提高存款保险额度上限，但下述情形除外：在涉及不动产买卖及结婚或离婚等特定事件而衍生的存款，自该等事件发生后12个月内，该笔存款可不受前述10万欧元的保险额度限制。

关于存款保险的适用对象。《单一存款保险指令》对存款保险的适用对象不作特别限制，除了个人账户外，中小企业及大型企业的存款账户亦纳入存款保险范畴。存款保险对账户币种亦不作特别要求，欧元以外币种均可纳入存款保险体系。但是，一些复杂的账户品种（如债券）及非保本结构性产品（如与股票指数挂钩的结构性产品）不能纳入存款保险。

---

① 《单一存款保险指令》自2014年7月起施行，但考虑到新规实施涉及银行系统改造等原因，部分规定须自2015年7月4日起实施。

② 2008年国际金融危机后，欧盟决定将存款保险的存款上限由2万欧元提升至5万欧元；2010年年底，该上限提升至10万欧元。此次修订的《单一存款保险指令》正式确认了该标准。

关于存款保险的偿付期限。《单一存款保险指令》明确规定，除特定类型存款（如权属不明、存在争议或被有权机关采取司法措施等）外，存款保险偿付期限不得超过银行破产违约后第 7 个工作日[①]。为确保上述偿付期限的有效落实，《单一存款保险指令》规定：银行业监管部门在发现参保银行机构可能破产时，即应尽早通知存款保险管理人；银行机构应对符合存款保险的合格账户作特别标识，并随时更新；银行机构破产时，无须存款人申请，存款保险机构即可自动对合格存款人进行偿付。

关于存款保险基金的缴纳及费率标准。根据《单一存款保险指令》，存款保险基金主要由三部分构成：第一部分由各参保银行机构事先缴纳（ex – ante funds），该部分资金占存款保险基金目标总额的 75%；第二部分为参保银行机构事后缴纳，约占基金目标总额的 25%；第三部分为特别补充资金，通过“互融机制”（mutual borrowing facility）或其他融资渠道（如通过金融市场发行债券等）筹措，该部分资金比例不应超过基金目标总额的 25%。落实存款保险基金上述标准的最后期限为 2020 年。存款保险基金实行差别费率，风险高的银行须适用更高费率（费率差异幅度可在三倍之内）。

关于存款保险成本转嫁问题。考虑到欧盟银行业市场竞争情况，《单一存款保险指令》未禁止参保银行向其客户转嫁保费成本，但对转嫁成本的具体幅度作了明确限制：以下调存款利率方式转嫁成本的，下调幅度不得超过 0.1%；以调高账户年费等形式转嫁成本的，该年费调高幅度不得超过 12 欧元。

（2）欧盟“单一处置机制”

欧盟“单一处置机制”涉及《关于建立存款机构恢复处置框架指令》及《关于建立单一处置机制条例》两份重要规定，前者参照金融稳定理事会《金融机构有效处置框架的关键属性》[②] 的相

---

① 根据修订前的规定，存款人需待银行破产后 3 个月方能获得保险偿付，后又将该期限缩短至银行破产后 4 ~ 6 周。单一存款保险机制要求各成员国在 2023 年 12 月 31 日前实现该时限要求。

② 金融稳定理事会（FSB）：*Key Attributes of Effective Resolution Regimes for Financial Institutions.* http：//www. financialstabilityboard. org/publications/r _ 111104cc. pdf。

关内容，全面规范了欧盟各成员国应对银行恢复处置问题时采取的监管工具及相关制度安排，后者则为欧盟层面统一实施前者相关规定和制度安排提供决策支持和资金保障。

关于银行恢复处置的关键要素。银行及其监管部门应当就银行经营困境或失败情形制定完善的恢复及处置预案；银行业监管部门应具备相应权力（如解散管理层、指定临时管理人、召集临时股东会议商讨银行紧急重组方案以及要求银行拟定债权重组方案等），确保其尽早介入（early intervention）陷入困境的银行机构处置程序；为降低银行处置对纳税人的损害，应赋予银行处置机构必要权限，尽可能维持问题银行的正常经营，如将问题银行与其他银行合并、设立过桥银行确保问题银行的核心业务持续经营、剥离不良资产、债转股或债务核销等；完善成员国各银行业监管部门之间的监管合作协调机制，确保跨国经营的银行机构出现问题时，有关成员国能采取协调一致的处置方案，减少处置方案对欧盟银行体系及有关银行机构的消极影响。

关于单一处置的决策运行机制。为提升处置决策效率，设立“单一处置决策委员会”（以下简称“决策委员会”）（single resolution board）[①]。欧洲央行如知悉某银行机构正面临或可能出现经营困难，应立即知会决策委员会，后者则应在规定时限内提出具体处置方案，对采用何种处置方式及是否需要“单一银行处置基金”支持等问题予以明确；欧盟委员会（必要时，还需提交欧盟理事会）对决策委员会的方案进行审议；若欧盟委员会（或欧盟理事会）否决该方案，决策委员会须对处置方案进行修订。为确保银行处置得以在周末期间顺利实施，维护银行系统稳定，上述所有环节耗费总时间不得超过32小时。有关成员国的处置机构应对上述工作予以及时必要的协助支持（包括人员交流）。另外，决策委员会还负责对

① “决策委员会”是为单一处置机制设立的中央决策机构，并负责掌管单一处置基金。该委员会由主席、副主席、四名常任委员及相关成员国监管部门代表组成，欧洲中央银行（ECB）和欧盟委员会（European Commission）派常任观察员代表列席该委员会的有关程序。根据决策权限，决策委员会分执委会（Executive Session）和全会（Plenary Session），如拟对单个处置机构动用“单一处置基金”金额超过50亿欧元，须经决策委员会全会通过；未超50亿欧元的，则由执委会决议。决策委员会自2015年1月1日起开始运作。

有关成员国执行处置方案情况进行监督，若有关成员国拒绝执行处置方案，决策委员会有权直接将处置方案送达问题银行，并要求后者遵照执行。

关于单一处置机制的资金支持。设立“单一处置基金”（single resolution fund），以确保在无须借助政府支持的前提下，保证重组银行的正常经营，并确保决策委员会处置方案的有效落实。该基金的总规模相当于加入欧盟银行业联盟并适用单一处置机制的各银行存款总额的1%，并根据银行规模进行动态调整。① 该基金缴纳期共计8年（若基金偿付资金超过基金预计总额之一半时，该期限可延长至12年），各银行具体缴纳标准由欧盟委员会及欧盟理事会的相关规定确定，但须考虑有关银行的风险状况。2014年5月21日，除英国及瑞典之外的其他26个欧盟成员国共同签署了《关于缴纳单一处置基金份额之协定》②，并承诺在2016年1月1日之前完成各成员国国内的法定批准程序，为欧盟单一处置机制的运转创造条件。③

2. 国际存款保险机构协会（IADI）修订《有效存款保险体系核心原则》及其评估标准

国际存款保险机构协会（IADI）④ 曾会同巴塞尔委员会先后于2009年和2010年发布《有效存款保险体系核心原则》及《有效存款保险体系核心原则落实评估标准》。上述文件发布后，即成为世界银行、国际货币基金组织等国际组织及相关国家实施并评估存款保险制度的重要参考文件。近年来，已有越来越多的国家（地区）推行存款保险制度，各国在实施存款保险制度过程中积累了一些有

---

① 根据2014年欧盟银行业规模估算，该基金总额将达到550亿欧元。

② *Agreement on the Transfer and Mutualisation of Contributions to the Single Resolution Fund.*

③ 《关于建立单一处置机制条例》自2014年8月19日起施行，其中涉及“单一处置决策委员会”与各成员国处置监管机构合作的相关规定自2015年1月1日起实施。2016年1月1日，欧盟单一处置机制将全面实施。

④ 国际存款保险机构协会（the International Association of Deposit Insurers）成立于2002年5月，总部设在瑞士巴塞尔，目前共有79个代表，其宗旨是制定存款保险体系相关指引，促进国际交流与合作，提升各国存款保险体系的有效性。

益经验，但也面临一些亟待解决的新问题，如存款保险机构独立性、存款保险赔付效率及银行破产处置中存款保险机构的地位等。在此背景下，为提高存款保险核心原则国际适用的灵活性，国际存款保险机构协会经商金融稳定理事会等国际组织，对存款保险体系核心原则及评估标准进行修订完善，提升存款保险运行标准（如明确保险赔付时限、保险范围、资金来源、公众教育及道德风险防范等），明确存款保险机构在“银行危机预防与管理”（crisis preparedness and management）及银行恢复处置过程中的职责等。

2014 年 11 月 21 日，国际存款保险机构协会对上述两份文件进行合并修订，发布了修订后的《有效存款保险体系核心原则》及其评估标准（以下统称《存款保险核心原则 2014 年版》①）。该文件强调，存款保险制度的两大核心宗旨是保护存款人利益，维护金融系统的稳定；有效的存款保险制度应有力防范或降低道德风险；存款保险制度的有效实施需相关配套机制予以保障，包括稳健的宏观经济环境、完善的金融系统、审慎的银行监管及处置机制、有效的法律及司法体制以及严格的信息披露与审计制度等。修订后存款保险核心原则从原来的 18 项减至 16 项，其内容概述如下：

一是关于存款保险制度政策目标（原则 1）。存款保险的公共政策目标，即保护存款人与维护金融系统稳定，应以法律等形式正式确立，存款保险制度的具体设计亦应遵循上述政策目标。

二是关于存款保险机构的要求（原则 2 ~ 6、原则 11 ~ 14、原则 16）。主要包括：①应当以法定形式赋予存款保险机构相应的权力和职能，确保存款保险机构独立履职不受外部不当干扰；②存款保险机构及其工作人员（包括离职人员）依法履职行为，应受法律保护，不得因其正当履职行为而受到追责、索赔或要求承担其他责任；③完善存款保险机构的治理架构，提高透明度；明确存款保险机构与当地其他金融监管部门以及境外监管部门（包括境外存款保险机构）的监管合作关系，特别是对信息共享（包

---

① *IADI Core Principles for Effective Deposit Insurance Systems*，可参见：http://www.iadi.org/docs/cprevised2014nov.pdf。

括跨境信息共享）等问题作出安排；④要明确存款保险机构在银行恢复与处置过程中的相应职责；⑤存款保险机构作为金融安全网的一部分，应享有对问题银行进行检查及提前介入等权力；⑥存款保险机构应有权对银行破产危机存在过错的当事人（包括银行股东、董事、管理人员以及为银行破产处置提供专业服务的第三方人员等）进行追责或采取其他法律救济手段；⑦存款保险机构对存款人进行赔付后，有权代位行使存款人（债权人）对破产银行的权利。

三是存款保险体系的具体安排（原则7~9、原则15）。主要包括：①所有银行机构应强制参加存款保险体系；②应清晰界定存款保险范围及保险限额，在确定保险限额时，除应与存款保险的公共政策目标保持一致以外，还应遵循有限保险并覆盖绝大部分存款的原则，不应将存款人国籍或住址等作为存款保险条件，保险限额应定期（如至少每五年）评估修改；③应以法律等形式对存款保险的资金来源（包括参保银行事先缴纳的资金、临时补偿资金及其他资金来源等）作出规定，存款保险的资金应由参保银行承担，如由政府提供存款保险的启动资金（start－up funding）或种子基金（seed funding），则应明确在该笔政府资金偿还之前，不得调减参保银行应承担的保险费标准；④为维护市场稳定，存款保险的赔付应当快速及时，确定启动保险赔付工作的具体标准和要求，保险偿付时限可设定为7个工作日，但如果当前无法达到该目标，则应明确设定达标的时间表等安排。

四是对社会公众的宣教工作（原则10）。为保障实现存款保险制度政策目标，应持续开展宣教工作，确保社会公众能清楚地认识到存款保险制度的利弊优劣。特别是要告知存款人，在发生银行破产危机时，存款人如何通过存款保险获取相应补偿（包括其应协助提供的材料，获取信息的渠道，保险赔付的地点、方式及时限，存款不能赔付时如何通过其他法律渠道获得救济等）。

3. 巴塞尔委员会《关于监管联席会运作若干原则》

为改进监管联席会（supervisory colleges）运作的有效性，巴塞尔委员会在总结借鉴最新监管实践经验基础上，对其于2010年发布的《监管联席会良好实践原则》（试行）① 做了修订，并于2014年6月正式发布《关于监管联席会运作若干原则》②。

巴塞尔委员会指出，监管联席会是各国监管部门交流监管信息的重要平台，对促进各国监管合作，加强国际银行有效监管具有重要意义，监管联席会本身并非“决策机构”，不能替代监管部门之间其他形式的双方或多边合作，但各国监管部门应尽可能推进监管联席会机制建设，将其纳入国际银行集团有效监管的总体框架。《监管联席会运作若干原则》对监管联席会的宗旨、组织结构、信息共享、沟通合作以及危机管理等方面作了原则要求，简述如下：

一是监管联席会的宗旨。为协助各国监管机构全面准确理解跨国银行集团的经营风险及存在的问题，监管联席会应提升监管部门之间的相互信任和支持以及监管部门之间的信息交换和合作，实现对国际银行集团的有效监管，并应以此作为联席会得以维系的基础。

二是监管联席会的组织结构。根据银行集团所涉司法领域的不同，联席会的结构类型可以有如下三种：（1）单一联席会模式（single college structure），如仅涉及少数几个监管机构，且各监管机构都有较高的重要性，可建立单一联席会；（2）核心加普通联席会模式（core and universal college），包含一个由少数监管机构组成的核心联席会，负责对银行集团核心机构的监管，而普通联席会则负责对银行集团非核心机构的监管，其主要职责是提供信息分享；（3）机动调整联席会模式（variable structures），该模式比较灵活，可针对受监管银行集团的具体架构及需解决的具体问题组建，不固定核心或非核心监管机构，主要适合于银行集团各相关监管机构均需参与的情形。

---

① *Good Practice Principles on Supervisory Colleges.* 可参见：http://www.bis.org/publ/bcbs177.pdf。

② *Principles for Effective Supervisory College.* 可参见：http://www.bis.org/publ/bcbs287.pdf。

三是信息共享。监管联席会成员应就银行集团的主要风险、问题及风险控制措施等信息尽可能及时详细地进行分享。作为信息分享的保障机制，联席会需要严格遵守成员间共同达成的保密协议及谅解备忘录等。

四是信息沟通渠道。监管联席会的信息沟通渠道应当确保信息交换的有效性、便捷性、完整性和机密性。信息沟通渠道由母国监管机构提供，并确保渠道的有效运作，所在国监管机构应恰当合理利用。信息沟通渠道应确保安全，可包括现场会议、音频和视频会议、在线通讯工具、电子邮件、官方信件及专门网站等，但所有监管机构均需参加的现场会议仍需定期举行，大型银行集团的核心监管联席会的现场会议则应至少每年举行一次。

五是监管机构之间的协作与互动。监管联席会应当促进成员国之间的相互协作与互动，加强各监管部门之间以及监管部门与被监管跨国银行集团之间的合作。例如，监管联席会可就需要反馈至银行集团的类型及具体监管信息达成一致（诸如目的和结果、监管计划、监管风险评估结果等），以避免信息获取的重复性，确保信息获取的统一性和及时性；为有效获取信息，跨国银行集团可被邀请参加联席会会议，介绍其战略规划、风险偏好及风险管理等方面信息。

六是参与银行恢复处置工作。监管联席会可参与并辅助开展银行集团恢复与处置相关工作。监管联席会及其他相关机构应当提前采取措施，减少系统性重要银行破产可能性，并减轻其破产时可能引发的系统性影响。例如，监管联席会可参与“风险管理机构”（CMGs），讨论系统性重要银行的恢复处置计划事宜。另外，有些国家还成立“处置联席会”，讨论系统重要性银行之外的其他银行集团的恢复和处置计划事宜。

4. 英格兰银行《关于英国金融业结构性改革方案》

为增强英国银行机构抵御系统风险能力，提升银行机构出现危机时的处置效率，保护存款人利益，2014 年 10 月，英国银行监管部门即英格兰银行（Bank of England）及其下设审慎监管局（PRA）[①] 发布《关于英国金融业结构性改革方案》，包括落实银行专项经营实体（ring－fenced body，RFB）风险隔离机制[②]、完善存款保险机制[③]，以及强化银行处置阶段业务连续性保障机制[④]等内容[⑤]。概述如下：

（1）关于专项经营实体风险隔离机制

根据英国《2013 年金融服务（银行改革）法》[⑥]、英国财政部《2014 年专项经营实体及核心业务监管令》[⑦] 及英国审慎监管局的要求，最晚自 2019 年起，核心存款（即存款人为自然人及小企业主的存款）超过 250 亿英镑的英国银行机构应当通过专项经营实体（RFB）专门经营存款、账户支付及账户透支等“核心业务”（core activities），专项经营实体不得从事商品融资交易等非核心业务经营活动（excluded activities）或其他禁止性经营行为（prohibited activities），以确保在专项经营实体与其他业务机构之间建立有效的风险隔离机制。符合上述要求的银行机构应当在 2014 年 12 月 31 日之前向英国审慎监管局（PRA）提交本行法人组织及经营架构改革初步方案。

为完善专项经营实体风险隔离机制，英格兰银行（及下设审慎

---

① 根据 2013 年英国金融监管改革方案，英格兰银行下设“审慎监管局”（the Prudential Regulation Authority，PRA），承继原英国金融服务局（FSA）的相关职责，并负责监管吸收存款的金融机构、保险机构和主要的投资公司。审慎监管局的监管目标是提升监管对象业务经营的安全与稳健，确保监管对象的经营活动不对英国金融体系稳定性造成负面影响，若出现监管对象破产情形，降低该等情形对金融体系稳定的负面影响。

② *CP19/14：The Implementation of Ring－fencing：Consultation on Legal Structure，Governance and the Continuity of Services and Facilities.* http：//www. bankofengland. co. uk/pra/Documents/publications/cp/2014/cp1914. pdf.

③ *CP20/14：Depositor Protection.* http：//www. bankofengland. co. uk/pra/Documents/publications/cp/2014/cp2014. pdf.

④ *DP1/14：Ensuring Operational Continuity in Resolution.* http：//www. bankofengland. co. uk/pra/Documents/publications/cp/2014/dp114. pdf.

⑤ 另外还包括“保单持有人（policyholders）保障机制”（*CP21/14：Policyholder Protection*）。http：//www. bankofengland. co. uk/pra/Documents/publications/cp/2014/cp2114. pdf.

⑥ *The Financial Service（Banking Reform）Act* 2013.

⑦ *The Financial Services and Markets Act* 2000（*Ring－fenced Bodies and Core Activities*）*Order* 2014，参见：http：//www. legislation. gov. uk/ukdsi/2014/9780111117118。

监管局）提出以下改革方案：

一是完善银行集团法人架构。审慎监管局要求专项经营实体不得对其他从事非核心业务或禁止性经营活动的机构（以下统称“非专项经营实体”）持股或存在其他形式的控制关系，但两者可以作为姊妹公司（sibling structure）受同一母公司控制；专项经营实体可以设立其他专项经营实体，其母公司也可以经营非核心业务及禁止性经营活动。

二是加强银行公司治理。为实现风险隔离，应确保专项经营实体的独立决策能力，有效识别、管理并防范与集团其他实体之间潜在的利益冲突。为此，对专项经营实体的董事会及风险管理架构提出以下要求：第一，要确保董事会独立运作，如董事长不得兼任集团其他实体的董事长，其他实体董事会成员在专项经营实体董事会任职占比不得超过三分之一，执行董事不得在非专项经营实体中兼任执行董事职务，应自行设立风险、提名、审计及薪酬等专门委员会；第二，要完善风险管理及内部审计架构，如应具有充足的风险管理及内部审计资源，并独立配备风险管理及内部审计负责人，薪酬机制、人力资源制度等应与集团其他实体的相关制度保持相对独立等。

三是强化业务连续性监管要求。为确保风险隔离，专项经营实体的业务连续性应不受集团其他实体的作为、不作为或破产等事件的影响，特别是要对以下安排进行特别限制：第一，集团内部服务安排（intragroup service agreement）。除专项经营实体的附属机构或专门为集团各成员提供服务且不经营其他业务的实体（dedicated intragroup services entities）外，一般不宜接受集团其他实体提供的服务；第二，有关服务虽由集团之外第三方主体提供，但该第三方的持续服务能力受制于集团其他实体经营状况（特别是该实体的破产处置等事件）。

（2）关于存款保险机制

英格兰银行除了要求实施欧盟“单一存款保险机制”有关监管要求外，还就受“英国金融服务补偿机制”（FSCS）保护的存款人在存款机构经营出现危机期间持续接受存款服务、存款账户移转及快速赔付等作出制度安排，其中部分要求高于欧盟标准。主要内容包括：

一是存款保险机制具体安排。①资金来源。在欧盟单一存款保险机制允许范围内，经审慎监管局批准，存款机构可以动用英国银行业已缴纳的存量存款保险资金（UK bank levy），但应在下一年度内及时归还。②关于存款保险费率。改变此前根据存款机构业务规模设定保险费率的做法，根据存款机构的风险情况实行差别费率。③关于存款保险范围。明确将大部分公司类存款纳入存款保险范畴。④对特定存款的特别保护。一般存款保护上限为 8.5 万英镑（以赔偿日为准，下同）；对属于“临时存款特别保护”（THB）的存款（如个人财产交易），在规定的特别保护期限内（6 个月），保险上限可提至 100 万英镑，但因人身损害或丧失行为能力所获赔偿金，不受前述上限限制。⑤对存款人的信息披露要求。存款机构应使用指定的信息披露格式，向存款人披露存款保险的相关安排。

二是完善单一客户视图（SCV）[①] 监管要求。第一，对于合格账户不足 5 000 的存款机构，亦应履行 SCV 电子化相关监管义务；第二，所有信息字段（data fields）均应标准化；第三，制作 SCV 报告文件的时限由 72 小时缩短至 24 小时；第四，为在途交易（in – flight transaction）资金的保险赔偿归属明确认定时点。

三是确保存款机构处置期间存款服务的连续性。为确保存款机构在处置期间其重要业务能有效持续运转，并确保在此期间存款人账户能高效安全地移转至其他正常经营的存款机构，审慎监管局要求完善或改造相关业务操作流程：第一，存款机构应开发完善相关系统，有效区分受保存款和非受保存款账户，并将非受保部分的存款列入单独账户；第二，确立账户分级管理，如存款人存款总额超过存款保险额度上限，则经常使用的存款账户应优先纳入保险范围（如用于存款人日常开支的活期存款账户优先于定期存款账户）。

---

① 单一客户视图（single customer view）是指将单个存款人在一家存款机构内符合条件的存款统一合并计算后获得的该存款人存款总体信息，以及为获取该信息而涉及银行系统改造等相关事宜。自 2010 年起，英国明确要求，除特殊存款账户外，一般存款保险赔付应当在 7 个自然日内完成。为提高存款保险赔付效率，英国提出“单一客户视图”监管要求。

5. 英国审慎监管局颁布《关于外资银行分行监管政策指引》

2014年9月5日，英国审慎监管局发布《关于外资银行分行监管政策指引》（以下简称《外资银行分行监管指引》）[①]，对外国银行特别是母国为欧盟以外国家的外国银行（非欧盟银行）在英国新设或经营分行（外国分行）[②] 提出若干监管要求。其内容概述如下：

（1）出台背景

2014年6月，英国审慎监管局发布《英国银行监管政策指引》[③]，全面阐述了审慎监管局对英国银行业机构实施监管的监管目标、监管行为及银行风险管理等方面的政策要求。《外资银行分行监管指引》[④] 在此基础上，专门就外资银行分行的监管问题提出若干监管要求，在未改变英国对外资银行监管的政策传统的前提下，厘清外资银行分行准入及业务监管要求，进一步提升银行监管透明度，既维护金融市场的公开透明要求，又遵循安全与稳健的银行监管目标。

（2）外国分行监管需重点考虑的内容

通常而言，外国分行不具有独立法人资格，虽受审慎监管局和母国监管机构共同监管，但以母国监管为主。外国分行与外资银行在英国设立的附属公司（外国子行）不同，后者是英国法下的独立法人，在银行资本充足、流动性等方面均需符合英国有关监管要求。对于来自非欧盟国家的外国分行，审慎监管局在实施监管时，需重点考虑以下三方面因素：一是外国分行母国监管能力；二是外国分行对英国经济的影响力或系统重要性；三是外国分行的破产处置能力。

---

① *Supervising International Banks: the Prudential Regulation Authority's Approach to Branch Supervision.*

② 除非另有特别说明，下文所称“外资银行”或“外国银行”均指非欧盟国家的银行。

③ *The Prudential Regulation Authority's Approach to Banking Supervision*, www.bankofengland.co.uk/publications/Documents/praapproach/bankingappr1406.pdf.

④ 英国审慎监管局曾于2014年2月发布《外资银行分行监管指引》的征求意见稿，征求各方意见。

第一，关于母国监管能力相当性评估。

审慎管理局需评估外国分行母国监管机构（HSS）的监管水平是否达到审慎监管局的监管要求，即母国监管能力的相当性评估（HSS equivalence test）。若母国监管机构符合相当性评估要求，且母国监管行为与审慎监管局的监管目标一致，则审慎监管局支持母国对外国分行实施监管；若被认定不符合相当性要求，不论是总体监管能力未达要求还是针对特定业务的监管能力欠缺，外国银行只能以子公司形式在英国开展业务。在评估母国监管能力时，审慎监管局主要考虑母国监管机构的监管要求、监管权力、并表监管能力、监管信息共享及信息保密情况、监管资质与独立性等方面因素，并评估母国在银行资本充足、流动性监管及破产处置机制等方面是否与国际标准（如金融稳定理事会发布的银行恢复与处置监管要求等）保持一致。

如果外国分行对英国经济有重大影响或系统重要性（critical economic functions，CEF），审慎监管局还需提高相当性评估标准，即使母国监管符合相当性评估要求，但若其对部分业务监管能力尚有欠缺，审慎监管局也可据此对外国分行业务经营范围或业务权限作出特别限制。

审慎监管局还依据外资银行的规模等因素，定期对相当性评估结果进行审核。需要指出的是，相当性评估是针对个别外资银行“量身定制”，其结果对其他外国银行不具有参考意义。因此，即使有某外国银行已获准在英国开设分行，来自该国的其他银行在英国申设分行也未必会被核准。

第二，关于对英国经济是否有重大影响问题的评估。

审慎监管局要求新设的外国分行重点发展批发银行业务，且其业务规模不具有系统重要性（即该分行即使发生业务中断，也不会影响英国金融系统的稳定）。判断外国分行业务是否具有系统重要性或对英国经济是否有重大影响，其标准是该分行是否从事零售银行、公司银行、支付清算、同业拆放和投资银行等业务以及各项业务的业务占比情况。采取此种政策取向的原因有两点：

一是考虑到银行业务（特别是活期账户等交易类账户交易）连

续性对存款人至关重要，如果外国分行的个人或中小企业的存款余额高于10亿英镑，或者此类客户的数量超过5 000人，均可能引起审慎监管局的高度关注。

二是外国分行的适格存款人同样受英国存款保险机制即“金融服务补偿机制”（FSCS）的保护（对单家存款机构单一存款人的保护上限一般是8.5万英镑）。如外国银行破产，英国存款保险机构对外偿付后无法从破产银行的恢复处置程序中得到补偿，将损害英国金融体系的健康运转。因此，审慎监管局希望母国能对该分行的破产处置机制提供充分保证（例如，在该外国银行处置方案中，母国应确保英国存款保险机构的受偿顺位），否则，审慎监管局不会考虑该国银行在英国申设分行事宜。

第三，关于破产处置能力（resolvability）评估。

建立有效的破产处置协调沟通机制，对英国审慎监管局审批外资银行申设分行具有重要意义。审慎监管局将与负责银行破产处置的英格兰银行磋商，评估母国银行破产处置机制及有关银行机构的破产处置方案是否符合英国监管要求，特别是要关注母国破产处置方案能否充分覆盖英国分行。上述评估以个案进行，除了要求母国监管机构提供充分保证外，还可能要求外国银行提交总行破产处置的具体方案或计划。对于符合系统重要性标准的外资银行，审慎监管局还要求其母国监管部门就破产处置方案提供更充分全面的保证，否则，该外国分行的零售业务规模将被严格限制（de minimis level），同时要求该外国银行对以下事项进行说明：一是分行开展有关业务的必要性及业务模型；二是银行集团破产处置计划及分行在该处置计划中的地位；三是破产处置时如何确保分行业务的连续性，以降低对英国金融稳定的不利影响；四是能否确保获取位于母国的银行重要系统及数据；等等。此外，在破产处置中，审慎监管局的最低要求是确保英国存款人及债权人能获得不劣于母国存款人和债权人的公平保护。

（3）对外资银行分行的监管措施

对于符合审慎监管局关于母国监管能力及破产处置能力评估的外国银行，审慎监管局可以接受母国监管机构对分行实施审慎监管，并可以通过签订监管合作备忘录等形式，明确审慎监管局与母国监管部门的监管分工及信息共享等事宜。在对外资银行分行实施监管过程中，审慎监管局将重点关注以下问题：

一是经营风险监管。如发现分行的经营风险可能影响该行全行或可能对英国金融系统造成影响，审慎监管局将知会母国监管部门，并与母国监管部门磋商，采取应对措施。

二是流动性监管。外资银行分行可以通过自身资源，遵守银行流动性监管要求，也可以依靠外资银行全行的流动性资源，申请豁免遵守英国流动性监管要求，但分行需定期向审慎监管局提交全行流动性情况的相关信息。对于非欧盟外资银行，目前审慎监管局倾向于采取后者模式，并有可能将后者模式作为默认模式。

三是资本充足监管。母国监管部门应加强资本充足方面的并表监管，确保分行有充足资本抵御其经营风险。

四是银行风险、系统及内控监管。审慎监管局强调对银行风险、系统及内控的监管，为强化个人责任，审慎监管局还引入"SYSC 作证机制"（SYSC attestation），要求分行高级管理人员每年提交书面证词，申明分行已遵守审慎监管局及金融行为监管局（FCA）发布的《关于高级管理人员安排、系统及内控合规（SYSC）手册》所载明的有关监管要求。首次书面证词须在 2015 年 3 月 31 日之前提交。

五是银行管理与治理方面的监管。尽管外资银行分行的监管责任主要应由母国监管部门承担，但考虑到分行对英国金融系统的影响，审慎监管局拟引入"高级管理人制度"（senior manager regime），加强对分行的监管力度。审慎监管局特别要求外资银行分行应在高级管理层中至少指定一名管理人作为"海外分行高级执行管理人"（overseas branch senior executive manager），该管理人经审慎监管局核准后，将负责对分行合规事宜进行监督。

（4）需要关注的问题

《外资银行分行监管指引》虽细化明确了审慎监管局对外资银行分行监管的相关原则，但母国监管相当性评估及母国破产处置能力评估等问题，仍存在诸多不确定性，如评估程序和评估方法等仍待细化。尽管如此，《外资银行分行监管指引》中涉及的下述问题，值得关注：

一是外资银行分行在英国的业务若对英国经济具有重要影响，则该分行须受审慎监管局更为严格的监管，其业务范围及业务拓展均可能受到诸多限制，对此类分行，有必要转制为子行。但是，若分行业务对英国经济不具有重要影响，且其母国监管符合相当性评估要求，相对而言，其业务发展受限较少。

二是审慎监管局审核评估范围除了外资银行在英国分行之外，还包括该外资银行的全行，且该等评估不是静态的，而是动态调整的，外资银行对此要有危机意识，不能一劳永逸，特别是要注意，在有些情况下，如发生特别事件（如母国破产处置机制发生重大变化），尽管该等事件不在银行控制范围，该行的评估结果也可能受到影响。

三是审慎监管局对分行的监管不仅局限于分行机构本身，未来可能将监管范围扩展至分行的有关管理人员，通过建立相应机制，要求高级管理人员对分行的业务经营承担更多的责任。

（5）影响分析——中国工商银行获准设立伦敦分行

2014 年 9 月，英国监管部门根据《外资银行分行监管指引》，正式批准中国工商银行成立伦敦分行。这是英国监管部门自 1949 年以来首次批准中国大陆地区银行在英国成立分行，是中英两国银行监管部门加强合作的重要成果，说明英国监管部门对我国银行监管部门监管能力的高度认可，也是对中国工商银行整体经营管理水平的充分肯定。2014 年 12 月 1 日，中国工商银行伦敦分行正式对外营业，将与中国工商银行伦敦子行一同从事商业银行业务，其中伦敦分行将以大额批发业务为发展重点，伦敦子行将主要发展零售和中小企业业务。

6. 瑞士联邦《金融市场基础设施法》

为进一步提升瑞士金融市场竞争力，维护金融市场的持续稳定，根据瑞士金融市场发展状况及国际社会关于金融市场基础设施相关监管要求，2014 年 9 月 3 日，瑞士联邦委员会（Swiss Council）

通过《金融市场基础设施法》（*Financial Market Infrastructure Act*）（以下简称《瑞士 FMIA》）[①]，对涉及金融市场基础设施及金融衍生品交易有关监管规定进行修订整合。《瑞士 FMIA》主要内容概述如下：

一是整合现行监管规定。《瑞士 FMIA》将分散在不同法律中涉及金融基础设施的监管规定进行整合统一，并依据市场发展情况及国际监管要求，对有关规定进行适当调整。但是，涉及证券交易的监管规定整体上与现行瑞士《证券交易法》（*the Stock Exchange Act*）的有关规定保持一致，现行“自律监管原则”（principle of self - regulation）仍应坚守。

二是规范金融市场交易机构。瑞士此前将金融市场交易机构界定为“与证券交易所类似机构”，该界定外延宽泛，容易混淆，不符合现行国际通行标准，为此，《瑞士 FMIA》将有关交易机构明确界定为“多边交易设施”（multilateral trading facility，MTF）和“组织化交易设施”（organised trading facility，OTF）。与证券交易所不同，“多边交易设施”无挂牌上市要求，但也要遵守与证券交易类似的监管规定。“组织化交易设施”不能被视为独立的金融市场基础设施，其运作仍需通过银行机构、证券经纪公司、证券交易所及多边交易设施等主体完成，一些特定的监管义务，特别是涉及交易组织及透明度等方面的监管要求，需由“组织化交易设施”的具体经营者承担或履行。针对“多边交易设施”及“组织化交易设施”提出透明度监管要求，有助于解决困扰市场多年的“暗池交易”（dark pools）[②] 问题。此外，《瑞士 FMIA》还将建立相关机制，对“高频交易”（high - frequency trading）[③] 进行监管，必要时可对

---

① 参见瑞士联邦委员会新闻通告：https：//www. news. admin. ch/message/index. html? lang = en&msg - id = 54305。

② “暗池交易”一般是指缺乏透明度的交易场所或交易。在暗池交易中，买卖双方匿名配对进行股票等金融产品交易，运作不透明，不披露买卖盘价及报价人的身份，也不会披露已执行交易的详情。

③ 关于“高频交易”，尚无权威定义。一般认为，“高频交易”主要有如下几个特征：（1）报撤单速度快，甚至在一秒内完成所有操作；（2）持仓时间短，极少持有隔夜仓；（3）对系统的延时要求较高。高频交易虽具有“高频”的共同特征，但是其交易机制千差万别，其对市场的影响亦有差别。

该等交易采取限制措施。

三是明确金融市场基础设施机构的牌照要求。根据《瑞士FMIA》，中央交易对手（CCP）、中央存托、交易信息库（trading repository）及支付系统等作为金融市场基础设施的经营机构，须具有相应的业务牌照。《瑞士 FMIA》还结合不同基础设施机构的特点，规定了相应的牌照申请的标准和要求。此前，瑞士仅在特定情况下，要求中央交易对手方、中央存托及支付系统等主体遵照瑞士银行法或证券交易法的相关规定，而对于交易存管机构的监管，则一直处于空白状态。

四是明确市场行为规则。《瑞士 FMIA》全面规定了所有市场参与方在进行证券及金融衍生品交易时均应遵守的“市场行为规则”（*market rules of conduct*），其中包括瑞士《证券交易法》中涉及信息披露、公开要约、内幕交易及市场操纵等方面的监管规定以及参照国际标准制定的关于衍生品交易的监管要求。考虑到瑞士绝大部分衍生品交易是与欧盟成员国交易对手进行的跨境交易，因此，《瑞士 FMIA》主要参照欧盟相关监管规定对金融衍生品交易提出监管要求，其中包括中央交易对手集中清算、对交易信息库的报告义务及未清算交易风险缓释措施要求等三项最核心监管要求。但是，与欧盟规定不同的是，《瑞士 FMIA》根据“相称性”原则，参照美国相关监管规定，允许规模较小的交易方豁免适用有关监管要求。

五是统一规范行政协助行为（administrative assistance）。《瑞士FMIA》借鉴有关国际监管标准，将目前分散于金融市场不同监管法规中涉及行政协助行为的规定统一纳入《瑞士金融市场监管法》（*the Financial Market Supervision Act*）中。此外，《瑞士 FMIA》还规定了与国际组织机构加强合作交流的基本原则。

7. 金融稳定理事会《关于非集中清算证券融资交易估值折扣监管框架》

根据2010年二十国集团（G20）首尔峰会提出的关于加强影子银行监管的要求，金融稳定理事会（FSB）专门成立证券融资与回购工作组（WS5），研究制订影子银行监管框架文件。证券融资交易是金融稳定理事会确定的影子银行领域之一，其中，非集中清算的证券融资和回购有关抵押品估值折扣（haircuts）事项因直接涉及资产杠杆率，成为影子银行风险管理关注的重要内容。2013 年 8 月，金融稳定理事会发布了《证券融资与回购领域影子银行风险处置政策框架》（*Policy Framework for Addressing Shadow Banking Risks in Securities Lending and Repos*），提出增加透明度、加强证券融资业务监管以及改善市场结构等建议。2014 年 10 月，金融稳定理事会发布《非集中清算证券融资交易估值折扣监管框架》（*Regulatory Framework for Haircuts on Non - centrally Cleared Securities Financing Transactions*，以下简称《监管框架》），就特定的非集中清算证券融资交易估值折扣事项提出最终监管要求，并对非银行机构之间开展非政府债券担保的证券融资提出监管建议。《监管框架》主要内容概述如下：

（1）核心原则

金融稳定理事会指出，对非集中清算证券融资交易估值折扣事项进行监管，其目标在于降低非银行体系杠杆率，抵御顺周期性影响。《监管框架》包括两个组成部分：一是为市场参与者提供针对抵押品估值折扣的计量方法；二是针对银行以外主体基于非政府债券担保的非集中清算证券融资交易，提供估值折扣最低量化标准。金融稳定理事会要求市场参与者建立适当的内部操作程序，确保其设定的估值折扣符合框架建议的要求。

（2）估值折扣的计量标准

《监管框架》根据抵押品资产属性差异，分别提出基于单一资产的估值折扣标准计量方法和基于证券投资组合的估值折扣辅助计量方法：

一是基于单一资产的估值折扣计量方法。计量该种情形的估值折扣标准，应当基于对抵押资产市场风险的考量；估值折扣应当能够通过较长时期（至少包括一个经济低迷期）的检验，以覆盖清算状态下抵押品价格可能出现的下滑影响，从而获取较高的可信度。如果出现无法获取相应抵押资产价格历史数据或相应数据不可信的情况，可以其他类似形式资产的相应数据为准。除市场风险以外，估值折扣的计量还应当考量其他相关的风险因素，例如大量资产集中清算所带来的风险等。而且，资产形式、发行人资信、价格敏感度、结构复杂性等与抵押物相关的具体特征，以及交易对手的资信和风险敞口等，也应当作为确定估值折扣的考虑因素。

二是基于证券投资组合的估值折扣计量附加指引。金融稳定理事会针对保证金交易中基于证券投资组合的折扣计量也提出了附加指引。类似于基于单一资产的估值折扣计量方法，证券投资组合折扣的计量方法也不宜是顺周期的。金融稳定理事会要求，市场参与者在针对交易对手和证券投资组合设定折扣要求时，应当考虑证券的市场风险、行业及发行人集中度以及清算困难等因素。此外，折扣计量方法应当基于历史和预测数据进行严格的压力测试，市场参与者需就计量折扣制定适当的内部制度流程，监管者还应当测试市场参与者采用计量方法的充足性。

《监管框架》针对估值折扣计量标准提出具体建议：一是监管者应当为市场参与者计算抵押品估值折扣设定量化标准，并在2017年底前根据《监管框架》要求对相关标准进行重新审查；二是巴塞尔委员会等组织应当在2015年底前根据《监管框架》要求，对现有与估值折扣有关的监管要求进行评估。

（3）估值折扣最低指标

金融稳定理事会成员国同意针对以政府债券以外抵押品担保的、向非银行主体提供融资的非集中清算证券融资交易，引入一套估值折扣的最低指标。设定估值折扣最低指标的目的并非提供强制性的指令，市场参与者应当在考量各类风险的基础上，根据具体情况采取适当的估值折扣计量方法（按照前述估值折扣的计量标准），并慎重考虑设定高于最低指标的估值折扣水平。关于估值折扣最低指标，《监管框架》明确了以下事项：

一是关于适用范围。最低指标体系仅适用于非集中清算的证券融资交易，且该融资基于政府债券以外的抵押品。因银行和经纪商已受到充分的资本和流动性监管要求，其不适用该最低指标体系。另外，因政府债券价格波动不具有典型的顺周期性特征，基于政府债券担保的交易也不适用该指标体系。

二是关于估值折扣最低指标具体要求。在征求各方意见基础上，金融稳定理事会根据有关压力测试、历史价格数据等对指标作了校准，并将剩余期限超过10年的证券估值折扣纳入体系。相关估值折扣最低指标具体要求如表4-1所示：

表4-1　　证券与现金交易估值折扣最低标准

抵押品剩余期限	估值折扣水平	
	企业和其他发行人	证券化产品
1年内（含）债券和浮动利率债券	0.5%	1%
1年（不含）到5年（含）债券	1.5%	4%
5年（不含）至10年（含）债券	3%	6%
10年（不含）以上债券	4%	7%
股市主要指数	6%	
监管框架内其他资产	10%	

三是关于现金担保的融券交易。估值折扣最低指标体系不适用于以下融券交易：融券期限较长，并且融出方将现金再投资于同期限或较短期限证券，此种交易不至于产生期限或流动性错配风险；融券期限较短，融出方将保证金投资于某种受到充分监管（另有具体要求）的再投资基金或账户。

四是关于“抵押品升级”（collateral upgrade）交易。该类交易是指以估值折扣要求（根据前述最低指标要求）较高的证券作为抵押，融入估值折扣要求较低的证券。根据《监管框架》，“抵押品升级”交易或者以证券做抵押的其他融券交易，不适用估值折扣最低要求。

五是估值折扣最低指标的实施方案。第一，基于主体进行监管，是指针对银行及其他进行证券融资交易的投资者提出监管要求；第二，基于产品进行监管，是指针对向非银行主体提供证券融资的行为提出监管要求；第三，综合采用上述两种方式，是指在监管上兼采上述两种方案。对于银行—非银行之间的交易，金融稳定理事会要求巴塞尔委员会在2015年底前对巴塞尔协议Ⅲ作适当修订，将最低折扣指标要求纳入巴塞尔协议Ⅲ框架下的证券融资交易资本要求。此后，各国监管部门应当适用修订后的巴塞尔协议Ⅲ标准，或要求参与证券融资交易的银行遵循高于最低折扣指标。为充分覆盖影子银行体系，金融稳定理事会建议估值折扣最低指标亦应适用于非银行－非银行之间的交易。

六是关于监督程序。因各国实施估值折扣最低指标的方式可能有所不同，金融稳定理事会高度关注市场参与者规避上述要求的可能性，并希望该最低指标体系能够得到全球较为统一的实施。为此，金融稳定理事会将与相关国际标准组织展开合作，建立一套各国监管者参与的监督框架，及时获取证券融资交易的趋势和风险信息。金融稳定理事会还将对该套监督框架进行重新评估，并根据情况作出适当调整。

（二）银行公司治理

1. 金融稳定理事会《关于金融机构风险文化监管指引》

2008 年爆发的国际金融危机，暴露了一些金融机构风险文化管理薄弱等问题，这也成为有关金融机构合规风险事件频发的重要原因之一。为此，金融稳定理事会（FSB）根据其于 2010 年 11 月发布的《关于降低系统重要性金融机构道德风险政策框架》[①] 规定的有关原则及建议，于 2014 年 4 月 7 日发布《关于金融机构风险文化监管指引》（以下简称《风险文化监管指引》）[②]，对加强系统重要性金融机构（SIFIs）风险文化监管提出若干要求，进一步强化对系统重要性金融机构的有效监管。《风险文化监管指引》有关内容概述如下：

（1）风险文化（risk culture）的定义

由于无法对“风险文化”作出统一定义，《风险文化监管指

---

① *Reducing the Moral Hazard Posed by Systemically Important Financial Institutions.* 可参见网站：http：//www. financialstabilityboard. org/publications/r _ 101111a. pdf。该框架政策经二十国集团批准，其中要求对可能造成系统性风险的金融机构采取更强有力的监管措施。

② *The Guidance on Supervisory Interaction with Financial Institutions on Risk Culture*, http：//www. financialstabilityboard. org/publications/140407. pdf.

引》仅转引了国际金融学院（International Institute of Finance）对“风险文化”所作的界定，即“规范并约束组织内个人或团体，用以识别、理解、公开讨论并管理该机构当前或未来所面临风险的行为准则之总称”，但无论如何界定，“风险文化”均应涉及金融机构在风险认知、风险承担及风险管理等方面的行为规范及价值取向。构建稳健的风险文化，可促进金融机构有效管理风险，及时识别、评估并处理不符合其风险偏好的风险行为。

（2）稳健风险文化的基本要素

尽管各金融机构均有自己独特的风险文化，同一机构内部还可能存在不同的亚文化，但稳健的风险文化一般应具有以下基本要素：

一是风险治理（risk governance）。金融机构应明确董事会、首席风险官及风险管理部门的职责，应对风险管理、合规部门及内部审计等部门提供必要的资源、权力以及直接向董事会报告的路径，确保有关部门的独立性。金融机构还应建立有关机制，对风险治理架构进行独立评估。

二是风险偏好（risk appetite）。金融机构应根据自身情况，制定风险偏好管理制度框架，并明确董事会及高级管理层在制定实施风险偏好战略及相关管理制度中须承担的职责。稳健的风险文化，是金融机构顺利执行有关风险偏好战略及管理制度的重要保障。

三是薪酬机制。建立有效的薪酬管理制度，使薪酬机制与金融机构风险承担机制相匹配，加强监管约束，并尊重利益相关者的关切。员工薪酬机制应考虑员工参与金融机构经营活动所承担风险的大小，以及员工对风险管理、合规及其他重要管理制度的遵守情况，既要考虑已确认发生的风险，也要考虑预期风险。与薪酬相关的其他激励机制（如任职考核、晋升等）应当透明公开，确保公平。

（3）风险文化的主要指标

虽然评估风险文化是否健全的工作难度相当大，但健全的风险文化一般应涵盖以下内容：

一是强调金融机构董事会及高级管理层在构建风险文化中的核

心作用。董事会及高级管理层应制定风险文化建设的相关制度和流程，包括风险管理框架、人力资源、薪酬制度、员工培训及监督机制等，并率先垂范，为由上至下贯彻落实有关制度营造良好氛围，并提供制度规范和保障。

二是确保各层级职员能准确理解、接受并践行金融机构的核心价值，落实责任到位，确保每位员工能认识到违反所在机构的核心价值、风险偏好或风险文化可能产生的后果（如影响其升迁或甚至被解除劳动关系等），并对该后果承担责任。建立有效的问题反映或举报机制，对违法违规行为或产品服务中存在的问题，及时向上反映，完善举报人保护制度，消除后顾之忧。

三是确保言路通畅，沟通有效。集思广益，开诚布公，尊重并鼓励对现行做法提出意见或建议，完善科学民主决策程序。应确保风险管理、审计及合规等风控部门的地位及其独立性，应建立有关机制和路径，确保风控部门能直接向董事会及高级管理层汇报。

四是要建立完善与金融机构风险管理目标匹配的绩效考核、接班人计划（succession planning）[①] 和人才培养机制（talent development），要重视物质和非物质激励在实践核心价值观，构建风险文化中的积极作用。关于绩效考核，《风险文化监管指引》强调要与遵守金融机构内部规章制度情况挂钩，并应考虑公平对待消费者、与内控管理部门及监管机构合作、遵守风险限额规定等因素。关于接班人计划，《风险文化监管指引》指出，接班人计划方案中要看重后备人才的风险管理经历，而不能仅考察其赚取收益等方面的业绩，例如，曾担任首席风险官、首席合规官或首席审计官等相关职务的人员，可以列入后备人才名单作为包括 CEO 在内的管理层重要职位的人选。关于人才培养机制，《风险文化监管指引》指出，要加强员工培训，提升员工对重大风险、风险管理关键内容的认识，并强调业务部门与风险管理部门人员的定期交流任职，有助于风控人员了解业务，也有助于业务人员理解业务风险问题。

---

① 接班人计划，又称“管理继承人计划”，是指公司确定和持续跟踪关键岗位的后备人才，并对这些后备人才进行开发培养的过程，对公司的持续发展具有重要意义。

2. 巴塞尔委员会拟再次修订《银行公司治理准则》

2014年10月10日，巴塞尔委员会发布《银行公司治理准则（征求意见稿）》（以下简称《征求意见稿》），拟对2010年10月修订的《加强银行公司治理原则》[①]（以下简称《公司治理原则（2010年版）》进行再次修订。有关情况概述如下：

（1）《征求意见稿》的出台背景

巴塞尔委员会最早于1999年发布关于加强银行公司治理的指引文件，并先后于2006年和2010年作了两次修订。上一次修订的《公司治理原则（2010年版）》主要涉及董事会及董事行为、高级管理层、风险管理与内部控制、薪酬、公司结构、披露与透明度等六大方面，共概括总结了十四项原则，其基本逻辑是：由董事会总体负责包括风险策略在内的银行战略目标、薪酬制度和企业风险管理文化价值等，高级管理层在董事会监督下执行董事会决策，建立具体风险管理与内控体系。

《公司治理原则（2010年版）》颁布后，银行公司治理的监管与实践均发生了较大变化，特别是近三年来，国际社会加强了对系统重要性银行机构的监管，有关监管部门对银行风险管理提出了诸多新要求，金融稳定理事会等国际组织对改进银行公司治理也提出一些建设性意见[②]。在此背景下，巴塞尔委员会启动了对《公司治理原则（2010年版）》的修订工作。

巴塞尔委员会再次强调有效公司治理对银行稳健经营的重要作用，虽然不存在放之四海而皆准的公司治理模式，但是，通过完善公司治理基本框架，既可以改进银行监管、银行风险管理及决策的透明度和有效性，也可以提升社会公众对银行体系的信心，促进金融系统的稳定与安全。

---

① *Principles for Enhancing Corporate Governance - Final Document*，参见http：//www.bis.org/publ/bcbs176.pdf。

② 例如，在2013年2月发布的《风险管理专项评估报告》（*Thematic Review on Risk Governance*）中，金融稳定理事会建议各成员国加强对金融机构特别是系统重要性金融机构（SIFIs）风险管理方面的监管。如前文所述，金融稳定理事会还于2014年4月颁布《关于金融机构风险文化监管指引》，对银行机构风险文化监管提出若干要求。

（2）《征求意见稿》修订的主要内容

一是体例调整。《征求意见稿》列示的银行公司治理准则共13项，其中《公司治理原则（2010年版）》中涉及银行集团架构的原则（原则4、原则13及原则14）被合并为“集团架构治理”（原则5），将“内部控制”（原则7）调整为“风险识别、监测与控制”（原则7），将涉及薪酬的内容（原则10与原则11）合并为一项原则（原则11），并将《公司治理原则（2010年版）》未作为单项原则的“监管部门职责”相关内容单列为一项原则（即原则14“监管部门职责”）。

二是细化并加强董事会在银行风险管理体系中的审批监督职责。与《公司治理原则（2010年版）》相比，补充细化了董事会的相关职责，主要包括：①董事会应当构建银行公司风险文化与核心价值的基本内涵和基调（tone at the top），应当对董事会自身、高级管理层及银行雇员宣传公司风险文化，将公司风险文化贯穿于业务经营及风险管理的各层面，确保银行依法合规经营发展；②制定全集团风险偏好（risk appetite）及风险限额管理制度，并对制度实施情况进行监督；③负责审批银行资本充足管理、流动性管理、合规管理及内控管理体系等相关制度流程；④负责对银行高级管理人员的遴选，并对其履职进行监督；⑤单独设立风险委员会（risk committee），对全行风险管理事宜进行讨论审议，并为董事会决策提供咨询；风险委员会主席不得在其他专门委员会兼任主席职务，其成员应当具有较为丰富的风险管理经验；⑥设立薪酬委员会，改善银行薪酬激励机制，确保银行薪酬机制符合银行风险文化及风险偏好管理制度要求；等等。

三是强化银行风险治理（risk governance）框架要求。银行要构建稳健的风险管理文化，确保银行有效管理风险。为有效识别和管理风险，银行应建立三道风险防线：业务条线部门作为第一道风险防线，是风险的实际承担者，应对其业务中的潜在风险进行识别与管理；第二道防线主要包括风险管理部门及合规部门等，其中风险管理部门负责对银行层面各项风险作进一步识别、计量、监测和汇报，合规部门作为独立的风险管理部门，也是第二道防线的重要组成部分，负责对银行遵守法律法规、监管规定、公司治理制度、相关准则等情况进行持续监督；第三道防线则由独立于第一道和第二道防线相关部门的银行内部审计部门担当，内部审计部门应负责对银行总体风险状况、风险治理框架的有效性及相关制度流程的落实情况等进行审计，并向董事会负责。

四是强调董事会及各董事的履职要求。除了对董事会成员的任职能力提出明确要求外，还强调各董事会成员的勤勉尽职义务及忠实义务，董事应为其履职行为投入足够精力，并应熟悉银行有关情况。

五是加强对银行监管部门的指导。《征求意见稿》从银行公司治理监管目标、公司治理全面评估、如何与银行董事会及高级管理层定期沟通、如何加强整改等监管手段以及如何完善监管部门之间的监管合作与信息共享等方面对监管部门提出了若干指导性要求，特别是要求监管部门对银行董事会成员及高级管理层人选的遴选标准及程序进行评估，获取有关人选的资质和专业履职能力相关信息，并对董事会及高级管理层的适当性（包括整体适当性和个别人员的适当性）给予持续关注。

六是明确银行薪酬激励机制在银行公司治理中的核心地位。巴塞尔委员会吸收了金融稳定理事会《关于稳健薪酬实践若干原则》[①] 的有关要求，要求银行建立与其风险管理框架、长期经营目标、风险承受能力及风险文化相匹配的薪酬激励机制。高级管理层的薪酬机制须由董事会审批；大型银行的董事会应当设置薪酬委员会，对银行薪酬激励制度进行独立判断；要确保风险管理、合规及其他内控部门员工薪酬机制的独立性，不得与业务部门绩效挂钩；合理的薪酬机制还要避免与银行短期利益和部门利益挂钩，防范利益冲突，要通过定性和定量指标合理考虑未来潜在风险对现时薪酬的影响；采用薪酬延期支付，或明确“薪酬扣减”（“malus/forfeiture” provision）或“薪酬追回”（“clawback” provision）约定，在

① *FSF Principles for Sound Compensation Practices.* 该原则由金融稳定理事会前身“金融稳定论坛”（FSF）于 2009 年颁布。http://www.financialstabilityboard.org/publications/r_0904b.pdf.

特定事件或风险发生时，可扣减未支付的薪酬，已支付的，要求退回，并应避免使用“高额聘用金”（golden hellos）、“黄金降落伞”（golden parachutes）等不考虑受薪人履职状况的薪酬支付方式。

3. 巴塞尔委员会正式发布《银行外部审计监管指引》

为提升银行外部审计质量，增强市场对于银行财务报表外部审计的信心，强化外部审计维护金融稳定的重要作用，2014 年 3 月 31 日，巴塞尔委员会发布《银行外部审计监管指引》①，对其于 2002 年发布的《银行监管机构与银行外部审计师之间的关系》② 及 2008 年发布的《外部审计质量及银行监管》③ 进行修订。《银行外部审计监管指引》在总结近十年来银行外部审计实践及监管经验的基础上，进一步细化银行外部审计的监管要求，确立了银行审计委员会负责监督外部审计以及监管部门应加强与外部审计师合作等指导原则。其主要内容概述如下：

（1）银行审计委员会与外部审计师的关系

银行审计委员会负责银行审计监督，并对外部审计的有效性进行评估，要求银行高管层对外部审计结果及建议提出意见或看法，并对其中存在的问题采取必要的纠正性措施。

银行审计委员会通过科学合理的程序，对外部审计师的聘任、续聘、任免以及酬金等事宜作出决议。

为保证外部审计师的独立性和有效性，审计委员会应对外部审计师进行监测和评估，如对外部审计师聘期的合理性及聘期上限、外部审计范围、方式、标准及等事项进行评估，了解审计师及事务所各项工作，确保审计人员具备足够的知识、能力及专业素质，并遵照国际通行审计标准及法律法规开展审计。

审计委员会应与外部审计师进行有效沟通，以履行其监督职

---

① *External Audits of Banks.* 可参见：http：//www. bis. org/publ/bcbs280. pdf。

② *The Relationship Between Banking Supervisors and Banks' External Auditors.* 可参见 http：//www. bis. org/publ/bcbs87. pdf。

③ *External Audit Quality and Banking Supervision.* 可参见 http：//www. bis. org/publ/bcbs146. pdf。

责，并提高审计质量。在遵循提高审计质量及确保利益回避的原则下，审计委员会应考虑邀请外部审计师参加其会议，也应协助外部审计师得以参加任何其他委员会的会议。审计委员会应就任何涉及控制资本及披露义务的法定审计事项、审计中发现的敏感问题（尤其是与财务报告有关）等与外部审计师进行充分交流和讨论。

应明确外部审计师的报告义务。为充分履行审计职责，外部审计师应就审计工作向审计委员会作书面报告。必要时，外部审计师还可根据国际通行审计准则要求决定是否将报告中涉及的敏感、重大事项呈交董事会。

（2）银行监管部门与外部审计师之间的关系

银行监管部门人员应与外部审计师建立有效关系，其中应包括建立畅通的沟通渠道，就相关问题交换信息，以履行其各自的法定职责。在开展财务报告审计时，审计师依照国际审计准则有权就重大敏感事项与监管部门进行沟通。

外部审计师如在审计中发现可能对监管部门履行监管职能产生重大影响的事件，有义务直接向监管部门报告。外部审计师履行上述报告义务，不构成对其保密义务及职责的违反。

银行监管机构、会计师事务所及会计行业应作为一个整体就主要风险及系统性事件进行公开、定期及常规性的沟通，并就恰当的会计方法及审计问题持续性地交换意见。

（3）银行监管部门与审计监管部门的关系

银行监管部门与审计监管部门之间应定期交流，共同解决银行监管方面的相关问题。双方间交流信息可以是个别审计领域，如贷款损失准备金等银行监管方面的监管动态，也可以是审计行业关于银行内部控制或风险管理流程方面的最新研究或观点，以及任何其他双方认为涉及银行监管方面的观点和措施等。

（4）对外部审计师的监管要求

一是知识及能力。针对复杂而种类繁多的银行业务及经营活动，外部审计师应具备充足的银行业务知识及能力，能够对错误审计将会导致的严重后果有正确的判断和足够的认知，并能够对任何针对审计报告提出的常规性咨询作出正确的回应。

二是审计的客观性及独立性。外部审计师应在实质上及形式上均保持与银行关系的客观性与独立性。客观性是外部审计师最基本的职业道德，也是决定审计质量的关键因素，它要求外部审计师不受利益冲突影响作出判断，并从实质和形式上均做到足够客观。独立性则要求审计师与任何一个理性第三者看来会有损其客观性的有酬工作及关系保持独立。

三是专业的怀疑态度。外部审计师应充分考虑银行审计工作所具有的特殊挑战，秉持专业的怀疑态度银行审计。由于外部审计师评估报告的敏感性和重要性，对数据、证据，尤其是支持结论的有限客观证据，保持专业的怀疑态度是非常必要的。专业的怀疑态度在以下审计领域尤为重要：涉及重大投资、经营的评估和判断；涉及重大不可逆、异乎寻常的资产转让；涉及因内部控制缺陷导致的持续性虚假或错误；等等。

四是质量控制。银行审计工作应当遵循审计师事务所内部制订的质量控制审查规程。

（5）对银行审计报告的监管要求

银行外部审计师在考察一家银行经营活动的复杂程度及内部控制机制的有效性后，应准确甄别和评估银行财务报表中的重大错误陈述中蕴涵的风险，进一步识别该等风险可能存在的领域，并给予专业的会计考量和关注，必要时，应与主管人员进行沟通讨论。

（三）银行风险管理

1. 美国货币监理署（OCC）《关于提升大型银行风险管理指引》

2014年9月2日，美国货币监理署（OCC）发布《关于提升大型银行风险管理指引》（以下简称《大型银行风险管理指引》）①，对受其监管并纳入联邦存款保险体系的大型银行提出若干强化银行风险管理及公司治理的监管要求。主要内容概述如下：

① *OCC Guidelines Establishing Heightened Standards for Certain Large Insured National Banks, Insured Federal Savings Associations, and Insured Federal Branches*, http://www.occ.treas.gov/news-issuances/news-releases/2014/nr-occ-2014-117.html.

（1）适用对象。根据《大型银行风险管理指引》，最近四个季度并表资产总额在500亿美元以上（含）的美国国民银行（National Banks）、联邦储蓄机构（Federal Savings Associations）及外国银行分行（federal branches of foreign banks）均应遵守该指引，资产总额不足500亿美元但其控股母公司控制的机构符合前述条件的银行机构，亦应适用该指引。

（2）风险管理架构监管要求。《大型银行风险管理指引》要求银行机构建立健全风险管理架构（risk governance framework），有效管理和控制相关风险。

第一，关于风险管理架构基本内容。银行风险管理架构应由独立的风险管理部门拟定并经银行董事会风险管理委员会审批；风险管理架构应涵盖银行主要经营风险的管理要求，包括信用风险、利率风险、流动性风险、价格风险、操作风险、合规风险、战略风险及声誉风险等，制定风险管理战略、风险偏好、风险限额及风险集中度管理、风险数据集合与报告、人力培训及薪酬与履职评价管理等制度政策；为履职需要，董事会应当授予风险管理委员会及有关高级管理人员必要权限，并对重要业务经营活动设定风险限额；风险管理部门应当具有独立性，应至少每年对风险管理架构运行情况进行评估，并根据银行经营及内外部风险因素变化情况，对风险管理架构进行完善。

第二，关于银行风险管理的三道防线。要建立由前台业务部门[①]、风险管理部门及内部审计部门组成的各自独立、各司其责的风险管理三道防线。前台业务部门作为风险管理第一道防线，应对业务经营中所涉风险进行适当评估和有效管理，并对银行CEO及董事会负责。风险管理部门作为第二道防线，应独立于前台业务部门，负责识别、计量、监测并控制银行总体风险。为确保其独立性，风险管理部门享有独立的向董事会报告的路径，风险管理负责人的薪酬及人事任免等应由董事会或其专门委员会审议，分管前台

① 根据《大型银行风险管理指引》，前台业务部门包括从事业务经营的利润创收部门、为业务经营提供操作运营及信息科技支持服务的部门，但不包括为上述部门提供法律支持的银行法律事务部门。

业务部门的高级管理人员不得同时分管风险管理部门。内部审计部门是银行风险管理的第三道防线，负责监督银行风险管理框架是否与监管要求一致，是否与银行规模、业务复杂性及风险状况相符合等。内部审计部门应独立于前台业务部门和风险管理部门，为此，应确立内部审计部门的独立报告路径，内部审计章程或审计方案、内部审计负责人的薪酬及人事任免等均应由董事会审计委员会审议或决定，分管前台业务部门的高级管理人员不得同时分管内部审计部门。

（3）董事会及董事最低履职标准。一是银行董事应当谨慎、勤勉履行职责，确保银行经营行为符合监管要求以及《大型银行风险管理指引》所规定的最低标准。二是银行董事应认真监督银行风险管理框架的落实情况。董事的知情权、质询权及独立决策权应切实得到保障，对于违反或超越风险管理框架规定或限额的议案或建议，董事会有权予以否决。风险管理部门及内部审计部门应及时准确报告银行经营中存在的问题，为董事会科学决策提供依据。三是独立董事的地位应予保障。符合银行上市地上市规则要求的独立董事不得少于2人（其他监管规定有更高标准的，则应适用更高标准）。下列人士不得担任独立董事：①本行或本行母公司现任职员；最近3年曾在本行或本行母公司任职的人员；②符合有关监管规定的本行或本行母公司高级管理人员的近亲属。四是银行应组织董事进行培训。制定实施董事培训方案，培训内容应重点包括以下内容：①复杂银行产品、服务、业务条线以及对银行有重大影响的风险问题等；②有关法律法规、上市地监管要求等银行应适用的相关规定；③董事会认为必要的其他内容。五是董事会履职评价。银行董事会每年应对其履职的有效性等问题进行自我评价。

（4）生效实施规定。《大型银行风险管理指引》根据适用对象的资产规模分别设定了生效实施时间：并表资产规模超过7 500亿美元的银行机构，应在指引正式发布生效之日起执行指引相关规定；并表资产规模在1 000亿美元至7 500亿美元之间的银行机构，则应在指引生效后6个月内执行指引规定；并表资产规模在500亿美元至1 000亿美元之间的银行机构，则可在指引生效后18个月内执行指引规定；日后其他银行机构若符合指引适用条件的，则应自该银行机构向监管部门报告之日起18个月内执行指引规定。

2. 印度储备银行《银行内部交易风险管理指引》

2014年2月，印度储备银行（RBI）发布《银行内部交易风险管理指引》[①]，要求银行集团从以下几方面入手，加强集团内部交易风险管理：

（1）实施并表管理政策和风险全面监控。有关管理政策与监控措施应经董事会批准。并表管理政策应当以有效的系统流程识别机制和风险集中度评估报告为基础。制定相关的框架政策时，董事会必须保持独立判断，评估内部交易活动可能给银行集团带来的风险，并确保有关措施能准确反映银行集团各成员的风险敞口情况。

（2）每年审查内部交易风险管理政策的适当性。定期的系统性检查报告，可以确保董事会全面了解银行集团能够承担的风险限度。系统性检查报告应注意以下问题：一是相对于集团外第三方交易，内部交易风险暴露管理措施是否足够严格；二是内部交易的交易条件是否公允；三是解决内部交易利益冲突的程序是否完备；四是内部交易定价政策是否具有合理的透明度等。银行的内部审计部门和外部审计师应在定期检查和报告中，对内部交易的公平性、资产转移情况、利益输送和违规事件作出认定。

（3）妥善管理集团内部的流动性风险。银行应该分析集团内部各实体的流动性头寸，并判断集团成员的流动性头寸可能给银行自身流动性带来的影响。一个实体面临流动性危机时，流动性风险会通过财务活动直接蔓延至集团其他成员。银行应考虑集团成员适用的法律法规和监管规则针对流动性的限制性规定，在集团内部建立防范流动性风险蔓延的机制，缓解集团各实体面临的流动性压力。

（4）规范交叉销售行为。银行在集团内部交叉销售产品时，应确保在相关营销资料和法律文件的显著位置明确披露产品的实际提供方，告知客户有关的集团成员在金融服务活动中各自的角色和职

① Guidelines on Management of Intra – Group Transactions and Exposures.

责。银行不应利用交叉销售进行捆绑销售。同时，在集团内部交叉销售活动中，银行应严格遵守客户身份识别、反洗钱和反恐怖融资的有关法律和监管规定。此外，银行应防止营销人员对客户进行不正当的交叉销售。

（5）在集团内部共享有关服务。银行可通过内部服务协议和有关安排实现有关专业服务在集团成员间共享。集团成员可以共享法律、审计、软硬件程序设计、后台集中处理等专业服务资源。共享服务时，银行应注意以下问题：一是保持服务有序，避免客户端出现混乱；二是不影响各独立实体自身的稳定和安全；三是不能对监管检查构成限制或妨碍；四是共享服务需遵守交叉销售、营销宣传等方面的监管要求。

（6）做好财务报表的信息披露工作。银行应在其财务报表及附注中披露内部风险敞口总额、排名前20位的内部风险暴露总额、内部风险暴露占银行总体风险暴露的比重、违反内部风险暴露限制措施的情况以及相应的监管行为。同时，银行应及时向监管机关提交内部风险管理情况的报告，包括向监管机关提供集团成员违反有关限制措施或超过有关内部风险管控限额的交易情况。

（四）银行业务监管

1. 欧盟《关于住房抵押贷款合同指令》

为规范欧盟区域内住房抵押贷款市场①，强化对消费者合法权益的保护，欧洲议会和欧盟理事会于2014年2月4日发布《关于住房抵押贷款合同指令》（以下简称《欧盟住房贷款合同指令》）②。《欧盟住房贷款合同指令》适用于欧盟区域内的住房按揭贷款及其

① 在欧洲，消费者为购买大件物品，通常通过房产抵押方式向银行等贷款机构申请融资。但是，许多消费者将房产抵押给贷款机构时，并未完全意识到可能产生的风险。当经济危机爆发时，消费者可能难以按约履行还款义务，最终导致房产被贷款机构处置变卖。

② *Directive* 2014/17/*EU of the European Parliament and of the Council of* 4 *February* 2014 *on Credit Agreements for Consumers Relating to Residential Immovable Property and Amending Directives* 2008/48/*EC and* 2013/36/*EU and Regulation*（*EU*）*No.* 1093/2010。可参见：http：//eur - lex. europa. eu/legal - content/EN/TXT/PDF/？ uri = CELEX：32014L0017&from = EN。

他住房抵押贷款。各成员国应在2016年3月前将指令相关规定转化为国内法。有关内容概述如下：

（1）关于消费者的界定

《欧盟住房贷款合同指令》沿用2008年《欧盟消费者信贷指令》[①] 第三条关于消费者的界定，即消费者是指本指令所规范的交易中的自然人，但旨在追求其贸易（trade）、商业（business）或职业（profession）目的的除外。该界定强调了消费者的自然人属性及消费行为的特定目的。

（2）基本要求

《欧盟住房贷款合同指令》对各成员国国内法提出以下基本要求：一是对住房按揭贷款的广告营销设定相关监管要求，如禁止在广告中使用误导性语言或表述，以免对消费者预期产生不利影响；二是指定专门监管机构对贷款机构及贷款服务中介机构[②]进行有效监管；三是明确规定有关抵押贷款服务中介机构审批注册的原则，并在欧盟成员国内对该等住房抵押贷款服务中介机构适用“单一护照”制度，即只要住房抵押贷款服务中介机构在任一欧盟成员国获批设立，该中介机构即可在欧盟其他成员国内开展业务；四是遵照非歧视原则，确保所有贷款机构均可使用贷款信息数据库（包括公共信息数据库和私营信息数据库），便于贷款机构评估借款人的信用状况及贷款机构进行贷后管理；五是要求建立有效的非诉讼争议解决机制，及时处理消费者投诉，为消费者提供救济。

（3）对贷款机构（包括住房贷款服务中介机构）的特别要求

一是公开披露“先合同信息”。贷款机构在宣传推介住房贷款产品时，应公开贷款相关信息及贷款合同的主要条款（统称“先合同信息”），这些条款主要包括：贷款机构地址及联系方式等基本信息、贷款用途、贷款利率（固定利率、浮动利率还是二者的组合）、

---

① *Directive* 2008/48/*EC of the European Parliament and of the Council of* 23 *April* 2008 *on Credit Agreements for Consumers and Repealing Council Directive* 87/102/*EEC*。可参见：http：//eur－lex. europa. eu/legal－content/EN/TXT/PDF/？ uri＝CELEX：32008L0048&from＝EN。

② 即为申请住房抵押贷款的消费者提供信息咨询和帮助的中介机构，也包括作为贷款机构的代理人，与借款人订立住房抵押合同的中介机构。

贷款期限、担保方式、分期还款额、还款总额、其他借款成本、还款方式、能否提前还款以及（如可提前还款）具体条件、浮动利率导致还款金额发生变化的风险提示、担保物是否需要评估以及（如需评估）具体评估机构等，并确保该等信息资料可随时获取。为便于消费者理解，贷款机构提供上述信息时，应向消费者举例说明。

二是向消费者提供个性化的信息。贷款机构应通过“贷款信息简表”（*European Standardised Information Sheet*，ESIS）等形式，向消费者提供贷款产品的个性化信息，便于消费者比较不同贷款机构提供的贷款产品（或条件），并评估贷款影响，进而决定是否申请贷款。当消费者向贷款机构提出贷款需求并提供收入证明等信息材料时，贷款机构应予回应。贷款机构应至少给予消费者七天时间作为合同犹豫期（合同签署前）或合同撤销权行使期限（合同签署后），使消费者有充足时间对不同贷款机构的贷款产品（或条件）进行比较，便于消费者作出理性决策。

三是贷款机构的告知及说明义务。贷款机构在与贷款申请人订立贷款合同前，应根据申请人的认知能力及经验程度，充分告知并说明拟签贷款合同内容，包括贷款合同中的通常条款及个性化条款、合同效力及借款人如违约应承担的法律后果等。如果借款利率、其他借款成本与资产证券化以及其他长期资金工具相关，贷款机构应向消费者说明借款利率和借款成本可能与贷款要约中说明的情况不同。贷款机构履行上述义务，不应构成贷款机构对贷款申请人的任何建议。另外，贷款机构如向消费者提供信息咨询服务，应明确告知消费者，其所提供咨询服务独立于贷款服务，并可在透明的前提下单独收取服务费用。

四是对贷款申请人的尽职调查及还款能力评估。贷款机构在与贷款申请人签订借款合同前，应依据申请人提供的资料以及贷款机构所作的尽职调查，对申请人的还款能力进行持续评估。贷款机构不应过分依赖抵押物的评估价值或预期价值，对申请人的评估应考虑消费者的收入与支出等情况。对未满足贷款条件的申请人，贷款机构有权拒绝批贷，但应及时通知申请人。

五是对外币贷款的特别规定。借款人有权在特定情形下转换贷款币种，除非借款合同另有约定，贷款机构应根据转换当日市场汇率价格确定转换汇率。贷款机构应采取有效措施降低消费者可能面临的汇率变动风险。例如，贷款机构应书面告知消费者，在外币贷款中，消费者未清偿余额可能因为汇率变动存在20%以上的波动，并有可能会增加还贷成本，在此情况下，消费者可以选择转换贷款币种。

六是严格禁止住房贷款中的捆绑销售（tying practice），但符合借款人利益的组合销售（bundling practice）在许可范围之内[①]。禁止贷款机构在与消费者签订贷款合同时，以消费者必须购买指定金融产品为前提，损害消费者利益。但贷款机构可以为消费者利益之需要进行下列组合销售行为：①为贷款申请人（借款人）申请贷款、还款及贷款担保增信（增加还款来源）之需，要求贷款申请人（借款人）或其近亲属开立银行账户、购买理财或养老金等产品；②销售的产品或服务[②]虽不能单独购买，但其价格优于市场同类产品或服务且符合消费者利益，不构成捆绑销售；③住房贷款可搭售保险产品，但消费者应有权选择非贷款机构指定保险公司（但该保险公司亦应符合贷款机构确定的相关标准）的保险产品。

七是要求住房抵押贷款服务中介机构披露其身份、法律属性及其与贷款机构之关系等必要信息，并解决其中介服务可能存在的利益冲突问题。

（4）关于消费者（借款人）权利义务的特别规定

除应充分保障消费者的知情权和选择权外，《欧盟住房贷款合同指令》还对消费者的权利义务做了以下特别规定：

一是消费者（申请人）提供资料和信息的义务。消费者在申请贷款时，应根据贷款机构的要求，向贷款机构完整准确地提供贷款

① 根据《欧盟住房贷款合同指令》的定义，“捆绑销售”是指以购买其他产品或服务作为住房贷款合同签署之前提的销售方式，“组合销售”则是指贷款机构依托住房贷款合同销售其他服务或产品，但该贷款申请人即使不购买该等其他产品，也不会对住房贷款的审批造成影响。

② 仅适用于2014年3月20日之后销售的产品或服务。

申请所必需的相关资料或信息（包括个人财务状况及与贷款相关的其他信息资料等），必要时，应由独立第三方机构对该等资料信息进行验证确认，确保贷款机构对申请人的还款能力进行准确评估。如申请人在规定的期限内无法提供或拒绝提供所需资料或信息，贷款机构有权拒绝贷款申请。

二是借款人提前还款的权利及其适用条件。在住房抵押贷款合同到期之前，借款人享有法定或合同约定的提前还款权利。借款人提前还款后，借款人对于贷款合同剩余期限内须偿付的贷款本金、利息及相关费用均应相应调减。但借款人行使提前还款权，还须满足相应条件[①]，如：明确行使提前还款权利的时间限制，根据不同贷款利率条件差别对待，在特定情况下，不能行使提前还款权利等等。与此同时，如借款人行使提前还款权利，贷款机构亦有权本着公平、客观公正原则向借款人收取提前还款补偿金。

（5）消费者教育

欧盟成员国应采取有效措施加强消费者教育，尤其是在负责任借贷（responsible borrowing）和债务管理（debt management）方面。贷款机构应向消费者（特别是首次申请住房贷款的消费者）披露贷款授信流程。消费者权益保护组织以及成员国有关机构亦应向消费者提供住房抵押贷款方面的指导。

2. 欧盟《支付账户服务监管指令》

为促进金融服务市场有序竞争，提升零售金融服务水平，保护金融消费者的合法权益，2014 年 7 月 23 日，欧盟委员会通过了《支付账户服务监管指令》[②]，明确了欧盟成员国在支付账户开立与使用、支付账户收费、支付账户转换方面的具体要求。其主要内容如下：

---

① 根据《欧盟住房贷款合同指令》，欧盟各成员国可自行设定借款人提前还款需满足的条件，但所设条件不应给消费者行使提前还款权利带来特别负担或障碍。

② *Directive* 2014/92/*EU of the European Parliament and of the Council of* 23 *July* 2014 *on the Comparability of Fees Related to Payment Accounts*, *Payment Account Switching and Access to Payment Accounts with Basic Features*，可参见：http：//ec. europa. eu/internal _ market/finservices - retail/inclusion/index _ en. htm。

（1）支付账户的开立与使用规则

支付账户是应用最广泛的零售金融服务之一，是金融消费者存放工资、社会福利、购物及付账等日常生活不可或缺的工具。但是，由于欧盟区域内支付账户监管不一致，开立账户存在歧视性规定或对基本支付服务设定不当限制，相关服务费用过高以及消费者对金融体系缺乏信任等原因，欧盟区域内仍有 5 800 万超过 15 岁的消费者未开立任何支付账户，大约 2 500 万消费者尚未开立任何银行账户，其中 10% 的客户拒绝开立账户；仅有 3% 的欧盟消费者跨境开立过支付账户。为鼓励欧盟消费者参与支付账户服务，《支付账户服务监管指令》规定了支付账户开立和使用规则。

一是拓宽账户开立的主体范围。《支付账户服务监管指令》规定，在欧盟内居住的客户，不受其国籍、居住地等限制，均有权在任何欧盟支付机构开立一个支付账户。除客户利用金融服务从事洗钱、恐怖融资或者妨碍犯罪调查等非法活动外，欧盟内的成员国不得拒绝这些客户相关业务办理需求。此外，成员国不得以客户财政状况（就业情况、收入水平、信用状况和个人破产）不符合要求为由，拒绝为客户开立支付账户，或拒绝提供包括存取款、资金接收与划转在内的账户基本服务。

二是避免歧视性业务规则。《支付账户服务监管指令》明确，支付账户基本服务应符合所有客户需求，且不得有任何歧视性的业务安排。成员国应确保有足够的、从事支付账户基本服务的信贷机构，并保证所有客户可以在居住地附近就近开立和使用账户。在开立账户时，信贷机构不得提供任何具有歧视性的账户服务，如不得为不同客户提供不同的卡面设计，为不同客户提供差异化的账号或者卡号等。

三是明确信息服务要求。《支付账户服务监管指令》规定，成员国的信贷机构应向客户提供清晰、完整的信息材料，并对其提供的基础服务给予足够的指导，包括但不限于相关服务费用、账户使用条件及客户开立和使用账户享有的权利等。此外，指令还包括针对除基本服务外的附加服务信息要求。

（2）服务费用透明规则

一是统一费用信息要求。《支付账户服务监管指令》要求，账户服务商出具的费用信息应当简洁、标准、且易于比较，避免烦琐冗长的信息误导金融消费者。此外，费用信息资料应以成员国官方语言发布，但经客户和账户服务商同意以其他语言公布的除外。费用信息资料应准确，避免引发歧义。账户服务商应提供与支付账户相关的、最有代表性的所有服务所涉费用和相关信息。

二是规范费用信息表述。根据《支付账户服务监管指令》，成员国应建立一个暂时的清单作为国家标准，列明10至20个与支付账户相关的、最具代表性的服务及其收费。清单应包括每种服务的定义、术语，每种服务只能对应一个术语。有关费用信息的表述，应使用清单列明的国家标准术语解释和定义。账户服务商还应提供统一格式的相关资料和信息，以便客户充分理解和比较相关服务费用。对于多数成员国均存在的、常见的账户服务，为确保不同成员国对同一或类似服务表述上的一致性，应在欧盟区域内建立统一的标准术语和解释，各成员国应在2014年12月18日前将有关情况报告给欧洲银行监管局（EBA），由欧洲银行监管局研究相关准则，并于2016年9月18日前提交草案。

三是提供网站比较费用。就客户而言，通过独立第三方网站，可以高效、准确地获得不同账户服务商的服务和收费信息，并能较好地比较相关服务和费用情况。成员国应向客户至少提供一个独立的、用于比较服务费用的网站，客户有权免费使用网站上相关信息。网站除提供清晰、简洁的费用信息资料外，如果客户有兴趣，还可以查找更为完整、详尽的信息资料，确保客户可以更深入地了解相关服务及其费用。网站上须提供准确、客观和全面的信息资料，并确保相关资料是最新信息，同时注明相关信息的上次更新时间。

（3）支付账户转换规则

实践中，金融消费者转换支付账户较为困难，主要源于转换流程冗长而复杂。在转换过程中，消费者还往往遇到迟延（过程超过30天）、支付指令错误及未获知如何转换账户的足够信息等情况，难以有效满足客户需求。为确保欧盟内的客户及时、便捷转换支付账户，《账户服务监管指令》作出以下规定：

一是要求转换支付账户流程顺畅、简单。为鼓励客户转换支付账户，账户服务商应制定一个清晰、快捷和安全的流程，并确保提供支付账户基本服务。此流程适用于客户在不同账户服务商之间的转换、同一账户服务商不同账户之间的转换，以及跨境账户转换等。在客户转换账户之前，应知晓支付账户转换的具体流程。成员国应确保接收账户服务商以维护客户权益为原则，接收并办理相关事项。在开始转换前，客户应提供书面授权文件，指明所要转换的部分或全部账户服务（包括存款、存放资金和其他账户服务等），以及停止有关自动支付、收款等服务的开始日期；接收账户服务商应向转换账户服务商提供所有转换账户必要的信息，确保转换账户服务商可根据授权停止接收收入、自动支付等服务。转换账户服务商应建立一个新的指令，并向雇主、社保机构、电力集团等第三方履行相关通知义务等。

二是降低客户账户转换费用。《账户服务监管指令》规定，对于金融消费者本人的、有关现有指令和自动付款等信息，以及支付账户转换提供商在账户转换过程中发出的相关信息和资料，不得向客户收取任何信息费用。成员国应确保因账户转换而销户的费用符合欧盟2007年发布的《支付服务指令》① 相关要求。转换服务商和接收服务商应根据其转换账户服务成本，合理确定转换账户服务收费。

三是确保客户不承担额外损失。《账户服务监管指令》规定，对于转换过程中因服务商错误所造成的费用及利息等损失，不应由客户承担。此外，客户不承担因迟延支付导致的额外费用、信息、罚款和其他任何损失。

---

① *Directive* 2007/64/*EC of the European Parliament and of the Council of* 13 *November* 2007 *on Payment Services in the Internal Market Amending Directives* 97/7/*EC*, 2002/65/*EC*, 2005/60/*EC and* 2006/48/*EC and Repealing Directive* 97/5/*EC* (*OJ L* 319, 5. 12. 2007, *p.* 1.

3. 国际证监会组织（IOSCO）拟修订CIS资产托管原则

为完善资产托管业服务标准，提升托管行业服务水平，2014年10月，国际证监会组织（IOSCO）发布《关于集合投资项目资产（CIS资产）托管原则》征求意见稿（以下简称《CIS资产托管原则征求意见稿》）[①]，拟对其于1996年颁布的《CIS资产托管指引》[②]进行修改。

国际证监会组织于1996年颁布《CIS资产托管指引》。近二十年来，国际CIS资产托管市场发生了重大变化：一是2008年以来，雷曼兄弟破产和麦道夫诈骗事件发生之后，CIS资产保护制度、托管机构责任和潜在利益冲突等问题受到市场极大关注；二是托管资产日益复杂化、多元化和国际化，对托管机构的托管责任及全球资产托管能力提出更高要求；三是近年来兴起的电子簿记，有逐步替代实物凭证记账之势，给证券注册和权属登记等业务操作实践带来了新的挑战和风险。在此背景下，有必要借鉴资产托管行业惯例和市场共识，对CIS资产托管相关指引进行补充完善，确立CIS资产托管基本原则和通用标准。《CIS资产托管原则征求意见稿》主要内容如下：

（1）关于资产托管人的职责

一是安全保管CIS资产职责。托管人应持有、保存并有效控制CIS资产，并确保CIS资产的独立性。关于托管资产的范围，既可以是金融资产如股票证券和固定收益证券等，也可以是黄金、稀有金属、特定财产等实物资产。关于托管资产的移交方式，既可是实物交付，也可在托管人的簿记账户通过簿记方式移交。[③]此外，由第三方实际保管托管资产的，资产托管人可能和该第三方并不存在合同关系，因此有必要区分不同资产类别，根据不同的合同关系分析

① *Principles Regarding the Custody of Collective Investment Schemes' Assets.*

② *Guidance on Custody Arrangements for Collective Investments Schemes.*

③ 实践中实物交付方式相对少见，更多的是记录于托管人的簿记系统，或交付至诸如中央证券登记结算机构、次托管人、注册登记机构等第三方机构，有些财产如金融衍生工具，其特性本身就决定了托管人无法实际持有，而只能记录于托管人的簿记系统，并由托管人及时完成簿记账户的更新。

托管人的责任和风险。

二是监督职责。托管人应根据适用法律的规定，对投资者的资产行使监督职责，托管人应监督 CIS 管理人遵守投资协议，对资产的投资运作、资产估值、资产买卖、现金流等情况进行监督。

三是管理和其他服务。托管人还可根据协议约定，提供基金管理（如公司行动协助）、投资管理（如基金账务服务）及其他服务（如合规监督）等管理性或辅助性服务。

（2）关于托管客户资产的主要风险

一是托管资产混同和滥用风险。当托管人保管 CIS 资产时，可能存在以下资产混同的问题：①与管理人资产混同；②与托管人资产混同；③与托管人托管的其他客户资产混同。另外，CIS 资产托管还可能存在托管人滥用客户资产的问题，如用托管资产清偿其他客户的债务。托管资产混同或滥用的问题均可能给资产归属的界定带来隐患，特别是在托管人破产时，难以区分资产的所有权关系。

二是操作风险。典型的操作风险包含欺诈或盗窃、信息技术故障、簿记记录错误、对非标准化资产的保管、利益冲突、法律合规风险等。因不当操作程序、人为或系统因素、外部事件等操作风险事件给 CIS 资产造成的损失，虽无法彻底杜绝，但可通过适当的风控措施尽量规避或控制。

三是国别风险。在保管国外资产时，应特别关注国别风险，如当地行政和司法体制，以及其他可能对 CIS 资产的处理造成影响的因素，如语言障碍、时区影响、难以直接监督以及政治不确定性等。

四是集中度过高风险。随着全球经济一体化，托管业务有集中发展的趋势，资产托管业务由少数几家托管人控制或被少数国家或地区的市场控制，即可能出现集中度过高风险。

五是对手方风险。当资金存入托管方时，CIS 资产面临托管人的信用风险，如果托管人发生破产等情况，可能发生违约。

六是声誉风险。在托管业务中，上述种种风险的发生都将对托管人的声誉造成不利影响，而声誉损失可能损害投资者的信任，导致投资资产的巨额赎回，引发诉讼等诸多纠纷。

（3）CIS 资产托管的基本原则

一是监管机构应当就 CIS 资产托管制定适当的监管规则。为保护 CIS 资产的完整性，监管机构应审慎安排，确保建立适当的监管体制和规定，降低 CIS 资产托管面临的监管法律风险。

二是 CIS 资产应当执行资产隔离原则。资产隔离的核心目的是确保在托管人或次托管人破产时可实现破产隔离，避免托管资产遭受损失。资产隔离原则包含以下几个含义：第一，和责任主体或其关联机构的资产隔离；第二，和托管人或次托管人的资产隔离；第三，和由托管人托管的其他客户的资产隔离。托管人必须实行适当的资产隔离安排，确保能有效区分托管资产的具体归属（该要求同样适用于次托管人）。

三是 CIS 资产应委托给第三方托管人。原则上，托管资产应交第三方保管，仅在满足下列特定监管要求的前提下，可由资产管理人自己托管 CIS 资产：①特别的安全保管措施；②额外的信息披露要求；③额外的资本金要求；④由受监督的银行或其他公司持有资产；⑤对托管资产进行实际分离；⑥指定专人负责托管资产；⑦要求独立会计师进行检查；等等。在允许自己托管的情况下，还需遵守以下基本要求：①托管机构和运作资金的投资管理机构在职能上必须分离；②集团层面的利益冲突能被有效识别和管理；③对投资者必须进行适当披露。

四是托管人与投资管理人的职能应当分离。资产托管人应在遵循所适用法律的前提下独立于投资管理人，如托管人与投资管理人之间不得存在股权关系，托管人应具有法律上的独立性等。

五是明确信息披露要求。投资管理人应确保将托管安排及其变化情况向投资者进行充分披露。尤其当 CIS 资产被境外机构托管，投资管理人应披露相关的风险。当由其自身进行托管时，也应对此进行特别的披露，并说明特别的安全措施，切实防范潜在的利益冲突。

（4）与委任托管人有关的基本原则

一是选任托管人时应履行必要的注意义务。要综合考虑候选托管人营业地、托管组织完备性、声誉、财务状况、利益冲突管理能力、业务连续性及恢复处置安排能力等。托管人在委任次托管人时，也应秉持同样标准。

二是投资管理人应与托管人正式签订托管协议，约定托管义务和责任。托管协议应包括约定授权指定专人发送指令、发生特定情况时终止协议、违约责任和赔偿条款等，并可根据实际情况，对投资者遭受损失时托管人的责任承担安排做出明确约定。当托管人选任次托管人时，应签订次托管协议，明确责任和赔偿条款，但托管人的责任不因选任次托管人而改变。

三是建立托管协议履约持续监督机制。托管安排建立之后，应通过定期发送报告、聘用独立审计师审计等方式持续监督，托管人也应持续监督次托管人的履职情况。

（五）金融衍生品市场监管

1. 美国关于《多德—弗兰克法案》衍生品交易监管的后续立法

（1）美国证券交易委员会颁布证券衍生品监管要求跨境适用指引

为解决《多德—弗兰克法案》（以下简称“法案”）第七章跨境证券衍生品交易规范的具体适用问题，2014 年 6 月 25 日，美国证券交易委员会首次针对证券衍生品（security - based swap）监管要求的跨境适用颁布指引[①]（以下简称《衍生品跨境指引》），主要内容围绕不同衍生品交易商身份如何确定、申请替代合规的程序性规则以及美国证券交易委员会对执行法案第 929P 节的管辖权问题。《衍生品跨境指引》已于 2014 年 9 月 8 日生效，具体包括以下三方面内容：

一是明确从事跨境证券衍生品交易的美国人是否构成证券衍生品交易商（security - based swap dealers，SBSD）的认定标准。《衍生品跨境指引》规定，所有美国人在援引适用“最低交易门槛”例外时，需将其海外分支机构作为一个整体，将其从事的所有交易行为计算在内，而不考虑相关交易的安排、磋商或执行地点。

---

① 可参见：http：//www. sec. gov/rules/final/2014/34 – 72472. pdf。

二是明确从事跨境证券衍生品交易的美国人是否构成证券衍生品主要参与商（major security – based swap participant，MSBSP）的认定标准。指引在界定 MSBSP 时意图规范虽不符合交易商标准，但却可能对美国金融体系造成较高风险的交易主体的交易行为。《衍生品跨境指引》规定，在判断从事跨境衍生品交易的美国人是否构成 MSBSP 时需将其所有证券衍生品头寸计算在内。

三是补充了法案第七章有关跨境适用及替代合规实体要求的程序性规定。根据《衍生品跨境指引》，替代合规令的申请既可以由可能潜在受到法案规范的衍生品交易主体提交，也可以由相关外国金融机构或监管机构联合提交。在申请替代合规令时，申请人还应提交支持文件，证明有关外国监管机构采取的促进合规措施的具体内容。以上规定表明美国证监会在考虑是否准许替代合规时，不再单纯分析相关外国监管法规与法案在内容上的相似性，而是同时关注该外国监管机构执行相关监管措施以促进实质合规的能力。

总体而言，美国证券交易委员会规定的 SBSD 和 MSBSP 计算标准和范围与美国商品期货交易委员会（CFTC）于 2013 年就衍生品交易商（swap dealers，SD）及衍生产品主要参与商（major swap participant，MSP）公布的计算标准和范围一致。譬如，美国人需要将其全部证券衍生品纳入计算范围；而非美国人只需将下列证券衍生品纳入计算范围：①其与美国人交易的证券衍生品；②有美国人担保的证券衍生品；③对手方为“通道型关联机构”（conduit affiliate）。

（2）美国商品期货交易委员会规定保证金隔离监管细则

根据美国商品期货交易委员会要求，衍生品交易商（SD）及衍生产品主要参与商（MSP）每年须向其交易对手发出通知，告知其交易对手有权选择将其向该 SD 或 MSP 提交的初始保证金进行隔离。为提高监管确定性及可操作性，2014 年 10 月 31 日，美国商品期货交易委员会发布关于保证金隔离的监管细则①，主要内容包括：

一是明确即使 SD 或 MSP 的交易对手之前已要求将初始保证金

① 可参见：http：//www. cftc. gov/PressRoom/PressReleases/pr7049 – 14。

进行隔离，且未撤回这一要求，SD 或 MSP 仍有义务每年对其交易对手进行通知。因为通过年度通知，相关交易对手还可同时获知有关隔离托管安排和所需费用的最新信息。

二是明确当 SD 或 MSP 的交易对手并无法定或合同约定义务提交初始保证金时，这一年度通知要求并不适用。

三是明确 SD 或 MSP 在进行通知时，可通过推定同意方式确定交易对手的选择，即可以在通知中载明，如果其交易对手未以通知规定方式提出反对，则推定其已经同意。

2. 欧盟《欧盟市场基础设施监管条例（EMIR）》后续立法

(1) 欧盟《EMIR 合规技术标准》[①]

2013 年 11 月 15 日，欧洲证券与市场监管局（European Securities and Markets Authority，以下简称“ESMA”）发布《关于 EMIR 项下对欧盟具有直接、重大及可预见性影响与防范进行监管规避的技术标准的最终报告》[②]，该报告中包含的《合规技术标准》（以下简称《EMIR 合规技术标准》）已于 2014 年 3 月正式公布，其中第 2 条内容于 2014 年 10 月 10 日生效，其余条款则于 2014 年 4 月 10 日起生效。《EMIR 合规技术标准》主要包括以下两方面内容：

一是针对“对欧盟具有直接、重大及可预见性影响”规定了两种主要情形：第一，欧盟金融机构提供担保的情形，即交易双方都是第三国实体金融机构，但其中一方获得来自欧盟金融机构提供的担保，且该担保所覆盖的一笔或多笔场外衍生品交易项下全部或部分义务的累计名义本金不少于 80 亿欧元（或等值其他货币），同时

---

① 2012 年 3 月 29 日，欧洲议会与欧盟理事会通过《欧盟市场和基础设施监管条例》(*REGULATION (EU) No.* 648/2012 *of the European Parliament and of the Council of on OTC Derivatives, Central Counterparties and Trade Repositories*, EMIR)。EMIR 已于 2012 年 8 月 16 日起生效。EMIR 主要规定了场外衍生产品、中央交易对手以及交易数据库（trade repositories）相关监管措施。为实现对欧盟所有场外衍生品交易全面监管，EMIR 还要求欧洲证券与市场管理局（ESMA）制定执行和落实 EMIR 有关监管规定的最终技术标准。可参见：http://eur-lex.europa.eu/LexUriServ/LexUriServ.do?uri=OJ:L:2012:201:0001:0059:EN:PDF。

② 可参见：http://www.esma.europa.eu/system/files/2013-1657_final_report_on_emir_application_to_third_country_entities_and_non-evasion.pdf。

该担保占提供担保金融机构届时风险总敞口5%以上。第二，交易双方均为欧盟分行的情形，即虽然交易双方都是第三国实体金融机构，但双方均通过其设立于欧盟的分行从事场外衍生品交易，此时，交易双方也须遵守EMIR部分监管要求。

二是界定了有必要防范规避EMIR项下义务行为的情况。根据《EMIR合规技术标准》第4条内容，从整体角度考虑交易相关要素时，如果一项场外衍生品合约缔结的首要目的是为防止EMIR任何条款的适用，则该交易将被视为规避EMIR的设计。在决定相关交易安排是否因存在内部缺陷而被认定为规避EMIR义务时，主要考量因素为该衍生品交易是否缺乏商业合理性、业务实质及其他经济合理性，或是否包含应被认定为虚假安排的合约、交易、操作、经营、特许、承诺或其他事件。

总体而言，EMIR主要适用对象为欧盟的市场参与者，但如果非欧盟机构从事的衍生交易合约对欧盟具有直接、重大及可预见的影响，或故意规避EMIR的监管，EMIR也具有跨境适用的效力。《EMIR合规技术标准》对EMIR跨境适用规则进行了细节性规定和补充，不仅对场外衍生品合约交易主体判断其交易是否对欧盟具有直接、重大及可预见性影响提供了具体标准，也为其认定相关交易安排是否构成规避EMIR项下义务提供了依据。

（2）欧洲证券与市场监管局发布多份关于EMIR释义文件

为解决EMIR适用过程中出现的代表性问题，欧洲证券与市场监管局于2014年发布多份关于EMIR实施问题的释义文件（以下简称“释义文件”），澄清了EMIR适用过程中的诸多疑点，其中以下三份释义文件值得关注：

一是2014年3月20日释义文件①。该文件主要包括两方面内容：第一，进一步澄清风险缓释义务要求，即风险缓释义务只适用于未经中央清算的衍生品交易，不论其清算场所是否为欧盟已认可的中央交易对手方（但受制于强制清算要求的合约仍需通过已认可的中央交易对手方进行清算）；第二，针对报告义务的具体技术细节进行了明

① 可参见http：//www. esma. europa. eu/ducuments/overview/10？page =10。

确，在履行报告义务时，报告义务主体会被要求标注买卖双方的身份。

二是2014年5月21日释义文件①。该文件对欧盟中央清算对手方（CCP）的非欧盟清算会员的跨境合规义务作出解释，主要包括：第一，明确EMIR对清算会员的要求也同样适用于非欧盟清算会员；第二，明确EMIR第39条所称之"客户"② 包括非欧盟客户；第三，规定欧盟CCP需要在清算规则中明确要求其清算会员遵守EMIR项下要求（例外情形除外）。

三是2014年6月23日释义文件③。该文件主要内容包括：第一，首批关于估值和担保品的报告义务于2014年8月12日到期，报告内容应包括截至2014年8月11日的估值和担保详情；第二，涉及估值和担保品的报告义务仅适用于欧盟的金融机构（FC）及重要非金融机构（NFC +）；第三，估值方式包括两种，清算型交易应采用中央清算机构所公布的结算价，非清算型交易应基于盯市价格（market – to – market price）或模型价格（mark – to – model price）作出估值。

（六）网络金融监管动态

1. 英国金融行为监管局《关于网络众筹和通过其他方式发行不易变现证券的监管规则》

为推进网络众筹行业的健康发展，英国金融行为监管局（FCA）于2014年3月6日发布《关于网络众筹和通过其他方式发行不易变现证券的监管规则》④（以下简称《网络众筹融资监管规

① 可参见：http://www.esma.europa.eu/system/files/2014 – 815.pdf。

② EMIR第39条要求清算会员向其"客户"提供选择权，即将自身资产存放在该清算会员的混同账户，还是开立单独账户将自身资产进行隔离。

③ 可参见：http://www.esma.europa.eu/comtent/QA – IX – EMIR – Implementation。

④ 参见：*The FCA's Regulatory Approach to Crowdfunding over the Internet, and the Promotion of Non – readily Realizable Securities by Other Media – Feedback to CP13/13and Final Rules*, http://www.fca.org.uk/your – fca/documents/policy – statements/ps14 – 04. 2013年10月24日，FCA曾发布《众筹融资及相关业务监管方案（征求意见稿）》（*FCA's Regulatory Approach to Crowdfunding and Similar Activities*），提出从加强投资者保护的角度对众筹融资市场进行监管的思路，并向社会广泛征集意见。之后，FCA结合反馈意见，正式出台了《网络众筹融资监管规则》，确立了英国对包括P2P网络借贷在内的众筹监管的基本规则，同时FCA还计划在2016年对监管规则实施情况进行评估，并视情况决定是否对其进行修订。

则》)，该规则自2014年4月1日起正式施行。《网络众筹融资监管规则》充分肯定网络众筹融资的创新意义，但要求网络众筹融资坚守投资者保护的底线，确保投资者能够理解并承受其中的风险。《网络众筹融资监管规则》主要内容概述如下：

（1）明确监管范围。《网络众筹融资监管规则》主要监管范围包括“借贷型众筹”（loan – based crowdfunding）和“投资型众筹”(investment – based crowdfunding)，但不包括“捐赠型众筹”（donation – based crowdfunding）及“预付或产品型众筹”（pre – payment or rewards – based crowdfunding）等。

（2）关于借贷型众筹的监管。借贷型众筹是指个人与个人、企业之间通过互联网平台以本息偿付作为回报形式的借贷，包括P2P（个人对个人）和P2C（个人对公司）两种基本类型。英国金融行为监管局从信息披露、机构管理、投资者保护等方面确立了借贷类众筹平台的监管规则。

一是明确信息披露的内容及方式。信息披露的内容主要包括众筹平台自身信息以及平台提供的服务信息，包括实际违约率和预期违约率、借贷风险评估、担保信息、有关税收计算信息、平台处理延迟支付和违约程序等。对于信息披露方式，英国金融行为监管局认为借贷型众筹的商业模式、交易结构仍在不断发展演变，为保持业务灵活性，不宜进行强制规定，但要求众筹平台在提供服务以及投资者参与交易之前，应以通俗易懂的语言告知投资者其所作投资的性质，以显著方式提示投资者相关风险，且不得直接将借贷投资收益率与存款利率进行比较，更不得隐藏重要信息和风险警示。另外，众筹平台要定期向英国金融行为监管局提交以下情况报告：按季度向监管机构报送的财务状况信息、根据其规模定期报告客户资金持有情况、所有借贷的整体投资业绩、平均违约率、坏账应急基金总额及客户投诉情况等。

二是明确机构管理要求。首先，对借贷类众筹平台设置最低审慎资本要求。根据静态最低资本和动态最低资本孰高原则确定最低资本：静态最低资本在2017年4月1日前为2万英镑，在2017年4月1日后为5万英镑；动态最低资本根据平台借贷资产总规模以差额累计计算所得（5 000 万英镑以下为 0.2%，5 000 万英镑到 2.5 亿英镑之间的部分为 0.15%，2.5 亿英镑到 5 亿英镑之间的部分为 0.1%，5 亿英镑以上为 0.05%）。其次，要求众筹平台制定“生前遗嘱”，妥善处理平台倒闭后借贷管理安排（包括关于管理未到期借贷、向出借人分配偿还资金、追踪延迟支付或违约支付的适当计划等），保障平台经营失败时能够正常偿还贷款。最后，平台应建立投诉处理程序，受理投诉程序的有关细节应当在其网页上公布；平台收到投资者投诉后，必须公平调查并及时决定是否支持投诉诉求，如果仍无法解决，投资者可以通过金融申诉专员（FOS）投诉解决。

三是强化投资者保护要求。《网络众筹融资监管规则》规定，因吸收投资资金或者回收借款人还款，平台将被视为投资者或借款人的“资产受托人”，其有义务对客户资金提供充分的安全保护，须遵守英国金融监管部门关于客户资产安全保护规则（CASS）要求，如客户资金受托义务、客户资金存管要求、组织管理方面要求等。另外，借贷型众筹平台的投资者应享有欧盟《非现场营销指令》[①] 规定的客户撤销权，即在初始投资后 14 天内，有权无条件撤回资金且无须承担责任，以重新评估其投资决策，但下列主体或情形除外：通过借贷型众筹平台进行经营活动的主体，借贷交易价格受到金融市场影响且平台无法控制，在交易撤销前已经履行完毕。

（3）对投资型众筹的监管

根据《2000 年金融服务与市场法》（FSMA）等英国既有监管规则，任何主体在英国开展受监管的活动（如对公众发行非上市证券、金融产品推介、配置投资交易等），均属于监管机构的监管范围。因此，在《网络众筹融资监管规则》颁行之前，投资型众筹业务已受到一定程度的规制，例如，投资型众筹平台的运营资格须经英国金融行为监管局审批，未经批准不得向公众发行非上市证券，

---

① *Distance Marketing Directive*，是欧盟于 2002 年 9 月开始实施的关于金融产品远程交易（包括通过在线交易、电话交易、E－mail 交易或者一般邮件交易）的指令。可参见：http：//ec. europa. eu/internal _ market/finances/actionplan/transposition/austria/f _ d12 _ at _ en. htm。

以及金融推介活动须遵守英国广告相关监管规定和规则等。为最大限度地保护投资者权益，英国金融行为监管局对既有制度规范作了修改完善，主要包括：

一是投资者资格与限制。考虑到投资型众筹的投资对象为“非上市证券”或“非上市债券”，投资者面临定价困难和流通障碍等方面的风险。为此，英国金融行为监管局要求投资型众筹平台仅能面向特定合格投资者开放。合格投资者除了专业投资者之外，还包括被认证或自我认定为成熟投资者或高资产投资者的零售客户以及遵守特定投资比例限制的零售客户：高资产投资者的年收入应超过10万英镑或净资产超过25万英镑（不含常住房产、养老保险金等）；成熟投资者则应具有足够能力理解投资活动中所涉及风险，且需经英国金融行为监管局认可机构的评估；其他零售客户如参与众筹投资，应确认其投资额不超过其金融资产净值的10%，以确保其参与众筹投资不影响其住房、养老等日常生活开支。

二是强化信息披露。众筹平台应对投资项目的基本情况（如是否对投资项目进行尽职调查；如进行了尽职调查，则介绍尽职调查范围及结论等分析材料）、项目预期收益及所涉风险进行全面、客观的介绍和说明。如果有关介绍和说明以星级评价、最佳投资推介等方式向投资者发布，则该等介绍或说明可能构成投资建议，众筹平台应单独向英国金融行为监管局申请经营投资咨询业务的有关资质或授权。

2. 英国金融行为监管局《关于通过社交媒体销售金融产品监管指引》

随着社交媒体的广泛应用，越来越多的客户通过社交媒体选择金融产品和服务，社会媒体已成为金融产品销售的重要平台。为规范金融机构通过社交媒体销售金融产品，维护市场竞争秩序，保护消费者合法权益，2014年8月，英国金融行为监管局（FCA）发布《关于通过社交媒体销售金融产品监管指引》（以下简称《监管指引》）[①]。主要内容包括：

---

① *The FCA's Supervisory Approach to Financial Promotions in Social Media.*

（1）明确界定“社交媒体”概念。社交媒体具有数字化特征，社交媒体网站和应用程序允许用户创建社交网络并参与和共享社交网络的内容。博客、微博、社会网站、APP、论坛，以及图像和视频分享平台都属于社交媒体。

（2）厘清社交媒体金融销售行为。金融机构与其潜在客户通过社交媒体进行交流是否构成金融销售行为，主要取决于该等交流是否包括从事金融活动或金融交易的要约邀请，构成金融销售的社交媒体信息，往往会向接收方传递有关金融活动或产品收益的具体描述或推介。

（3）社交媒体金融销售行为应公平、清晰、避免误导。公平、清晰、避免误导是金融销售行为的基本准则，同样适用于通过社交媒体开展的金融销售活动。金融机构应充分注意社交媒体的即时通讯特征，明确金融销售行为的性质，通过社交媒体发送信息应清晰明确，避免误导消费者或信息接受者。金融机构通过社交媒体向消费者推介金融产品或服务时，应向消费者揭示产品或服务潜在的风险。社交媒体的信息如果过于强调金融产品或服务的便利或好处，而未包含适当的风险警示内容，该等信息即可构成误导。

（4）独立的合规要求。每一种社交媒体通信均应考虑遵循独立的合规规则，并且应避免不同社交媒体上的内容存在不一致之处。例如，一项金融产品可能通过微博、微信、社交网站和专业论坛同时推广，上述社交媒体可能有各自的合规准则，金融机构应保证有关的社交媒体销售信息符合相关合规要求，且不同社交媒体平台上发布的信息应协调一致，否则，可能对受众或客户造成误导。

（5）风险警示语句。金融产品销售的有关信息应包括风险警告或其他必要的揭示性语句。由于社交媒体的字数限制，风险警示语句应力求简明扼要，或者采取图像化的手段，将风险揭示或警示内容以图片、图像的方式在社交媒体上展现。但是，如果某些社交媒体允许关闭图像，或者仅仅提供链接图像的地址，金融产品销售的风险警示内容就不能仅以图像方式提供。

（6）社交媒体信息的转发和跨境交流问题。金融产品销售信息通过社交媒体发送接收方后，可能被接收方再次转发给更广泛的受众。金融机构应对初始信息承担责任，初始信息应遵循公正、清晰和不得误导销售等准则。如果金融机构通过社交媒体转发第三方的信息，构成金融产品销售行为的，金融机构应对这种转发行为负责。社交媒体使信息交流跨越国界，如果社交媒体的信息交流构成在他国进行金融产品销售的行为，则会触发适用该国的相应监管规则。

（7）社交媒体金融产品销售的授权管理与记录留存。金融机构应建立有关社交媒体金融产品销售的授权机制，确定具备必要能力和资历的人员签署相关的执行文件或指令。同时，金融机构应保存社交媒体金融产品销售的全部重要通讯记录，以应对可能出现的消费者投诉及后续索赔。实践中，社交媒体自身系统或技术信息维护可能不能满足金融机构保存销售信息的要求，且社交媒体的信息维护或更新可能未充分考虑合规控制因素，很多信息记录会随信息刷新而被删除，金融机构应对此予以关注，并通过适当手段妥善留存金融产品销售相关通讯交流记录。

3. 美国联邦金融机构检查委员会发布《社交媒体背景下消费者合规风险管理指南》

为指导金融机构准确适用社交媒体现有监管要求，加强金融机构在社交媒体背景下的消费者保护及风险管理能力，2014 年 1 月 14 日，美国联邦金融机构检查委员会（FFIEC）[①] 正式发布《社交媒体背景下消费者合规风险管理指南》（以下简称《指南》）[②]。其内容概述如下：

（1）对“社交媒体”进行界定。《指南》将“社交媒体”定义为“用户可以通过文本、图片、音频、视频等产生和共享相关内容的在线互动交流的一种形式”。此外，《指南》明确规定仅通过传

① 美国联邦金融机构检查委员会（Federal Financial Institutions Examination Council，FFIEC）由货币监理署（OCC）、美联储（FED），联邦存款保险公司（FDIC）、国家信用合作社管理局（NCUA）、金融消费者保护署（CFPB）和州联络委员会（SLC）组成，是美国金融业监管机构的协调机关，主要职责是协助各监管机构遵守统一的监管原则及执行统一的标准。

② *Social Media：Consumer Compliance Risk Management Guidance.*

统电子邮件或文档传输信息的并不能独立构成社交媒体，但通过社交媒体传播、分享的信息属于《指南》覆盖范畴。

（2）对金融机构社交媒体风险管理计划提出监管要求。《指南》希望金融机构应建立风险管理项目来识别、度量、监测和控制社交媒体相关风险，确保风险管理水平与金融机构使用的社交媒体的规模、复杂性相对应，并让合规、技术、信息安全、法律、人力资源和市场等相关部门专家参与到上述风险管理项目中。同时，《指南》对金融机构的社交媒体风险管理项目提出最低监管要求：一是在内部治理结构中，明确董事会或高级管理层的职责，指导社交媒体用于实现金融机构战略目标，建立持续风险评估及控制机制；二是金融机构使用、监测社交媒体的内部政策和程序应符合法律法规及监管规定；三是建立选择和管理与社交媒体相关的第三方服务机构的风险管理流程；四是将金融机构使用社交媒体的政策、程序以及禁止行为纳入员工培训内容；五是对代表金融机构在社交媒体上发表信息要建立审查程序；六是审计及合规部门应确保金融机构的政策及规定符合法律法规及监管规定；七是要及时向董事会或高级管理层报告社交媒体风险管理项目的成效。

（3）对社交媒体面临的法律合规风险、声誉风险、操作风险提出监管建议。第一，在法律合规风险方面，《指南》列举了适用于社交媒体金融产品和服务的法律法规的条款，包括储蓄及借贷产品、支付系统、客户信息保护、社区再投资法案等。《指南》还特别提醒金融机构注意，按规定进行信息披露时，要通过稳定、清晰、突出的链接来披露相关网页或文件，如果在社交媒体上发布的与金融机构相关的信息并非该机构发布或不能代表该机构，则金融机构无须承担责任。第二，在声誉风险方面，《指南》规定了金融机构可能遇到的五类声誉风险及风险防控措施：一是欺诈与品牌识别风险（fraud and brand identity risks），金融机构要确立“以风险为基础”的管理方针，及时识别冒用金融机构名义进行欺诈活动的风险；二是第三方风险，在使用社交媒体的过程中如涉及第三方提供的服务，金融机构应对第三方服务机构进行评估审查，避免被第三方风险影响或传导；三是隐私风险（privacy risks），社交媒体的开放性和便捷性也容易发生敏感信息泄露等问题，金融机构应制定应急预案；四是消费者投诉及咨询风险，消费者通过社交媒体的投诉和咨询是公开的，金融机构要及时受理和解决，并按规定将其纳入统计报告中；五是员工使用社交媒体的风险，金融机构应当对员工使用社交媒体制定管理规范，并对员工进行培训。第三，在操作风险方面，社交媒体平台容易受到恶意软件和木马程序的攻击，建议金融机构进一步提升系统的安全性，建立完善安全突发事件应急机制。

（七）金融消费者保护

1. 欧洲银行业管理局与欧洲证券和市场管理局联合发布《证券业和银行业消费者投诉处理共同指南》

为确保金融机构投诉处理安排符合欧盟最低限度监管要求，2014 年 6 月 13 日，欧洲银行监督局（EBA）、欧洲证券和市场管理局（ESMA）联合公布了《证券业和银行业消费者投诉处理共同指南》[①]，从投诉管理制度、投诉管理职能、记录、报告、投诉处理内部跟踪、信息披露以及投诉反馈程序等方面，对证券业和银行业金融机构（统称“金融机构”）的投诉管理提出了更高要求。其主要内容概述如下：

（1）投诉管理制度。银行业和证券业金融机构高级管理层应制定投诉管理制度，负责贯彻落实，并应确保员工通过内部渠道获知和掌握相关制度。

（2）投诉管理职能。金融机构内部应设立投诉管理职能部门，确保能够公平调查投诉，识别并处理潜在的利益冲突。

（3）投诉记录机制。金融机构应按监管规定，以电子记录等方式记录投诉情况，记录档案应符合监管的保存期限要求。

（4）报告义务。金融机构应向监管部门报送其受理的所有投诉

---

① *Guidelines on Complaints - handling for the Securities (ESMA) and Banking (EBA) Sectors.*

数据和投诉处理信息。

（5）投诉处理内部跟踪机制。金融机构应持续分析投诉处理数据，确保能有效识别并解决潜在的法律及操作风险，如分析个人投诉的成因，总结常见投诉类型的问题根源，并尽快予以整改。

（6）信息披露。金融机构在收到投诉时，应当向投诉人提供书面的投诉处理流程相关信息，通过简单易懂的方式公布具体的投诉处理流程；在投诉处理过程中，应与投诉人保持联系，及时通知下一步处理程序。

（7）投诉反馈程序。金融机构应搜集、调查与投诉相关的所有证据和信息，使用通俗易懂的语言与投诉人沟通交流，按时回复投诉人，如遇在规定时间无法处理完毕的情况，金融机构应将延迟的原因以及预计完成时间告知投诉人。投诉人对最终处理结果不满意的，金融机构还应告知投诉人可寻求外部争端解决机制，并介绍相关情况。

2. 美国金融消费者保护署发布跨境汇款规则修订版

为贯彻落实美国《电子资金转账法》①，加强个人跨境汇款信息披露，完善跨境汇款消费者权益保护，2014 年 8 月 22 日，美国金融消费者保护署（CFPB）正式发布跨境汇款规则修订版，对 2012 年 2 月颁布的汇款规则做了补充完善。主要内容概述如下：

（1）加强跨境汇款转账的信息披露。一是明确必须事前进行收费信息披露并规定了披露内容。修订后的规则规定，在消费者办理跨境汇款前，汇款转账服务机构必须预先向消费者披露相关费用信息，如转账汇款金额、前端收费和税赋、汇率、第三方费用、收款人最终收到的金额及国外税赋的免责声明等。二是规范汇款转账事中及事后信息披露。即使消费者当天曾经咨询并获知了事前收费信息披露事项，只要当时没有办理业务，而是嗣后再次到汇款转账服务机构办理业务，汇款转账服务机构仍须重新进行收费信息披露，不得使用上次事前披露的信息。同时，汇款转账服务机构必须在消

① *Electronic Fund Transfer Act.*

费者进行跨境汇款业务付款时，当场出具收费凭证，收费凭证中应披露如下信息：事前收费信息披露事项、预计汇款到账日期、收款人联系信息、汇款人权利声明、汇款转账服务机构联系信息、监管机构联系信息。三是严格限定书面信息披露形式，明确限定传真是唯一可被认定为书面形式的电子信息披露方式。

（2）赋予消费者交易撤销权。一是消费者可以在一定时限内免费取消汇款转账交易。汇款人可以在取得收费凭证后 30 分钟内通过口头或书面方式要求取消跨境汇款转账，汇款转账服务机构必须在 3 个工作日内退回包括汇款金额和收费在内的所有费用，除非消费者无法提供足够信息以确认需要取消哪笔交易。二是明确了具体的错误解决程序。首先，汇款人在收费凭证显示的汇款到账日期 180 天内发现任何问题，均可通过口头或书面方式向汇款转账服务机构反映和要求调查处理，这些错误既可能是汇款人引起的，也可能是汇款转账服务机构或第三方引起的。其次，汇款转账服务机构需在收到消费者申请后 90 天内完成调查和作出结论。再次，汇款转账服务机构应在调查完成后的 3 个工作日内将相关情况反馈汇款人，如果汇款转账服务机构最终认为不存在错误，则必须通过书面形式告知汇款人调查情况和作出结论的依据。最后，对于因汇款人未提供准确信息导致的错误，汇款转账服务机构应退还基本汇款金额；对于非因汇款人造成的错误，汇款人可以选择要求汇款转账服务机构退还发生错误的汇款金额及收费，或者免费重新进行汇款。

3. 英国金融行为监管局发布《信贷经纪及收费监管规定》

2014 年 12 月 1 日，英国金融行为监管局（FCA）发布《信贷经纪及收费监管规定》①，就加强信贷经纪业务消费者保护提出新的监管要求，该规定自 2015 年 1 月 2 日起正式施行。主要内容概述如下：

---

① *PS14/18 Credit Broking and Fees*，可参见：http：//www. fca. org. uk/your - fca/documents/policy - statements/ps14 - 18。

（1）发布背景

金融行为监管局认为，英国信贷经纪业务尤其是高成本短期信贷（high - cost short - term credit，HCSTC）业务，存在不当经营和乱收费等问题，严重损害了消费者权益，需要监管部门主动介入纠正：一是缺乏透明度，导致消费者误将信贷经纪人（credit broker）当做贷款人（lender）；二是信贷经纪业务收费条款约定不清晰，容易误导消费者；三是存在协议违规转让情形，影响消费者对服务主体及投诉对象的准确判断。

（2）主要内容

一是收费及付款条款（fees and payment details）。第一，严禁信贷经纪公司向消费者收费，无论是为本公司还是代第三方收费，除非满足以下条件：信贷经纪公司通过可信媒介（a durable medium）向消费者发送明示的通知（an explicit notice），列明公司法定名称（即注册登记名称，the firm's legal name），特别声明公司是作为信贷经纪人而不是贷款人、可能产生的单笔收费金额及总额、何时及何种方式收费，以及消费者通过可信媒介向信贷经纪公司明确回复其收到通知并完全同意相关内容。第二，信贷经纪公司向消费者发送的通知中要包含公司商业名称（firm's trading name）和具体联系方式，还应保留通知发送记录和消费者回复记录。第三，信贷经纪公司应确保在收到消费者肯定的回复之前不收取任何费用或要求付款。第四，如果信贷经纪公司将付款条款转给第三方信贷经纪公司，后者仍须再次履行上述通知和回收确认的程序。第五，若多家信贷经纪公司共同形成付款条款，每家公司均需单独履行上述通知和回收确认的程序。

二是透明度监管要求。第一，信贷经纪公司在营销宣传及与客户沟通交流过程中，均应使用公司法定名称，以便消费者准确识别信贷经纪公司。第二，信贷经纪公司在与消费者沟通交流过程中要明确说明本公司不是贷款人。如果在某些情况下信贷经纪公司既是信贷经纪人又是贷款人，则必须说明其在相关信贷经纪业务中仅作为信贷经纪人而非贷款人，以确保消费者能清楚分辨两者。第三，收费信贷经纪公司（fee - charging credit brokers）应于上一季度结束后30个工作日内通过电子邮件或信件方式向金融行为监管局报告网络域名（web domain names），由金融行为监管局负责审查相关经纪公司网站是否按照监管要求履行披露义务。

三是消费者的解除权。根据现行法律及监管规定，消费者有权在14日内单方解除信贷经纪协议。除法律法规另有规定外，信贷经纪公司应在消费者解除协议后30日内向消费者退还所有款项。

4. 美国银行因违规销售住房抵押证券承担166.5亿美元和解赔偿金

2014年8月21日，美国银行①与美国司法部（Department of Justice）、美国联邦政府、美国联邦住宅管理局（FHA）、美国证监会（SEC）、美国联邦存款保险公司（FDIC）等政府部门及美国加州、特拉华州、伊利诺伊州、马里兰州、纽约州及肯塔基州政府（以下统称“美国政府”）达成和解协议②，美国银行接受美国政府指控，承认其（包括附属公司梅林证券及全美金融公司）在发行、销售“住房抵押贷款支持证券”（RMBS）过程中存在不当销售及误导、欺诈投资者等行为，并同意支付166.5亿美元和解赔偿金，其中96.5亿美元用于诉讼和解，另外70亿美元用于消费者救助（consumer relief）。美国政府对银行机构的惩罚力度再创历史新高，被称为美国“史上最贵”和解。有关情况略述如下：

（1）调查事实③

根据美国政府调查报告，美国银行及其附属公司美林证券和全美金融公司在发行、销售RMBS等证券过程中，均存在隐瞒事实、信息披露不充分、不准确以及欺诈、误导投资者（其中包括美国联邦存款保险参保金融机构及房利美与房地美等美国政府发起设立机

---

① 包括美国银行公司（Bank of America Corporation）、美国银行北美机构（Bank of America, N. A.）、美国银行抵押证券公司（Bank of America Mortgage Securities, BOAMS）以及附属机构，其中主要包括美国银行于2008年收购的全美金融公司（Countrywide Financial Corporation）及美林证券（Merrill Lynch）。

② 该和解协议可参阅：http://www.justice.gov/iso/opa/resources/9622014821111642417595.pdfl。

③ 有关事实调查可参阅：http://www.justice.gov/iso/opa/resources/6172014821111178213394.pdf。

构）等违法不当行为。

关于美国银行，经美国政府调查，在2007年底至2008年初期间，美国银行会同其子公司美国银行抵押证券公司（BOAMS）组织发起、发行并向投资者销售超过8.5亿美元的住房抵押贷款支持证券（BOAMS 2008 - A）。在证券发行及销售法律文件中，美国银行向投资者保证，BOAMS 2008 - A证券对应的基础资产即住房抵押贷款“总体上遵守”（in substantial compliance）美国银行相关信贷政策要求。但经调查，在证券发行销售之前，美国银行就已发现，证券资产池中占有相当比重的“批发住房抵押贷款”[①]的资产质量已出现劣变，并发现该等“批发住房抵押贷款”的附条件提前还款率（CPR）要高于非批发住房抵押贷款，但美国银行并未对投资者披露上述信息，也未向全体投资者披露“批发住房抵押贷款”在全部基础资产所占比重（事实上该比重已超七成）。此外，美国银行还一反往常惯例，未聘请第三方机构对BOAMS 2008 - A证券进行尽职调查，美国银行也未将该重要信息向投资者披露。

关于美林证券（包括First Franklin等附属机构），美国政府对其于2006年至2007年（美林证券被美国银行收购之前）发行、销售72项RMBS证券中存在的欺诈、误导投资者等一系列行为进行调查。经调查发现，美林证券在前述期间大量购买住房信贷资产，经重新组合包装后发行RMBS证券，并向投资者销售。在有关RMBS证券发行销售文件中，美林证券对投资者做了诸多承诺，例如，承诺所有住房抵押贷款均符合贷款人相关信贷政策，有关贷款均遵守美国联邦、州及地方法律法规规定，有关贷款的借款人均具有正常还债能力等。但上述承诺与事实不符，存在误导投资者或故意隐瞒风险等行为，严重损害投资者利益。例如，在有关证券发行之前，美林证券在对信贷资产池样本进行尽职调查时即已发现，有相当数量的贷款资产存在问题或瑕疵，在个别信贷资产池中，甚至有55%的贷款在放款审批及合规等方面存在重大问题。此外，美林

① “wholesale mortgages”，即从第三方抵押贷款经纪机构批发受让的住房抵押贷款资产。

证券在资产池样本尽职调查中发现有关问题后，并未根据审慎原则，对非样本资产池中的信贷资产进行审核评估，确认样本中反映的问题是否具有代表性和全局性。调查还发现，美林证券不仅自己未对有关信贷资产进行严格的尽职调查，甚至对第三方服务机构尽职调查发现的瑕疵或问题也视而不见，仍执意将存有问题或瑕疵的信贷资产纳入证券化资产，也未向投资者披露上述问题。

关于全美金融公司（包括其附属机构），美国政府对其于2005年至2007年发生的欺诈、误导投资者等违规行为进行调查。全美金融公司是美国规模最大的几家住房抵押贷款经营机构之一，2005年至2007年，该公司发放的住房抵押贷款总规模高达6 770亿美元，还通过发行RMBS等方式向投资者转让其持有的住房信贷资产。在发行销售RMBS时，全美金融公司对投资者作出承诺，其均已按住房抵押贷款信贷政策标准向借款人发放住房抵押贷款，借款人具有还款能力，但实际上，全美金融公司已事先知悉，部分借款人存在较高的违约可能性。全美金融公司的信贷风险管理导向存在偏差，其更关注贷款的可销售性（只要能将贷款及附随风险转让给第三方，即大功告成），而放任贷款本身的风险。在贷款实践中，全美金融公司通过实施“影子信贷政策”（shadow guidelines），对不符合其信贷政策标准的高风险借款人发放贷款，即所谓“特例贷款”（exception loans）。在上述信贷政策指导下，全美金融公司还发放大量的“激进次优贷款”（Extreme Alt－A）[①]，该类贷款曾被公司一名执行董事形容为“有害产品”[②]。但是，对上述事实及此类贷款潜在的资产质量及相关风险问题，全美金融公司均未如实告知投资者，由此造成投资者重大损失。

---

① 根据全美金融公司的信贷政策，“激进次优贷款”（Extreme Alt－A）是指通过提高贷款与价值比率（LTV）、降低借款人信用分值等信贷准入要求向借款人发放的贷款。一般而言，“Alt－A”贷款介于优质抵押贷款和次级抵押贷款二者之间，这种贷款通常包括那些信用分值在620～680分的借款人的贷款。一些贷款机构认为，这类抵押贷款比次级贷款更“安全”，而事实上，虽然“Alt～A”贷款的违约率总体上低于次级贷款，但潜在风险有时要大于次级贷款。

② 全美金融公司的这名执行董事指出，考虑到“激进次优贷款”（Extreme Alt－A）属于“有害产品”，公司要制订详细的贷款转让流程和方案，确保贷款转让后，公司不再承担有关贷款的任何风险。

（2）和解协议的主要内容

第一，作为和解之前提，美国银行及其附属公司均承认其在住房抵押贷款支持证券的发行、承销及销售等过程存在信息披露不充分、误导投资者等违法行为。

第二，美国银行应当支付96.5亿美元作为民事和解赔偿金，解决因其（包括美林证券及全美金融公司）在RMBS证券发行、销售等过程中存在违规行为而被美国政府提起的多项法律诉讼。以此为条件，美国政府不再就和解协议所列美国银行之违规行为（covered conduct）要求美国银行承担涉及违约、违反信托义务、不当得利、欺诈、过失、重大过失等相关民事赔偿责任。美国银行亦放弃对美国政府及工作人员的有关追索权。

第三，美国银行还应当支付70亿美元补偿投资者遭受的损失。美国政府将指派独立监督员对美国银行履行本项义务情况进行监督，由此产生的费用由美国银行自行承担。

第四，上述和解仅涉及民事诉讼部分，美国银行仍未获得刑事及行政责任（包括暂停经营、吊销执照等）豁免。美国司法部还将继续对美国银行及相关个人的违法行为展开调查。

5. 美国银行同意支付7.47亿美元与金融消费者保护署就信用卡违法行为达成和解

2014年4月9日，美国金融消费者保护署宣布，美国银行同意支付7.47亿美元，就该行信用卡欺诈营销和不公平计费问题与其达成和解。

（1）调查事实

美国金融消费者保护署指出，美国银行及其信用卡部门（统称“美国银行”）存在两大违法行为：

第一，欺诈营销（deceptive marketing）。2010年至2012年期间，美国银行向消费者营销了两种“信用卡支付保障产品”（credit card payment protection products），即“Credit Protection Plus”和“Credit Protection Deluxe”。这两种产品允许消费者在遇到失业、残疾、退休等陷入经济困难的特殊情况时，向银行申请冲销部分信用卡债务。美国金融消费者保护署认为，美国银行在电话营销过程中有意误导消费者，约 140 万消费者因此受到影响：一是该行误导信用卡持卡人，导致后者误以为只要购买了信用卡支付保障产品，即可豁免前 30 天的费用，但实际上，持卡人只有在 30 天审核期（30 - day review period）内取消该产品时，才不会被收取该期限内的费用；二是在电话营销中，欺骗消费者该通电话只是了解和征求意向，如果消费者同意购买，后续还会有正式的流程向消费者详细讲解和说明，但实际上，只要消费者在电话中表明了购买意向，就会被视作购买信用卡支付保障产品并被收费；三是营销人员在电话中暗示，客户购买信用卡支付保障产品后，即可获得比信用卡合约约定期限更长期限的保障，同时还让客户误以为，只要购买"Credit Protection Plus"产品就可以得到 25 000 美元"死亡保险金(death benefit)"。

第二，不公平计费（unfair billing practices）。美国银行向客户营销了身份保障信用卡附加产品（identity protection credit card add - on products），如"Privacy Guard"，"Privacy Source"和"Privacy Assist"，该行承诺为购买此类产品的客户提供信用监测和欺诈风险预警等服务。但经调查，存在以下问题：一是部分信用卡持卡人被收取信用监测和信用报告服务费用后，并未实际享受相应服务；二是美国银行按月计收信用卡月费，导致部分持卡人超限额使用信用卡，并被计收超限费；三是 2000 年 10 月至 2011 年 9 月期间，至少有 150 万持卡人的 190 万个账户被收取了信用卡相关产品费用，但未得到相应服务，导致持卡人损失高达 4. 57 亿美元；四是部分持卡人购买了信用及欺诈风险监测服务后，银行根本没有监控或只是部分履行监测义务。

（2）处罚或和解情况

一是在美国银行向美国金融消费者保护署提交合规计划之前，禁止该行营销任何信用保障和信用监控等附加产品或服务；二是美国银行对未享受相应服务的持卡人不得再收取上述费用，且必须审查并改进其内部政策，保证以后不会再犯上述违法行为；三是美国银行向受欺诈营销影响的 140 万客户退款 2. 68 亿美元，向受不公平计费影响的190万个账户赔偿4.59亿美元。此外，美国银行还要向美国金融消费者保护署的民事罚款基金支付2 000万美元。

（八）反洗钱风险管理

1. 巴塞尔委员会《关于洗钱及涉恐融资风险管理指引》

2014年1月，巴塞尔委员会发布《关于洗钱及涉恐融资风险管理指引》（以下简称《洗钱风险管理指引》）①，对银行机构加强和改进反洗钱及涉嫌恐怖融资风险管理提出若干要求。有关内容概述如下：

（1）洗钱及涉恐融资风险管理的主要内容

《洗钱风险管理指引》指出，加强和改进洗钱及涉恐风险管理，对提升银行机构的安全稳健经营能力至关重要。近年来，一些银行机构因洗钱风险管理不力、系统控制不严而遭到部分国家监管部门的巨额处罚，不仅给相关银行机构带来声誉、操作及合规等风险，还可能给所在国家金融系统的安全稳定造成重大消极影响，前车之鉴，需引起银行机构的高度重视。建立健全洗钱及涉恐融资风险管理体系迫在眉睫。稳健的洗钱及涉恐融资风险（统称“洗钱风险”）管理体系应当包含以下内容：

一是对洗钱风险的评估、管理与防范。银行机构应当建立有效机制，识别、分析并评估业务经营中可能存在的洗钱风险，完善公司治理，强化董事会及高级管理层对反洗钱工作的职责，并构筑防范洗钱风险的三道防线：第一道防线应由前台具体业务部门负责；第二道防线主要由负责反洗钱工作的首席风险官、合规部门、人力资源或信息科技等部门共同组成；第三道防线则由内部审计部门担当（若外聘审计机构对反洗钱工作进行审计，则该外部审计机构也是第三道防线的组成部分）。此外，还应健全完善交易监控系统，

---

① *Sound Management of Risks Related to Money Laundering and Financing of Terrorism.* 该指引合并并取代了巴塞尔委员会分别于2001年10月和2004年10月发布的《银行客户尽职调查指引》（*Customer Due Diligence for Banks*）和《KYC风险统一管理指引》（*Consolidated KYC Risk Management*）。

确保对客户所有账户的所有交易进行监控、分析，有效识别并根据监管要求报告非正常交易或可疑交易。

二是完善客户开户制度（customer acceptance policy）。银行机构应当根据客户的具体情况（如客户的背景、声誉、收入及财产来源、籍贯或国籍、账户用途、经营情况等相关信息），实施差别化的客户开户及尽职调查管理流程。对于低风险客户，可在法律允许范围内，采取简化的尽职调查流程，但是对于高风险客户（例如外国政治敏感人物），银行应有针对性地强化风险防控措施（如账户的开立及持续使用须经银行管理人员特别审批等）。银行还应明确规定，在特殊情况下，银行有权拒绝与特定客户建立业务关系，或终止与有关客户业已建立的业务关系。

三是客户及实际受益人（beneficial owner）身份的识别、核实及其风险状况的把握。银行应当勤勉尽责，建立健全和执行客户身份识别制度，遵循“了解你的客户”的原则，通过独立可靠的文件、数据或信息进行客户尽职调查（CDD），了解客户的身份，针对具有不同洗钱风险特征的客户、业务关系或者交易，采取相应的措施，了解客户及其交易目的和交易性质，了解实际控制客户或交易的实际受益人。对于无法通过尽职调查的客户，银行不得与之建立业务关系。对于特殊情况下可先开户再进行客户身份确认的交易，银行应建立特别程序，对该等账户的交易进行限制，如发现有可疑交易，应根据监管法律要求，及时报告。银行不得受理客户匿名或假名开立账户。如客户提出开立隐名账户①，银行亦应履行必要的客户尽职调查流程，且该隐名账户持有人的真实姓名或身份应由银行一定范围内的人员或系统知悉，并确保银行合规等风险管理人员及银行监管机构能获取相关信息。

四是对客户交易行为的持续监测。在与客户的业务关系存续期间，银行应当采取持续的客户身份识别措施，完善系统控制，关注客户及其日常经营活动、金融交易情况，及时提示客户更新资料信

① 在隐名账户，账户持有人应提供完整的真实信息，但出于保密需要，在识别该账户时，可进行特殊化处理，如用特定代码或数字代表该账户。

息。对于高风险客户或者高风险账户持有人，应了解其资金来源、资金用途、经济状况或者经营状况等信息，加强对其金融交易活动的监测分析，并采取相应的风险控制措施（如限制某些特定类型账户的交易等）。开发建设反洗钱监测系统，完善客户信息数据库，及时监测受制裁名单及其他高风险客户名单，并对有关账户采取相应的风险防控措施。

五是信息管理。银行应准确、完整地保存客户身份资料和交易记录，根据监管部门要求，提供识别客户身份、监测分析交易情况、调查可疑交易活动和查处洗钱案件所需的信息，并采取必要管理措施和技术措施，防止客户身份资料和交易记录的缺失、损毁，防止泄露客户身份信息和交易信息。

六是可疑交易的报告及资产冻结。银行应当建立健全可疑交易报告制度和流程，通过账户及交易的持续监测，有效识别、调查并及时报告可疑交易，并加强与反洗钱执法部门的合作，避免银行被卷入洗钱交易的风险。考虑到涉恐融资与普通洗钱活动存在较大差异（前者的资金可能通过合法渠道获得），银行应有能力识别并根据有权机关的指令，及时对涉恐资金进行冻结。银行还应建立自动扫描系统，及时监控有关国际组织（如联合国安理会）或国家指定的涉恐组织或个人名单，并对其客户是否与这些组织或个人存在关联或业务联系进行监测。

（2）集团及跨境背景下的反洗钱风险管理

一是要建立集团客户风险识别管理制度。跨国银行集团应建立覆盖全集团的统一的反洗钱风险并表管理制度，确保银行总部能够全面获取并评估集团反洗钱制度的执行情况及存在的问题或障碍等信息。如东道国监管要求严于母国监管要求，有关机构应以较严者为准。考虑到客户信息跨境移转可能涉及监管障碍，银行集团在实施集团反洗钱管理制度时，应确保其有权在集团（包括分行和子行）内共享客户信息资料。

二是要加强风险评估及管理。银行集团应建立有效机制，从集团视角，并从地域、业务、客户等维度全面评估客户洗钱风险，并根据风险状况采取切实可行的风险控制措施。银行合规及内审人员应当对集团反洗钱制度的执行情况进行评估审计，活跃的国际银行集团更应强化合规人员及内审人员在此方面所承担的责任。

三是要完善集团统一的反洗钱风险管理制度。为有效防控集团反洗钱风险，银行集团应制定并完善集团统一的反洗钱风险管理制度及标准，如客户开户制度、客户尽职调查要求及资料保管规定等，并根据从严原则，依据东道国监管要求作必要调整。各境外机构均应建立与当地风险相适应的反洗钱监测制度，银行集团应加强集团内高风险账户及交易等信息的集合与共享机制，开发集团统一的信息处理系统，完善集团数据中心，为提升境外机构反洗钱风险管理能力和效率创造有利条件。银行集团还应设“集团首席反洗钱合规官”（group AML/CFT officer），负责对集团各机构落实集团反洗钱制度情况进行统一协调管理。

四是要强化集团内信息共享机制。银行集团应建立有效的集团信息报告机制，要求其境外各机构在遵守当地监管规定的前提下，及时向总行（或母行）报告涉及高风险客户或账号的相关信息。为配合反洗钱执法行为，集团各机构应根据执法机关的有关要求，在符合当地监管规定的前提下，提供相关账户信息。

五是明确金融集团反洗钱风险管理的特别要求。金融集团在开展综合化经营时，应强化对客户身份的识别与监测，并确保有关客户信息、账户交易信息等资料能在集团内部不同业务条线共享。金融集团在制定反洗钱管理制度以及在处理跨业产品交叉销售时，应特别考虑银行、证券与保险业务在业务模式和交易特征方面存在的差异。

（3）监管部门的职责

《洗钱风险管理指引》要求监管部门根据“反洗钱金融行动特别工作组”（FATF）《关于反洗钱国际标准之若干建议》① 及巴塞尔委员会《关于有效银行监管核心原则》② 等文件的规定，对银行反洗钱进行有效监管。此外，《洗钱风险管理指引》还对反洗钱跨

① *International Standards on Combating Money Laundering and the Financing of Terrorism & Proliferation – the FATF Recommendations*2012 年 2 月修订。

② 巴塞尔委员会 2012 年修订。*Core Principles for Effective Banking Supervision and the Associated Core Principles Methodology*，http：//www. bis. org/publ/bcbs230. pdf。

境监管合作特别是跨境信息共享提出若干建议，主要包括：

一是确保母国监管部门的信息获取权。母国监管部门有权通过现场检查等方式，对银行集团有关机构履行该集团反洗钱制度情况进行调查，为此，东道国应确保母国监管部门依法获取客户信息等权利，东道国不得以客户信息保护或隐私保护等规定为由对母国监管部门行使上述监管权力设置障碍。如东道国为母国监管设置不可逾越的障碍，母国监管部门有权采取包括责令银行集团终止其在东道国的经营等应对措施。

二是要确保银行审计师的审计权利。东道国监管部门要依法保障银行集团的外聘审计师和内部审计人员对有关机构进行审计的权利，审计人员应有权获取相关资料。

三是建议取消各种限制信息共享的规定。《洗钱风险管理指引》进一步指出，为银行风险管理（包括反洗钱风险管理）需要，原则上不应对银行客户信息在东道国与母国之间的移转或共享设置法律障碍。如东道国法律限制有关信息向“第三方”披露，母国监管部门、母行或总行应排除在该“第三方”范围之外。

2. 美国司法部处罚法国巴黎银行事件

2014 年 6 月 27 日，法国最大银行——法国巴黎银行（BNPP）向美国司法部递交认罪协定[①]，承认违反美国法律为受美国制裁国家转移资金，并同意支付 89.74 亿美元处罚（其中 88.34 亿美元为罚没财产，1.4 亿美元为罚金），以免予刑事诉讼调查，该处罚金额创下美国史上处罚外国银行金额之最。[②]此外，法国巴黎银行在美国分行被责令暂停一年美元清算业务，在两年内不得充当纽约与伦敦第三方银行美元清算业务的代理银行。有关情况概述如下：

（1）调查事实

根据认罪协定所附美国纽约州南区法院《事实认定书》[③]，在

① http：//www. justice. gov/opa/documents/paribas/plea – agreement. pdf.

② http：//www. justice. gov/opa/pr/2014/June/14 – ag – 686. html.

③ *Statements of Facts*, *United States of America v. BNP PARIBAS*, *S. A.*，参见：http：//www. justice. gov/opa/documents/paribas/statement – of – facts. pdf。

2004年至2012年，法国巴黎银行蓄意违反美国法律及制裁禁令①，利用该行全球网络（如巴黎总部、瑞士子行及纽约分行等），以隐匿交易路径、篡改交易信息及其他欺瞒美国监管机构等方式，通过美国金融系统，与苏丹、伊朗及古巴等受美国制裁国家的有关实体（“特别指定国民名单”，SDNs）合谋，为该类实体提供美元融资、美元清算等金融服务。具体分述如下：

一是涉及苏丹的违法行为。2006年7月至2007年6月期间，法国巴黎银行瑞士子行为苏丹有关政府机构及企业等实体处理了大约64亿美元的资金汇划清算业务，其中40亿美元是其代理金融机构办理的。在此期间，法国巴黎银行一些内部邮件就已反映，部分雇员对该行为苏丹政府提供相关金融服务深表关切。例如，2007年3月，该行一名高级合规官就曾专门致函其他高级合规及法务人员，特别提示要关注其客户苏丹银行机构与苏丹政府的关系，需特别关注由此产生的制裁风险。

为逃避美国政府监控，法国巴黎银行在处理涉及苏丹受制裁实体美元支付清算业务时，通过篡改或屏蔽与苏丹或其他受制裁实体名称（主要是在信用证及其他支付数据电文中），或通过“卫星银行”（satellite banks）② 名义进行支付清算，以掩盖其与苏丹受制裁实体的身份及与苏丹银行机构进行交易的实质。2004年，法国巴黎

---

① 主要包括美国《国际紧急经济权限法》（*the International Emergengcy Economic Powers Act*, *IEEPA*）及《与敌国贸易法》（*the Trading with Enemy Act*, *TWEA*）、《纽约州刑法》（*New York State Penal Law*）及美国政府发布的有关制裁行政命令等文件。根据前述法律文件规定，未经美国财政部“海外资产控制办公室”（OFAC）批准，擅自与苏丹、伊朗以及古巴有关实体进行货物、服务贸易（包括利用美国金融系统，为这些国家办理美元交易等金融业务）及投资活动，将构成犯罪；如另有隐匿或篡改商业往来记录等情节，则应构成重罪（felony）。

② 根据法国巴黎银行瑞士子行的安排，“卫星银行”既不能是属于法国巴黎银行的附属机构，也不能是苏丹的银行机构或美国的银行机构。卫星银行需在法国巴黎银行瑞士子行开户，法国巴黎银行瑞士子行通过卫星银行，分两步可将资金从苏丹银行机构划至法国巴黎银行纽约分行或其他美国境内银行：一是通过法国巴黎银行瑞士子行将苏丹银行的资金同行划至卫星银行在法国巴黎银行瑞士子行的账户内；二是卫星银行通过法国巴黎银行纽约分行或其他美国银行机构，在当日、t+1或t+2日将资金转至苏丹银行机构指定的收款人；但资金划转时，需隐去与苏丹银行机构相关的任何信息。从表面上看，资金来自于卫星银行，而不是苏丹银行机构，从而掩盖交易的实质。

银行纽约分行曾因合规问题，特别是不能有效识别海外客户身份问题，被美联储纽约分行（FRB－NY）及纽约州金管局（DFS）责令整改。此后，法国巴黎银行绕开其纽约分行，通过美国境内另外一家代理行处理涉苏丹业务。对上述做法，法国巴黎银行心照不宣，甚至该行一些法律合规高级官员也从维护苏丹客户关系及商誉等角度出发，予以默许。不过也存在不同声音，例如，2005 年 8 月，法国巴黎银行一名高级合规官曾就上述做法对该行瑞士子行一些法务、业务及合规人员提出警告，言明其已发现至少九家阿拉伯银行作为瑞士子行的代理行，仅办理涉及苏丹客户的美元清算业务，该等行为意在“规避”美国政府禁止苏丹政府进行美元交易的制裁措施，但法国巴黎银行对此置若罔闻。

二是涉及古巴的违法行为。法国巴黎银行还采取类似方法，通过掩盖交易主体身份、篡改交易信息等方式，协助古巴受制裁实体参与美元支付清算交易。2000 年至 2010 年间，法国巴黎银行在明知违反美国法律的情况下，为维护与古巴客户关系，通过古巴境内外金融机构向古巴提供美元融资，并为古巴有关实体提供美元清算服务，涉及金额高达 17.47 亿美元。在涉古巴交易中，法国巴黎银行（主要通过其巴黎总部）通过与前述“卫星银行”模式相似的“前沿交易结构”（fronting structure）模式[①]，隐瞒其与古巴有关实体交易的实质。更有甚者，2006 年，在几笔涉及古巴的美元支付清算交易被美国拦截后，法国巴黎银行为掩人耳目，随即删改有关支付电文数据，隐去古巴有关实体名称，并对有关支付金额进行归并后重新发送指令；此后还决定，日后与古巴相关的美元清算服务一律使用其他美国银行机构（但须隐去与古巴相关交易信息），而不

---

① 根据“前沿交易结构”（fronting structure）模式，涉及古巴主体的美元清算路径一般如下：第一步，古巴有关主体和法国巴黎银行均在另一家法国银行（法国银行 II）开立账户。通过法国银行 II 的行内清算流程，古巴有关主体将美元资金划转至法国巴黎银行开在法国银行 II 的账户内。在此环节，不涉及美元清算问题。第二步，法国巴黎银行通过跨行清算方式，将其在法国银行 II 内账户资金通过其纽约分行或另一家美国银行机构划转至开在其本行的临时账户。因此步骤涉及跨行美元清算，为避开美国系统拦截，清算信息中需隐去涉及古巴或古巴主体的内容，并将其临时账户明确列为收款账户，确保包括其纽约分行在内的美国银行机构无法获悉任何涉及古巴的交易信息。第三步，通过行内清算方式，法国巴黎银行将资金从其临时账户转至实际收款人（古巴有关主体）开在该行的账户。

再通过其纽约分行。对此做法，法国巴黎银行也承认“过于随意，不大体面”（“cavalier and criminal”）。

三是涉及伊朗的违法行为。法国巴黎银行还参与跟伊朗相关实体（包括一家总部设在迪拜的伊朗石油公司和一家总部设在德黑兰并由伊朗公民百分百持股的能源公司）的交易，涉案金额高达6.5亿美元。最让美国政府不满的是，2010年，法国巴黎银行曾承诺就其遵守美国制裁法有关情况开展自查，并与美国政府进行合作，但在两年之后的2012年，上述违反美国法律的交易行为仍在继续。

（2）影响分析

法国巴黎银行作为全球系统重要性银行，该处罚事件对其影响深远。从处罚力度来看，法国巴黎银行牵涉的业务应当相当庞大，其除了承受巨额财务损失外，还面临重大的声誉风险，如何维护现有客户关系，如何妥善处理善后以及可能面临的违约问题，均是其需要解决的棘手问题。

与此同时，法国巴黎银行处罚事件发生后，外界对美国政府执法的正当性和合法性均提出强烈质疑。有媒体指出，美国政府的做法（包括法国巴黎银行处罚事件及其他类似处罚事件①）是暗箱操作，是勒索性执法、选择性执法，处罚随意性大，缺乏应有的透明度，令在美国经营的公司无所适从，这与美国标榜的法治精神格格不入等。②

法国巴黎银行处罚事件确实也暴露有关银行在反洗钱工作方面存在的问题，为逐利不惜铤而走险，最终酿成严重后果。法国巴黎银行受罚事件对金融机构反洗钱工作也是一大警示。

（九）其他

1. 经合组织《金融账户信息自动交换标准》

随着全球化进程的日益推进，纳税人通过居住国以外的金融机

① 2012年以来，先后有渣打银行、德意志银行、德国商业银行等银行机构因涉嫌违反美国单边制裁法案而遭美方调查并受到相应处罚。

② 参见2014年8月30日出版的《经济学人》（*Economist*）专题文章：The Criminalisation of American Business（第9页）和A Mammoth Guilt Trip（第19－22页）。

构进行投资变得越来越容易，与此同时，大量的资金滞留海外并获得免税，使得纳税人逃避了本国的纳税义务。为了提高金融账户信息透明度，打击离岸逃税行为，2014 年 2 月 13 日，经合组织（OECD）发布了《金融账户信息自动交换标准》①，为金融账户信息自动交换制定报告和尽职调查通用标准（以下简称“通用报告标准”），并为参与信息交换的各国监管部门制定互惠协议范本。《金融账户信息自动交换标准》主要内容概述如下：

（1）通用报告标准

参与信息自动交换合作的国家或地区（以下简称“合作管辖区”），应要求辖内的金融机构按规定报送信息，同时遵守尽职调查程序，准确识别需要报告的账户持有人及应报告账户。

一是统一信息自动交换报告中相关主体及账户的概念。第一，界定负有报告义务的金融机构。具有报告义务的金融机构（以下简称“应报告金融机构”）是指位于合作管辖区内的金融机构及分支机构；对位于合作管辖区内但其所属金融机构不在合作管辖区的分支机构，也属于应报告金融机构；应报告金融机构的分支机构位于合作管辖区外的，不属于应报告金融机构。此外，通用报告标准将国际组织、政府机构、中央银行、社保基金、集合投资计划等特殊主体排除在应报告金融机构之外。第二，明确金融账户的种类。金融账户包括在金融机构开立的储蓄账户、托管账户、年金账户、保险账户以及金融机构为投资企业开立的股票或债务利息账户，但不包括退休或养老金账户、税收优惠账户等例外账户。第三，确定应报告人的范围。应报告人是指在合作管辖区的税法管理下的居民（个人或单位）及合作管辖区居民遗产的继承人。对于合伙企业、有限责任合伙或类似合法机构，如其没有纳税居所，则应根据其实际管理机构的管辖区来确定其纳税管辖。

二是明确金融账户信息报告应具备的内容，包括账户持有人信息和账户信息两部分。对于单位及个人账户的账户持有人，应报告

---

① *Standard for Automatic Exchange of Financial Account Information.* http：//www. oecd. org/ctp/exchange - of - tax - information/Automatic - Exchange - Financial - Account - Information - Common - Reporting - Standard. pdf.

金融机构需提供其姓名、地址、居住地、纳税人身份识别码、出生日期及出生地（适用于个人）等信息。对于金融账户，应报告金融机构需提供利息、股利、账户余额、具有现金收益的保险产品收入、年金收入、金融资产销售收入和其他源于账户资金的所得或源于该账户的支出。为了便于金融账户信息报告要求与各合作管辖区国内法对接，允许金融机构根据国内法要求免除对纳税人身份识别码、出生日期、出生地的报告义务。

三是明确规定应报告金融机构的一般尽职调查要求。对于按照尽职调查程序已被认定为应报告账户的，应从下一日历年起，按照每年一次的频率报告账户信息。每个合作管辖区可以允许应报告金融机构使用第三方服务提供商来完成其报告和尽职调查义务，但并不因此免除该金融机构的义务。每个合作管辖区可以自行确定，是否允许应报告金融机构将针对新开账户的尽职调查程序应用于现有账户，或将针对高价值账户的尽职调查程序应用于低价值账户，但针对现有账户的尽职调查规则仍应继续适用。

四是制定不同账户类型下的尽职调查流程。将账户明确区分为四大类，即现有个人账户、新开个人账户、现有机构账户、新开机构账户，并针对每一类别账户制定了具体的尽职调查程序，确保应报告金融机构准确识别应报告人，并据此确定应报告账户。第一，对于现有个人账户，根据每年 12 月 31 日的账户余额是否超过 100 万美元，将账户分为低价值账户和高价值账户，并分别制定了尽职调查程序。对于低价值账户，要求通过书面记录或电子检索的方式确认该个人账户持有人是否为应报告人；对于高价值账户，则在低价值账户尽职调查程序的基础上制定了更严格的审查程序。第二，对于新开个人账户，应报告金融机构应要求该账户持有人在开户时提供自我认证文件。应报告金融机构结合自身掌握的其他信息审查账户持有人是否为纳税居民。如根据前述流程认定该账户持有人为纳税（报税）居民的，则其开立的账户视为应报告账户。第三，对于现有机构账户，对于每年 12 月 31 日账户余额超过 250 000 美元的账户，都应作为审查账户进行尽职调查。金融机构应当对该机构是否为应报告人进行审查。如果金融机构根据掌握的信息（含反洗钱尽职调查程序）或者该机构（或实际控制人）提供的自我认证文件，认定该机构或其实际控制人被认定为应报告人的，该账户即是应报告账户。第四，对于新开机构账户，该机构应提供自我认证文件，并对该机构是否为拥有一个或多个实际控制人的实体进行审查，金融机构根据尽职调查程序认定该机构或其实际控制人为应报告人的，该账户即被视为应报告账户。

五是设置尽职调查规则的特殊要求。金融机构不能完全依赖账户持有人提供的自我认证文件。对于具有现金价值保险合同或年金合同因继承等原因转移的，如金融机构有理由认为相关个体受益人为应报告人的，应按照现有个人账户进行尽职调查。金融机构应按照通用报告标准的规定，对应报告人的账户余额进行合计，并据此判断账户实际余额。

（2）监管部门互惠协议范本

互惠协议范本是为不同合作管辖区之间实现金融账户信息的自动交换，提高国际税收合规性，由各国监管部门基于信息自动交换互惠原则签署的协议文本。

互惠协议范本由七部分组成，包括定义、信息交换的类型、信息交换的时间及方式、合规及执行合作、数据保护及保密、协议协商与修改、协议期限。协议简要介绍了协议主体及金融机构、应报告账户等关键概念的含义或范围，并将报告账户持有人的基本信息、账户信息、具有报告义务的金融机构等作为协议项下的可交换信息。为了确保信息自动交换的落实，互惠协议范本进一步明确了信息交换中的具体细节，如应报告账户的支付总额、计价货币、交换时间、数据传输方式等。此外，互惠协议范本还约定，任何一方监管部门有理由认为信息报告不完整或错误的，或金融机构存在违规行为的，其有权通知另一方监管部门，要求其采取一切必要措施解决前述错误或不合规行为。

2. 美国货币市场基金改革

2014 年 7 月 23 日，美国证券交易委员会（SEC）通过了《1940 年投资公司法》修订案，改革货币市场基金的资产净值计价和申购赎回机制等监管要求（以下简称“改革新规”）①。

（1）改革背景

2008年国际金融危机时，美国部分货币市场基金净值跌破1美元导致基金巨额赎回，影响金融市场的稳定。此后，美国证券交易委员会便启动货币市场基金制度的改革进程，先后与其他监管部门及基金从业机构围绕“货币市场基金能否承受住大规模赎回的冲击”以及如何防范“货币市场基金大规模赎回带来的流动性风险”等问题进行多番讨论，并最终于2014年7月通过美国货币市场基金监管改革新规。

（2）改革主要内容

改革新规涉及货币市场基金浮动净值计价法、赎回规则重要修订以及信息披露、税收、投资等其他事项。前两项改革新规实施享有两年过渡期，其他事项则在修订公布后60天生效。

一是浮动净值计价法改革。自1983年以来，美国货币市场基金采用摊余成本法进行估值，即根据其成本和预期收益计算基金资产净值，并将每份净值固定在1美元。与其他基金相比，货币市场基金因其净值较为稳定，受到广大投资者的青睐，被认为是最安全的投资品种，但如出现债券违约，货币市场基金的净值可能跌破1美元，这可能引发投资者恐慌并导致基金巨额赎回，进一步加剧货币市场基金市场的系统性风险。② 美国证券交易委员会认为，实行浮动净值计价法，使用更加透明的估值方法和定价机制，有助于解决机构投资者在市场出现危机时提前获知信息并大量赎回的问题，减少投资者间信息不对称造成的不公平。

根据改革新规，机构货币市场基金应采用浮动份额净值计价方

---

① *Securities and Exchange Commission 17 CFR Parts* 230, 239, 270, 274 *and* 279 *Release No.* 33 – 9616, *IA* – 3879; *IC* – 31166; *FR* – 84; *File No. S*7 – 03 – 13，参见：http://www.sec.gov/rules/final/2014/33-9616.pdf。

② 固定价值给人的印象便是货币市场基金拥有可比拟银行存款的安全性，且能提供更高收益。然而就在2008年9月，这一概念被撤下神坛，一些货币市场基金的少量资产投资于雷曼兄弟发行的债券，雷曼兄弟破产后，相关货币市场基金单位净值“跌破面值”，即每单位价格下降至略低于1美元，进而引发美国货币市场基金大规模恐慌性赎回。参见：*Faking the Buck*，载2014年7月26日出版《经济学人》（*Economist*）第58页。

式，不再采用将份额净值固定在1美元的净值计价方法。政府货币市场基金和零售货币市场基金则无须遵守浮动净值计价法。

改革新规进一步明确美国货币市场基金的分类标准："机构货币市场基金"（institutional prime MMFs）是指面向机构投资者设计并发行的，投资于公司、银行发行的短期债券及美国政府债券、债券回购和资产支持票据的货币市场基金；"政府货币市场基金"（government MMFs）则是指投资于美国政府债券及其债券回购的基金资产不低于99.5%的货币市场基金；"零售货币市场基金"（retail MMFs）则是专门面向自然人投资者设计并发行的货币市场基金。

采用浮动净值计价法后，除美国证券交易委员会规定的例外情形，机构货币市场基金应采用"逐日盯市"（mark – to – market）的估值方法，基金净值根据其投资的债券每日市场价值进行调整，投资者则以货币市场基金每日计算的份额净值进行申购和赎回。

二是基金赎回规则改革。改革新规允许货币市场基金在特定情形下收取"临时赎回费"，并采取暂停赎回措施。当货币市场基金每周流动资产（weekly liquid assets）① 低于基金总资产之30%时，基金董事会（须经多数独立董事同意）出于基金最大利益的考虑，可决定收取不超过2%的临时赎回费；在货币市场基金每周流动资产低于基金总资产之10%时，应对所有赎回收取1%的临时赎回费，但货币市场基金董事会（须经多数独立董事同意）有权作出决定不收取临时赎回费，也有权决定降低或增加临时赎回费收取比例，但该比例最高不得超过2%。货币市场基金每周流动资产低于基金总资产之30%时，经基金董事会（须经多数独立董事同意）决议，还可采取暂停基金赎回措施，但暂停赎回措施实施期限不得长于10个工作日，且在任意90天内累计不得超过10个工作日；若基金每周流动资产达到或高于基金总资产之30%，暂停赎回措施即可自动解除；基金董事会（须经多数独立董事同意）出于保护基金

① 每周流动资产包括现金、美国财政债券、剩余期限在60天以内的政府债券以及可在5个工作日内变现的证券。

最大利益需要，可随时调整或解除暂停赎回措施。另外，政府货币市场基金不强制适用上述赎回规则，但若在基金募集书中事先告知投资者其有能力并自愿遵守上述赎回规则，上述赎回规则亦可对其适用。但需要强调的是，零售货币市场基金不能豁免遵守上述赎回规则。

三是加强信息披露。改革新规增加了货币市场基金信息披露和报告要求。披露和报告的信息主要包括：基金采取的赎回费用和暂停赎回措施，最近十年（新规实施之前的基金除外）基金每周流动资产低于总资产 10% 时的情形以及该情形下基金是否收取临时赎回费和暂停赎回等措施，基金发起人对货币市场基金的支持记录，基金采用浮动单位资产净值与相关税收政策对基金的影响，通过网络公布基金每日和每周的资产流动性水平、持有的现金数额、持有人规模变化以及基金的资产净值，对基金有重要影响的事件，如投资证券出现违约事件等。

3. 巴克莱银行因操纵黄金定价被英国金融行为监管局处罚

2014 年 5 月 23 日，英国巴克莱银行因其交易员普伦基特（Daniel James Plunkett）涉嫌操纵伦敦黄金定价机制，被英国金融行为监管局（FCA）处以约 2 603 万英镑的罚款，普伦基特个人则被处以 9. 56 万英镑的罚款及行业禁入的处罚。有关情况概述如下：

（1）关于交易员普伦基特的违法事实

案发时，普伦基特是巴克莱银行贵金属业务交易员，负责与贵金属价格挂钩产品的定价及风险管理等工作。2012 年 6 月 28 日，普伦基特负责“数字奇异期权合约”（a digital exotic options contract）的定价管理，而该合约需以当天下午 3 点的黄金报价为参考价格。如果当天下午 3 点伦敦黄金定盘价高于每盎司 1 558. 96 美元，巴克莱银行需向其客户支付 390 万美元。普伦基特于是利用巴克莱银行系统漏洞，通过输入虚假卖单压低定盘价，操纵当天的黄金定价机制，其结果，巴克莱银行不仅无须向其客户支付 390 万美元（案发后巴克莱银行赔偿了该客户的全部损失），普伦基特个人还因此多赚了175万美元（除去对冲交易产生的收益）。但是，上述交易行为引起了客户的警觉，该客户向巴克莱银行投诉，要求对当日黄金定盘价相关情况进行解释。巴克莱银行将客户投诉转交给普伦基特，但普伦基特仍拒绝披露其在定盘价确定过程中虚假挂单交易的相关情况，并有意提供虚假陈述，误导巴克莱银行及金融行为监管局。

普伦基特的不当行为，将个人利益凌驾于客户利益之上，既损害了黄金定价机制的权威性，也损害了伦敦作为国际金融中心的声誉。普伦基特个人也因此承担了相应的法律责任。

（2）关于巴克莱银行的处罚事实及依据

2004年6月7日至2013年3月21日期间，巴克莱银行在参与伦敦黄金定盘价定价过程中，对管理系统疏于监管，导致其交易员利用银行交易系统漏洞伪造虚假卖单，操纵黄金定价并从中渔利，违反了《金融行为监管局商业准则》（*the FCA's Principles for Businesses*）第3条[①]规定：一是内控管理制度不健全，缺乏对其交易员参与黄金定价交易的有效管理；二是培训机制不到位，未能对参与黄金定价交易的贵金属交易前台人员进行必要充分的专业培训；三是缺乏有效的系统监控及汇报机制，未能对交易员参与黄金定价交易的相关行为进行有效监督管理。同时，巴克莱银行还违反了《金融行为监管局商业准则》第8条[②]关于利益冲突的内控要求，没有采取有效措施管理与其代理客户之间的利益冲突问题，特别是未能对黄金定价交易中的潜在利益冲突实施有效管理，兼裁判员和运动员于一身，既参与黄金定盘价的定价，又向其客户销售以定盘价为基准价的期权产品。颇具讽刺意味的是，就在普伦基特涉嫌操纵黄金定价机制的前一天，巴克莱银行因涉嫌操纵伦敦银行间同业拆借利率（LIBOR），被英国监管部门处以2.9亿英镑罚款。

---

① 《金融行为监管局商业准则》第3条规定："管理与控制：金融机构应当采取合理措施，建立健全风险管理系统，有效组织并控制相关业务行为。"

② 《金融行为监管局商业准则》第8条规定："利益冲突：金融机构应当公平处理其与客户之间以及不同客户之间可能存在的利益冲突问题。"

4. 美国纽约州上诉法院裁定限制冻结外国银行客户资产

在美国经营的外国银行经常担心，美国法院可能因为外国银行在美国（如纽约）设有分行而行使司法管辖权，并要求对该行在美国以外的其他经营机构的客户资产采取冻结等限制措施。不过，美国纽约州上诉法院于2014年10月在“摩托罗拉信贷公司诉渣打银行”[①]（以下简称“摩托罗拉案”）一案中作出的裁定，在一定程度上消除了外国银行的上述顾虑[②]。有关情况简述如下：

（1）基本案情

摩托罗拉信贷公司（以下简称“摩托罗拉”）作为执行申请人，根据其与Uzan家族贷款欺诈纠纷（以下简称“基础诉讼”）的胜诉判决，请求美国纽约州法院执行Uzan家族成员总计约31亿美元的财产。在基础诉讼中，摩托罗拉诉称，Uzan家族部分成员实施贷款欺诈，在摩托罗拉向Uzan家族控股的土耳其电信公司发放20亿美元贷款后，Uzan家族成员通过欺诈、隐匿等方式将大部分贷款资金挪为自用。渣打银行与摩托罗拉的上述贷款及基础诉讼均无关联。

为防止Uzan家族转移或隐匿资产，美国纽约州南区法院发出协助执行令，限制Uzan家族成员及其他任何人买卖、受让或转移Uzan家族的任何资产。摩托罗拉根据上述协助执行令，请求渣打银行纽约分行协助冻结Uzan家族资产。渣打银行据此对其全球各分支机构持有Uzan家族资产的情况进行检索调查。经核实，渣打银行的阿联酋分行持有Uzan家族大约3 000万美元的资产，该行于是根据纽约法院协助执行令对上述资产进行冻结，但此举遭到当地银

① *Motorola Credit Corporation v. Standard Chartered Bank*, No. 162（N. Y. Oct. 23, 2014）.

② 部分内容参考：史密夫律师事务所（Herbert Smith Freehills）2014年10月分析报告：*New York's Highest Court Reaffirms "Separate Entity" Rule for Foreign Bank Branches*，参见：http：//sites. herbertsmithfreehills. vuturevx. com/255/8350/october－2014/new－york－s－highest－court－reaffirms－－separate－entitity－rule－for－foreign－bank－branches. asp？sid＝87829615－433e－41b1－aef1－3aad15b5040d；维凯律师事务所（White & Case）2014年10月报告：*Motorola Credit Corporation v. Standard Chartered Bank：The New York Court of Appeals Limits Restraints on Assets Held in Foreign Bank Branches*。

行监管部门阿联酋央行的反对。阿联酋央行嗣后采取单方反制措施，从渣打银行阿联酋分行开立在阿联酋央行的账户中扣收大约3 000万美元款项。2013 年 5 月，渣打银行以协助执行违反阿联酋法律，致使该行承担双重责任为由，请求美国纽约州南区法院豁免该行履行协助执行令，并请求法院根据纽约州“独立实体原则”（separate entity rule），明确该行协助执行的范围仅限于债务人开立在该行纽约分行账户内资产，该行无权根据纽约法院的判决冻结债务人在该行其他机构内的资产。纽约州南区法院裁定支持渣打银行诉求，但摩托罗拉不服，后将争议提交纽约上诉法院，要求上诉法院对“独立实体原则”的适用问题作出明确解释。2014 年 10 月 23 日，纽约州上诉法院作出裁定。

（2）法院裁定及说理

纽约州上诉法院指出，“独立实体原则”是纽约州普通法的一项重要原则，已有近一百年的历史，迄今仍有其适用的现实意义。根据独立实体原则，外国银行纽约分行须受纽约法院管辖，但在某些特定情况下，该行在其他国家或地区设立的分支机构需被视为“独立实体”，因此，纽约法院对外国银行纽约分行发出的协助执行令，仅适用于开立在纽约分行账户内的资产，该行其他分支机构账户的资产不受影响。就本案而言，摩托罗拉（基础诉讼胜诉方即裁定债权人）不能要求渣打银行协助执行冻结 Uzan 家族（基础诉讼败诉方即裁定债务人）在该行纽约分行以外其他分支机构内的资产。

纽约州上诉法院指出，适用“独立实体原则”的基础条件依旧存在，在跨国协助执行案件中维持“国际礼让”（international comity）至关重要。如果不承认独立实体原则，在涉及跨国纠纷时，难免发生法律和执法冲突，难免出现竞争性诉讼及“一事再理”等困境，徒增当事人争议解决成本，有害无益。

纽约州上诉法院特别强调，“独立实体原则”可以作为国际银行业的一项限制性原则，即涉及执行债务人在外国银行设立于美国以外的分支机构的资产时，该项原则可以起到限制协助执行的效果。

需要注意的是，纽约州上诉法院作出前述裁定时，有部分法官持反对意见，其理由主要包括：第一，“独立实体原则”的基础条件已不复存在。“独立实体原则”施行之初，银行信息技术尚不发达，无法对债务人开立在银行不同机构的账户信息进行联网核查，但如今银行信息系统已相当发达，跨境联网核查只是举手之劳，此时仍固守“独立实体原则”不合时宜；第二，“独立实体原则”违背公共秩序原则，奉行“独立实体原则”，为债务人规避生效裁判之履行打开方便之门，不利于保护债权人利益，不利于维护生效裁判的权威和尊严，有损美国公共利益。

（3）启示

在摩托罗拉一案中，纽约州上诉法院明确重申“独立实体原则”是纽约州法律的一项重要原则。对于在纽约设有分支机构的外国银行而言，上述裁定无疑是重大利好，因为根据上述裁定，基础诉讼胜诉方（裁定债权人）如根据纽约州法院的裁决向外国银行纽约分行申请协助执行，该行其他国家或地区分支机构无义务根据该裁决协助冻结或扣划基础诉讼败诉方（裁定债务人）的有关资产。但纽约州上诉法院对“独立实体原则”的解释还有诸多模糊之处，如外国银行在纽约州之外的美国其他分支机构能否适用“独立实体原则”，仍不明确，需要今后的司法实践不断补充和完善。

二、国际银行业法制发展的启示

（一）改进我国银行监管

近年来，国际银行监管呈现以下几个特点：一是国际监管规则日趋复杂，以巴塞尔资本协议为代表的国际银行监管规则复杂性不断增加，这一趋势源于银行体系日益复杂、风险敏感性不断增加、监管标准不断提高，但业界普遍反映，国际银行监管规则过于复杂，特别是在资本、流动性监管等方面，既增加了银行的合规成本，也影响了监管有效性；二是跨境监管合作日益加强，无论是巴塞尔委员会改进“监管联席会”运作机制，欧盟推进“银行业联盟”，构建单一银行监管机制、单一处置机制和单一存款保险机制三大支柱，还是英国提出的“母国监管能力相当性评估”要求，均以推进跨境银行监管合作作为一项重要政策目标；三是监管执法趋严，处罚名目繁多，特别是美英等国监管机构，动辄对境内外银行机构处以数十亿乃至上百亿美元的罚款或和解赔偿，处罚名目从洗钱、协助逃税、违反制裁令，到操控利率、汇率和大宗商品价格，再到不当销售、误导消费者等，部分监管处罚的合法性及透明度颇受质疑，银行法律合规成本居高不下。

面对国际银行监管新特点、新趋势，我国银行监管部门应主动出击，参与国际银行监管改革，加强国际监管合作与信息交流，改进银行监管，积极掌握国际监管规则制定主动权，为维护金融主权，提升我国银行业全球竞争力创造有利的外部监管环境。

1. 主动参与制定简单透明且具包容性的国际监管规则

随着我国银行机构及银行市场在国际金融市场的地位和影响力日益提升，我国银行监管在国际银行监管中的话语权也与日俱增。面对国际银行监管规则复杂化带来的新问题，我国应更积极主动参与国际银行监管规则的制定或修订工作，为建立和完善简单、透明、有效的国际银行监管规则体系，推动建立公平竞争的国际银行监管环境发挥自身影响力。目前，我国银行发展阶段及市场深度与主要发达国家市场还存在明显差距，而一些国际监管规则尚未能有效兼顾全球银行业发展不平衡的实际情况，在此背景下，我国应争取国际监管规则制定的主动权，为构建包容性国际监管规则体系发挥更大作用。①

2. 推进跨境银行监管合作

加强跨境金融监管合作，积极参与巴塞尔委员会及金融稳定理

① 2014 年 9 月 24 日，中国银监会主席尚福林在第 18 届国际银行监督官大会上表示，国际银行监管“要充分考虑各国银行业体系的差异性”，并呼吁“建立针对不同资产结构、业务复杂程度、风险特性的包容性国际监管规则体系，创建公平的国际银行业发展环境”。参见：http：//finance. ce. cn/rolling/201409/28/t20140928 _ 3616520. shtml。

事会等全球金融监管合作平台，推进双边金融监管合作，加强信息交流和共享。特别是在中国银行、工商银行和农业银行成为全球系统重要性银行之后，我国银行监管部门与国际金融监管部门以及其他国家或地区监管部门的监管合作及信息沟通与交流尤显必要和重要。

一是要健全银行监管信息交换和共享机制。有必要与境外监管部门通过签署合作协议或备忘录等形式，确立分享监管信息的最低要求。完善监管联席会等非正式沟通渠道，加强日常监管信息的交流与共享。

二是要完善外资银行准入要求。可参照英国《外资银行分行监管指引》规定，将外资银行母国监管部门的监管能力（监管能力相当性）评估纳入我国对外资银行市场准入条件，提高我国监管部门与境外银行监管部门信息交流与共享的主动权，在维护金融主权的同时，强化母国监管部门对我国境内外国银行分行的监管责任。母国监管能力评估事项可以包括母国的监管法规、并表监管、信息共享、监管能力与监管独立性，以及资本监管、流动性监管、恢复与处置机制是否符合我国监管要求等。

三是要加强跨境银行恢复处置的合作。在跨国银行机构出现问题时，各相关银行监管部门之间加强监管合作，采取协调一致的恢复处置方案，对提高问题银行的处置决策效率，保护存款人利益，维护金融市场稳定具有重要意义。目前，欧盟以及金融稳定理事会等组织已经或正在采取积极措施，加强银行恢复处置中的跨国监管合作。在国际金融市场一体化背景下，对跨国银行的恢复处置问题，我国难以独善其身，因此，我国应主动参与有关规则制定过程，积极发挥我国金融市场影响力，加快制定完善国内金融机构破产法律规范，为加强跨境银行恢复处置监管合作提供法律和体制保障。

3. 提高监管规则与监管执法透明度

提高监管透明度是银行监管的基本准则，是推进依法监管，加强监管公信力，提升监管有效性的重要保障。监管透明不仅要求监管规则公开透明，还要求监管执法程序的公开透明，它不仅应记载在监管法律规则中，更应鲜活地体现在一宗又一宗具体的执法案例之中。

目前，我国银行监管透明度仍有较大改进空间：一是监管规则的信息公开有待加强，部分监管规定仍以内部通知或函告方式向特定对象发布，未能通过官方网站等公开途径发布；二是立法技术有待改进，部分监管规则过于宽泛原则又缺乏具体的操作规范，不利于金融机构准确适用监管规则，增加了银行创新业务是否合规的不确定性；三是银行监管规则修订清理不及时，不同监管文件之间相互矛盾现象比较突出，部分监管文件已与金融发展实际严重脱节，影响法规的严肃性和适用性；四是监管执法程序的透明度亟待提升，监管部门的处罚自由裁量权较大，影响执法的规范性和统一性。

为提升银行监管透明度，需着手解决以下问题：一是推进银行监管部门的行政体制改革，减少行政审批项目，充分发挥“市场”在资源配置中的“决定性”作用；二是改进银行监管方式，减少对银行机构具体业务的事前直接干预，为银行业务创新预留必要空间；三是提高监管规则立法质量，提升监管规则的前瞻性和灵活性，减少监管盲区，增强监管规则的确定性和可预见性；四是及时清理监管规则，适时废止过时监管规定，消除监管规则冲突或不统一等问题；五是提高监管执法程序的透明度，对于涉及违规经营、业务收费、消费者保护等社会关注度高、对银行客户权益影响大的事项的监管处罚，要协调银行监管部门与物价、工商等行政执法部门的关系，解决多头执法和重复执法问题，推进监管处罚信息的公开透明，确保监管处罚的公平公正，避免暗箱操作，提高监管处罚的公信力。

（二）稳步推进我国存款保险制度

2014 年 11 月 30 日，中国人民银行公布《存款保险条例（征求意见稿)》，我国存款保险制度历经21年的酝酿[①]，终于进入实施前的倒计时阶段。从《存款保险条例（征求意见稿)》的规定看，我国存款保险制度全面借鉴了有关国际组织（如国际存款保险机构协会）及其他国家（地区）存款保险制度的基本原则及实践经验，如确立了强制保险、限额保险、差额费率等原则，并对存款保险基金的来源、存款保险基金运用的原则和形式、存款保险基金对投保机构的追偿权、存款保险基金管理机构以及风险防范和处置措施等做了规定。

从国际经验看，存款保险制度的建立只是制度运行的起点，需要经历实践检验，并不断发展完善。我国建立存款保险制度后，仍有必要关注并解决以下问题：

1. 存款保险制度对防范系统性风险的局限性问题

存款保险制度虽有助于解决个别小型存款机构出现的支付问题，但在防范系统性风险、解决“大而不能倒”问题上，依然力有未逮。诸如英美等国，即使其存款保险制度已运行多年，但在2007年以来发生的金融危机中，面对陷入困境的大型金融机构，政府仍需出面解决问题。[②]我国存款保险制度能否真正起到帮助银行市场化破产、避免政府兜底的作用，仍待实践检验。如果实践中仍然需要由政府兜底，在政府干预下实行政策性破产，存款保险就可能沦为对商业银行存款开征的一项强制税种，这与存款保险制度设计初衷背道而驰。

---

① 我国最早于1993年提出存款保险的概念，此后历次全国金融工作会议以及近几年国务院总理的《政府工作报告》均对建立我国存款保险制度作出规划和要求。党的十八届三中全会《关于全面深化改革若干重大问题的决定》明确要求“建立存款保险制度，完善金融机构市场退出机制”。截至2014年12月，已有一百多个国家和地区建立了存款保险制度。在20国集团成员中，目前仅我国和沙特阿拉伯尚未建立存款保险制度。

② 例如，2007年9月，英国第五大住房按揭银行——北岩银行（Northern Rock）发生了挤兑事件，当时只有3.17万英镑的存款保险上限（其中2 000英镑可获全额补偿）无法平息公众的恐慌，最终迫使英国政府为北岩银行提供担保，保障储户在银行的存款安全，才使得事态转危为安。

2. 存款保险机构（基金）的独立性与专业性问题

从《存款保险条例（征求意见稿）》看，我国拟以设立存款保险基金形式，由人民银行依据法律授权履行存款保险机构职责（包括对问题银行接管与处置等）。这种存款保险机构模式虽有助于降低制度运行成本和监管成本，但由人民银行以央行身份履行存款保险机构职责，其独立性和专业性问题值得关注。为确保存款保险机构的独立性和专业性，国际存款保险机构协会《存款保险核心原则（2014 年版）》有关要求值得参考：（1）要从法律制度层面，明确存款保险机构的独立性，其履职行为不受政府机构、中央银行及其他组织的干预；（2）存款保险基金的管理人员不宜由其他监管机构的负责人担任；（3）要为存款保险制度运行提供充足的人力物力保障，建立完善市场化的薪酬激励机制，吸引富有经验的金融、律师、会计师等专业人员；（4）要完善存款保险机构的治理架构，加强内部控制，防范利益冲突，强化信息披露，增强透明度。

3. 存款保险机构与其他监管部门的监管协调问题

存款保险机构享有法定的监管职责，有必要加强与其他金融监管部门的信息共享及监管合作协调机制，防止监管冲突；统一规范不同监管部门之间的监管数据格式要求，避免重复执法检查等监管行为，降低银行机构合规成本。

4. 参保银行的负担及转嫁问题

根据《存款保险条例（征求意见稿）》，存款保险费用须由参保银行自行负担，这势必增加银行的经营成本，银行也可能存在转嫁成本的动机。对此，可参照欧盟存款保险制度要求，对参保银行向其客户转嫁保费成本的行为作出限制或禁止性规定。

5. 存款保险赔付效率问题

在发生银行危机时，保险赔付效率直接影响存款人信心及市场稳定。为提高保险赔付效率，可参照前述国际存款保险机构协会

《存款保险核心原则（2014 年版）》及欧盟有关规定，明确对大多数存款账户的赔付应在 7 个工作日内完成。同时，考虑到保险赔付是个系统工程，需要存款保险机构、银行之间的系统对接支持，有必要对现有银行客户识别系统及账户管理系统进行必要改造，如在短时间内难以实现的，可设定明确的时间表，给参保银行预留必要的准备时间。

6. 配套法律制度和司法体系建设问题

有效的存款保险制度需要完善的法律及司法体制提供保障。考虑到银行破产处置的特殊性，要尽快出台专门关于金融机构破产的法律规范，明确银行等金融机构破产程序的启动条件、银行接管及银行恢复处置（包括处置机构的职责、存款保险机构的介入、金融合约如何履行等）等方面的制度安排。改善司法执法环境，提高银行破产程序的运行效率，改变以往金融机构破产程序久拖不决①的困境，防范道德风险，稳定市场预期。

7. 存款保险制度与存款准备金等金融政策工具的协调问题

从理论上讲，存款银行向央行缴纳的存款准备金，实际上类似于向央行缴纳了存款保险，在存款银行发生支付困难时，可以此作担保获取央行的再贷款支持。在存款银行发生支付危机时，最终可提用该部分存款准备金。从国际实践看，建立存款保险制度的国家（地区），一般央行不再征收或只征收很少的存款准备金，即法定存款准备金与存款保险的功能很大程度上是雷同的，不应重复征收。我国实施存款保险制度后，也可以考虑取消或下调存款准备金率，或将部分存款准备金直接移转至存款保险基金，在不增加银行机构成本的前提下，夯实存款保险基金。

---

① 例如，成立于 1995 年的海南发展银行因不能及时清偿到期债务，于 1998 年 6 月 21 日被人民银行关闭，自 2000 年起，该行进入破产清算程序，但由于多方原因，至今清算仍未终结。

（三）改善银行公司治理与风险管控

近年来，国际金融市场频繁发生重大违规处罚事件，处罚金额触目惊心，对相关银行的声誉也造成重大不利影响。这些受罚银行遭受的巨额财务损失及重大声誉损害，并不是因为客户信用违约，而是由于银行公司治理存在缺陷、风险管理存在漏洞或风险文化不健全等引发操作风险事件，并导致法律诉讼、司法及监管处罚等法律风险。对此，我国银行业金融机构也应引以为鉴，并切实采取有效措施，借鉴巴塞尔委员会等国际组织及有关国家最新监管规定，完善银行公司治理，强化银行风险管理，创建健康的银行风险文化。

1. 优化银行公司治理及风险管理

目前，国内银行机构（特别是上市银行）已建立了由业务部门、风险管理部门及内控审计部门共同组成的风险管理框架，为有效识别和管理风险奠定了制度基础，这与巴塞尔委员会确立的以"风险管理三道防线"为核心的风险管理要求基本一致。但从国内银行风险管理实践看，三道防线的运作还存在第一道防线被"虚化"，第二道防线被"分化"，第三道防线被"弱化"等问题，亟待改进完善。部分银行由于受业绩导向的风险文化影响，处于第一道防线的业务部门或条线缺乏主动识别并积极防控风险的内生动力；处于第二道防线的各相关风险管理部门之间缺乏内部协调和管理合力，甚至还存在职责重叠或职责真空问题，不利于有效防控银行风险；而作为第三道防线的内部审计部门由于人财物力限制，对银行风险管理进行独立的全面审计仍受到多方掣肘。为强化银行风险管理，应进一步优化银行风险管理框架，完善全面风险管理机制。

一是强化银行董事会对银行风险管理的职责。董事会对银行经营管理承担最终责任，负责制定信用风险、流动性风险、法律合规风险、操作风险及声誉风险等银行主要经营风险管理制度以及银行风险管理战略、风险偏好及薪酬管理等制度政策。为履职需要，董事会应当授予相关高级管理人员必要权限，并对重要业务经营活动设定风险限额。应建立健全相应机制，确保风险管理、法律合规、内部审计等部门的独立性。

二是做实前台业务部门（第一道防线）对风险的识别与防范职责，强化其作为风险最终实际承担者的责任。前台业务部门处在风险管理的最前沿，直接接触操作、市场、信用等各类风险，对各类风险最有切身体会。在我国经济步入“新常态”、银行经营面临深刻转型的背景下，强化并落实第一道风险防线责任，具有非常重要的现实意义，这也是提升银行风险管理有效性的重要保障。

三是厘清第二道防线各相关部门职责分工，减少职责冲突，降低管理内耗，增强全面风险管理的总体“合力”。风险管理的第二道防线一般包括银行风险管理、法律合规及内控等职能部门，其中风险管理部门负责识别、计量、监测并报告银行风险总体情况，法律、合规等部门则负责银行法律合规等风险管理。由于银行风险的复杂性和易传导性，不同风险管理职能部门之间必然会有职责交叉，因此，在明确分工基础上，更有必要建立完善第二道防线各职责部门之间的业务合作与信息互通机制。

四是提高内部审计的专业性，强化内部审计独立审计职责。内部审计不仅要对前台业务有深入而细致的了解，也要对相关的监管政策及内部风险管理政策有足够的认识，以确保第一道与第二道防线各部门严格履行职责，防范风险事件的发生。内部审计部门还要对潜在的风险进行必要而严密的评估，并据此提出合理化建议，促成风险管理体系的完善。为保障内部审计部门的独立性，要强化内部审计的独立报告路径，完善内部审计人员的薪酬激励、业绩考核及职业晋升制度。

2. 创建健康的银行风险管理文化

有效的风险管理依赖于健康的风险管理文化。对银行来说，风险管理不仅依赖于完善的风险管理架构和灵敏的预警防控体系，更需要全行（集团）树立全面风险管理的理念，强化合规意识，创建健康的风险管理文化。从巴塞尔委员会及美国货币监理署（OCC）等最新监管文件看，境外一些监管机构已将风险文化纳入银行机构特别是大型银行公司治理及风险管理范畴，这对国内银行风险管理也有借鉴警示作用。

建立符合银行风险偏好要求的风险管理文化，规范约束银行经营管理行为，对银行加强内部控制，有效识别和防范风险，具有重要意义。构建健康的风险管理文化，需重点关注以下几个问题：(1) 银行董事会应重视风险文化制度建设，明确定义银行风险文化的内涵及基本要求，并将其奉为基本行为准则贯穿于银行经营管理全过程；(2) 风险防控意识应当成为银行各层级员工的基本职业素养，董事会成员和高管层要身体力行，上行下效，在银行内部形成注重风险的良好氛围；(3) 在承认风险（不确定性）无处不在的前提下，确立银行风险偏好和风险容忍度，将风险控制在可预见范围内；(4) 拒绝风险无法预知或无法理解的产品和业务；(5) 践行银行社会责任，关注股东、存款人、债权人、员工以及社会公众等利益相关者的正当利益，维护银行声誉；(6) 加强对风险文化践行情况的持续跟踪评估，建立相应的奖惩及责任追究制度，对不符合风险文化要求的制度规范或具体经营行为，要及时修订或纠正。

(四) 扎实做好金融消费者权益保护工作

近年来，我国高度重视金融消费者权益保护工作，在加强消费者保护立法，推进消费者保护监管机制建设等方面，取得了显著成绩。银行机构根据法律及监管要求，将金融消费者权益保护放在更加突出的位置，加强制度和组织机构建设，推进消费者教育，提高消费者安全意识和自我保护能力，提升了消费者保护整体水平。

但是，随着我国金融服务不断创新，利率市场化进程不断加快，以及未来存款保险制度的实施，银行市场竞争将更加激烈，银行产品和服务将日趋多元化、国际化和复杂化，金融消费者保护面临诸多新问题新挑战，需要监管部门及银行机构妥善应对处理：一是在移动金融①服务背景下，消费者交易安全与信息安全保障问题；

① “移动金融”代表了未来银行客户服务需求的方向，移动金融不仅正在取代网上银行成为线上金融服务的重要入口，也成为线上线下交互联动服务的主要渠道，是互联网金融各个平台、产品线和服务体系建设与拓展的重要支撑基础。

二是银行产品的多元化、复杂化与消费者知情权、选择权保护问题，特别是如何加强改进信息披露与风险揭示等问题；三是银行服务收费的正当性与消费者合法权益的保护问题；四是网络环境下客户投诉与声誉风险防控问题；五是在境内外银行监管机构对消费者保护的监管和处罚日趋严厉的背景下，银行跨境经营与监管处罚风险防范问题。为此，银行机构应主动适应外部市场监管环境的重大变化，积极采取应对措施，扎实做好消费者保护工作。

1. 处理好银行服务便利与交易安全的关系

移动金融服务有望成为效率最高、流程最顺畅、体验最好的银行服务方式，银行更应强化安全防范措施，保障客户交易安全、信息安全，妥善平衡交易便利与安全的关系，在总体风险可控的前提下，大额交易“讲安全”，小额交易“讲便利”，提升客户服务体验。此外，社交媒体的开放性和便捷性容易引发信息泄露事件，因此，要提升银行系统的安全性，建立完善安全突发事件应急处理机制，妥善处理“大数据”时代信息共享与消费者信息（隐私权）保护的关系，遵循消费者（信息主体）同意、限定使用及透明度等原则，在依法保护消费者信息控制权①的前提下，确立消费者信息在法定范围内的合理使用及共享机制。

2. 加强社交媒体环境下的消费者权利保护

当前，国内已有部分银行通过第三方或自行开发的社交媒体进行产品推介营销、业务办理、客户维护及客户投诉处理等工作，社交媒体已成为银行线上线下交互关联的重要渠道。对此，银行应注意防范与社交媒体服务相关风险，如法律合规风险、声誉风险及操作风险等。

一是强化信息披露和风险揭示，提高透明度。线上产品或服务的信息披露标准不能弱于线下产品或服务。如通过网络链接方式提

① 消费者对其信息的“控制权”是指，除法律另有特别规定外，消费者（信息主体）有权自主决定并知悉个人信息的占有、使用（包括使用目的、范围及期限）、信息处理、信息保存及信息的对外披露等情况，在发现个人信息存在不准确、错误等情形下，有权提出异议或删改，并寻求法律救济。

供所披露的信息，则应确保该等链接明确、清晰和有效。

二是赋予消费者一定的反悔权。网络交易不受时空限制，且具有即时性，消费者可能未经慎重考虑即作出购买决定，因此，有必要根据银行产品或服务特性，在法律许可范围内，允许消费者在一定期限内撤销或取消已购买或接受的产品或服务。

三是积极应对消费者投诉。由于消费者通过社交媒体的投诉和咨询是公开的，银行要建立相应机制，提高投诉处理的及时性和有效性，避免在“自媒体”环境下因客户投诉处理不当引发声誉风险。

3. 妥善处理银行业务收费与消费者保护问题

随着我国利率和汇率管制的逐步放开，金融市场要素价格市场化程度加深，商业银行只有推进综合化经营，开拓新兴业务领域和收入来源，才能有效应对利差收入收窄及市场竞争加剧等挑战。在此背景下，银行应妥善处理银行业务创新及业务收费与消费者保护的关系。

一是加强银行创新产品的事前审查和风险防控。强化产品或服务的设计开发、协议制定等环节的风险识别和控制。建立事前协调和管控的长效工作机制，在产品和服务推向市场前进行必要的风险评估测试，对影响客户体验的产品予以优化，对影响客户权益的做法予以纠正。

二是规范银行产品或服务的推介销售行为。要加强客户适当性评估，规范产品销售管理，完善销售人员考核激励机制，加强对销售人员的业务风险培训，避免误导、欺诈销售及捆绑销售等不当销售行为。

三是依法合规收费。首先，应提高银行的收费自主权。在利率市场化及推出存款保险制度条件下，银行监管部门应按照审慎监管要求，赋予符合一定标准的银行机构更大的产品创新自主权和中间业务等收费的合理定价权。[①]其次，应加强银行收费监管。银行收费

---

① 《工行副行长张红力：商业银行如何应对利率市场化带来的挑战》，http：//q. stock. sohu. com/news/cn/398/601398/3676845. shtml。

应当遵循合法合理、公开透明、质价相符等原则，不得巧立名目，滥收乱收，不得通过捆绑或搭售方式强制收费，也不得实施有碍市场公平竞争的其他价格行为。最后，应强化银行收费的信息披露。为便于消费者知悉理解银行收费项目内容，银行除提前公示收费项目外，还应使用通俗易懂的、行业惯用的标准术语对收费事项进行必要解释说明。可参照欧盟《支付账户服务监管指令》等相关监管要求，由银行业协会或其他独立第三方收集、比较并公布不同银行类似服务项目的收费标准等内容，便于消费者了解并理性选择适当的银行产品或服务。

（五）建立和完善网络金融监管框架

近几年，以网络支付、网络借贷、网络理财、金融电商等为代表的互联网金融（或称“网络金融”），依托于云计算、大数据、搜索引擎、移动支付等互联网技术高速发展，并向传统金融核心领域积极扩张，覆盖了传统金融业未能提供服务的客户群体，受到金融业界、监管部门以及社会舆论的高度关注①，但其业务边界、业务模式仍在不断发展变化中，对其监管政策也尚不明确。为促进网络金融依法合规健康发展，有必要遵循鼓励创新与完善监管相结合的原则，加快建立我国网络金融监管规范。对此，2014 年英国金融行为监管局关于网络借贷的监管思路，对构建我国网络融资②监管体制具有一定的借鉴意义。

1. 明确网络金融监管的基本原则

建立我国网络金融监管框架，应遵循“适度监管、分类监管、协同监管、创新监管”等基本原则③。第一，在监管规则和框架的

---

① 2014 年 3 月 5 日，提请十二届全国人大二次会议审议的政府工作报告明确提到“促进互联网金融健康发展，完善金融监管协调机制”，这是“互联网金融”首次被写入政府工作报告。

② 本章讨论的网络金融主要包括以 P2P 为代表的网络借贷以及以第三方支付为代表的网络支付等业务模式；众筹融资等业务模式不在本章讨论范畴。

③ 人民银行副行长潘功胜2014 年11 月26 日在“中国支付清算与互联网金融论坛”上的讲话，引自财新网：http：//finance. caixin. com/2014 - 11 - 26/100755724. html。

设计上，坚持开放包容理念，在保证底线基础上为行业发展提供空间，准确把握法律关系和风险，注重监管的自我调整和自我完善。第二，加强规则公平性，防止监管套利。网络金融本质上是金融，应遵守金融监管法律法规，不论金融机构还是互联网企业，标准应该大体一致，不应对不同市场主体执行不同政策。第三，应正确理解自律与监管的关系。网络金融的金融属性决定了其经营和创新应受到严格的监管，可以强化市场及行业自律，但不能以自律否定或排斥审慎监管。

2. 完善以信息披露为核心的监管规范

强化网络借贷平台信息披露要求，既有利于规范和约束网络借贷平台，也有利于投资者作出理性投资选择，保护投资者正当权益。目前，由于缺乏明确的监管，我国网络借贷平台的信息披露尚无统一标准，随意性大，信息披露的真实有效性难以保障。为此，可借鉴英国关于网络借贷平台强制信息披露的监管规定，要求网络借贷平台遵循真实性、重要性和准确性原则，规范信息披露，强化风险揭示，提高透明度。

3. 强化对网络借贷平台的业务监管

（1）明确平台准入监管要求。合理设定平台经营者的准入门槛，对经营者的股东、管理人员资质、资本要求、风险管理、系统支持及安全保障能力等提出具体监管要求。例如，可参照英国金融行为监管局对借贷型众筹平台的监管规定，要求网络借贷平台缴纳一定数额的资本金，并根据平台借贷资金规模，动态调整其资本金缴纳标准和条件。又如，要求借贷平台制定“生前遗嘱”，对可能发生的平台倒闭善后处理提前作出安排（如继续管理未到期借贷、向借款人继续追讨债务等），保障平台经营失败时最大限度地减少投资者损失。

（2）依法设定借贷平台业务发展底线。根据我国网络借贷平台业务发展实际，结合我国现行法律法规，设定网络借贷平台业务经营应遵循的基本原则或底线，主要包括：网络借贷平台不能提供信用中介，不能搞资金池，不得违规担保，不得对借款本金或者收益作出承诺；要落实投资者和借款人实名制，防范洗钱风险；不得自保自融，不得从事非法集资、诈骗等行为；要引入第三方托管对投资者资金进行独立托管；引入平台审计机制；等等。[①]

（六）健全金融机构反洗钱工作机制

近年来，我国金融机构反洗钱工作成效显著，反洗钱法律监管体系和银行等金融机构反洗钱内控管理机制逐步健全，但仍然存在一些问题和薄弱环节。2014 年法国巴黎银行巨额罚款事件虽遭到国际社会质疑，但也表明美国等发达经济体对反洗钱监管和执法尺度日趋严格。金融机构若不能正视反洗钱方面的风险，将可能遭受财务以及声誉等方面的重大损失。面对错综复杂的国际国内反洗钱监管环境，我国金融机构特别是跨国经营的银行集团应认真排查反洗钱工作中存在的问题和薄弱环节，进一步强化反洗钱工作要求，做好洗钱和恐怖融资风险防控工作。

1. 构建集约高效的集团反洗钱风险管理体系

一是加强反洗钱风险并表管理，统筹做好境内外反洗钱工作，制定完善集团统一的反洗钱风险管理制度及标准，如客户开户制度、客户尽职调查要求及资料保管规定等，并根据从严原则，依据东道国监管要求作必要调整。二是加强集团内高风险账户及交易等信息的集合与共享机制，开发集团统一的信息处理系统，完善集团数据中心，为提升境外机构反洗钱风险管理能力和效率创造有利条件。三是加强集团反洗钱工作的审计检查，强化银行合规内审人员对集团反洗钱制度执行情况进行审计评估的责任。此外，可参照巴塞尔委员会《关于洗钱及涉恐融资风险管理指引》要求，在银行集团层面建立健全集团反洗钱风险管控体系。

---

① 徐维强、朱文彬：《银监会创新监管部主任王岩岫：P2P 行业监管遵循十大原则》，载 2014 年 9 月 29 日《上海证券报》。

2. 健全反洗钱工作机制

一是加强客户信息管理，采取必要技术管理措施，准确完整地保存客户身份资料和交易记录，防止客户信息缺失、损毁或泄露，夯实反洗钱工作基础。二是建立产品洗钱风险评估机制，完善反洗钱客户风险分类及系统流程，准确识别风险，根据风险程度合理配置资源，提高反洗钱工作有效性。三是加强对洗钱特别是涉恐融资交易的监控机制，研发洗钱及涉恐融资交易监控模型，优化异常交易指标模型和系统功能，严密监测洗钱风险；建立反洗钱报告质量抽检制度，加强可疑交易报告质量控制，及时准确报告洗钱线索。四是强化零售银行业务、公司金融业务、电子银行、涉敏业务及新兴业务等重点领域和关键环节管理，推进洗钱风险与业务风险管理的有机结合，有效控制洗钱风险。五是要建立反洗钱培训长效机制，切实提高从业人员的风险意识、专业素养和履职能力。

3. 对美国反洗钱长臂管辖保持高度警惕

法国巴黎银行处罚事件延续了美国一贯执行的长臂管辖做法。根据美国《爱国者法案》，如国外金融机构或国际交易涉嫌洗钱交易或为洗钱提供便利，美国监管部门可以采取特别措施，包括获取与美国国内客户同等的信息、禁止或限制外国金融机构在美国开设和持有账户或代理行账户等。由于犯罪通常都需资金支持或通过金融机构进行结算，鉴于目前美元的强势地位，任何国家的银行只要经营国际业务，就无法绕开美元进行清算，离不开与美国金融机构的业务合作，因此，如果外国银行机构参与了洗钱活动，涉及的资金交易全部或部分发生在美国，或是在美国开设了银行账户，美国就可以行使长臂司法管辖权，并对有关机构实施处罚或制裁。我国银行机构特别是在美国设有机构的银行机构更应清醒地认识上述情况，并对美国长臂管辖规则的发展动态保持关注，确保在反洗钱问题上既要满足国内监管要求，还要兼顾美国在反洗钱及涉恐融资等方面的监管要求。

（七）加强税收信息自动交换国际合作

随着我国对外投资的迅猛发展，纳税人利用避税地进行离岸逃税的情形也日益突出。为有力打击海外逃税行为，我国一直积极参与国际税收信息交换监管合作。2014 年 5 月 6 日，我国作为非经合组织成员承诺遵守经合组织《金融账户信息自动交换标准》，允许银行信息自动与其他参与国家交换[①]。为确保《金融账户信息自动交换标准》在国内有效实施，应注意以下几个问题：

一是确保国内法与《金融账户信息自动交换标准》有效衔接。目前，我国关于信息自动交换的规范性文件只有国家税务总局出台的《国际税收情报交换工作规程》（国税发〔2006〕70 号，以下简称《规程》）。《规程》明确了我国与其他参与国之间进行信息自动交换的管理程序，其中关于信息采集范围及尽职调查流程均与《金融账户信息自动交换标准》要求存在较大差异。我国可参照经合组织《金融账户信息自动交换标准》，结合我国实际情况，制定信息自动交换实施细则，明确信息自动交换的责任主体、信息采集范围、尽职调查程序等具体业务细节，为参与信息自动交换各主体提供操作指南。

二是建立信息自动交换技术处理系统。鉴于信息自动交换中涉及数据较多，信息获取、识别和处理流程也较为复杂，只有开发相应的信息处理系统方能满足信息自动交换的需要。我国应充分利用信息技术，实现对相关数据的录入、采集、审查、交换自动化处理，夯实我国信息自动交换的硬件基础。

三是提升我国纳税信息使用效率。目前，我国信息自动交换主要是对外提供信息，接受并利用他国所提供信息的能力仍待加强。[②]因此，我国应不断完善税收信息内部管理体制，增强对纳税信息的

---

① 据环球网 2014 年 5 月 7 日报道，2014 年 5 月 6 日，经合组织的 34 个成员国及包括我国和新加坡在内的 13 个非经合组织参与国家在巴黎经合组织总部签署宣言，承诺将尽快在本国银行系统实施《金融账户信息自动交换标准》，允许银行信息自动与其他参与国交换。

② 崔晓静、熊昕：《国际税收自动信息交换法律制度的新发展》，载《法学》，2014（8）。

获取及分析能力，确保自身能够及时识别逃税风险；另外，我国应充分利用信息自动交换的互惠原则，积极向其他缔约国提出信息交换需求。

（八）推进我国货币市场基金改革

近几年来，我国货币市场基金发展迅速，截至2014年6月末，货币市场基金总规模达到1.585万亿元，占公募基金资产管理规模的44.68%[①]。随着货币市场基金规模的扩大，基金流动性问题日益突出。加强货币市场基金流动性管理，不仅关系到广大投资者的利益，对整个金融系统的稳定也有举足轻重的影响。美国货币市场基金改革措施对我国货币市场基金管理具有一定的借鉴意义。

一是适时引入浮动单位资产净值制度。目前，我国货币市场基金基本采用按面值报价的方法，即每份基金净值固定为1元。[②]在市场下行过程中，单位净值难以反映资产组合的真实价值，从而使投资者有动机利用估值缺陷进行赎回，影响基金的流动性。美国货币市场改革中引入的浮动单位资产净值计价方法，能够真实反映资产组合市场价值的变动情况，鼓励投资者特别是机构投资者在市场上行阶段赎回基金，也便于投资者了解所投资基金的风险状况，值得我们借鉴。

二是通过收取临时赎回费、暂停赎回等措施加强货币市场基金流动性管理。国内货币市场基金尚未从流动资产比例角度进行流动性评估。可借鉴美国货币市场基金改革方案，先从细化货币市场基金流动资产比例入手，明确每日和每周流动资产定义和比例要求，确保流动性资产在资产组合中占有适当和充足比例。当流动资产比例低于一定数额时，允许基金管理人采取收取临时赎回费、暂停赎回等措施，缓解货币市场基金流动性压力。

---

① 参见：金融保险投资网，《2014年6月末货币市场基金规模接近1.6万亿元》，http：//jr. chinairn. com/news/20140717/092606947. shtml。

② 证监会《货币市场基金管理暂行规定》第九条规定："对于每日按照面值进行报价的货币市场基金，可以在基金合同中将收益分配的方式约定为红利再投资，并应当每日进行收益分配。"目前我国货币市场基金均采用面值报价，即单位净值固定为1元。

三是提高货币市场基金资产组合的多样性，分散投资风险，缓解流动性压力。目前我国货币市场基金所配置的资产中，银行存款的比例及绝对数量较高，货币市场基金大规模赎回直接影响银行存款的稳定，基金的流动性与银行的流动性问题可能相互传导，引发金融系统性风险。另外，根据我国存款保险制度安排，金融机构同业存款不纳入存款保险[①]，若发生银行破产事件，基金所投资的银行存款作为金融同业存款可能也面临投资损失风险。因此，有必要对货币市场基金投资的集中度进行控制，对投资于同一投资对象及其关联方的证券、存款等投资品种进行一定的比例限制。

---

① 参见2014年11月30日中国人民银行发布的《存款保险条例（征求意见稿）》第四条。

下　篇

法律问题探讨

第五章

银行业法制学术研究综述

一、金融与银行法宏观研究

（一）金融与银行法理论

1. 金融软法

因在金融领域具有广泛的影响力，金融软法仍是金融法学宏观研究的一个重要领域。有学者认为金融软法的实施效果存在被高估的可能，并指出其获得遵守的动因，可从四个方面解读：一是理性主义，即基于国家利益（主要限于物质利益层面）进行分析；二是构建主义，强调对本国利益和国际社会隐形压力的兼顾；三是私人主体分析，突破前两种进路从国家层面的观察，直接关注私人主体对金融软法的遵守动因；四是规则正当性分析，认可规则合理性和制定过程的主体代表性也是金融软法获得遵守的必要前提。①

2. 金融监管

金融监管措施的法律定性是金融法宏观层面的一个重要问题。有学者认为，从与行政处罚、行政强制、行政检查等行政法概念对比的角度看，金融监管措施作为一个学理概念（对应于立法语言），

① 张庆麟、王桂林：《国际金融“软法”获得遵守的动因分析》，载《时代法学》2014 年第 4 期。

其具体内容非常丰富，既有分属行政处罚（如取消高级管理人员任职资格等）、行政强制（如封存文件、资料等）和行政检查（如现场检查等）的内容，也有不属于上述任一类型的行为（如限制业务活动等），其本质并非一种新的、独立的行政行为类型。金融监管措施是否受法律正当程序限制，不能一概而论，而应结合紧急行动的必要性、对相对人权益影响程度等因素具体分析。①

有学者认为，我国金融监管制度供给过剩，其原因有：非需求导向型监管模式，即金融监管制度成本约束较弱，政府主导了金融监管制度的供求均衡；权力监管模式下粗放型制度供给，即金融监管制度供给存在忽略监管成本、偏离监管目标和规则不稳定等问题；金融监管的行政化，即现实中存在出于行政化考量的金融监管制度，如商业银行市场准入的诸多限制规则。应当通过市场化监管、引入成本收益理念和问责机制等手段优化我国的金融监管制度供给。②

（二）金融与银行法制发展

1. 金融法改革

有观点指出，在传统视野下，金融法改革应当着力于健全证券市场监管法律体系、加强期货专业监管、解决国有金融机构监管难题、推动多层次资本市场建设以及建立金融企业破产法律制度等方面。改革建议包括：推进证券公开发行注册制改革、成立独立的期货监管委员会、设立只承担出资人职责的“金融国资委”等。在新形势下，金融创新与法制建设则应当关注资产证券化、自贸区金融创新、人民币资本项目国际化、理财产品销售以及互联网金融等问题。③

---

① 邢会强：《金融监管措施是一种新的行政行为类型吗?》，载《中外法学》2014年第3期。

② 王煜宇：《我国金融监管制度供给过剩的法经济学分析》，载《现代法学》2014年第5期。

③ 李曙光：《依法治国与金融法改革》，载《中国法律》2014年第2期。

有观点认为，准确界定社会变迁的现实阶段，把握当前金融市场的时代特征，是推动金融法改革的“前提条件”。信息化、全球化、社会转型和市场深化（对比金融抑制角度）等时代特征对传统金融法理论与制度实践提出了全新的挑战。与此相适应，金融法改革应当符合“与时俱进与制度创新”、“全球观念与国际视野”、“发展使命与社会担当”以及“市场意识与适当干预”等时代要求。①

有学者将金融改革的主线总结为“开放”和“民生”：前者内涵涉及对内减少金融市场准入和退出限制、对外减少跨境金融活动管制等；后者则指通过金融市场体系和市场结构的改善，发挥保障民生的功能。关于金融法改革的任务，在程序层面应当实现政策法律化和原则规则化，在实体层面则应当树立从金融抑制走向金融深化、从金融排斥走向金融包容的思路。②

2. 金融立法

第十二届全国人大常委会立法规划将《商业银行法》修改列入“需要抓紧工作、条件成熟时提请审议的法律草案”范围。有观点指出，修改《商业银行法》既要增加一些支持商业银行创新发展的规定，也要修改一些不适宜的规定。立法应当增加的规定如：认可理财业务、电子银行业务等比较成熟的商业银行新业务；引入商业银行分类持牌制度等。立法应当修改的规定如：取消不必要的行政审批事项；对监事实施任职资格管理；扩大商业银行利率自主定价权等。③

有观点认为，应当修改《商业银行法》，实施银行业分类持牌制度，并规范银行业信息披露。同时特别强调指出，《商业银行法》应当借鉴《证券法》、《保险法》等立法经验，明确银行业协会的法律地位和职能；明确金融机构需设立总法律顾问，完善商业银行

---

① 冯果、袁康：《社会变迁与金融法的时代品格》，载《当代法学》2014年第2期。

② 冯果、袁康：《走向金融深化与金融包容：全面深化改革背景下金融法的使命自觉与制度回应》，载《法学评论（双月刊）》2014年第2期。

③ 高飞：《加快修订商业银行法》，载《中国金融》2014年第12期。

制度规范、重大决策的合法性审查机制。①

有观点认为，我国现行银行破产法律在立法目的、法律原则等方面与一般公司几乎没有差别，并没有从维护整个金融体系安全的角度对商业银行的破产问题作出特别考虑，在具体操作方面存在漏洞。完善措施如：妥善配置行政权和司法权，清楚界定银行破产中两种权力的界限；设立破产前置程序，在破产程序启动上赋予银行监管当局认定权等。②

3. 金融主体

2014 年，农村信用社等农村金融组织的法律地位、组织形式和运行管理等问题引起学者的关注。

有观点指出，在“去合作社化”的改革浪潮之下，我国农村信用社的存续面临现实的法律困境，主要表现如：有关立法层级过低、组织形式的法律规制过于宽泛以及“社员自治”的规范要求长期虚置等。具体建议如：制定《农村合作金融法》，明晰农村信用社产权，明确其法律地位以及与政府的法权关系；改造现有的农村信用社多元组织形式，排除纯粹股份制，保留纯粹合作制和股份合作制等。③

有观点认为，我国农村合作金融法制以“无差异社员假设”（即假设社员间在入社目的、能力和素质等方面无差异）为前提，但该假设与现实情况明显不符。为实现异质社员间利益冲突的法律平衡，立法不必限制非均衡持股，在股权结构、表决机制等控制权方面对能人社员提供合理的倾斜分配；通过强化监事会职权、对内部社员权提供行政保护等手段，实现对普通社员权益的“侧重保护”。④

---

① 卜祥瑞：《再次修改〈商业银行法〉的制度创新》，载《中国法律》2014 年第 2 期。

② 解欣萌、慕雅琦：《关于我国制定〈银行破产法〉的思考》，载《经济研究参考》2014 年第 29 期。

③ 郑景元：《公私合作：我国农村信用社存续的有效路径——域外立法经验及其借鉴》，载《法商研究》2014 年第 1 期。

④ 张德峰：《农村合作金融组织异质社员间利益冲突的法律平衡》，载《法商研究》2014 年第 4 期。

有观点认为，为确保合作金融行业组织的构建和运行，法律应当确认社员的“外部联合权”，并界定行业组织设立、运行等活动。在结构模式上，法律应当借鉴日本经验，建立混合模式的行业组织（主要指基层行业组织可为高层行业组织成员，合作组织可选择加入基层或高层行业组织）。在组织形式上，因“协会制”行业组织存在功能缺陷，建议通过立法构建“合作制”组织形式。①

村镇银行是在服务“三农”和鼓励民间资本进入银行业政策背景下产生的新型银行业金融机构。有观点指出，我国现行村镇银行设立制度不尽合理，包括：规定股份有限公司形式的村镇银行必须采发起方式设立；主发起人制度导致村镇银行股权结构发生严重异化等。为保障村镇银行稳定发展，发挥民间资本的优势，立法应当针对上述问题进行相应的修正，并构建激励制度等配套制度。②

4. 上海自贸区

建设上海自贸区是党中央和国务院在国内外新型经济环境下做出的重要战略决定。有观点认为，要实现借助自贸区推动国际金融中心建设的目的，在不提供税收优惠的情况下，应着力于打造法律制度上的吸引力，形成“法律特区”。具体而言，“可以通过委托立法制定先进的金融法规乃至民商事规则体系、设立独立而公正的司法制度、使行政执法机制更加合理和统一、建立健全行政程序，并组建政府律师队伍。”③

有观点认为，上海自贸区金融创新法律规制的基本框架应包括以下内容：赋予上海自贸区单独立法权限，设立高级别区内外立法冲突协调机制，出台《中国（上海）自贸区金融监管条例》；确立原则监管的监管理念，允许以监管原则作为独立执法依据，并保留必要的监管规则；设立独立的上海自贸区金融监管机构，使其拥有

① 张德峰：《论我国合作金融行业组织体系的法律重构》，载《现代法学》2014年第5期。

② 杨松、张永亮：《我国村镇银行设立制度之省察及重构——以民间资本进入银行业为视角》，载《法商研究》2014年第3期。

③ 季卫东：《金融改革与“法律特区”——关于上海自贸区研究的一点刍议》，载《东方法学》2014年第1期。

准立法权、行政执法权和准司法权等。①

二、金融与银行监管法律问题

（一）国际金融监管

1. 一般性研究

近两年来，针对金融危机的反思性研究仍在继续。有学者通过对本轮金融危机经济表现的解构指出，“成功渡过次贷危机的公司都将建设性对话制度引入决策制定过程”，“引入建设性对话机制帮助成功公司控制了次级贷款产品的风险敞口以及其他高风险衍生金融产品的交易量，从而将它们带来的损失控制到最小”。在这方面，摩根大通、高盛、富国银行和多伦多道明银行因其建设性对话企业文化，成功抵御了金融风险；与此相比，失败公司则相应存在风险管理职位级别偏低、各条线难以进行有效沟通等问题。由此得出的结论是：建设性对话应成为企业文化的一部分。②

2. 国别研究

有学者基于金融监管的视角，对美国信贷市场从1970年至2012年的发展演变进行了研究，指出美国金融业监管体制对商业银行的转型起到了助推作用，表现如：监管当局适时打破存款利率上限的法律约束，以助商业银行挽留资金；当脱媒“愈演愈烈”，监管当局则适时打破了商业银行的地域限制、分业限制等约束。受此启发，我国应当从监管上鼓励商业银行积极转型，以包容性态度鼓励非银行信贷市场发展，大力发展非信贷债务工具，并通过制度设

① 王建文、张莉莉：《论中国（上海）自由贸易试验区金融创新的法律规制》，载《法商研究》2014年第4期。

② ［美］托马斯·斯坦顿（Thomas H. Stanton）：《浮沉背后：次贷危机之后的金融监管与公司内部治理》，许多奇、李允佳译，载《交大法学》2014年第2期。

计实施有效的宏观审慎监管框架。①

2013 年底，美国最终版“沃尔克规则”出台，引起了广泛关注。有观点指出，“沃尔克规则”的出台“是继 2010 年美国通过大萧条以来最严苛的《多德—弗兰克法案》后最具突破性意义的监管领域事件”。“沃尔克规则”的实施将面临概念含义不明确、银行业务复杂性及监管水平等方面的挑战；但是，如果该规则能够得到持久实施，可能实现华尔街文化由风险偏好型向风险规避型的转变。②

为应对金融危机的冲击，法国也进行了大刀阔斧的金融监管改革。一是调整了传统的监管模式，改变以往在银行、保险和证券领域分别设立监管机构的模式，将银行业与保险业监管机构合并为统一的审慎监管局（ACP）；继续保留金融市场管理局（AMF）作为证券业监管机构；设立 ACP 与 AMF 的协调机构。二是设立“金融监管和系统风险委员会”，与 ACP 和 AMF 的微观监管互为补充。三是扩大 ACP 和 AMF 的监管权限。法国金融监管改革的经验对包括我国在内的采取分业监管模式国家的金融监管改革提供了“最适合借鉴的样板”。③

（二）我国金融与银行监管

1. 监管原则

金融监管改革问题仍是金融与银行法领域的研究重点之一。有观点指出，完善我国金融监管应坚持的原则有：市场导向原则，监管者应当相信市场、尊重市场、依靠市场；公开、公正、透明原则，加大监管理念、监管标准、监管政策、监管流程的透明度；激励约束平衡原则，监管当局应着力于提升银行业金融机构的自我约

① 徐超：《美国信贷市场结构：演变、影响及启示——基于金融监管视角》，载《国际金融研究》2014 年第 5 期。

② 陈支农：《后危机时代美国金融监管规则的演变》，载《金融发展研究》2014 年第 2 期。

③ 姜影：《后危机时代法国金融监管改革新架构及其启示》，载《现代管理科学》2014 年第 4 期。

束能力；持续监管原则，不应过于依赖事前准入审批；底线思维原则，必须守住风险底线、维护金融安全；立足国情放眼全球原则等。①

2. 监管体制

有学者回顾了中央银行职能演变历程并指出，在金融自由化潮流中，关于中央银行的法律角色定位曾流行“职能缩小论”观点，认为中央银行不应负责金融监管。在这一理念之下，很多国家在金融监管职能经历了“去央行化”的过程，专门成立了金融监管机构。金融危机后，金融监管理念和政策从危机前强调微观审慎监管转变为微观审慎监管与宏观审慎监管并重。从中央银行的法定职责看，其金融稳定职能、评估宏观经济运行职能以及最后贷款人职能均与宏观审慎监管存在内在契合性。就我国而言，如果不增设新的机构，则由人民银行承担系统性风险监管职能是最佳选择。②

有观点认为，我国金融业存在金融控股公司等大型机融机构和小微金融机构两极发展的趋势。在此背景下，我国应当借鉴美国等其他国家双层金融监管实践经验，改变当前集中统一的金融监管体制，对于小微金融机构和业务活动，适当放权于地方政府，提高监管效率。关于双层金融监管框架内容，应当明确监管主体、监管对象、监管目标以及监管权限划分等事项。例如，在监管主体上，中央层面为“一行三会”及其分支机构，地方层面为各级政府的金融服务办公室。③

关于地方金融监管，有观点认为，在没有明确法律依据的情况下，地方政府缺乏相应的金融监管权，地方金融监管权责不对称问题较为突出，为此，需要强化地方政府的地方金融监管职能。同时，地方政府金融监管过程中政府与市场边界不清的问题仍然存在。我国应当整合分散在地方政府相关部门的金融监管职能，设立

① 王兆星：《金融监管的再定位》，载《中国金融》2014年第13期。

② 刘迎霜：《论我国中央银行金融监管职能的法制化——以宏观审慎监管为视角》，载《当代法学》2014年第3期。

③ 秦颐：《双层金融监管体制：国际经验与构想》，载《上海金融》2014年第6期。

权责明确的专业地方金融监管机构，并清晰界定地方金融监管范围，将地方金融监管对象限定于区域性、非系统重要性的各类业态法人金融机构、有关金融组织及市场。①

关于小微金融监管，有观点认为，现行体制下小微金融监管存在以下问题：统一的准入条件和监管标准，忽略了地区经济、金融发展水平的差异，不能满足小微金融发展个性需求；地方政府金融管理权责不对称（表现如较小的管理权与维护地方金融稳定等责任的不对称），不利于地方金融机构的业务拓展；地方政府金融监管职能分散（监管权涉及省联社、金融办、商务部门、财政部门等）等。针对上述问题，应当通过完善立法、重新分配中央、地方金融管理权等措施解决。②

（三）系统重要性金融机构监管

1. 一般研究

有学者将系统重要性金融机构（SIFIs）监管所涉及的利益冲突类型化为SIFIs与非SIFIs、SIFIs与金融消费者、SIFIs与SIFIs管理层、SIFIs与SIFIs股东及其债权人以及SIFIs国际监管中母国与东道国之间五种，并将欧美应对金融危机的诸多改革举措从平衡上述利益冲突的角度予以解读。我国SIFIs监管制度的改革也同样可以按照上述“五个平衡”的框架予以完善，具体措施包括：确定我国SIFIs认定规则并课以特殊义务、完善金融消费者保护法律制度以及完善SIFIs管理层薪酬管理制度等。③

有观点认为，此次国际金融危机促使各国监管理念从过去以原则为基础的监管演变为以对未来预期判断为基础的监管，采取有预判性的介入式监管措施。危机后，各国深化SIFIs改革的措施主要

---

① 杨子强：《完善地方金融监管体制》，载《中国金融》2014年第5期。

② 李凌：《论双层监管体制下小微金融监管制度创新》，载《中南财经政法大学学报》2014年第3期。

③ 阳建勋：《大而不倒、利益冲突与权义平衡——系统重要性金融机构监管制度的法理构造》，载《现代法学》2014年第3期。

有：事前采用“结构性分离”方式；事中通过资本附加、流动性附加等要求；要求SIFIs建立恢复和处置计划。目前，我国SIFIs监管框架与国际相比存在一定的差距，未来应当根据情况尽快出台SIFIs识别名单和标准，坚持前瞻性监管理念，择机推行监管工具和监管政策，完善SIFIs监管框架。[①]

2. 危机处置

有学者指出，美国《华尔街改革和消费者保护法案》建立了有关系统性金融机构的特殊处置机制，在明确所适用机构认定条件的基础上，针对处于危机的系统性金融机构赋予FDIC广泛的处置权利，对系统性金融机构破产责任承担、特殊金融合同处置以及有序清算基金募集等事项提供了规则。对我国的启示有：系统重要性金融机构退出机制应纳入我国金融机构破产法律制度框架之内；赋予人民银行对系统重要性金融机构相应的处置权等。[②]

有观点认为，基于国际上“系统重要性银行恢复与处置计划”（RRP）框架的推行，我国需要关注在华外资银行境外母行的RRP对其影响，确保其母行RRP及其执行不影响在华机构运行或已有妥善处置；基于对RRP框架未来影响力的判断，积极探索RRP在我国的应用问题，为中资银行的海外发展创造条件；建立健全银行破产处置机制。[③]

（四）影子银行监管

1. 法律定性

有观点认为，根据《信贷资产证券化试点管理办法》对“信贷资产证券化”的定义原则，理财产品应当被界定为证券，发行理

---

① 钟震、郭立、姜瑞：《系统重要性金融机构监管国际改革的路径：理念、主体与政策》，载《江苏师范大学学报（哲学社会科学版）》2014年第1期。

② 张继红：《美国系统重要性金融机构有序清算机制及对中国的启示》，载《探索》2014年第2期。

③ 康书生、周懋：《“系统重要性银行恢复与处置计划”述评及启示》，载《河北经贸大学学报》2014年第3期。

财产品实质上就是资产证券化。从银监会对信托公司集合资金信托计划的界定来看，信托产品也应当被界定为证券。理财产品和信托产品是我国两个主要的影子银行领域。我国迫切需要将理财产品界定为证券，同时对从事理财业务的银行和其他机构适用过错责任和受信责任，以有效约束理财产品，减少对金融系统的威胁。①

2. 法律规制

有学者指出，我国影子银行包括银行的资产负债表外工具、商业票据、委托贷款、个人地下贷款以及理财工具等，信托与券商正成为影子银行的新类型。我国影子银行体系在成因上，主要与“投资导向型”经济结构、国有企业涉足影子银行业务以及分业监管之下的监管疏漏有关。结合国际上对影子银行实行“类银行化”监管方式、积极应对影子银行领域系统性风险等监管态势，我国应当根据不同种类的影子银行，由具有最密切关系的监管部门进行针对性监管。②

有观点认为，根据我国金融业具体情况，“中国式影子银行”可界定为“在正规银行体系以外，具有‘类银行’特点、发挥债务融资功能的信用中介机构与业务活动”。提供影子银行信用的路径主要有：商业银行渠道，包括理财产品（非保本型）；非银行金融机构渠道，包括信托公司“类银行”业务、证券公司资管业务、小贷公司等；非金融机构渠道，主要指私募基金和狭义民间借贷。与“市场自律式”监管思路相比，“类银行化”监管方式在一定程度上适合我国金融系统总体监管思路，在传统金融监管之外加强对影子银行等金融机构的监管将成为今后我国金融监管政策的重要任务。③

有学者指出，与国外的影子银行体系多是为了将风险细化分割、以多样化金融产品满足差异化金融服务需求不同，中国影子银

① 朱伟一：《中国式影子银行的法律定性》，载《中国政法大学学报》2014 年第 4 期。

② 沈伟：《中国的影子银行风险及规制工具选择》，载《中国法学》2014 年第 4 期。

③ 李真：《“中国式影子银行”：体系、风险与法律监管路径》，载《云南大学学报法学版》2014 年第 1 期。

行体系的形成有其特殊原因，即“金融市场的发展不完善，只是金融创新的目的扭曲为监管套利”。监管套利形成的制度原因大致有：规则导向监管模式激发影子银行套利动机；传统针对单一产品的微观审慎监管容易产生监管真空；分业监管存在监管盲区。针对上述问题，我国宜引入原则导向监管和“自我承诺”类监管工具，健全影子银行金融协调机制，建立宏观审慎监管制度。①

3. 反思性研究

有观点认为，讨论影子银行监管问题应首先关注其理论基础，而目前所谓影子银行内在的理论问题“依然没有被穷尽”。为了避免矫枉过正及预防扩大解释的危害，应当审慎依据系统性风险情况确定影子银行边界，“有必要在监管容忍与及时矫正之间进行平衡”。美国对影子银行监管立法的“战略意图”是“兜售国家干预论”。对我国而言，在影子银行理论未被廓清之前，应当保持警惕和冷静；我国现阶段金融业“需要的理论不是抑制，而是自由”。②

（五）互联网金融监管

1. 监管理念

有观点认为，互联网金融作为一个新兴事物，我国不宜一开始就采取制定法思路解决，而是需要内生、自生的秩序形成，建立社会组织提升行业自律，制定行业的公约或者标准。在此基础上，监管层对该等软法进行广泛调研，将得到广泛认可的社会规范转化成法律。此外，软法的形成和执行，也应当考虑与既有硬法对接的问题，需要监管层或者行业组织在正当与公平性方面加以引导。③

有观点认为，对互联网金融的监管，既要使政府部门担当起应

---

① 鲁篱、潘静：《中国影子银行的监管套利与法律规制研究》，载《社会科学》2014年第2期。

② 黎四奇：《对后危机时代影子银行监管的冷思考》，载《暨南学报（哲学社会科学版）》2014年第8期。

③ 黄震：《互联网金融软法治理的思考》，载《科技与法律》2014年第3期。

尽的监管职责，也不能忽视行业自律所起的作用，两者相辅相成、互为补充。对于互联网金融活动中涉嫌犯罪的行为，应当依据刑法的规定追究相关人员刑事责任。但因频繁运用刑罚手段的弊端，在互联网金融监管上，应当以行政监管为主要手段，促使互联网金融逐步透明化、规范化，而以刑事规制为次要手段。①

2. 监管原则

有观点认为，借鉴国际经验，我国互联网金融监管应当坚持以下原则：体现适当的风险容忍度；定期评估互联网金融的影响，根据评估情况实行比例监管；原则性监管与规则性监管相结合；防止监管套利，注重监管的一致性；关注和防范系统性风险；全范围的数据监测与分析；严厉打击金融违法犯罪行为；加强信息披露，强化市场约束；互联网金融企业与金融监管机构之间保持良好、顺畅、有建设性的沟通等。②

有观点认为，互联网金融监管应把握以下五个要点：一是监管的必要性，即应该在一定的底线思维下鼓励互联网金融创新；二是监管的一般性，即互联网金融监管的基础理论与传统金融没有显著差异；三是监管的特殊性，即互联网金融信息技术风险和金融消费者保护问题更突出；四是监管的一致性，即互联网金融机构从事具有传统金融功能的活动，应当受到相同的监管；五是监管的差异性，即对不同类型互联网金融机构，要在风险识别基础上分类施策。③

3. 监管体制

有观点认为，互联网金融监管的理念和核心举措应当围绕金融消费者权益保护展开。关于产品监管，以众筹为例，可以考虑通过

① 刘宪权、金华捷：《论互联网金融的行政监管与刑法规制》，载《法学》2014 年第 6 期。

② 张晓朴：《互联网金融监管的原则：探索新金融监管范式》，载《金融监管研究》2014 年第 2 期。

③ 谢平、邹传伟、刘海二：《互联网金融监管的必要性与核心原则》，载《国际金融研究》2014 年第 8 期。

证券法的修改纳入证券的规制范围。关于销售过程监管，必须重构对于互联网金融产品销售过程中的消费者权益保护措施。关于金融平台监管，应当顺应互联网金融大融合、大混业、大金融趋势，考虑对金融组织进行“统合规制”。在互联网金融监管体制构建过程中，应当对互联网金融设置必要门槛，强调地方金融监管部门的作用。①

另有观点认为，基于互联网金融的特殊性和不同经营模式，要选择区别于传统金融机构的监管主体、监管方式和监管制度。关于监管主体，目前除第三方支付外，P2P 借贷和众筹仍游离于监管体系之外，宜将其划归地方政府金融办统一监管。关于监管方式，鉴于互联网金融发展初期的现状，宜在监管上保持一定的容忍度和弹性，采取原则导向（相对于规则导向监管）监管。②

还有观点认为，我国应当明确互联网金融的定义，将推出自有品牌的互联网企业纳入金融机构进行管理。在监管机构对互联网金融的监管职责上，人民银行监管支付业务；银监会监管理财和理财产品代销、贷款、线上线下收单、虚拟信用卡、P2P 融资平台等银行类、信托类业务；证监会监管证券、基金、基金代销等业务；保监会监管发放保险产品或代销保险。③

三、金融消费者保护

（一）一般性研究

1. 法律界定

有观点认为，金融消费者宜定义为：已经、正在或正打算购买、接受金融机构提供的金融商品或服务的自然人、法人和其他组

---

① 杨东：《互联网金融监管体制探析》，载《中国金融》2014 年第 8 期。

② 李有星、陈飞、金幼芳：《互联网金融监管的探析》，载《浙江大学学报（人文社会科学版）》2014 年第 4 期。

③ 龙春玲：《加强互联网金融监管》，载《中国金融》2014 年第 13 期。

织，但专业投资者除外。专业投资者是指财力或投资专业能力达到一定标准的自然人、法人和其他组织。[①] 有观点认为，只有从法学的视角对金融产品或服务加以分析和理解，才能够真正厘清金融消费者的概念。而从权利义务视角来看，金融产品可定义为：经过金融机构设计并向金融市场上买方提供的、旨在实现资金优化配置的、希望能够产生法律效力的、关于未来收益和风险分配的一组权利义务。通过分析具体金融产品，明确参与交易主体权利和义务的平衡程度，可以更好地理解金融消费者概念。[②] 有观点认为，金融消费者应被界定为：因金融消费需求从金融机构获得和使用金融商品或金融服务的非专业性的自然人。[③] 有观点认为，立法应当通过对“生活消费”的扩充解释，将金融消费者纳入《消费者权益保护法》框架内，肯定发展性消费的存在。在外延上，金融消费者不包括专业性主体，但组织机构不能当然地被排除在金融消费者之外。[④]

2. 保护机制

有观点认为，我国应当以市场化思维完善金融消费者保护机制，具体包括三个层面：一是形成金融机构的市场化竞争机制；二是完善市场化交易规则；三是构建个案的权益救济机制。[⑤]

有观点认为，金融危机爆发后金融消费者保护呈现出一些趋势性特征：一是金融消费者权益保护成为金融监管改革的重要内容；二是“横向性立法”为金融消费者提供统一化保护，即打破不同金融行业界限，对横向交易行为（对应于纵向规制）进行规范；三是将金融安全网适用范围从银行扩大到更大范围的金融领域。有鉴于

① 邢会强：《金融消费者的法律定义》，载《北方法学》2014 年第 4 期。

② 韩祥波：《界定金融产品概念的新视角——兼谈金融消费者概念的局限性》，载《湖南社会科学》2014 年第 2 期。

③ 曲一帆：《我国金融消费者的法律界定和立法路径》，载《郑州大学学报（哲学社会科学版）》2014 年第 4 期。

④ 廖向阳、王琪：《论金融消费者的界定及司法救济的功能定位》，载《人民司法》2014 年第 3 期。

⑤ 叶建勋：《市场化思维下的金融消费者保护机制研究》，载《金融监管研究》2014 年第 3 期。

此，我国应重视授予金融消费者保护部门对金融机构的行为监管权力，并着力构筑统一的金融产品销售规则，扩大金融安全网适用对象，并建立显性的、规范化的制度。①

有观点指出，各国（地区）在保护金融消费者权益上大致有两种路径：一是加强监管，规范金融行为和程序，对金融消费者提供间接保护，如美国、英国和日本等国；二是通过完善民事责任制度，对权益受损的金融消费者给予直接保护，如我国台湾地区。完善对金融消费者直接保护的相关规则，应成为我国有效保护金融消费者的首要选择。②

有观点认为，在金融消费者保护机制方面，与司法解决途径相比，金融申诉专员制度具有补充性价值、效率性价值和实践价值。为推进在我国确立该项制度，可以在当前“一行三会”金融消费者保护机构基础上，择机设立统一的金融投诉受理窗口，由法院对窗口所作裁决进行确认；在时机成熟时以部门规章确立分行业金融申诉专员制度，并最终走向整合。③

（二）域外立法及启示

有文章分析了北美地区金融消费者权益保护的监管重点和趋势，指出美国消费者金融保护局（CFPB）的监管重点和趋势体现在消费者投诉处理和分析、适时出台监管规定、加强收费研究及执法行动以及有针对性地开展金融教育等方面；加拿大金融消费者保护局（FCAC）注重金融机构内部投诉管理机制建设、突出信息披露规范、积极推动金融宣教以及创新推出价格和服务比较工具等方面。④

---

① 胡文涛：《金融消费者权益保护研究：以发展趋势为中心》，载《河北法学》2014年第3期。

② 樊纪伟：《我国金融消费者权益保护的困境和路径选择》，载《证券市场导报》2014年5月号。

③ 王慧：《金融消费者权益保护的非诉讼机制探讨——以金融申诉专员制度为视角》，载《浙江金融》2014年第5期。

④ 刘消保：《北美地区金融消费者权益保护监管重点与趋势》，载《银行家》2014年第9期。

有学者通过回顾英国从2000年的《金融服务和市场法案》到2012年《金融服务法案》的法制变迁，对英国金融消费者保护立法改革进行了规律性解读，指出：英国金融消费者保护理念有所强化，使金融消费者保护职责更为独立；立法中原有的金融督察员计划（FOS制度）以及金融服务赔偿计划（FSCS制度）在新时代下得以保留和完善。英国还在金融监管方面进行了重大调整，将原来的单一监管模式调整为由FPC、PRA及其背后的英格兰银行和FCA构成“准双峰监管”模式，并在立法中明确各监管机构之间的协调机制。上述立法改革经验对我国在树立金融消费者保护理念、建立法律体系以及完善金融监管方面具有借鉴意义。①

有观点指出，香港金融消费者权益保护体系主要有以下特点：一是搭建政府主导的金融消费者权益保护工作监管框架，不断完善金融消费者保护相关规则；二是完善金融消费者权益保护的制度体系，将金融消费者纳入传统消费者范畴，在相关的消费者权益法中予以特别规定；三是设立专业的金融消费者保护机构；四是加强金融消费者的教育；五是完善金融消费者投诉机制。我们应当借鉴香港经验，建立运作规范、层次多元、风险可控的金融消费权益保护体系。②

（三）消费者权利

1. 知情权

有观点指出，我国对金融消费者知情权的保护存在缺陷，表现为：民事法框架下，格式合同公平性存在操作困境，举证责任也对金融消费者有所不利；经济法框架下，存在概念界定不清、立法位阶偏低以及专业化监管空缺等。为完善金融消费者知情权保护制度，我国应厘定金融消费者概念，强化金融机构信息披露义务，并

① 李玫、马建威：《英国金融消费者保护立法改革的最新发展及其启示》，载《国际商务（对外经济贸易大学学报）》2014年第1期。

② 刘晓菊：《香港金融消费者权益保护体系的经验与借鉴》，载《南方金融》2014年第2期。

建立专门的金融消费者权益保护机构。①

有观点认为，我国立法对金融消费者知情权的保护存在不足，表现为：缺乏“金融消费者”法律概念和保护理念；对金融服务者民事说明义务的规制不足；对金融服务者信息披露义务的规定过于抽象；缺乏对金融消费者的系统性事后救济机制。针对上述问题，我国应当进一步完善金融消费者相关立法和保护机制。②

2. 隐私权

有观点认为，我国在金融消费者隐私权保护方面存在立法缺陷、保护机制欠缺以及救济路径不通的问题，在立法上应当通过立法明确金融消费者、金融消费者隐私权等概念，明确金融机构的隐私权保护义务和责任，并将现有分散规定整合为《金融消费者权益保护法》；在监督机制上应当将社会监督和政府机构监督有效结合起来；在救济路径上应当构建合理的非诉解决机制，并完善司法救济路径。③

3. 受教育权

有文章对金融消费者教育情况进行了区域性调研，关注点主要有金融消费者的金融消费习惯、投资理财知识、金融业务常识和金融教育需求等。调查结论包括：普遍认为现有金融产品只能部分满足甚至无法满足自己的个性化消费需求；网络已经成为人们获取金融知识的最主要渠道等。根据调查情况，应当多渠道普及金融知识，注重培育金融消费者风险识别能力，建立省域金融消费者学习网络。④

---

① 杨疏影：《金融消费者知情权保护的理论机理及实证进路》，载《理论与改革》2014年第1期。

② 胡必坚：《权利倾斜性配置视角下的金融消费者知情权保护》，载《南方金融》2014年第2期。

③ 李瑞缘：《我国金融消费者隐私权保护机制的制度构建——以个人隐私信息保护为视角》，载《重庆邮电大学学报（社会科学版）》2014年第1期。

④ 陈军、杨玲玲：《金融消费者教育调查实证研究——以云南省为例》，载《西部金融》2014年第4期。

（四）业务视角

1. 理财业务

有观点认为，信息披露义务仅是指将信息予以公开或提出，而说明义务则强调信息弱势方经由信息优势一方提供信息并加以说明而得到理解，特别强调信息的针对性、可理解性、可获得性三项内容的落实。从金融消费者知情权保护角度看，现有理财监管规定存在不足，如：银行理财产品的发行界于公募和私募之间的模糊地带，导致了投资者保护模式的混乱；缺少有关说明义务的规定；适当性原则的完备性存在不足。①

2. 互联网金融业务

有观点指出，在互联网金融环境下，金融消费者保护问题面临一些新的、更为严峻的挑战，表现有：因计算机系统自身特点，资金安全面临更大风险；保障金融消费者信息安全尤为重要；信息披露要求更高；监管机构缺失等。针对上述问题，提出的对策如：建立互联网金融消费者保护的协调机制，适时成立单一的金融消费者保护机构；借助互联网技术加强金融消费者保护（如采取网上投诉处理、网上教育）等。②

有文章分析了微信涉及的支付、理财及营销方面的互联网金融产品及相关产品，指出微信支付在保护消费者权益方面存在不足，如：财产安全权保护不足，如存在与手机技术和保管有关的安全漏洞；知情权保护存在不足，如“理财通”业务信息披露不完整等。针对上述问题，应建立技术安全标准和管理制度、信息披露和隐私保护制度和产品合同规范化管理制度，明确服务提供者有关义务，

① 胡文涛：《理财产品销售中金融消费者知情权的法律保护》，载《上海政法学院学报（法治论丛）》2014 年第 1 期。

② 宋晓源：《基于互联网金融条件下的金融消费者保护》，载《海南金融》2014 年第 6 期。

平衡服务提供者和消费者之间合同利益。①

四、银行经营法律问题

（一）担保问题

1. 一般研究

2014年，关于担保的一般研究主要涉及担保规则适用、共同担保、让与担保、公司对外担保以及担保权实现等问题。

关于担保规则适用，有观点认为，《物权法》第一百七十八条根据“新法优先于旧法”的规则界定了《物权法》和《担保法》的适用关系，但应根据“特别法优于一般法”的规则处理《物权法》与《海商法》、《民用航空法》等法律之间的适用关系。《物权法》关于最高额抵押的规定可准用于最高额保证。《物权法》实施后，在《物权法》未对《担保法》作实质修改的情形下，《担保法》及其司法解释仍有适用的空间，因此抵押物转让行为的效力应根据“担保法司法解释”进行判断。至于《物权法》能否适用于该法实施前的担保行为，则须根据《立法法》的规定区分不同的规定进行判断，不可一概而论。②

关于共同担保，有学者指出，在混合共同担保中，物上保证人、保证人与债权人未就担保范围做出约定时，各担保人应连带负担保责任。承担了担保责任的担保人，除有权向债务人追偿外，也有权向其他担保人追偿，要求清偿其应当分担的份额；担保份额应按照担保人之人数平均分担。担保人不仅享有追偿权，还享有代位权，即承担了担保责任的担保人可以在追偿权的范围内依法承受债

① 徐昭：《微信支付创新发展对金融消费者的影响及启示》，载《浙江金融》2014年第6期。

② 吴光荣：《规范冲突与规范选择：后物权法时代的担保法律制度及其适用》，载《法律适用》2014年第8期。

权人的债权及从属的权利。[①]

关于让与担保，有学者曾以“后让与担保”的“新型担保形式”来定义下述经济活动：开发商作为借款人与出借人订立商品房买卖合同，约定如届时不能清偿债务，即履行商品房买卖合同，交付房屋以抵偿借款。对此有观点指出，新型担保物权之认定，不是因其名称之新，而是因其有一种现有法定担保物权类型和内容不能涵盖的新的法律关系。上述“后让与担保”不符合这一条件，其实质为抵押权的一个变形。我国《物权法》关于“未来物”上抵押权的规定已经涵盖了这一担保物权形式。[②]

关于公司对外担保，有观点认为，《公司法》第十六条、第一百二十二条等规定是对公司代表人或代理人对外提供担保的法定限制，违反这一规定所签订的担保合同应当认定为效力待定合同，除公司予以追认的外，该担保合同对公司不生效力，应参照《合同法》关于无权代理的规定由行为人自行承担相应的法律责任。[③] 有观点认为，除非公司证明债权人知道或者应当知晓公司董事违反公司章程的情况下还接受公司的对外担保，否则公司的对外担保行为有效。[④] 有学者则试图从宏观上剖析围绕公司对外担保规则产生的争议，指出商法思维主导的学者强调公司内部决议的溢出效应，而民法思维主导的学者则强调保护相对方信赖利益，应当在对立统一中把握两种思维，寻求公司和相对方利益的平衡。[⑤]

关于担保权的实现，有学者在考察有关“实现担保物权案件”的法院裁判文书后指出，司法实践中不少操作方法与实现担保物权非讼程序立法本意相去甚远，如：在担保权人提起的“实现担保权

---

① 程啸：《混合共同担保中担保人的追偿权与代位权——对〈物权法〉第一百七十六条的理解》，载《政治与法律》2014 年第 6 期。

② 董学立：《也论“后让与担保”——与杨立新教授商榷》，载《中国法学》2014 年第 3 期。

③ 周伦军：《公司对外提供担保的合同效力判断规则》，载《法律适用》2014 年第 8 期。

④ 冉克平：《论公司对外担保合同的效力——兼评〈公司法〉第一百四十九条第 3 款》，载《北方法学》2014 年第 2 期。

⑤ 郭志京：《中国公司对外担保规则特殊性研究——兼论民法商法思维方式的对立统一》，载《当代法学》2014 年第 5 期。

非讼程序”中不直接确认优先受偿权的范围，而留待后续的主债权数额确认之诉中解决。这种操作违背立法提高担保权实现效率的本意，根源是对“形式审查”的误读。[①] 有文章围绕担保权实现中管辖法院、主债务人地位以及异议审查标准等实务问题进行了探讨，提出的结论如：动产抵押权项下担保财产所在地与担保物权登记地并非同一地时，应允许担保物权人根据具体情况选择管辖法院；主债务人不应在实现担保物权案件中列为被申请人；被申请人仅笼统提出异议而无任何合理依据的，不能未作审查就驳回申请等。[②]

2. 抵押权

2014 年，关于抵押权的研究主要围绕抵押财产转让、抵押权效力以及特殊权利抵押等问题展开。

关于抵押财产转让，有学者指出，抵押人能否在抵押期间将抵押财产转让给他人，对此存在自由转让说和限制转让说两种观点。我国《担保法》及其司法解释采前一观点，而《物权法》采后一观点。按照新法优于旧法的原则，应当优先适用《物权法》的规则，但同时应通过法律解释的方法以及相应的配套制度予以完善：一是应确认抵押人作为财产所有人享有自由订立抵押财产转让合同的自由，承认转让合同的效力；二是允许第三人通过行使涤除权（指受让人以代偿消灭抵押权）而消除抵押权状态，无须抵押权人同意；三是允许受让抵押财产的第三人在符合善意取得构成要件的情况下，取得抵押财产的所有权，但是抵押人必须将转让价款用于清偿债务。[③] 有观点认为，《担保法》第四十九条既没有承认抵押权的追及效力，也没有承认抵押物价金的物上代位性，更未规定涤除权，是“混乱而令人难以琢磨的条款”。《物权法》第一百九十一条旨在否定抵押权的追及效力，该条第 1 款规定的抵押权人同意

---

① 毋爱斌：《实现担保物权非讼许可裁定的文本分析——给予北京、重庆、广东三地法院的考察》，载《法律科学（西北政法大学学报）》2014 年第 5 期。

② 浙江省高级人民法院民二庭课题组：《审理实现担保物权案件若干实务问题探析》，载《法律适用》2014 年第 2 期。

③ 王利明：《抵押财产转让的法律规制》，载《法学》2014 年第 1 期。

抵押人转让抵押财产的意思表示应当理解为包含了抵押权人放弃抵押权并办理抵押权注销登记的意思表示。①

关于抵押权效力，有观点针对《物权法》“抵押权人应当在主债权诉讼时效期间行使抵押权”的规定，指出该期间规定对主债权来说是“诉讼时效期间”，而对抵押权来说为“失权期间”，其经过将导致抵押权消灭。基于抵押权与质押权和留置权本质上的相同性，上述规定可类推适用于质押权和留置权。② 有观点针对浮动抵押权效力指出，《物权法》关于浮动抵押权人“不得对抗正常经营活动中已支付合理价款并取得抵押财产的买受人”的规定存在欠缺，应该借鉴美国立法经验，引进浮动抵押权人为买受人时的购买价金担保权优先制度，并完善浮动抵押权人为出卖人时的正常经营买受人优先制度。③ 从抵押权与租赁权关系角度，有观点指出，抵押人将抵押财产出租的，如果租赁权影响了抵押权的实现（如因租赁权导致流拍），则应当除去租赁权；如果租赁权的存续并不影响抵押权人的利益，则租赁权可以继续存在，并对抵押财产之受让人产生拘束力，即依然适用买卖不破租赁的规则。④

关于特殊权利抵押，涉及的权利主要有土地承包经营权、排污权等。有学者从法制度构建角度对土地承包经营权抵押进行研究，提出以下观点：该种抵押的抵押标的为承包土地的经营权和地上农作物；农户以及通过流转取得土地承包经营权的专业大户、家庭农场、农民合作社和农业企业等可以作为抵押人；抵押权人应限于银行等金融机构；贷款用途应限定为农业生产经营；适用书面合同规则和备案规则等。⑤ 有观点认为，排污权具有财产性与可转让性，这为其成为担保物权中权利抵押的客体提供了可能。在制度构成

---

① 程啸：《论抵押财产的转让》，载《中外法学》2014 年第 5 期。

② 张永：《抵押权法定存续期间效力及性质的二重性分析——以〈物权法〉第二百零二条为中心》，载《政治与法律》2014 年第 2 期。

③ 李莉：《浮动抵押权人优先受偿范围限制规则研究》，载《西南政法大学学报》2014 年第 3 期。

④ 程啸：《论抵押财产出租时抵押权与租赁权的关系——对〈物权法〉第一百九十条第 2 句的理解》，载《法学家》2014 年第 2 期。

⑤ 房绍坤：《论土地承包经营权抵押的制度构建》，载《法学家》2014 年第 2 期。

上，排污权抵押宜以登记要件主义作为物权登记的公示基础，并应通过确立市场化导向的权利实现保障机制确保对抵押权人利益的有序救济。[①]

3. 质权

关于动产质押，有观点指出，在动产质押监管关系中，监管人对质物承担审查核验、保管和监管义务。在债务人未经质权人许可而将质物擅自出库的情况下，若监管人不能证明其采取了适当的应急措施，并立即通知了质权人，则应在因过错导致质物毁损、灭失的范围内向质权人承担赔偿责任，赔偿数额不能超出债务人不能清偿的部分。[②] 有观点指出，保证金账户质押系一种金钱质押，生效条件为金钱特定化和移交债权人占有。开立保证金专用账户并存入保证金符合特定化的要求；保证金账户未用于非保证金业务的日常结算，因业务开展发生浮动不影响特定化的构成。因银行取得对该账户的控制权，实际控制和管理该账户，符合出质金钱移交债权人占有的要求。[③] 有观点指出，出口退税账户质押不同于应收账款质押，其实质为金钱质，属于动产质押，银行占有该笔金钱即可成立质权，无须像应收账款那样进行登记。司法实务中将出口退税账户质押视同应收账款质押的观点有待商榷。[④]

关于权利质押，有观点认为，现有担保法律制度按照“物”的理念和认识来设计知识产权担保制度存在根本的理论缺陷，为发挥知识产权应有价值，应将知识产权担保制度从现行担保物权法律制度中独立出来，回归由知识产权法律制度安排。[⑤] 有观点认为，所谓“收费权质押”实现涉及的金钱收入可能涉及已实现的收入、已

① 邓海峰：《排污权抵押制度研究》，载《中国地质大学学报（社会科学版）》2014年第2期。

② 孙超、景光强：《动产质押中监管人的义务及责任》，载《人民司法》2014年第10期。

③ 霍楠、夏敏：《保证金账户质押生效则不能成为另案执行标的》，载《人民司法》2014年第4期。

④ 张力毅：《出口退税账户质押的法律规制与银行风险防范》，载《上海金融》2014年第4期。

⑤ 丘志乔：《对知识产权质押的澄清》，载《河北法学》2014年第5期。

提供服务未收取的费用以及将来可能产生的收入等，因此在制度规范上宜采用金钱质押、账户质押、应收账款质押、政府特许经营权质押等内涵相对明确的概念。[①] 有观点提出，我国现行立法未规定私募基金份额质权设立的登记手续，工商行政管理部门目前仍不接受此类登记业务；其质权设立应当适用动产质权的规定，质权自出质人交付质押财产时设立。质权人如以协议、基金企业合伙人名册登记等方式实际取得对基金份额的控制权，即应视为该质押的基金份额已经交付给质权人，质权因此成立。[②]

（二）票据业务

1. 一般性研究

随着近些年支付手段和商业模式的创新，票据的使用频率受到一定程度的削弱。有观点认为，我国票据立法选择了以流通为宗旨的理念，但在制度设计上却以票据安全支付为中心：票据转让的基本方式仍拘泥于背书转让，不承认无记名汇票和无记名本票；以票据行为无因性作为核心理论设计具体制度，但设计具体制度时又兼顾各种因素，使得《票据法》相关条款相互矛盾。《票据法》的修改应当坚持以流通理念为核心，遵行《票据法》思维的特有规定，制定稳定性和可预期性的制度。[③]

2. 票据背书

票据背书一般可分为转让背书、质押背书和委托取款背书。有观点指出，关于票据再背书权，我国《票据法》第三十五条仅规定委托取款背书的被背书人不得再为转让背书，而对转让背书和质押背书的被背书人之再背书权并无任何规定。因转让背书之被背书人取得的是票据权利，其当然可为任何类型之再背书，法律不必对此

---

① 贾砾、解冲：《论收费权与收费权质押的性质》，载《人民司法》2014 年第 9 期。

② 刘晓夏：《私募基金份额质押权成立的条件》，载《人民司法》2014 年第 12 期。

③ 王峙焯：《传统与嬗变——票据法修改中立法理念的选择》，载《东北师大学报（哲学社会科学版）》2014 年第 2 期。

做特别规定。但对于质押背书与委托取款背书，均有必要明确规定其被背书人只能再为委托取款背书，而不享有转让与质押的再背书权。①

3. 公示催告与除权

有文献对票据公示催告与除权救济涉及的恶意申请、票据转让效力、撤销除权判决、合法持票人权利保护以及公示催告后的诉讼等问题进行了研究，从立法缺陷和法律适用角度得出若干结论。例如：公示催告期间届满的时点未考虑票据权利期间，除权后的诉讼另由其他法院管辖，对恶意申请人威慑力被削弱，这些因素均成为恶意申请公示催告的诱因；公示催告前合法转让票据的行为有效，公示催告期间届满至申请除权判决之前的票据转让是否有效，应结合公示催告程序的终结方式具体确定；在公示催告届满期间晚于票据到期日 1 个月的前提下，利害关系人的撤销之诉应予驳回；除权判决后，原则上不应支持对除权判决的撤销之诉等。②

关于票据利害关系人撤销除权判决的前置要求，《民事诉讼法》规定："利害关系人因正当理由不能在判决前向人民法院申报的，自知道或者应当知道判决公告之日起一年内，可以向作出判决的人民法院起诉。"有观点指出，"正当理由"属于不确定法律概念，就其含义的解释，从区分"法律解释"和"漏洞补充"的意义上，应当首先适用"法律解释"的规则。根据文义解释、体系解释、法意解释和目的解释方法的运用，"正当理由"可总结为以下三种情形：一是法院公告程序违反法律规定，包括未在全国性的报刊上登载和公示期间不足 60 日两种；二是不可抗力阻碍利害关系人申报权利；三是因申请人恶意申请公示催告导致利害关系人无法申报权利。③

---

① 董翠香：《票据再背书权之限制与行使——兼论〈票据法〉第三十五条之修改》，载《烟台大学学报（哲学社会科学版）》2014 年第 3 期。

② 江苏省高级人民法院课题组：《关于票据公示催告与除权救济法律适用若干问题研究》，载《法律适用》2014 年第 6 期。

③ 茅建中：《法律解释规则在票据法中的运用》，载《人民司法》2014 年第 15 期。

4. 电子票据

随着全国支票影像交换系统（CIS）和电子商业汇票系统（ECDS）的开发运行，近年来电子票据业务获得了较快发展。有观点指出，电子票据的法律适用存在较多疑惑或困境，表现如：影像化的纸质票据能否符合证据的法定性要求？司法解释关于举证责任的分配规则如何与电子票据新的主体特征相协调？如何解决电子票据流通期限长于纸质票据带来的法律适用上的困难？等等。该观点认为，关于电子票据的立法工作已经比较紧迫，借鉴国外经验，应当以《票据法》与《电子签名法》作为电子票据制度的法律渊源，并逐渐进行修改和完善：《票据法》主要负责规范开展纸质票据和电子票据业务的实质性内容；《电子签名法》则对数据电文、电子票据签章等进行规范。[①]

（三）其他业务

1. 银行卡

对银行卡风险事件民事责任问题，有观点指出，我国立法层面没有就银行卡民事纠纷的赔偿机制进行明确规定，部门规章虽有部分规定但立法层级较低，且与司法实践脱节。对此问题，应当尽快出台法律法规或司法解释，规范银行卡民事纠纷司法审判实践，尽可能避免甚至消除同案不同判的情况，并以过错责任为原则，参考持卡人经济承受能力合理分配持卡人与银行责任。[②] 有观点认为，我国可借鉴英美做法，由发卡机构承担所有伪卡纠纷的举证责任，加强持卡人权益保护。[③]

---

① 任永青：《电子票据法律制度探析——以电子商业汇票为例》，载《上海金融》2014年第5期。

② 吴朝平：《我国银行卡风险事件民事责任立法现状及其完善对策》，载《海南金融》2014年第6期。

③ 肖见光、罗实、蒋琳、徐文德：《银行卡伪卡民事案件特点、成因与启示——以海南省为例》，载《海南金融》2014年第8期。

2. 衍生品交易

有观点认为，金融衍生产品十分专业、复杂，买方往往无法弄懂自己所购买的产品，对卖方有信赖关系，卖方应当对买方承担忠实与勤勉之责。为保护投资者利益，我国应通过专门立法对信赖关系、受信义务以及违反受信义务的特别法上的请求权进行规定。[①]有学者从与理财产品对比的角度，对金融衍生产品交易与委托理财的法律关系进行了辨析，指出两种合同在主体（交易对手关系对比委托关系）、客体（可能发生的价值交换对比金融理财服务）、内容侧重点以及形式与架构方面的区别。[②]

五、回顾与展望

（一）2014 年回顾

2014 年，我国银行业法制学术研究继续呈现出多角度、高数量的态势：既有金融法理论、法制及监管改革等较为宏观的研究，也有针对银行业务、法律条款的具体探讨，且均有大量研究成果。总体来看，2014 年银行业法制学术研究有如下特征：

第一，金融法制改革成为金融与银行业法制发展研究的热点。这一热点的形成有内外部两方面原因：从外部看，在后危机时代国际金融法制改革大背景下，国内传统金融体制的合理性开始动摇；从内部看，党的十八届三中全会以来金融改革业已成为全面深化改革的题中之义。2014 年，学者从理念、指导思想以及具体任务等层面阐述了对金融法制改革的观点，也发表了有关具体立法的修改意见。

第二，对危机后国际金融法制改革的理论解构成为重要研究视

---

① 颜延：《金融衍生产品交易中的卖方受信义务》，载《法律科学（西北政法大学学报）》2014 年第 2 期。

② 范黎红：《金融衍生品交易与委托理财法律关系辨析》，载《上海政法学院学报（法治论丛）》2014 年第 4 期。

角。近几年来，国内学术界对国际金融法制与监管改革经历了宣传介绍、学习借鉴、反思与批判等阶段。2014 年，针对本轮金融法制改革的理论解构成为重要研究视角，例如从“五个平衡”角度认识国际上对系统重要性金融机构的立法规制、对各国金融监管改革路径及消费者立法保护路径的阐述等。

第三，从金融监管、消费者保护等视角研究互联网金融问题。互联网金融现象激发了学术界对其法律监管研究的热情。2014 年，在立法滞后、监管态度不明的背景下，关于互联网金融法律规制及监管问题，学术上进行了初步探讨，总体上分歧大于共识。监管必要性、监管规则以及监管领域仍是研究的主要关注点。

第四，银行经营法律问题形成若干讨论焦点。在银行经营层面，2014 年，学术研究上围绕担保、票据等具体问题，产生了一定的“话题”效应，例如关于公司对外担保效力、担保权实现、抵押财产转让、账户质押以及票据除权等问题，引起较集中的探讨。此外，学者从票据立法理念、票据背书和电子票据等角度揭示了现行《票据法》的立法缺陷。

（二）2015 年展望

银行业法制自身演进、金融业全面深化改革、金融市场发展以及国际金融法制发展等将长期成为我国银行业法制学术研究的主要引导因素。2015 年，我国银行法学研究应关注以下内容：

第一，金融及银行法制改革问题。我国金融市场受到本轮金融危机的冲击，不如欧美国家强烈，但在国际金融法制及监管理念、规则发生重大改进的背景下，加之国内全面深化改革的推进，金融及银行业法制与监管改革已经日益紧迫。学术上有必要开展系统深入研究，为国内金融及银行法制改革作出充分理论准备。

第二，互联网金融法律问题。近年来，互联网金融现象已引起社会各界的高度关注，相关法律问题、监管问题也已成为学术讨论的焦点之一。从现有研究看，在监管必要性、监管程度以及监管方法等多个层面已经出现明显的分歧；同时，也达成了一定范围的共识。随着互联网金融的发展，对其现象从法学视角进行实证归纳、理论挖掘、规则探讨势必成为银行法学关注的热点课题。

第三，银行业机构市场退出问题。银行业机构市场退出法制建设主要涉及存款保险制度和破产制度两个方面。当前，经过前期调研论证，存款保险条例的征求意见稿已经发布，但银行业金融机构破产制度在立法和理论探讨上仍显滞后。银行破产制度构建是推进利率改革的必要法制准备，学术上有必要深入研究银行破产的特殊性及其规则体现，为立法工作提供理论支撑。

第四，金融消费者保护立法构建问题。关于金融消费者保护问题，我国立法上的进展与社会需求之间的差距仍然很大：金融消费者的法律适用问题仍不明确，金融机构的义务规则分布零散且规范层级过低，有关消费者权利条款、追责机制滞后。银行法学界有必要结合我国金融法制改革的大环境，推进金融消费者保护问题研究。

第五，银行经营热点法律问题。2014 年关于担保、票据等业务的讨论产生了诸多与银行业务密切相关的热点问题，也揭示出法律规范进一步完善的可能性。银行法学研究应善于从立法实施效果、银行风险防控以及比较法研究等不同角度，继续发掘银行经营层面的热点法律问题，进行充分研究论证，促进立法完善和司法认识的统一。

第六章

银行业务法律问题专论

互联网金融监管的原则：探索新金融监管范式

张晓朴①

一、引言

近来我国互联网金融发展迅速，正日益成为正规金融的补充，也成为社会各界关注的热点。互联网金融具有开放、共享、平等、普惠、去中心化等特点，是一种更加民主化、而非少数专业精英控制的金融模式，比正规金融机构更加草根化，更加贴近大众，更加注重客户体验。尽管当前一些舆论对互联网金融的渲染可能夸大了互联网金融的作用和影响，但互联网金融在缓解信息不对称、提高交易效率、优化资源配置、丰富投融资方式等方面的确有不俗的、有别于传统金融的表现。这也说明，互联网金融对于经济金融的发展具有潜在的正向附加值，可能是一个具有内在生命力的行业。如何在准确把握互联网金融本质属性和发展规律的基础上，梳理和借鉴国际监管经验，探索有效的新金融监管范式？围绕这一问题，本

① 张晓朴，中国银监会政策研究局。本文原载于《金融监管研究》2014 年第 2 期。

文初步进行了研究。

二、对互联网金融功能和风险特征的基本判断

尽管互联网与金融的结合可以创造价值，但在分析研判互联网金融的功能和发展趋势时，需要把握好以下三点。

第一，互联网金融并没有改变金融的功能和本质。互联网金融创新的是业务技术和经营模式，P2P、余额宝、阿里小贷等基于互联网技术，在交易技术、交易渠道、交易方式和服务主体等方面进行了创新，但其功能仍然主要是资金融通、发现价格、支付清算、风险管理等，并未超越现有金融体系的范畴。就此而言，互联网金融可能并不会像有些人预言的那样彻底颠覆现有的金融体系。其发展只是又一次充分印证了诺贝尔经济学奖得主莫顿的“金融功能论”：金融功能比金融机构更为稳定（Merton，1995）。

第二，互联网与金融之间并非没有冲突。互联网强调便捷、强调快，而金融业强调规范、强调稳；互联网强调创新、创新、再创新，而金融业强调稳健、稳健、再稳健。互联网金融毕竟是在开展金融活动，其运营管理不能没有风险管控这一金融基因。

第三，未来互联网金融的成长具有不确定性，应当避免过度乐观的预期。有不少意见就认为，互联网金融本身并没有太多的新意，甚至是一个伪命题，只不过是传统金融在互联网技术上的延伸，与电报、电话、计算机在金融业的应用相比，并没有革命性变化。对互联网金融按照现有的法规监管即可，对应的金融产品归口于谁，就由谁监管。开展互联网金融业务，应当从自身实际出发，基于理性的成本—收益分析和长远的发展规划，避免一哄而上、盲目跟风。

根据诺思等制度经济学家的研究，决定社会和经济演化的技术变迁和制度变迁都具有较强的“路径依赖”（诺思，2008）。互联网金融能否可持续发展，进而沿着什么样的路径、以多快的方式影响或改变现有的金融体系，还需要边走边看。1975 年，美国《商业周刊》基于当时美国电子支付的蓬勃发展就曾经预言，电子支付方式“不久将改变货币的定义”，并将在数年后颠覆货币本身。但

38年后的今天，我们并没有观察到货币定义和属性的巨大变化（米什金，2011）。这正如马克·吐温所言，“对现金消亡的判断是夸大其词了”。也许等十年、二十年以后，我们才能真正判断互联网金融究竟是个可持续的业务模式还是一个昙花一现的概念；才能真正看清互联网金融到底是个有自生能力的新兴业态还是必须依附传统金融才能生存；亦或是二者最终相互融合，实现了基因重组。届时，我们才能真正评估它对现有金融体系的改变究竟是演进式的（evolutionary）还是革命式的（revolutionary）。当下，互联网金融的发展须把握好创新和稳健的平衡。其发展需要热情，更需要理性；需要自我约束，也应当接受必要的监管。

从风险角度看，互联网金融参与者众多，带有明显的公众性，并且很容易触及法律和监管的红线，如非法吸收公众存款、非法发行股票债券、集资诈骗等（第一财经金融研究中心，2013），甚至会引发系统性金融风险。尽管目前我国互联网金融链上的部分业态和部分环节受到了监管（如第三方支付），但从整体上看，还处于无门槛、无标准、无监管的“三无”状态。这一方面是由于P2P（人人贷）等业务具有民商法的合法性基础，公法未必适合或没有必要介入；另一方面，许多业务并没有被涵盖在现有的监管法规中，并没有哪家监管机构有明确的法定职责和授权进行规制和监督检查。此外，由于业务的复杂性，余额宝、P2P等互联网金融业务同时混集了多种业务属性，难以清晰界定其监管归属。如何一方面精心呵护互联网金融的创新精神和服务实体经济、服务大众的普惠秉性，另一方面有效维护金融稳定和金融秩序，保护金融消费者的权益，及时惩治违法犯罪，是互联网金融监管模式选择面临的一大难题。

在放弃部分原有债权的基础上，又被迫在追加新的授信以及风险分类等方面突破风险管理的政策底线。

三、关于互联网金融监管的国际经验

在国际上，英文中还找不到一个明确的概念对应我们所说的

"互联网金融"。互联网金融在境外也远没有像我们国家如此受到关注。根据有限的国别（地区）资料，大致可以归纳出互联网金融监管在国际上的以下几方面特点。

一是各国（地区）普遍重视将互联网金融纳入现有的法律框架下，强化法律规范，强调行业自律。各国（地区）都强调，互联网金融平台必须严格遵守已有的各类法律法规，包括消费者权益保护法、信息保密法、消费信贷法、第三方支付法规等。这是金融交易运行的最重要制度基础。英国和我国香港地区在敦促个体守法运营的同时，还格外强调行业自律。

二是各国针对本国互联网金融发展的不同情况，采取了强度不等的外部监管措施。澳大利亚、英国等大多数国家采取轻监管方式，对互联网金融的硬性监管要求少，占用的监管资源也相对有限。而美国证券监管委员会在2008年10月面对金融危机中公众对监管不作为的指责，认定prosper等P2P出售的凭证属于证券，须接受其监管（GA0, 2011）。

三是监管手段主要是注册登记和强制性信息披露，以金融消费者和投资者的权益保护为重心。

四是涉及谁的监管职责就由相应的监管机构负责，往往没有统一的主监管机构。美国第一网络银行（SFNB）、贝宝支付（Paypal）等就曾分别由银行和证券监管机构负责监管。

五是少数国家开始尝试评估互联网金融的监管框架，探讨未来监管方向。如2011年7月，美国国会下属的政府责任办公室（GA0, 2011）就美国P2P借贷的发展和相关金融监管体系的优缺点进行了评估。评估结果强调持续一致的消费者和投资者保护、灵活性与适用性、有效性和效率等。未来的具体监管改革方案目前尚在探索中。

四、我国互联网金融监管的原则

未来我国的互联网金融将向何处去？一方面，有赖于一家家企业的不懈探索和整个行业的自律；另一方面，也需要法律法规和监管机构的规范引导。对于互联网金融这个“新事物”，金融监管总体上应当体现开放性、包容性、适应性，同时坚持鼓励和规范并重、培育和防险并举，维护良好的竞争秩序、促进公平竞争，构建包括市场自律、司法干预和外部监管在内的三位一体的安全网，维护金融体系稳健运行。秉承这样的理念，本文初步提出了互联网金融监管的 12 个原则，试图为今后该领域的讨论提供一个基础和出发点。这些原则也大体构成了金融创新监管的一个概念性框架。

原则 1：互联网金融监管应体现适当的风险容忍度

与金融衍生品等适应需求变化的创新不同，互联网金融主要还是一种适应供给变化（即信息技术的发展）的金融创新。正是互联网技术的发展与应用，催生了互联网金融。互联网金融有助于更好地服务实体经济和金融消费者，对于这样一类新出现的金融业态，金融监管上需要留有一定的试错空间，过早的、过严的监管会抑制创新，不利于金融效率的整体提高。美国经济学家斯莱弗认为，任何制度安排都需要在“无序”和“专制”两种社会成本之间权衡。“无序”是指私人损害他人利益而导致社会成本增加，“专制”指政府或官员损害私人利益而导致社会成本增加。如果 P2P 和众筹的业务模式能坚持单笔金额小、人数少，就应该用私人秩序、行业自律加上司法来规范。P2P 等无区域性、系统性影响的自然退出，是一种市场的自我淘汰和约束机制。尽管对于双方未必是一件好事，但对整个互联网金融的长期有序发展未必是坏事。另外，互联网金融的整体风险要在可控范围内，整个行业可以在摸索中寻找道路，但不能引发系统性金融风险，犯致命性错误。因此，互联网金融监管的良好实践应当是：鼓励创新，规范发展，既避免过度监管，又防范重大风险。

原则 2：实行动态比例监管

金融监管在中文和英文中都是一个很模糊的概念，需要进一步厘清。事实上，从松到严，金融监管可以分为四个层次。第一层是市场自律，由金融企业和行业协会发布自律准则，主要采取自愿实施的方式。第二层是注册，通过注册相关部门可以及时掌握有关机构的信息。第三层是监督，持续监测市场或机构的运行，如非必要不采取直接监管措施。第四层是最严格的审慎监管，对相关机构提出资本、流动性等监管要求，并有权进行现场检查。除此之外，法律本身也具有规范市场主体行为的监督约束作用，可以视为监管的一种广义形式。违反法律的，可由司法机关负责处理。典型的例子是，香港小贷机构的监管就是由警务处负责。

根据互联网金融的发展动态、影响程度和风险水平，有关金融监管部门应当定期评估不同互联网金融平台和产品对经济社会的影响程度和风险水平，根据评估结果确定监管的范围、方式和强度，实行分类监管。对于影响小、风险低的，可以采取市场自律、注册等监管方式；对于影响大、风险高的，则必须纳入监管范围，直至实行最严格的监管，从而构建灵活的（而不是僵化的）、富有针对性的与有效性的（而不是笼统与无效的）互联网金融监管体系。需要注意的是，上述评估应定期进行，监管方式也需视评估结果动态调整。

原则 3：原则性监管与规则性监管相结合

在原则性监管（principle - based supervision）模式下，监管当局对监管对象以引导为主，关注最终监管目标能否实现，一般不对监管对象做过多过细要求，较少介入或干预具体业务。而在规则性监管（rule - based supervision）模式下，监管当局主要依据成文法规定，对金融企业各项业务内容和程序作出详细规定，强制每个机构严格执行。它属于过程控制式监管，要求监管者针对不同的机构、机构运营的不同阶段、不同的产品和不同的市场分别制定详细规则，并根据监管对象的合规情况采取相应措施。

原则性监管与规则性监管各有利弊，在互联网金融监管的实践中应紧密结合，互为补充。一方面，互联网金融监管必须在明确监管目标的基础上，实现“原则”先行。监管原则应充分体现互联网金融运营模式的特点，给业界提供必要的创新空间，同时指导和约束运营者对消费者和社会承担必要的责任。另一方面，要在梳理互联网金融主要风险点的基础上，立足于防范控制区域性、系统性风险和加强金融消费者保护，对互联网金融中风险高发的业态和交易制定必要的监管规则，事先予以规范。原则性监管与规则性监管的结合，有助于在维护互联网金融的市场活力与做好风险控制之间实现良好平衡，促进其可持续发展。

原则4：防止监管套利，注重监管的一致性

监管套利是指金融机构利用监管标准的差异或模糊地带，选择按照相对宽松的标准展业，以此降低监管成本、规避管制和获取超额收益。此次国际金融危机爆发前，无论是在学界、业界，还是政策界，“监管套利”都是一个中性的术语。危机发生以后，全球监管机构对影子银行等规避监管的行为进行了深刻反思，并给监管套利贴上了鲜明的负面标签。主要原因是其有碍公平竞争，破坏市场秩序，损害监管的有效性。对于发展中国家而言，更严重的是，它会损害监管公信力。

互联网金融提供的支付、放贷等服务与传统金融业相仿。如果对具有相似金融功能的金融服务或产品执行不同的监管标准，将易于引起监管套利和不公平竞争。事实上已经有越来越多的持牌金融机构在抱怨：为什么同样都提供支付服务或者从事贷款业务，受到的监管却不一样？为确保监管有效性，维护公平竞争，在设计互联网金融监管的规则时，应确保两个一致性：一是不论是互联网企业还是传统的持牌金融机构，只要其从事的金融业务相同，原则上就应该受到同样的监管；二是对互联网金融企业的线上、线下业务的监管应当具有一致性。

原则5：关注和防范系统性风险

互联网金融的发展对于系统性风险的影响具有双重性，这应当是金融监管机构关注的焦点。一方面，互联网金融的发展有助于降低系统性金融风险：（1）可能通过增加金融服务供给，减少实体经济对传统金融体系的融资依赖。（2）通过引入和推广大数据分析，有助于降低信息不对称，提高风险管理的整体有效性。（3）提高资源配置效率，推进实体经济的可持续发展。

另一方面，互联网金融也可能会通过一些渠道放大系统性金融风险。主要是：（1）降低金融机构的特许权价值（Franchise Value）。特许权价值不可进行短期变现，必须通过金融机构长期的持续经营来获取，这相当于持牌金融机构的一种额外长期股本，理论上有助于减少金融机构的道德风险。美国有研究表明，影子银行的发展降低了美国商业银行的牌照价值，从而导致商业银行发放了大量高风险的次级房屋贷款，最终引发了次贷危机（Gorton，2010）。互联网金融准入门槛低，可能会使非金融机构短时间内大量介入金融业务，降低金融机构的特许权价值，增加金融机构冒险经营的动机。(2）信息科技风险。网络安全是互联网金融稳健运营的关键和难点所在，技术漏洞、管理缺陷、人为因素和自然因素等都可能危及网络安全性。例如，由于宕机、黑客攻击等因素，导致交易支付系统中断而互联网金融企业又不具备相应的灾难恢复处理能力和应急处理能力，致使业务连续性受损或瘫痪。互联网技术所独有的快速处理功能，在方便快捷提供金融服务的同时，也加快了相关风险积聚的速度，极易形成系统性风险。(3）互联网金融企业与传统金融机构之间因业务关联、声誉风险等引发风险传染。银行监管部门对此已进行过风险提示。(4）某些业务模式特有的流动性风险。例如，互联网直销基金 1 周 7 天、一天 24 小时都可以交易，但货币市场基金有固定交易时间，发起互联网直销基金的第三方支付机构需要承担隔夜的市场风险和流动性风险，这类“小概率、大损失”的黑天鹅事件对于此类互联网金融模式的成败乃至整个金融体系都有重要影响。对于上述系统性风险隐患，金融监管机构应当保持高度警惕，及时予以化解和干预。

原则 6：全范围的数据监测与分析

全范围的数据监测是理解风险和根据需要采取必要监管行动的前提。在大数据时代，数据的大量积累和数据处理能力的不断提升奠定了互联网金融发展的技术基础。例如，相关公司从支付宝客户分散、客单量小、流量相对稳定等特点出发，充分借助大数据，对购物支付的规律，尤其是促销和节前消费等影响基金流动性的因素进行深度数据挖掘分析，对资金流动性进行预估，促进了余额宝模式的安全运行。实际上，大数据也为实施全范围的数据监测与分析，加强对互联网金融风险的识别、监测、计量和控制提供了手段。对监管者而言，及时获得足够的信息尤其是数据信息是理解互联网金融风险全貌的基础和关键，是避免监管漏洞，防止出现监管

"黑洞"的重要手段。为此，监管机构需要基于行业良好实践，提出数据监测、分析的指标定义、统计范围、频率等技术标准。如对P2P平台设计经营性指标和风险性指标的定期与实时报送和分析机制。在数据监测、分析机制的建设过程中，应注意保持足够的灵活性，在定期评估的基础上持续完善，以及时捕获新风险。

原则7：严厉打击金融违法犯罪行为

在精心呵护互联网金融的创新精神和普惠性的同时，必须及时惩治各类金融违法犯罪行为，有效维护金融秩序。当前，互联网金融发展良莠不齐，少数互联网企业在披着互联网的外衣、不持牌地做传统金融，运营中基本没有建立数据的采集和分析体系，甚至有些平台企业挑战了法律底线。如相当一部分P2P脱离了平台的居间功能，先以平台名义获取资金再进行资金支配甚至挪作他用，投资人与借款人并不直接接触，这已突破了传统意义上P2P贷款的范畴，向非法集资演变。为此，必须不断跟踪研究互联网金融模式的发展演变，划清各种商业模式与非法集资、非法吸收公众存款、非法向公众发行股票和债券、诈骗等违法犯罪行为的界限，及时明确法律与监管的红线，依法严厉打击金融违法犯罪行为，推动互联网金融的有序、健康、可持续发展。在打击金融犯罪的同时，也应当考虑与时俱进地修改部分法律条款，支持互联网金融的健康发展。例如，美国《创业企业融资法案》（JOBS法案）就是通过修订法律条款，将需要向SEC注册并公开披露财务信息的公司股东人数从超过499人提高到2 000人，鼓励美国小企业通过众筹融资。

原则8：加强信息披露，强化市场约束

信息披露是指互联网金融企业将其经营信息、财务信息、风险信息、管理信息等向客户、股东、员工、中介组织等利益相关者，履行告知义务的行为。及时、准确、相关、充分、定性与定量相结合的信息披露框架，一是有助于提升互联网金融行业整体和单家企业的运营管理透明度，让市场参与者得到及时、可靠的信息，从而对互联网金融业务及其内在风险进行评估，发挥好市场的外部监督作用，推动互联网金融企业规范经营管理。二是有助于增强金融消费者和投资者的信任度，奠定互联网金融行业持续发展的基础。三是有助于避免监管机构因信息缺失、无从了解行业经营和风险状况，而出台不适宜的监管措施，过度抑制互联网金融发展。

加强信息披露的落脚点是以行业自律为依托，建立互联网金融各细分行业的数据统计分析系统，并就信息披露的指标定义、内容、频率、范围等达成共识。当前，提升互联网金融行业透明度的抓手是实现财务数据和风险信息的公开透明。

原则9：互联网金融企业与金融监管机构之间应保持良好、顺畅、有建设性的沟通

互联网金融企业与金融监管机构之间良好、顺畅、有建设性的沟通，是增进相互理解、消除误会、达成共识的重要途径。一方面，互联网金融企业应主动与监管机构沟通，努力使双方就业务模式、产品特性、风险识别等行业发展中遇到的难点达成理解和谅解。特别是对法律没有明确规定、拿不准的环节，更要及时与相关部门沟通，力求避免法律风险。在此过程中，推进行业规则逐步健全。另一方面，建设性的沟通机制有助于推动监管当局按照激励相容的原则设计监管规则，充分体现互联网金融企业在运营和内部风险管理等方面的特殊性，促进监管要求与行业内部风险控制要求的一致性，提高规则的针对性和有效性，降低企业合规成本。

原则10：加强消费者教育和消费者保护

强化消费者保护是金融监管的一项重要目标，也是许多国家互联网金融监管的重点。加强互联网金融消费者教育，有利于公众了解互联网金融产品、提升互联网金融风险意识，增强消费者对互联网金融的信心。事实上，互联网金融发展得好，有助于解决一些金融消费者保护的难题。例如，在金融产品销售中，传统金融机构时常会发生销售人员夸大收益、误导销售或风险提示不充分等方面的问题。而通过互联网销售经批准的金融产品，通常不与客户见面，只要客户阅读过相关产品信息和风险提示等内容后在线点击“已阅读风险提示，并同意接受”等即可。如果网上销售的金融产品能够全面、准确地披露收益特征，风险提示充分且足够醒目，完全可以做到既切实保护金融消费者权益，又有效管控金融产品销售中的合规风险。当前我国互联网金融领域消费者教育的重点是引导消费者

加强对互联网金融的理解，厘清互联网金融业务与传统金融业务的区别，使广大消费者知悉互联网金融业务和产品的主要性质和风险。在此基础上，切实维护金融消费者在互联网金融产品和业务办理中的合法权益，包括放贷人、借款人、支付人、投资人等在内的金融消费者权益均应得到保障。金融消费者保护的重点是，加强客户信息保密，维护消费者信息安全，依法加大对侵害消费者各类权益行为的监管和打击力度。例如，针对第三方支付中消费者面临的交易欺诈、资金被盗、信息安全得不到保障等问题，应有针对性地加强风险提示，及时采取强制性监管措施。

原则 11：强化行业自律

行业自律是由同一行业的从业组织和人员，为保护和增进共同的利益，在自愿基础上依法组织起来，共同制定规则，以此约束自身行为和实现行业内部自我管理。其基本要素有两点：一是自律源于共同利益；二是规则的制定者同时也是实践者。相比于政府监管，行业自律的优势在于：作用范围和空间更大、效果更明显、自觉性更强等。

对互联网金融这一新出现的金融业态而言，行业自律至关重要。当前和今后一段时期行业自律的程度与效果、行业发展的有序或无序在很大程度上影响着监管的态度和强度，从而也影响甚至决定着整个互联网金融行业未来的发展。为此，行业领头的企业必须发挥主动性，尽快带头制定自律标准，建立行业内部投诉处理机制，不要一味地等待政府的强制性干预。近期陆续成立的互联网金融协会应当在制订互联网金融行业发展规则和标准，引导行业健康发展方面，尽快发挥作用和影响力。特别是要在全行业树立合法合规经营意识，强化整个行业对各类风险的管控能力，包括：客户资金和信息安全风险、IT 风险、洗钱风险、流动性及兑付风险、法律风险，等等。

原则 12：加强监管协调

互联网金融横跨多个行业和市场，交易方式广泛、参与者众多，有效控制风险的传染和扩散，推动行业可持续发展，离不开有效的监管协调。一是可以通过已有的金融监管协调机制，加强跨部门的互联网金融运营、风险等方面的信息共享，沟通和协调监管立场。二是以打击互联网金融违法犯罪为重点，加强司法部门与金融监管部门之间的协调合作。三是以维护金融稳定，守住不发生区域性、系统性金融风险底线为目标，加强金融监管部门与地方政府之间的协调与合作。当前，加大信息共享力度和立场协调是加强上述各层次监管协调机制的重要内容。

五、结论和展望

需要说明的是，以上各条原则各有侧重，不同原则之间并非完全一致，各项原则的同时实现并不容易。事实上，互联网金融监管中的挑战，亦是全球监管者在金融创新领域中面临的永恒难题：如何在改善金融效率和维护金融稳定之间恰当地平衡？美国的次贷危机已然表明，只注重效率不注重稳定、“最少的监管就是最好的监管”等理念是行不通的。同时，单纯追求稳健而过度抑制金融创新，也远非良好的监管选择。金融创新监管面临的一个现实问题是，金融监管的格局是基于已有的金融业务并遵从法律规定确立的。在这样的框架下，当新的金融业态出现后，难以找到或客观上并不存在明确的主监管机构，这常常使只有当风险累积到一定程度以后，相关监管问题才可能会被严肃地提上议事日程。

展望未来，如何在金融监管的实践中培育和引导金融创新，对世界各国仍将是一个很大挑战。新金融监管的探索仍将面临诸多挑战和不确定性，世界各国的监管者仍将在不断试错中艰难前行。成功地应对上述挑战，需要智慧和勇气，也需要担当精神。互联网金融作为一个新兴的金融业态，为探索我国金融创新的有效监管模式提供了一个不可多得的机遇。我们不应错过这一良机，也不能照搬国际经验，应当立足我国金融发展实际，把互联网金融作为践行良好金融创新监管理念的试验田，积极探索未来金融监管的新范式。

参考文献

[1] 道格拉斯·诺思著，杭行译：《制度、制度变迁与经济绩效》，格致出版社，上海三联书店、上海人民出版社，2008。

[2] 第一财经金融研究中心：《中国 P2P 借贷服务业白皮书（2013）》，中国经济出版社，2013。

[3] 弗雷德里克·S. 米什金：《货币金融学》，中国人民大学出版社，2011。

[4] 最高人民法院：《关于审理非法集资刑事案件具体应用法律若干问题的解释》，2010 年 12 月。

[5] 最高人民检察院和公安部：《关于公安机关管辖的刑事案件立案追诉标准的规定》（二），2010 年 5 月。

[6] GAO, Person – to – Person Lending: New Regulatory Challenges Could Emerge as the Industry Grows, July 2011.

[7] Gorton, G., Slapped by the Invisible Hand: The Panic of 2007, 2010? Oxford University Press.

[8] Merton, R. 'A Functional Perspective of Financial Intermediation! [J]. Financial Management, 1995 (2): 23 – 41.

国际金融“软法”获得遵守的动因分析

张庆麟　王桂林[①]

在国际金融领域，相比于国际贸易、国际投资、国际税收等其他领域存在着更多的“软法”，这种不同于传统国际法的规范如何能从道德、社会、政治和经济等方面对国际法主体的行为产生影响，甚至形成类似于或强于国际法的效果，是本文主要分析的问

① 张庆麟，男，武汉大学法学院教授，博士生导师，法学博士，主要研究方向：国际经济法学；王桂林，女，武汉大学国际法研究所硕士研究生。本文原载于《时代法学》2014 年第 4 期。本书收录时，作者对原文有文字调整。

题。同时，软法在金融领域的大量存在，也体现了这种没有严格批准程序、更低成本、更加灵活、更易达成协议的合作方式的独特优势，有学者甚至指出这种以国际金融管理网络为代表的机构间合作方式表征着一种“新的世界秩序”，对于这种合作产生的软法获得遵守的动因的分析能够推动这种新的合作方式取得更好的效果。本文详细阐述了两种经典的动因理论以及随着“全球治理”、“合法性危机”等引起的动因理论的新发展，评述了各种理论的不同及利弊。

一、国际金融“软法”的界定及特征

Ulrika Morth 在其主编的专门探讨软法的一本书中谈到“几十年以来，软法已成为一个重要的概念，用来形容和描述全球政治中一种显著现象——没有政府的治理”。“软法”一词如今虽然在法学中被广泛使用，但并没有一个统一的定义。梁剑兵副教授曾综合国内外学者的各种观点，概括为 12 类，其中甚至包括了法律意识、法律文化①。法国学者 Francis Snyder 在其 1994 年的文章中提出了目前最为大家广为接受的定义——“原则上没有法律约束力但有实际效力的行为规则”。

如一位学者所言，迄今为止，对软法关注最多最早的还是政治学、管理学和社会学，而法学的关注则晚得多，这与法治领域中严格的程序主义有一定的关联，这种严格的程序主义影响了法学对现实的敏感性。② 受分析实证主义的影响，传统法学一直认为法律应该是由权力机关依据相关程序制定的有普遍约束力的规范，而目前被称为“软法”的这些文件并不具有实证主义上所说的法律效力，这一特点过去常常受到法律学者的诟病，被称为是一种“言论商店”（“talking shop”）③。而“软法”渐渐进入法学视野则是由于它

---

① 梁剑兵：《软法律论纲——对中国法治本土资源的一种界分》。

② 《软法与公共治理》，罗豪才等著，北京大学出版社，2006 年 6 月出版，第 3 页。

③ Florian Hoffmann, International Actors, 102 Am. Soc'y Int'l L. Proc. 450, 451 (2008) (describing "the classical model of essentially horizontal forms of rule - guided interstate exchange, a form that could be called the 'talking shop' model of international relations").

具有的一种事实上的约束力，规范着相关主体的行为。

在国际金融领域相比于其他国际经济法领域，存在着更大量的软法。这不仅是因为在涉及经济命脉、高度敏感的金融领域各国难以达成具有约束力的条约，也因为金融软法存在的诸多优点决定它是一种更加适合国际金融领域的合作方式。例如，金融软法的制定更加“廉价”，正是由于其非正式性带来更小的谈判成本，也不需要经过长期的谈判、生效程序；金融软法的制定和修改更加灵活，不会给国家带来过多的“主权成本”（sovereignty cost），这对于需要采取迅捷措施以应对全球性金融风险来说非常重要。[①] 概括起来，这些软法主要具有以下特征：

第一，从制定主体看，国际金融软法是由政府间或非政府间的国际金融组织与国家、非国家实体之间互动磋商而形成的。它的制定主体远远超出了国际金融条约的主体范围。除了主权国家以及具有特定金融职能的政府间国际组织，如国际货币基金组织（IMF）、国际复兴开发银行、欧盟、金融行动特别工作组等以外，主要包括活跃在国际金融各领域的专业性标准制定组织，如巴塞尔委员会、国际证监会组织、国际保险监督者协会、金融稳定理事会、国际结算支付体系委员会等。一些非政府组织、国家行业协会、跨国公司、国际银行等非国家实体也可以参与国际金融软法规范的创制过程，并可以成为软法规范的实施及其监督的权利义务主体，例如国际融资贷款的《赤道原则》。

第二，从表现形式看，国际金融软法多由一般原则和“最佳实践”构成。实践中，国际金融软法的形式渊源多种多样，其中既有政府间国际金融组织制定的内部政策指南和操作规程，又有国际性金融标准制定组织发布的指导性文件，还有国际金融业界的自愿性承诺和最佳实践做法，其规范文本大多以宣言、原则、标准、指

---

① Chris Brummer, Why Soft Law Dominates International Finance—And Not Trade, 13 J. INT'LECON. L. 623 (2010), which states "Soft law ... provides a decisively cheaper means of agreement - making. It carries what can be thought of as low bargaining costs due to its informal status. Perhaps most important, it does not necessarily require extensive participation by heads of state or lengthy ratification procedures. "

南、建议、准则等形式出现。

第三，从制定过程来看，国际金融软法具有明显的非正式性。Joost Pauwelyn 教授曾称，新型的非正式的国际法有三个特征：非正式的程序、丰富多样的参与者、非正式的结果。① 金融软法的制定并不需要像条约那样的谈判磋商程序及民主程序，常常是国家监管人员或相关专业人士通过一些国际性商讨会议协商一致制定的，没有固定的程序范式。

第四，从调整范围上看，国际金融软法调整的范围非常广泛。这主要是相对于国际金融领域中国际条约、习惯国际法等具有国际法上的法律效力的文件而言。目前，涉及国际金融的多边条约仅在 GATS 中的金融服务开放部门有所体现，以及 IMF、世界银行等国际组织的成立文件，但软法却广泛存在于银行监管、国际证券、国际保险、国际结算支付、金融犯罪等领域。

第五，从效力上看，国际金融软法虽无严格意义上的法律效力但却可能产生实际法律效果。这些金融软法没有特定的生效范围，也没有强制执行机关，从实证主义角度，根本不具有法律效力。但从社会法学派和现实主义学派的认识角度，由于金融软法在实践中的实际约束力，可以认为它具有类似于法律的效力。② 以巴塞尔文件为代表的国际金融软法规范为例，通常在其文本的前言或篇首直接载明“不具有或不打算具有”任何法律上的强制约束力，但其所确立的基本原则和标准却逐渐得到金融业界、国际组织乃至许多国家的接受和采行，最终成为普遍公认的、统一的国际标准。德克萨斯大学的弗拉西诺教授在考察国际法院 50 年司法实践之后也认为，软法规范虽没有法律强制性，而仅具有建议性，但它能从道德、社会、政治和经济等方面对国际法主体的行为产生影响，甚至形成类似于或强于国际法的效果。③

① Joost Pauwelyn, Informal International Law - Making: Mapping the Action and Testing Concepts of Accountability and Effectiveness, Oxford University Press (2012).

② 关于不同学派对法律效力的认识，参见张根大：《法律效力论》，法律出版社 1999 年版，第 44 - 48 页。

③ 转引自涂亦楠：《论国际金融软法及其硬化——以国际信贷法为例》，湖北大学学报，2012 年 5 月。

二、国家对金融“软法”遵守的理性主义（Rationalism）

理性主义产生于启蒙运动。从认识论的角度，理性主义是指相信“理性”是一切知识的主要来源。从政治角度，理性主义指一种“政治理性”，以“理性选择（rational choice）”“功利主义（utilitarianism）”“世俗主义（secularism）”等为中心要点。而将这一思想引入国际法遵守动因分析则相对更晚。John K. Setear 曾在一篇文章中从理性主义角度分析对国际法的遵守和违反，Benedict Kingsbury 在一篇文章中对理性主义作出了系统阐释。① 这一理论认为，国家在国际社会是一个以本国利益为中心的主体，国家是否遵守国际法或国际上的标准习惯都是在衡量它可能对本国带来的物质利益或其他损失基础上的理性决策，国家总是通过成本—利益分析（cost - benefit analysis）来对待国际法和与他国的关系。国际法并不能对国家带来压力，只不过是国家追求其利益最大化的结果。造成国家遵守某项国际上的协定（无论是软法还是硬法）只能是两个动因：希望得到更多的物质利益②；对可能带来的国际抵制的顾虑。

由于国际上的文件只有很弱或者有限的执行方式，也很少会有带来抵制的风险，这决定了国际上的合作在深度上是有限的。有学者论说道：在不带来任何损失时，国家会言不由衷地表达它们对某些盛行观点的同意，而一旦开始存在一些军事、经济或其他国内压

---

① John K. Setear, Responses to Breach of a Treaty and Rationalist International Relations Theory: The Rules of Release and Remediation in the Law of Treaties and the Law of State Responsibility, 83 Va. L. Rev. 1 (1997) (examining breach and compliance with international law from a rationalist perspective of international relations) Benedict Kingsbury, The Concept of Compliance as a Function of Competing Conceptions of International Law, 19 Mich. J. Int'l L. 345 (1998) at 350 ~ 356 (describing rationalist theories of international compliance).

② 此处强调是从一国自身出发可得的物质利益，若是因国家名誉带来的无形利益不应归于此处，否则，这种“利益”会无所不包，各种学说都会变成一种“利益说”，没有区分的意义。

力时，就会放弃作出任何承诺。[①]

这种理性主义学说在学者解释国际金融软法获得遵守的原因时得到了广泛体现。以巴塞尔协议为例，外交关系委员会1999年的一份工作组报告认为，对于新兴市场而言，促使其遵守巴塞尔协议的动因主要有三个：可能的市场回报；IMF与世界银行的资金支持；巴塞尔协议下更低的风险评估。[②] 概括起来，学者认为国家执行巴塞尔协定通常基于以下考虑：一是认为这种监管规则可以帮助规避系统性风险。二是认为这样一致的资本要求有助于创造公平一致的竞争环境，避免恶性竞争。三是遵守这种国际性标准能够增强其他国家的金融机构对本国金融领域的信任，打开国际市场。

另外，国家违反反洗钱规则可能带来的世界范围内的反制措施。FATF在世界范围内公布的“不合作国家和地区名单”（List of Non Cooperative Countries and Territories）以及有政策缺陷（Strategic Deficiencies）的国家和地区。对于不合作国家和地区，FATF呼吁其他所有成员国和非成员国采取反制措施，被形象地称为“黑名单”（blacklist）；对于第二种名单，FATF则仅呼吁其成员国考虑该国家制度缺陷造成的风险。[③] 这两种名单都是开放性的，因此只要名单上国家采取符合反洗钱最低标准的措施，就将被剔除。这些名单特别是黑名单往往会遭到其他国家的金融部门和企业的集体抵制、封锁，会给本国经济带来巨大损失。

虽然理性主义从这些角度能够一定程度上解释国家为什么会遵守没有效力的软法，但在很多问题上仍然显得力不从心。相反，这

---

① Jack Goldsmith and Eric Posner, The Limits of International Law (2005), Oxford University Press, which argues “nations mouth their agreement to popular ideals as long as there is no cost in doing so, but abandon their commitments as soon as there is a pressing military or economic or domestic reason to do so.”

② Report of an independent task force sponsored by the council on foreign relations: Safeguarding Prosperity in a Global Financial System: The Future International Financial Architecture, Council on Foreign Relations October 17, 1999.

③ 截至2012年6月，FATF公布的第一类名单国家包括了伊朗、朝鲜，第二类名单包括了玻利维亚、古巴、厄瓜多尔、埃塞俄比亚、加纳、肯尼亚、印度尼西亚、缅甸、尼日利亚、巴基斯坦、圣多美与普林西比、斯里兰卡、叙利亚、坦桑尼亚、泰国、土耳其、越南、也门。

些金融软法反而成为学者批判理性主义的论据。

首先，这种学说并不足以解释对国家遵守动因的全貌，对于某些国际协定（例如人权公约），国家不能通过加入获得任何物质利益，仍然有大量成员国。在金融软法中也是一样，以日本为例，其在经济困境时仍坚持8%的资本充足率，即使是耗费很大的成本，仍然不惜这种物质利益损失进行执行。[①]

其次，虽然存在FATF建议这样可能给不遵守的国家有效实施反制措施的金融软法，但这种情况在国际金融软法中十分少见。大量的国际标准、规则根本没有对不执行国家的抵制措施，并不能对国家的经济利益带来有形损害，却仍然被各国广泛遵守。

在理性主义这种遵守动因分析的基础上，国际社会似乎很难对一个国家施加影响来构建国际制度和秩序，对如何增进国家遵守金融软法也基本没有有效对策。对于如何促进国家对国际法的遵守存在一种“执行学说”（Enforcement school），这种学说认为国家在国际合作中的深度有限，国家加入一个协定是希望得到加入协定的每一个成员国的遵照执行，因此，要使一个协定获得最广泛遵守的唯一方法就是增强其执行力。[②] 然而，这种增进遵守的学说在软法领域似乎难以适用。在松散的国际社会，增强执行力在具有法律效力的国际法中尚且困难重重，何况是在软法领域。

三、国家对金融“软法”遵守的构建主义（Constructivism）

与理性主义不同，构建主义学说并不认为国家在国家社会完全以自身经济利益权衡来进行决策，而是受到来自其他国家、国际社会习惯的影响。构建主义的学说代表Alexander Wendt认为，国家间的体系并不是物质化（material）而是交互影响（intersubjective）

---

① Charles K. Whitehead, What's Your Sign? —International Norms, Signals, and Compliance, 27 Mich. J. Int'l L. 695.

② See Gorge W. Downs, Is the Good News about Compliance Good News about Corporation ? 50 Int'l Org 379 (1996) .

的，国家的身份和利益某种程度上是在这种交互结构中构建起来的，他强调国家的社会身份（social identity），国家会从其他人的角度定位自身的意义。①在国际交往中形成的国际社会中，各国经济联系错综交织，在国际社会发生作用的是习惯（norms）和交际网（network）。国家不可能只是做一个仅关注本身利益、追求本国目标的自私自利者，而是会受到来自其他国家、国际社会的隐形压力。② 有学者说到：这是一种道德力量，成员国家遵守规则的动机来自同伴的压力。③ 在国际社会的交往中会影响国家对利益的判断。国际社会的合作程度和合作领域都在不断扩展，在交往中会有各种习惯产生，在这个越来越重要的舞台上，国家会更加重视自己的形象、信誉，积极去遵守国际习惯，否则便会在国际合作中举步维艰。④

FATF 建议执行中的互评机制（peer view）便是利用国家间的同行压力对国家的执行情况进行追踪。互评的目的是确保各成员国内反洗钱措施跟进修正后的“40 +9”建议，有效预防不断发展中的洗钱活动。从 2005 年 1 月起到 2010 年止，FATF 对 FATF 成员进行第三轮互评。与前两次的互评相比较，第三轮互评是根据修正后的“40 +9”建议而制定评估的方案和程序，要求更为严格。按照考核标准的要求，对成员国执行建议的实际情况划分为四个级别：合规（C，与建议有关的所有强制性标准得以完全遵守）、基本合规（LC，绝大部分强制性标准被遵守，只存在少量的缺陷），部分合规（PC，大部分的强制性标准未被遵守，存在严重缺陷），不合

---

① Alexander Wendt, Collective Identity Formation and the International State, 88 AM. POL. Sci. REV. 384, 384 -85 (1994).

② 这里可以借鉴组织社会学上经典的霍桑试验。在其中一个试验里，公司政策规定，单位时间做的工作量越多所得收入越多，但工人宁愿牺牲自己挣得的更高的工资，也会遵从集体设定的日工作量、限制产量的群体规范，以免被公司职工孤立和疏离。这个试验揭示了在社会心理层面，工人并非是简单的经济人概念。人是具有多重目标和价值观的复杂人。笔者认为这种社会学上对人的分析能够很恰当地类比到构建主义中国家在国际社会的角色。

③ Cheltenham, Edward Elgar: Soft law in governance and regulation: an interdisciplinary analysis (2004), p. 169.

④ See Chris Brummer, Why Soft Law Dominates International Finance—And Not Trade, 13 J. INT'LECON. L. 623 (2010) ("agreements frequently memorialize consensus on issues with important domestic import for parties. As a result, defection from even informal agreements can have reputational costs that hamper a regulator's ability to promote its policies abroad.").

规（NC，由于一国结构、体制或法律制度的原因，某个建议在该国全部不适用）。

与此相类似，2011 年，巴塞尔委员会建立了“规则相符性评估项目”（Regulatory Consistency Assessment Programme ，RCAP），以监督和评测各成员国政策与 Basel Ⅲ的相符情况。它定期对各国执行巴塞尔协议的情况（分阶段按采纳、执行、实际效果来推进）进行分析。在其发布的文件上会明确列出各国目前的执行情况，而未执行或未完全执行会显著标记。[①] 巴塞尔委员会也希望通过这种方式来敦促其成员遵守其协定。2013 年 9 月 27 日，巴塞尔委员会的 Committee's Regulatory Consistency Assessment Programme（RCAP）发布了关于中国执行 Basel Ⅲ的评估报告。[②] 在此之前，该委员会也陆续发布了对欧盟、日本、新加坡、荷兰、美国执行 Basel Ⅲ的报告。这些评估报告虽然没有任何强制效果，但利用国家对自身声誉的顾虑，给其带来隐形压力，敦促成员的遵守。

一种最有名的构建主义学说是 Abram 和 Antonia Chayes 提出的“建设模式”（managerial model）学说，[③] 认为国家确定是愿意去遵守国际上的习惯的，正是习惯的作用而非对报复措施的顾虑引发了国家的遵守，一国的不遵守往往是出于本国信息的缺乏和高昂的成本，而并非完全自私自利的决策。因此，他们认为，要增进国家的遵守，劝说和“建设”遵守比强制遵守更为有效。建设遵守包括给国家提供相关国际法信息，说明其在国际习惯中的重要性，为其提供遵守的财力和技术支持，帮助其建立遵守的能力。这一过程并不是因为对抵制或封锁的顾虑而是害怕在国际交际网（international network）中被疏远。

这种构建主义学说很好地解释了为什么有些国家在不存在经济

---

① 从不执行到完全执行分别标记为红色、黄色、绿色。

② Assessment of Basel III regulations – China, released by Regulatory Consistency Assessment Programme. Available at http://www.bis.org/bcbs/implementation/12_cn.pdf.

③ Abram Chayes & Antonia Handler Chayes, The New Sovereignty: Compliance with International Regulatory Agreements (1998) (arguing that a "managerial model" of compliance in which nations cooperate in a problem solving approach to problems should replace the coercive theories that say nations comply because of sanctions).

利益的情况下仍然愿意去执行一些金融软法，同时也提出了增进遵守的方法，随着国际交往的深入，可以预见，这种学说会获得越来越强劲的生命力。

四、国家对金融“软法”遵守的私人主体分析

事实上，这里所说的私人主体分析并非一种自成一统的学说，而是一种新型的分析方法。这种分析方法同时体现在理性主义和构建主义的发展之中，它们都开始剥去国家的外壳，直接关注到国家内部的私人主体。有些国际标准则直接越过国家，使私人主体成为国际标准的直接遵守主体，取得了非常显著的效果。[①]

不论是上述理性主义还是构建主义，都是从国家整体的角度判断遵守的动因，而国家作为一个十分概括和集合的概念，对其进行动因分析往往只是一种理论推断，难以找到实践中经验的支持。近年来，随着全球治理、世界公民的兴起，私人主体在软法获得遵守中的作用越来越受到国际社会的关注。同时，直接寻找私人对金融软法遵守的动因以增进其遵守可能比通过国家遵守再映射到私人更加直接和有效，毕竟这些金融软法的最终目的是影响和规范私人的行为，国家执行金融软法并不代表真正落实到私人主体。

这种以私人为主体的方法可以从一项研究中明显反映出来。在一项对 FATF 建议的遵守情况及其动因的研究中，[②] 向 182 个国家的 1 015家公司以咨询者的身份用各种别名发送邮件，邮件内容为想要成立一个保密的、限制其法律和税务责任的公司（邮件接收者并不知晓这是一项调查），虽然邮件主要内容相差无几，但仍然通过一些小变化来调查不同的遵守动因，例如有的告知收件人这种行为被国际

---

① 例如，有名的企业社会责任标准 SA8000，它由民间机构制定，目的是确保企业的生产和服务符合社会道德标准。2007 年 5 月 1 日起，欧美国家的跨国公司开始强制推行 SA8000 标准认证。将劳工权利与出口订单、普惠制挂钩，要求跨国公司在采购商品和服务时要审查对方企业是否达到这一标准，对不达标者，必须取消订单。这一直接的经济利益损失敦促我国上万家企业接受并通过 SA8000 审核。

② Shima Baradaran, Michael Findley, Daniel Nielson, J. C. Sharman, Does International Law Matter? 97 Minn. L. Rev. 743 (2013).

文件视为非法的，并可能遭受惩罚。公司如果回复需要发件人经验证的身份文件视为完全遵守，仅需要照片等文件而无须验证的为部分遵守，不需要提供任何文件为不遵守。调查发现，私人对 FATF 这种信息透明的要求的遵守程度最多只有 51%，可见，国家的遵守和私人的遵守仍有很大差距。① 令人吃惊的是，OECD 国家的公司并不比其他国家的公司体现更高的遵守比率。② 这种直接以私人为主体研究对金融软法的遵守目前还很少见，但开拓了一种新的思路。

在理性主义分析之中，有学者分析遵守一项国际软法可能对国内的不同主体带来的经济影响，这些主体进而影响到国家的决策。以巴塞尔协议为例，执行巴塞尔协定并不是仅仅将其列入监管法条那么简单，而是会带来一系列的利益重新分配。8% 的资本充足率需要一些资本不能达到要求的银行进行资产重组，例如增发股票、抛售资产或贷款项目等，而资本充足的银行则可以乘机以优惠价格购买这些资产，这种利益分配不仅发生在不同国家的银行之间，在一国内部也是如此。在发达国家，由于一般小银行的资本相对于受到严格监管的大银行更加充足，巴塞尔协定的执行往往导致小银行股价上升，而大银行股价下降。但是并不代表大银行不会拥护政府遵守巴塞尔协定。因为这可以使他们以内部模式评估市场风险，这正是制度、程序更加健全的大银行所擅长的。一国遵守巴塞尔协定可以为国内的银行吸引投资、储蓄等国际业务，国内的大银行基于这种考虑也会积极游说政府决策。当然，这些考量与一国为发展中国家或发达国家、民主或专制体制、计划经济或市场经济、银行所有制为国有或私有等因素影响有不同结果。③ 不少学者将国家利益、

---

① 由于在作出回复的公司中仅有不到一半遵守了 FATF 关于信息透明的要求，作者认为 FATF 在实际效果上的遵守率最多只有 51%（“In examining whether international law matters, our empirical findings reveal that compliance with international law is 51% at best, as fewer than half the contacted firms complied with financial transparency standards.”）。

② 另外，此份调查还有很多有趣的结果，如公司是否遵守与该国的能力和财力没有关系，在告知有惩罚的情况下反而容易诱发收件人的共谋（conspiracy）心态，较轻的惩罚措施比没有惩罚措施有更低的遵守比率（weak penalty effect）等。

③ 国内主体对一国决定是否执行巴塞尔协定的影响可参见 Mark A. Chinen, Lana J. Ellis, Matters of Preference: Tracing the Line Between Citizens, Democratic states, and International Law. 19 Transnat'l L. & Contemp. Probs. 419.

国家的决策主体再做进一步分解剖析，便会看到国家的发展程度、经济规模、民主制度、政党、国内市场主体、国家代表等各种更加具体因素的影响。近几年有越来越多的学者开始立足于国内制度、私人主体来做更加务实的分析。①

在关注国际习惯的构建主义中，有学者又进一步分析了个体交往习惯。各国在 IMF 的代表为本国一些银行机构监管者，长期共同的交往会形成自己的"圈子"。这些人一般有比较相近的工作领域、知识结构、政策倾向，这些人经常在一起工作讨论对越来越全球化的一些问题的对策。如果积极配合、协作这个圈子内的规则和制定的规则，会在这些同行面前获得很高的地位和声誉，而违反这些其他人共同承认的规则会给人"不合作"的信号，影响他在圈子里的声望。因此，对这些代表人员来说，也常常会有个人名誉和国家利益间的冲突。"合作"是他们交往中的一种习惯。②

金融软法长期以国家为对象研究其遵守范围，而在实践中真正产生的影响或许被高估了。③ 以上述巴塞尔协议、FATF 建议为例，这些金融软法的最终目的都是使银行、公司、个人等主体遵守相关规定，维护良好的世界金融秩序。国家的遵守到获得执行到取得现实效果使个体遵守之间还有很大差距，FATF 以及巴塞尔委员会在其评估项目中都将国家的遵守分阶段的分为了遵守、执行、效果，体现了对这种差距的务实的认识。

这种在国际层面打开国家的"外壳"直接涉入私人领域，从个体角度分析其对国家决策的影响、遵守国际协定的原因，也正是体现了"全球市民社会"兴起在"金融软法遵守动因"这一微小研究主题中的反应，可以预见随着个体在国际社会上扮演得越来越活

---

① Daniel E. Ho：Compliance and International Soft Law：Why do Coutries Implement the Basel Accord ? Journal of International Economic Law，2002， v. 5，3. Aug. P. 647 –688. 再如 Mark A. Chinen，Lana J. Ellis，Matters of Preference：Tracing the Line between Citizens，Democratic States，and International Law，19 Transnat'l L. & Contemp. Probs. 419.

② 见 Charles K. Whitehead，What's Your Sign? —International Norms，Signals，and Compliance，27 Mich. J. Int'l L. 695. 文章中以日本对巴塞尔协议的遵守为例，论述了这种观点。

③ 前面已述对巴塞尔协议多样化的遵守现状，另外在前述 Daniel E. Ho：Compliance and International Soft Law：Why do Coutries Implement the Basel Accord ? 一文中，通过社会实验（field experiment）数据，作者认为 FATF 在实际效果上的遵守率最多只有 51%。

跃的角色，这种分析方法的合理性和说服力会不断增加。

五、国家对金融“软法”遵守的规则正当性

从实体正义角度，个人对国内法的遵守在很早的时候就有从规则内容本身出发寻找遵守动因，也即自然法学派。不管在不同阶段将这种内容的正义归为神或上帝的意旨、理性的体现等，都从规则本身符合人类的某种理念解释人们对其遵守的动因和正当性。然而，在国际社会，却少有将规则本身维护的价值等因素作为国家遵守的动因进行分析，因为传统都认为国家作为一个组织，在国际交往中不会形成类似个人的道德观念，不进行价值判断，国家作为成员的国际社会，不存在用于判断国际协定内容正当性的“国际道德”，也不会产生一国因为尊崇协定中反映理念而遵守一个协定的情况。

然而，存在一些人类共同认同的“普世价值”，维护这些价值是一个政权在国内的重要任务，是一个政府本身正当性的重要反应，虽然个人往往不是国际关系中直接的权利义务承担者，但国际交往中的各种协定最终都会作用于每个个体，因此，国家也会在国际交往中体现自己的价值取向，一个符合人类普世价值的条约、协定往往能得到更多的国家参与和遵守，这也符合国家的目标追求。例如诸多人权公约，反对一些国际罪行的金融软法更容易得到国家的认同。Thomas M. Franck 是这种观念的典型代表，他认为一国对国际法的遵守由对其合法性的信任来保障。有效的法律需要成员习惯性的、自觉的遵守，而不应该依靠或主要依靠一种政权要求服从的命令。①

从程序正义角度，近年来，金融软法制定的“合法性危机”

---

① Thomas M. Franck, Legitimacy in the International System, 82 Am. J. Int'l L. 705, 706 (1988) (arguing that compliance with international law is secured by belief in the legitimacy of the rule, which requires a belief that the rule came into existence through right process). Thomas M. Franck, Fairness in International Law and Institutions 86 (1995) ("To be effective ... law needs to secure the habitual, voluntary compliance of its subjects; it cannot rely entirely, or even primarily, upon the commanding power of a sovereign to compel obedience.").

“民主赤字”等问题广受争议。如巴塞尔委员会、FATF等组织最初都只有少数发达国家参与，而其标准、建议的制定经常只是这些国家少数管理者、专家共同商讨的结果，巴塞尔协定在2008年金融危机中未能发挥任何预防效果，这些都引发和加剧了对金融软法正当性的怀疑。在过去，这种程序上的正当性很少被人关注，因为这些规则本身没有强制约束力，由各国自愿遵守，因此并不需要去苛求这些规则制定过程中的民主性。然而，随着这些规则获得越来越大范围的执行，其“法”的特征越来越凸显，这使得各国特别是因为遵守获得消极影响的国家开始怀疑其程序的正当性。而这些金融软法想要在这种已存在的现实影响力下进一步推动其影响范围和深度，其本身制定过程中的民主正当性也是必须考虑的一个方面。

有学者就从FATF规则本身的合理性、明确性出发，分析其获得广泛遵守的原因。该规则自1990年发布40条反洗钱建议以来，为应对洗钱方法和技术的发展，1996年第一次对其进行了修订，2001年纳入了反资助恐怖分子的8条建议，2004年新增反资助恐怖分子的第九条建议，在即将完成第三轮互评（mutual review）的2009年7月，开始了对其规则的再一次修订，并于2012年2月被采用，经过修改，完全融合了反洗钱与反资助恐怖分子的规则，并首次纳入了反资助核扩散（counter - financing of proliferation）的措施，不断适应国际金融犯罪的演进。① 至今，FATF建议已有1990年、1996年、2003年、2004年、2012年五个版本。与巴塞尔规则的许多原则性规定不同，它有着十分明确具体的内容，对于每一条反洗钱的40条建议和反资助恐怖分子的九条特别建议，都有各自的基本标准（Essential Criteria，E. Cs），还有其他因素（Additional Elements）予以补充，以明确该规则获得完全遵守的因素，最大限度地减少模糊性。

---

① Navin Beekarry, The International Anti - Money Laundering and Combating the Financing of Terrorism Regulatory Strategy: A Critical Analysis of Compliance Derterminants in International Law, 31 Nw. J. Int'l L. & Bus. 137.

六、总结

世界范围内国家管理的衰落与公共治理的兴起，全球化以及国际组织的推动都使得软法在更多领域中产生，在后危机时代的金融领域，国际上在应对诸如“系统性风险”等全球问题时越来越经常地采用一种“政府机构间”的合作方式（transgovernmental network），如在应对危机时发挥了主要作用的G20峰会。有学者甚至指出这种以国际金融管理网络为代表的机构间合作方式表征着一种“新的世界秩序”。[①] 这种没有没有严格批准程序、更低成本、更加灵活、更易达成协议的合作展现了国际金融软法的独特优势。然而，金融软法在执行中仍然面对着传统阻碍因素——效力和执行力的缺乏。同时，根据一些学者从私人主体角度的分析，金融软法获得遵守的情况被高估了，实际落实到私人主体的情况仍不容乐观。

动因理论可以促进金融软法在未来获得更大范围、更深程度的遵守和执行。总结上述关于金融软法遵守动因的学说，理性主义仍然会是非常有生命力的一种动因理论，而全球化的发展正逐渐使各国国家利益存在越来越多的重合，金融风险越来越体现出的传导性、系统性内生地增进了国家对金融软法的遵守。

随着各国的交流和交往不断深入，国际习惯和关系网络不断强化，必然会给国家带来更多的“社会性”，而非单纯地以本国为中心的个体。金融软法可以继续和加强利用国家在国际交往中对声誉的重视和形成的同行压力，增强信息透明、互享、评估、公布，为国家提供遵守的财力和技术支持，扫除非立场方面的障碍。

私人主体分析方法给金融软法遵守促进寻找了新的思路。从理性主义的私人主体分析方法中，可得到的建设性启示是，金融软法

---

① 见 Anne Marie Slaughter, A New World Order (2004) (arguing that transgovernmental networks are critical components of modern international governance, the sorts of cross – border agency cooperation represented by international financial regulatory networks may mark a “new world order”), 再如 Kal Raustiala, The Architecture of International Cooperation: Transgovernmental Networks and the Future of International Law, 43 Va. J. Int'l L. 1, 4 (2002) (“[T] ransgovernmental networks are expanding rapidly, and their growth is especially apparent in regulatory cooperation.”).

在制定、推行过程中不应仅从国家管理角度，而要关注这些规则可能对国内私人主体带来的利益影响，积极利用这些主体的自觉利益选择和对国家决策的影响。构建主义的私人主体分析，意识到具有社会性的个人对国家决策的影响。加强各国代表间的互相交流，增强其共同体意识，促进国际社会合作的深入。

另外，虽然软法并非传统意义上需要民主制定程序的法，但规则的合理性和其制定过程中的广泛代表性也是进一步促进国家和个人遵守的必要前提。而这一因素可以为金融软法获得遵守提供最耐久、持续的动力，也是最可靠的遵守动因。

就如同个人遵守国内法、公共道德时不同的遵守动因，国家或个人在选择遵守金融软法中也可能存在着多种动机和意图。而金融软法想要获得更好遵守，应当从上述多个方面和角度作出努力，结合不同国家不同的特点，最大限度地增进遵守的广度和深度。

银行理财业务法律问题研究

张　　炜①

随着新巴塞尔协议施行、利率市场化与金融脱媒进程加速、投资者金融服务需求多元化等内外部环境的变化，国内商业银行开始大力发展以理财业务为核心的资产管理业务，并将其作为转变经营方式、创新盈利模式的重要抓手。但是，鉴于我国商业银行理财业务尚处于初期发展阶段，有关理论和实践正在探索之中，面临的相关法律问题值得予以关注和探讨。本文试图结合我国商业银行理财业务发展现状和未来方向，对银行开展理财业务需要重点关注的几个法律问题进行研究分析，并对相应的法律风险防控提出对策建议。

---

① 张炜，男，法学博士，现任中国工商银行监事、总行法律事务部（消费者权益保护办公室）总经理。

一、银行理财产品法律性质问题

（一）银行理财产品法律性质不明确

银行理财产品在法律性质上如何界定，实践中一直存在争议。有的将其界定为委托代理关系，有的则认为其为信托关系。从法律性质上看，委托代理属于一般民事法律关系，主要遵循《民法通则》和《合同法》等相关法律；信托属于一种特殊类型的民事财产制度，主要受《信托法》等特别法的规范调整。适用法律的不同使委托和信托在性质上具有较大差别，在规范银行理财业务开展、保护相关当事人权益方面所起的作用也不尽相同。名不正则言不顺，准确界定银行理财产品的法律性质，对于规范和促进银行理财业务发展、保护相关当事方的合法权益具有重要意义。

银行理财业务的操作模式为：投资者将资金交付银行，由银行以自己的名义进行投资管理，投资风险由投资者承担，银行收取相应投资管理费。就这一模式而言，以信托关系界定理财产品的法律性质，更有利于完善银行理财业务体系，更有利于保护相关当事人合法权益。主要理由如下：

一是信托关系更契合银行理财业务特点。根据《信托法》的规定，信托是指委托人基于对受托人的信任，将其财产委托给受托人，由受托人按委托人的意愿以自己的名义，为受益人的利益或者特定目的进行管理或者处分的行为。信托制度的基本法理包括所有权与信托利益相分离、信托财产独立等内容。在信托关系中，受托人虽以自身名义管理信托财产，但信托财产产生的利益并不归属于受托人，而是归属受益人。信托一旦设立，信托财产即从委托人、受托人以及受益人的自有财产中分离出来，成为一项独立运作的财产，委托人、受托人及受益人三者任何一方的债权人都无权主张以信托财产偿付债务。信托设立后，除非出现法定事由或经有关当事人协商一致，信托不得终止。在委托代理关系中，委托财产属委托人所有，在法律上不具有独立性。受托人必须亲自处理委托事务，转委托应事先经委托人同意，而且委托人可以随时解除委托合同。

在银行理财业务中，投资者出于对银行的信任，将资金交付银行，由银行以自身名义独立管理和运用委托资金，包括自主决定委托第三方机构对委托资金进行投资管理。除非有事先约定，否则投资者不得解除对银行的委托，不得提前终止理财产品。这一业务模式具备信托关系中财产转移、财产管理以及受托人信义义务等构成要件，体现出信托制度的主要特征。因此，信托关系更契合银行理财业务的特点。

二是信托关系更有利于推动和规范银行理财业务开展。银行理财业务信托关系的确立有助于明确银行理财产品的法律地位，解决长期制约银行理财业务发展的投资范围狭窄、投资方式受限等一系列问题。同时，也有助于规范投资者与银行的关系，银行只要没有违反信托文件约定，履行作为受托人的审慎义务和信义义务，就无须为投资者的损失承担责任，化解银行“隐性担保”风险压力。此外，信托关系还有助于推动银行理财业务转型发展，重塑理财业务运作模式，回归理财业务本质，维护公平、有序的市场竞争环境。

三是信托关系更有利于保护投资者合法权益。对于投资者而言，由信托财产独立性衍生的破产隔离制度有利于其财产传承和权益保护，信托财产不会因为委托人或受益人自身的外部债务而受到损害。投资者作为委托人享有《信托法》规定的知情权、信托财产损害救济权、受托人解任权等多项权利，作为受益人享有更为完善的权利保障。银行作为受托人需履行信义义务，为受益人的最大利益处理信托事务，禁止利用信托财产为自己牟利。这对于解决实践中银行自营业务与理财业务之间的利益冲突等问题提供了法律依据，有利于提高银行作为受托管理人的履职标准，增强对投资者权益的保护。

四是信托关系符合国际上同类业务制度安排。在美国和欧洲等一些金融市场比较发达的国家，商业银行开展代客理财等资产管理业务主要适用信托法律关系。以美国为例，根据《联邦银行法》的规定，商业银行在获得信托牌照后可以开展信托业务，提供相关资产管理服务。货币监理署（OCC）是银行信托业务的主要监管者，针对银行信托的业务批准、业务流程、信托行为、会计要求、内部交易、利益冲突、信托基金托管、信托赔偿等制定了详细规定。在州层面（以纽约州为例），商业银行开展信托业务需要获得纽约金融服务管理局的批准。针对商业银行代客理财业务，以下原则得以确立：其一是遵守信义义务（Duty of Loyalty），银行应履行信托关系固有的诚实、信用、谨慎的信义义务，秉承为受益人的最大利益原则开展投资管理，并遵循由此产生的保持财产独立、避免内部交易和利益冲突等一系列义务。其二是谨慎投资者原则（Rule of Prudence），受托人管理受托资产进行投资必须采取合理的谨慎，应当像处理自己的事务一样处理信托事务。

（二）按照信托关系构建银行理财业务体系

1. 完善理财业务组织经营体系

在按照监管部门要求完成理财业务事业部改制的基础上，按照信托财产独立性原则设置单独核算的经营运作管理流程，理财业务专营部门作为独立的利润主体，建立独立的会计核算、统计分析和绩效考评体系，对每只理财产品分别单独建立明细账、单独核算。建立独立条线的风险控制体系，按照理财业务与自营业务相分离、理财产品与代销的第三方理财产品相分离、不同理财产品之间相分离、理财业务操作与其他业务操作相分离的“四分离”原则建立风险隔离机制，防范系统性和区域性风险，增强理财业务风险防御能力。

2. 完善相关法律文件

在理财产品说明书等相关法律文件中约定：(1) 理财产品财产独立于资产管理人（银行）和托管人的固有财产，与资产管理人管理的其他理财产品项下的财产相互独立；(2) 因理财产品财产的管理、运用而取得的财产和收益归入理财产品财产；（3）资产管理人、资产托管人因依法解散、被依法撤销或者被依法宣告破产等原因进行清算的，理财财产不属于其清算财产。

3. 呼吁和推动相关法律的修订完善

目前，确立银行理财业务信托属性的主要障碍在于现有法律规定。在“分业经营”体系下，信托是作为与银行、证券、保险并列的一个金融行业，信托关系是否成立并不是根据相关业务的交易结构和法律特性来确定，而是要看金融机构是否持有“信托牌照”。因此，要确立理财产品信托属性，必须要对《商业银行法》、《信托法》相关法律规定进行修改完善，进一步拓宽商业银行的经营范围，明确商业银行理财业务经营资格，允许银行经监管机构许可后可以在资产管理领域从事信托业务，逐步放开银行混业经营限制，扩大理财资金的投资范围，保障银行理财业务的长远稳健发展。明确银行理财业务的信托法律关系，将《信托法》上升为不同金融机构开展代客理财业务的共同法律依据和基本法律框架，使《信托法》不仅调整信托公司的信托经营行为，而且规制银行、证券、基金及其他资管机构的财产受托管理行为。从而为银行理财业务提供充分的制度保障，强化对金融市场投资者的法律保护。

二、银行理财业务投资运作法律问题

（一）理财投资主要法律问题

1. 银行理财产品承载“隐性担保”压力

目前我国商业银行发行的理财产品以预期收益型产品为主，其特点是注重产品投资本金及收益的到期兑付，据普益财富统计，2013 年到期的个人银行理财产品收益实现率为 99.6%。这一特点使预期收益型产品成为一种“类存款”产品，银行承担理财产品到期后向投资者返还本金和预期收益的“隐性担保”压力，其主要原因有：

一是银行理财产品本身的运作模式较难打破“隐性担保”困境。目前银行理财资金投向中“非标”资产占有较大比重，理财资金通过一定的方式为企业提供融资，融资人根据约定向银行支付收益，银行按照事先约定的预期收益率向投资者支付理财收益，超出部分则作为管理费由银行收取。这样的收益模式与存贷款利差较为相似，理财投资者对于银行而言更像是储户而非投资委托人。加之非标资产的收益和风险评估缺乏统一标准，管理人难以做到准确及时的信息披露，导致无法实现风险的完全转移。

二是合格投资者制度缺失强化了“隐性担保”的制度惯性。在国外成熟市场，投资者风险自担原则的落实很大程度上是因为建立了较为完善的合格投资者制度，投资品的销售过程重视投资者风险承受能力与产品风险的匹配。目前我国尚未建立一套完备的银行理财业务合格投资者制度，银行理财客户大都不具备投资复杂金融产品的知识经验和专业能力，对理财产品与储蓄存款的差别认识不足。部分商业银行在销售理财产品时未能严格按照适当性原则对投资者进行甄选，个别银行工作人员甚至向投资者销售不符合其风险承受能力的金融产品。一旦产品出现风险，银行难以完全免除不当销售责任，导致承担很大的“隐性担保”压力。

三是维护金融秩序和商业银行声誉的考虑助推“隐性担保”变成现实。我国银行理财业务处于初期发展阶段，相关制度建设尚不完善，针对各市场参与主体缺乏明确统一的行为规范，一旦投资出现亏损或收益达不到预期，一些投资者动辄采取群体性投诉方式维权。为维护金融市场秩序稳定，平衡各方利益，在某些情况下，由银行出面对投资者进行安抚，甚至以各种方式弥补投资者损失，便成为监管部门的倾向性态度。另外，理财产品不能到期兑付会损害银行声誉和形象，影响其市场竞争力，商业银行出于维护声誉的考虑，大都通过确保如期兑付来化解风险。

2. 复杂创新的投资交易结构蕴含潜在法律风险

由于银行理财业务具有明显的混业经营特性，不同金融机构间的合作不可避免，理财业务模式和产品呈现出明显的金融交叉性特点，交易环节多且结构复杂。如果投资结构设计过程中未充分考虑各相关法律法规的规定，一旦某个环节出现瑕疵，可能导致整个交易行为出现法律风险。同时，一些创新业务模式采取法律上没有明确规定的机制或安排，这些安排的法律效力因为缺乏法律的明文规定而存在一定的不确定性。例如，在实践中普遍开展的财产收益权投资业务中，收益权是一项由交易双方通过协议方式协商约定的权利，现行的法律法规中没有关于收益权的专门定义，实践中发展出了种类繁多的收益权，其中以某些类型的收益权设立财产信托是否符合法律的规定存在争议。再如，目前我国尚无明确的法律法规对“对赌协议”的效力进行确认，股权投资中的对赌安排是否有效，要视相关交易的具体安排由司法机构进行裁决，对赌机制下补偿义务的履行主体、履行方式等问题，不同司法机构就曾作出不同裁判①。

3. 投资者补偿基金制度缺失

在资产管理业务中，因资产管理人未尽职履行受托管理责任或其他操作失误，对投资者给予相应赔偿，是一种常见的风险缓释安排。证券、基金、信托等相关行业均建立了投资者赔偿或保护基金制度，这些基金均为保护投资者的利益而设立，用于防范和弥补因受托人管理受托事务不当造成的风险和损失。相比而言，银行作为理财产品管理人在没有尽到忠诚、谨慎、诚实信用等信义义务时，应该通过何种方式向投资者承担何种程度的赔偿责任，在法律上还缺乏合适的制度安排，实践中也没有形成相对妥善的处置机制。理财业务可能产生风险的环节涉及项目尽职调查、交易结构安排、投资资金监管、投后管理等各个方面，如没有开展充分的尽职调查导致重大投资风险未被发现，没有办理抵质押担保登记手续造成担保措施落空，没有严格按照合同约定对资金进行监管导致款项被挪用等，可能导致投资风险并最终给投资者造成损失。投资者补偿基金等风险缓释机制的缺失不利于投资者权益的保护，也不利于银行降

① 最高人民法院在“苏州工业园区海富投资有限公司诉与甘肃世恒有色资源再利用有限公司投资纠纷案”中裁决股东与公司之间的对赌补偿条款无效，而在中国国际经济贸易仲裁委员会审理的一起类似对赌纠纷案中，仲裁庭认定投资者与目标公司及目标公司大股东之间的对赌协议合法有效。

低理财业务的整体风险。

（二）完善理财业务经营模式，防控相关法律风险

1. 细化完善“卖者有责、买者自负”的制度规制

投资者自担风险的法律基础在于“买者自负”（Caveat Emptor）的英美普通法原则，而雷曼“迷你债券”风波等案例表明，这一原则并非绝对适用。由于金融产品及服务存在一定的专业性和复杂性，投资者与银行之间在交易能力、投资信息的掌握程度方面存在不均衡，买者自负原则应受到一定限制，需要通过加强卖方的注意义务和更为公平的法律制度设计来平衡双方的交易地位。因此，相关国家监管机构制定了以适当性销售为主的一系列规则，明确银行在金融投资品销售中应承担的义务和责任。银监会《商业银行理财产品销售管理办法》及相关规则就银行理财产品销售涉及的销售文件管理、产品分级、投资者评估、信息披露等做了规定，但实践中理财产品销售风险揭示不充分、理财产品销售对象不适格等问题依然存在，暴露出相关规则的疏漏和执行环节的薄弱，为防范因产品不适当销售引发的风险，商业银行在业务开展中可以考虑从以下方面提高适当性销售原则的执行标准：

一是完善投资者分类及风险评估制度。实践中银行通常将投资者拥有的金融资产数额作为划分合格投资者的标准，倾向于认为高净值客户和私人银行客户具有较高的风险承受能力，导致银行向具有一定资金实力但不具备相应专业投资能力和经验的投资者销售较高风险等级的金融产品。而国外金融投资品销售实践中除了审核投资者的经济实力外，其风险认知能力、专业背景、投资目标、投资经验及对金融产品的理解能力都是必须纳入考察的因素。借鉴国外相关做法，商业银行应进一步细化和丰富投资者分类标准，完善投资者分类方法，将投资者性质、从事金融产品交易的经验和专业能力、交易价值与投资风险评估能力等纳入投资者评价标准，建立更为完善的投资者分类规则体系，细化投资者风险承受能力评估方法和程序，在销售风险等级较高、结构较为复杂的理财产品时，除投

资者填写的书面问卷外，还应补充其他能够证明投资者专业投资知识和经验的材料作为评价依据。通过完善投资者分类及风险评估制度，提高理财产品与投资者投资目标、风险承受水平、财务需求、知识和经验之间的契合程度。

二是提高复杂金融产品的信息披露标准。现行监管规则缺乏针对高风险复杂金融产品的单独披露标准。国际证监会组织（IOSCO）《关于复杂金融产品销售投资者适当性监管要求》提出，销售机构应遵循公平、全面、清晰和中立原则向投资者提供复杂金融产品的相关信息，确保目标投资者在参与交易之前已了解复杂金融产品的具体风险回报状况等信息。对此，商业银行应考虑制定有关复杂金融产品的信息披露制度，提高披露标准，在履行披露义务时应结合投资者的理解能力，尽量使用简单易懂的表述对相关产品信息加以说明。为使投资者对重要事项给予注意和易于理解，相关书面披露文件使用的语言、字体大小应有所区别。

2. 调整产品运作模式，实现风险收益向投资者转移

商业银行有必要对现有的预期收益型产品进行改造，将预期收益率改为业绩比较基准，定期对理财产品所投资资产进行估值，借鉴公募基金净值披露机制定期公布产品净值，通过价格变动反映资产的风险、收益情况，使投资者动态感受风险的变化。探索完善非标资产的估值方法，披露主要非标资产投资组合及其估值，提高非标资产的透明度。改变理财业务收费模式，无论是净值型还是预期收益型产品，在收益分配上，按照“管理费＋业绩提成”的模式收取费用，既激励银行为投资者尽责管理委托资产，又实现收益和风险向投资者的转移。同时进一步完善理财产品体系，在为不同类型客户提供多层次理财服务的同时，按照审慎、稳健原则降低高风险金融产品和复杂金融产品投资比重，重点针对风险承受能力较低的普通投资者丰富“普惠型”理财产品体系，尽量选择适用简单直观的交易结构，降低复杂交易可能带来的风险和成本。合理设置投资风险的缓释安排和投资资金的退出机制，强化担保增信等资金安全保障措施，防范不能按约定兑付投资本金和收益的风险。

3. 建立服务创新审查机制，确保业务发展依法合规

对于重要的理财业务创新事项，商业银行应建立并落实创新审查机制，对产品或服务方案进行认真论证，确保依法合规开展相关业务，重点关注以下几个方面：一是严格遵守法律法规的强制性规定，理财业务创新应不能逾越法律法规设置的边界，有关交易结构的设计及各方当事人权利义务的分配应不违反相关法律法规的强制性规定，以使投资交易行为的合法有效性得到保障。二是合同文本不违反法律的基本原则和精神。为了完成特定交易目的，理财投资过程中需要通过合同条款创设一些法律上没有明确规定的概念和交易结构。由于缺乏明确法律规定，交易行为主要依赖于相关当事人的协议约定予以规范，在拟定相关创新业务的合同文本时应注意不能违反平等自愿、诚实信用、公平等法律基本原则，各方当事人权利义务的分配应对等均衡，相关交易条件的设置和交易要素的确定应在公平的基础上进行。三是关注法律更新及司法判例对理财业务创新的影响。及时跟进相关法律法规的修订更新，深入分析其对商业银行理财业务可能产生的影响，根据新法律法规的规定检视和修正理财投资操作实践，结合业务实际修订工商银行相关业务制度和办法，依托新的法律规定发掘和拓展新的业务创新点。关注司法实践中的相关业务判例和审判指导意见，总结梳理判例揭示的业务法律风险，及时调整得不到司法裁判支持的业务模式。

4. 设立投资者补偿基金

为保护投资者的利益，健全商业银行理财业务风险缓释机制，可考虑借鉴相关行业风险准备金制度设立投资者补偿或赔偿基金，用于补偿因银行的不当受托管理行为或操作风险事件而遭受损失的投资者。监管机构应就商业银行理财业务投资者补偿基金出台专门规定，支持和推动商业银行建立投资者补偿基金。在基金提取上，可以综合考虑不同商业银行的风险偏好、理财业务规模、风险管理能力和水平等因素，按上年末该行受托管理资产余额的一定比例计提。在基金的使用上，主要用于赔偿因商业银行未尽职履行受托管

理义务、技术故障、业务操作失误或其他违反法律规定或理财业务合同约定的行为给委托资产或投资者造成的损失。需要对投资者进行补偿时，商业银行应当严格履行内部审批程序。监管机构应当制定相应的投资者保护基金监控管理规则，对商业银行提取、投资运作和使用投资者保护基金的情况进行监督，确保资金安全，提取、投资运作和使用符合规定。

三、理财业务关联交易和利益冲突问题

（一）关联交易与利益冲突风险

1. 理财业务中的关联交易

随着商业银行综合化经营的步伐不断加快，银行通过收购或设立证券、基金、保险、信托等机构逐步扩展业务领域。在理财业务开展过程中，银行与这些机构之间的合作不可避免，其中存在的关联交易风险不可忽视。

（1）集团成员之间的关联交易

集团成员间的关联交易是指商业银行同与其构成关联方关系的信托、证券、基金公司等集团成员之间的关联交易。根据《管理办法》和交易所上市规则对关联交易类型的界定，在理财业务中，商业银行可能涉及以下类型的关联交易：

——委托或受托管理资产，如银行理财资金投资关联方管理的资产管理计划或其他产品，委托关联方管理理财资金。

——代理债权投资，如银行理财资金投资关联租赁公司的融资租赁收益权，租赁公司将其享有的融资租赁收益权转让给银行理财计划，双方签署融资租赁收益权转让协议。

——特殊的共同投资，如银行作为理财产品管理人和关联机构共同作为委托人投资于某结构化信托计划，一方作为次级委托人为优先委托人的本金和收益安全提供保障。

——委托或者受托销售金融产品，如银行代销关联方发售的基

金、保险或资管计划等。

——提供投资顾问、信用评估、资产评估等服务，如银行为关联方提供私募基金顾问服务，收取服务费用。

集团成员在理财业务中可以承担不同角色，发挥集团的协同效用，因此，他们相互间的关联交易不可避免，但有必要遵循下列原则对集团成员间的关联交易进行规范，包括：①不得利用非公允价格或其他非公允方式在关联方之间转移资源或义务，非公平地转移风险和收益；②不得隐瞒披露关联交易信息；③关联交易不得为法律法规和监管规定所禁止。理财业务关联交易管理不当，银行可能会承担违规或声誉风险。

（2）非集团成员之间的关联交易

除集团成员之间的关联交易外，银行理财业务开展过程中还可能涉及与银行的股东、董事等非集团成员关联方的关联交易。由于存在利益输送风险，银行以自有资金为关联方提供融资或担保是受到重点规制的关联交易行为。对于银行可否以代客资金为关联方提供融资，相关融资行为应受到哪些限制，目前缺乏相应的法律和监管规定。在具有类似属性的信托业务中，银监会《信托公司集合信托计划管理办法》规定，除信托资金全部来源于股东或其关联人的情形外，信托公司不得将信托资金直接或间接运用于信托公司的股东及其关联人。这一规定的主要目的是防止信托计划成为股东的融资工具，避免对委托人的利益造成损害。鉴于资产管理人以受托管理的资金为关联方提供融资这一行为本身存在固有的利益冲突，为保护投资者利益，应对商业银行以受托管理资金向股东及其他关联方提供融资的行为进行规制。

实践中，复杂的交易安排会增加关联交易的识别难度。2013年，恒丰银行借道证券、信托等七家机构为其股东成都门里投资有限公司提供融资受到业界关注，恒丰银行以其自有资金通过向天津滨海农商行存入同业存款，再由后者通过投资东海证券“滨海2号”资管计划、华澳信托成都门里股权收益权投资单一资金信托计划等一系列中间环节投资于成都门里，最终恒丰银行以受让相关资管计划受益权的方式为本笔融资承担兜底责任，变相为其股东提供融资，并最终承担相关风险。这种通过引入不同的资产管理机构、设计繁复的交易结构，变相进行关联融资的行为更为复杂和隐蔽，大大增加了关联交易的风险，应引起充分关注。

2. 理财业务中的利益冲突

理财业务中的利益冲突是指商业银行自身利益与其对投资者负有的信义义务彼此冲突，本质是受托人利益与委托人利益之间的冲突，利益冲突管理不当可能会损害投资者的利益，以及商业银行自身利益。利益冲突在国外金融混业经营实践中受到广泛关注，一些国家和地区制定了相应的规则对理财业务中的利益冲突行为进行识别和规制。欧盟《金融工具与投资服务市场》指令（MiFID）列举了金融机构在为投资者提供资产管理服务中潜在的利益冲突情形：（1）因投资者付出代价，金融机构获得财务收益或避免财务损失；（2）金融机构从为投资者提供服务或为投资者实施交易产生的后果中获益，这种利益与投资者利益相区别；（3）金融机构因出于财务或其他方面的动机去满足一部分投资者的利益而忽视其他投资者利益；（4）金融机构与投资者从事同样的业务；（5）金融机构因向投资者提供服务而从第三方获得服务费用以外的金钱、物品或服务方面的利益。

我国目前尚未制定有关的法律或监管规则对利益冲突行为加以规制，但利益冲突情形在理财业务实践中已有体现。例如，银行自营贷款与代客理财资金同时投资于某个融资项目，融资人以项目资产为两类债权设定最高额抵押担保，一旦发生风险，自营贷款债权与代理投资债权谁应优先受偿即涉及银行与投资者之间的利益冲突。再如，银行向投资者推介信托计划，信托公司以信托资金向企业提供融资，银行向信托公司收取代理费用。同时，银行又向融资企业提供融资顾问服务，并向其收取融资顾问费。这种向同一交易中的不同当事人提供服务并收取费用的行为也可能存在利益冲突。目前，对上述利益冲突行为的制约在法律层面尚属空白，为了保护投资者权益，银行在开展理财业务时应对此给予关注和重视，并研究通过建立适当的机制防控利益冲突风险。

（二）规范关联交易，构建利益冲突管理机制

1. 完善关联交易信息披露机制

充分的信息披露是保障关联交易公正与公平的关键。关联交易信息披露的根本目的在于实现不同利益相关人在信息占有和使用上的公平，避免关系人利用自己的信息优势以损害利益相关人的权益为代价获得不正当利益，同时也使得投资者能够在获取充分信息的情况下作出理性的投资决策。对理财业务中的重大关联交易信息，银行应引入事前披露机制，在相关业务合同中明确银行可通过关联交易为投资者提供资产管理服务，告知涉及的关联方具体信息，相关关联交易应遵守法律法规的规定，符合公平原则，不损害投资者利益。此外，银行还应结合金融交叉产品或服务的具体业务模式和特点，准确识别、确认关联交易的类型，遵循真实性、完整性、准确性等原则进行信息披露。

2. 按照公允原则开展关联交易

判断一项交易是否公允，主要包括审查该项交易是否符合等价有偿原则，是否遵循市场竞争原则，是否符合正常或一般的商业条款。巴塞尔协议要求银行与关联公司或个人之间的交易应遵循常规交易原则（Arm’s Length，又称独立交易者原则），指控制股东等关联人在涉及关联交易时须保持避免利益冲突的合理距离，这种合理距离以常规交易为依准，不得从事不利于公司的交易或行为。银监会《商业银行与内部人和股东关联交易管理办法》也对商业银行关联交易中的诚实信用及公允原则予以确认。银行作为资产管理人在开展与关联方的资产买卖、财产转移、顾问咨询等关联交易时，也应遵循这些原则。同时，应加强银行内部对关联交易的定价与审批管理，制定关联交易的定价规则并确保得到严格执行，对关联交易进行审批时将关联交易的价格因素纳入审查范围，通过有效的监督和遵循适当的程序降低不正当关联交易引发的风险。

3. 构建利益冲突管理机制

一是落实业务隔离，建立法人防火墙和业务防火墙。设置独立法人实体或相对独立的事业部经营理财业务，在人员、资产、财务上与对其有实际控制权的法人或其他机构相互分开，隔离其与银行自身及证券、基金等其他关联企业之间风险的传递，从组织形式上增强理财业务的独立性，使其在与其他业务单位的互动交易中获得更多的主动权，同时确保特定业务风险被控制在适当范围内。另外，在集团内部设立适度的业务防火墙，使理财业务与其他业务在人员、资金、信息等方面相隔离，具体包括：（1）资金防火墙，限制和规范不同业务条线间的资金转移，或进行其他利益输送，禁止或限制以代客资金直接或间接向股东及其他关联方提供融资。（2）人员和机构防火墙，尽可能避免与集团内部其他机构之间董事、主要管理人员的交叉任职，保持各机构之间经营管理上的独立性。通过办公、营销场所和设施上的分离实现理财业务与其他业务的分离，避免投资者混淆工商银行提供的不同类型的金融产品。（3）信息防火墙，规范资产管理客户信息、不同业务部门或成员机构的重要业务信息在银行内部随意流动，相关客户信息在集团内部共享应取得客户的同意。

二是建立利益冲突内部管理机制，通过适当的方式识别、确认理财业务中潜在的利益冲突，避免因利益冲突对投资者权益造成损害：（1）设置专门部门或岗位对利益冲突进行管理，制定利益冲突管理制度，确立利益冲突的报告程序，负责对冲突事件或潜在事件进行甄别、分析和处理，与监管部门保持足够沟通，就冲突事件的性质及处理对策寻求外部意见。（2）建立事先审查机制，在推出一项新的业务或产品前，应通过相关的业务或产品审查委员会对新业务可能存在的利益冲突进行识别和确认；建立事后跟踪机制，发现和评估产品在运行初期未能显现的利益冲突问题，并采取补救措施。（3）完善利益冲突信息披露机制，在与投资者签署相关协议前，向其告知该笔业务可能涉及的利益冲突事由，取得投资者的认可。

四、理财业务国际化发展法律问题

（一）国际化发展面临跨国法律风险

1. 不同国家的法律和监管有所不同

随着大型银行国际化经营步伐的加快，银行境外理财业务开始起步发展。发展境外理财业务不可避免地面临法律环境变化带来的挑战。由于文化与法律传统的差异，各国法律制度存在较大区别，银行境外理财业务合法合规经营风险不可忽视，主要体现在：一是对应当适用的法律规定不了解、不熟悉，以致可能违反相关法律法规，或者难以利用有关规定保护自身合法权益；二是所需适用的规定与我国的规定存在冲突和差异，在适用法律的选择上存在不确定性或者选择不当形成风险；三是诉讼环境差异较大，涉诉事务处理不当引发其他法律风险。

发达国家针对金融机构开展代客理财业务大都制定有较为完备的法律法规和监管规定，覆盖业务准入、产品销售、信息披露、内部控制等各个环节，违反这些规定将使金融机构面临罚款、人员监禁、业务禁止、合约终止等多种处罚后果。2004 年，花旗银行在日本的分支机构由于存在向投资者违法销售未经批准的金融产品、不当销售复杂的金融衍生产品等违法违规行为，被日本金融监管机构勒令停止所有私人银行业务及其他相关业务，相关分支机构的营业许可证被吊销。2009 年，美国证监会对瑞银（UBS）的非法证券经纪行为处以 2 亿美元罚款，主要因为瑞银在没有根据美国法律规定办理证券经纪商注册手续的情况下，为上千名美国投资者提供了证券承销和投资顾问的服务。

离岸财富管理业务面临的跨国法律风险问题则更为明显，离岸服务银行、客户、投资品注册、投资品销售机构可能位于不同的司法管辖区域，涉及客户、产品、服务、交易、托管等多地的多重法律合规问题，包括：向境外客户销售金融投资品的银行需要具备开展离岸金融业务的资格；投资品需要按照注册地规定的程序和条件进行注册与发行；推广销售行为需按销售地的规定取得相应执照并满足适当性销售的相关要求；产品说明书及销售协议应落实有关信息披露、免责说明及语言文字的监管规定等。此外，有关交易记录的保存、客户信息记录、消费者保护、保密义务的履行、外汇管制、内部交易行为的控制、准据法的选择适用、诉讼风险的防范等，都是开展离岸财富管理业务必须考虑的法律问题，依据相关国家的法律及监管规定妥善处理这些问题将对离岸金融业务的开展产生重要影响，在设计离岸财富管理业务模式架构以及开展具体业务的过程中需要予以重点关注和研究。

2. 国际反洗钱、反偷税监管不断强化

近年来，国际社会对洗钱、偷税等行为的打击力度不断加大，一些发达国家制定和更新了一系列反洗钱、反恐融资以及反偷税的监管规定，对银行跨境理财业务具有重要影响。在客户接纳方面，反洗钱金融行动特别工作组（FATF）制定的反洗钱四十项建议和反恐融资九项特别建议逐渐被各主要国际金融中心监管机构采纳，并在本国监管规定中予以体现。在反偷税领域，越来越多的国家签署《多边税收征管互助公约》、《税务事项信息自动交换宣言》等国际税务条约，备受瞩目的美国《海外账户税收合规法案》（FATCA 法案）也于2014 年7 月1 日正式生效①。这些国际或区域性反逃税规定大大增加了商业银行在加强客户信息共享、开展国际税收征管协作，打击跨境逃避税行为等方面的义务，需要商业银行强化有关“认识你的客户”、反洗钱、反恐融资、客户尽职调查等方面的要求，细化对投资者的分类管理和信息甄别操作流程，增强对其他作为交易对手的金融机构的尽职调查责任。全球对于避税行为的打击还使得离岸市场的保密优势被削弱，离岸金融业务的吸引力降低，银行离岸财富管理需要通过改进服务方式来谋求生存和发展。

---

① 该法案规定海外拥有5 万美元以上资产的美国纳税人必须向美国国税局申报这些海外资产信息，外国银行、基金管理公司、保险公司、对冲基金等外国金融机构必须向美国国税局提交这类美国纳税人的相关账户信息。

（二）切实防范理财业务跨国法律风险

1. 合理选择开展境外理财业务的国家和地区

不同国家和地区关于代客理财业务的法律和监管环境具有差异，在行业准入标准、机构设立条件、业务经营方式、税收制度方面有着不同的规定，对商业银行理财业务的国际化发展战略有直接影响。商业银行在进行境外理财业务战略布局时，应充分考虑相关国家和地区的法律和监管环境特点，选择监管制度较为宽松、税收优惠较多、鼓励境外资本的区域先行开展理财业务，在积累了一定经验后再逐步向其他国家和地区渗透。

2. 建立符合当地监管要求的境外理财运营模式

不同国家和地区的监管规定对银行境外理财业务的具体运作方式也有较大影响。例如，欧洲《金融工具与投资服务市场指令》（MiFID）规定，境外金融机构要为欧盟的零售投资者提供所有类型的投资服务，应在欧盟范围内设立运营分支机构，该分支机构应遵守 MiFID 项下的各种义务；如果提供指定服务的目标投资者为“合格交易对手”（Eligible Counterparties），境外金融机构则不必在欧盟设立分支机构，也无须遵守 MiFID 项下的各种义务，只要获得欧洲证券和市场管理局的注册准入即可。因此，商业银行在境外开展理财业务时应注意结合相关监管规定，对具体的业务运营方式进行评估和考量，研究制定符合监管要求和自身实际的业务发展战略和运营方案。

3. 制定规范的客户接纳流程，防范洗钱风险

财富管理特别是私人银行业务蕴含一定的洗钱风险，银行在境外开展此类业务应注意结合相关国际性组织和所在国家发布的有关反洗钱规定制定、完善和落实符合国际通行标准和自身业务实际的反洗钱制度，针对客户接纳、尽职调查、可疑交易报告和资料保存等环节建立完备的风险控制体系。做好客户的身份识别和尽职审

查，按照规定的程序履行相应的客户接纳批准程序，及时更新客户的档案信息，确保资料内容一致和完整。加强可疑交易监测和报告，注意从客户身份、账户历史交易情况、资金来源及用途等方面对可疑交易进行判断、分析与报告。境外理财业务运营中涉及外包第三方机构处理相关业务的，还应对外包机构履行尽职调查，了解其身份背景和服务、历史记录，选择合法可信赖的外包机构，在确定交易关系前应结合外包机构的业务规模、是否遵守监管或内控规定等因素对其进行风险评估，防范因使用外包服务带来的洗钱风险。

实现担保物权制度：依法加快清收银行不良资产新途径

刘泽华[①] 陈 云[②]

近两年来，受经济周期下行、国内经济增速放缓等因素影响，我国商业银行等金融机构面临着 2008 年以来新一轮的危机与挑战，银行不良贷款余额和不良贷款率一度出现大幅双攀升现象，不良贷款清收工作刻不容缓。一些银行不良贷款风险引发诉讼清收案件集中爆发，但由于债务人还款意愿差、下落不明、金融借贷纠纷数量多而法院案多人少矛盾突出等因素，导致银行依法清收不良贷款起诉案件处理不畅，审理执行周期长，通过诉讼清收不良贷款十分困难。因此，依法加快诉讼进程，快速清收不良贷款，是当前商业银行工作的重中之重，商业银行应积极探索通过法律手段清收不良贷款的新途径，唯有创新才能突破诉讼周期长、法律资源紧缺等诸多瓶颈，加快不良贷款处置步伐，赢得这场资产质量保卫战的最终胜利。从当前的实践来看，少数商业银行开始积极运用实现担保物权

---

① 刘泽华，男，法学博士，中国工商银行总行法律事务部（消费者权益保护办公室）副总经理。

② 陈云，男，法学博士，中国工商银行总行法律事务部（消费者权益保护办公室）资深法律顾问。

制度，是依法加快清收银行不良资产的创新，值得进一步探索和借鉴。

一、实现担保物权制度是银行担保物权实现新途径

2013年1月1日正式实施的新《民事诉讼法》，首次在程序法上确立了以非讼特别程序作为担保物权实现新途径的规定，在担保物权的实现途径上，当事人可以通过协商方式解决，协商不成的担保物权人可以向法院申请处置担保物。这一规定从程序法上完善了我国担保物权实现处理机制，在权利义务不存在争议的前提下，给予法院更大的司法职权空间，以缩短裁判周期，体现效率价值。

根据新《民事诉讼法》的规定，商业银行作为经济社会中最大的担保物权人，如需实现担保物权，可以向担保财产所在地或者担保物权登记地基层人民法院提出实现担保物权的申请，并提交相关证明材料。人民法院受理后，由审判员一人进行独任审理，对申请人的申请和相关证明材料进行审查，但属于重大、疑难案件的，则由审判员组成合议庭审理。实现担保物权案件实行一审终审，人民法院应在立案之日起三十日内或者公告期满后三十日内审结，有特殊情况需要延长的，由本院院长批准。经审查，符合法律规定的，人民法院裁定拍卖、变卖担保财产，当事人依据该裁定可以在执行期限内向人民法院申请执行；不符合法律规定的，裁定驳回申请，当事人可以在诉讼时效期限内向人民法院另行提起诉讼。鉴于实现担保物权制度与《物权法》中相关规定有机衔接，商业银行运用该制度清收不良贷款，能有效降低清收成本，明显提升清收效率，因此，商业银行应按照新《民事诉讼法》的规定，充分运用特别程序实现担保物权，积极保护自身合法权益。

二、实现担保物权制度的实践和探索

新《民事诉讼法》出台后，目前最高人民法院尚未制定实现担保物权具体审理意见，但为加快推进银行不良资产处置改善金融发

展环境，全国个别法院已开始探索并积极开展审理实践。例如，浙江省高级人民法院根据新《民事诉讼法》积极、有序、规范地在全省各基层法院推进“实现担保物权”案件工作。在新《民事诉讼法》正式实施前即印发《浙江省高级人民法院关于印发〈关于审理实现担保物权案件的意见〉的通知》（浙高法〔2012〕396号），成为全国首个制定实现担保物权制度实施细则的高级人民法院，使新《民事诉讼法》的规定更具可操作性，为浙江银行业通过实现担保物权制度快速压降不良贷款奠定了制度基础，取得了较好的社会和经济效果。浙江省高级人民法院随后又陆续出台《浙江省高级人民法院关于印发〈关于审理实现担保物权案件若干问题的意见〉的通知》和《浙江省高级人民法院执行局关于规范实现担保物权案件执行程序的通知》等司法文件，对实践中出现的问题以解答或其他方式予以明确和规范。仅2013年第一季度，浙江全省各基层人民法院就立案受理银行等担保物权人申请人民法院直接实现担保物权案件432件，涉及金额31.7亿元；结案244件，其中，裁定准予实现担保物权案件158件，占比64.75%；裁定驳回实现担保物权案件12件，占比4.93%；撤诉74件，占比30.32%。大部分该类案件经法院依法审查后很快下达了准许担保物权人实现担保物权的裁定。从浙江法院系统实施新《民事诉讼法》办理实现担保物权案件情况看，浙江全省各地市已全面推进该新规定的实施，“快立、快审、快结”机制基本形成，得到了银行等当事人的积极回应和好评。

继浙江法院系统受理和审查实现担保物权案件之后，广东、广西、江苏、四川、山东等部分基层法院也开始探索试点实现担保物权制度，并取得良好效果。同时，在法院系统开始大力支持金融不良资产清收司法创新的基础上，一些商业银行也抓住机遇，不断加强与当地法院沟通协调，积极探索法律清收新途径，加快实现担保物权，成功运用该项制度清收不良贷款，为商业银行通过创新突破不良贷款处置瓶颈积累了丰富经验。从商业银行的实践来看，直接实现担保物权主要有以下两大特点：

一是担保物处置效率高，效果明显。按照目前法律规定，银行作为抵押权人要处置抵押物，需要经历审判阶段，如果债务人对一审判决不服提起上诉，将经历一审、二审两个诉讼阶段，才能向人民法院申请强制执行，抵押权需要一两年甚至更长时间才能实现。而根据新《民事诉讼法》的规定，当抵押人、抵押权人对债权债务本身没有异议，抵押权人可不经冗长的诉讼程序，直接进入执行程序，大大提高抵押物处置效率。例如，工商银行浙江省分行首笔申请法院准予实现担保物权案。该案借款人某纺织有限公司，抵押人某资源再循环科技有限公司，抵押物为某街道办的土地使用权及建筑物，贷款本息共计 2 353.3 万元。如按照普通的法律诉讼程序，案件要进入执行阶段，至少需要 2 ~ 3 个月。但通过实现担保物权程序，从银行申请到法院裁定一共才用了 8 个工作日，大大缩短了取得执行依据的进程。从探索实现担保物权制度效果来看，银行普遍反映清收不良贷款成效不错，例如，截至 2014 年 9 月，工商银行浙江省分行通过实现担保物权已收回金额 10.82 亿元，涉及案件 170 件。

二是担保物处置成本低，节省大量财物费用。按照目前法律规定，银行作为抵押权人针对债务人与抵押人提起诉讼，需要预交案件受理费、财产保全费、评估费、拍卖费等各种诉讼费用，并且可能还要负担一定的律师费用。但通过快速实现担保物权方式，抵押权人直接申请强制执行抵押物而不必经过诉讼审理程序，可以节约大量诉讼费用。例如，截至 2014 年 10 月末，某国有商业银行四川绵阳分行申请实现担保物权案件 23 件，起诉贷款本金达 1.08 亿元。如按照普通程序审理，上述案件要缴纳诉讼费近 77 万元，而通过实现担保物权非讼程序，不按诉讼标的金额而按件收费仅需缴纳诉讼费用 0.23 万元，可节约诉讼费达 76.8 万元。

三、商业银行实现担保物权亟待解决的主要问题

实现担保物权制度有利于担保权人高效实现担保物权，能切实解决诉讼清收周期长的难题，对当前银行业执行清收不良资产工作，快速压降不良贷款具有重要的现实意义。但新《民事诉讼法》出台后，最高人民法院尚未就一些操作性问题出台相应的司法解释

和指导意见，实现担保物权制度作为一项新的程序和制度，目前只有少数法院在进行探索试点，大多数法院还没有受理和审查实现担保物权案件，一些法院对司法创新还存在一定的畏难情绪。为最大限度地发挥实现担保物权制度作用，提高商业银行不良贷款清收效率，商业银行有必要积极支持和推动法院系统适用实现担保物权制度，并重点关注该制度实施中发现的一些困难和法律问题，协调人民法院在司法实践中予以解决和完善。

（一）实现担保物权应当允许财产保全

对于实现担保物权是否应当允许财产保全，目前法院意见不一。我们认为，为使实现担保物权案件能够更好地落实立法本意，保障担保权人合法权益，在法律并无禁止性规定的前提下，应允许实现担保物权案件采取保全措施。主要理由如下：一是实现担保物权程序的立法目的是为了提高担保物权人实现担保权利的效率。如不允许实现担保物权程序中提起财产保全，恶意债务人很可能在案件审查期间转移资产，造成债权人后续执行困难，不利于提高实现债权效率，也不利于该制度的推广实施。二是若其他普通债权人通过诉讼程序对担保物进行财产保全，即使担保物权人通过实现担保物权程序率先取得执行依据，法院由于没有直接处置权，需要和受查封的法院协商，不但增加沟通成本，也会影响担保物整体处置效率。三是民事诉讼法律制度未规定财产保全只适用于诉讼程序。按照法无禁止即自由的原则，财产保全应当可以适用于实现担保物权制度。

（二）依法维护银行人保与物保并存时的诉讼权利

一般认为，人保和物保并存时，担保权人仍然可以选择适用实现担保物权特别程序。但对银行物保部分进入实现担保物权特别程序后，保证部分可否同时提起民事诉讼问题尚没有统一观点。实践中，曾有部分法院在实现担保物权案件未完结之前，以“由于保证人需要承担多少债务尚无法确定，故不能在此时就对保证人同时提起诉讼，需待实现担保物权案件处理完毕后，方可起诉保证人”为由，拒绝受理银行对承担连带保证责任的保证人的诉讼。

实现担保物权案件作为取得执行依据的一种特别程序，其最终目的与诉讼程序基本相同，即取得执行依据。根据物权法的规定及商业银行与客户相关合同约定，连带责任保证和物保并存时，债权人可自由选择行使物保或人保。因此，银行债权人对抵押人（质押人）提起实现担保物权程序，可同时对承担连带责任保证的保证人提起民事诉讼，诉讼标的按担保合同约定的担保责任范围确定。

（三）正确理解实现担保物权案件裁判标准

新《民事诉讼法》第一百九十七条规定，人民法院受理实现担保物权申请后，经审查，符合法律规定的，人民法院可以裁定对担保财产进行拍卖或变卖；不符合法律规定的，则驳回实现担保物权申请人的申请。如何理解和判断申请是否“符合法律规定”，意见不一，但在实际操作一般认为，担保物权双方对主债权债务和担保物权的存在及具体数额、实现担保物权的条件已经成就等没有争议，只是就担保物权的实现方式不一致时，法院才可以经申请作出实现担保物权的裁定，否则驳回申请。新《民事诉讼法》第一百七十九条规定，人民法院在依照本章程序审理案件的过程中，发现本案属于民事权益争议的，应当裁定终结特别程序，并告知利害关系人可以另行起诉。对主债务、担保债务是否有效及其数额、实现担保物权条件是否成就的争议，一般被理解为民事权益争议，因此，在审查实现担保物权案件过程中，发现上述情形时，则应当驳回申请人申请并告知其可以另行起诉。我们认为，人民法院对实现担保物权案件进行审查和作出裁定的标准是担保双方对主债务和担保关系不存在争议，但应对双方的意见及其全部的证据进行合理审慎的形式审查后，才能予以裁判。人民法院既不应一有异议就视为存在民事争议而驳回申请，也不应以抗辩式方式进行审查。

在司法实践中，为确保主债务无争议这一审查和裁定的前提标准，人民法院在受理或审查实现担保物权案件时，有的会要求申请人提交主债务金额、期限等已被确定的有效法律文作，如人民法院的生效裁判文书，或者主债务双方当事人的确认书，并以此作为审查和裁定的要件，否则将作出不利于申请人的裁定。个别基层法院在办案过程中，甚至要求银行与借款人出具承诺，认可银行主张的债权金额，同意采取实现担保物权程序实现债权。事实上，这些处理方式不符合新《民事诉讼法》的立法本意，虽然在一定程度上减少或降低了法院自身的审查责任，但在实务中难以落实，如依此操作，只会有害于而不是有利于特别程序的实施。在商业银行信贷业务中，由于主债务笔数众多且期限不一，担保财产种类多样、数量多件，担保范围相互交叉，担保物权登记等公示方式复杂等，如果担保债务人有意逃废银行债务，可能会以各种事由对银行提出的实现担保物权申请提出异议。

（四）灵活运用送达规定有效缓解送达难

在银行依法清收不良贷款过程中，时常出现债务人故意逃避法律义务，人去楼空、无法联系等情况，或者债务人恶意拒签送达回证，导致相关法律文书送达困难，进而拖延诉讼或执行进程。为提高银行不良贷款清收率，避免“老赖”以各种理由拖延履行还款义务甚至逃废债务，一些基层法院积极创新送达方式，在处理实现担保物权的案件中，对送达方式采取较为灵活务实态度，法院可依法采取直接送达、邮寄送达、留置送达，邮件送达、传真送达或者在法院公告栏或担保物所在地的居民委员会、村民委员会、物业小区等场所张贴公告等方式送达。对于债务人有明显逃避债务故意导致送达不能的金融债权案件，若银行与债务人在合同中已就送达地址及效力作出明确约定，经审查当事人意思表示真实且内容不违反法律规定的，法院也依法予以支持。

从部分法院和商业银行的实践来看，灵活运用送达规定，能有效地缓解送达难问题。因此，在处理实现担保物权的案件过程中，对被申请人以下落不明，不予签收法律文书等方式恶意逃避实现担保物权，导致法院不能送达法律文书的案件，人民法院应受理并依法予以审查，本着效率优先、兼顾公平的原则能够灵活掌握送达方式，担保物权符合法律规定的，法院应依法裁定实现担保物权。

四、商业银行应积极运用实现担保物权制度依法加快清收不良资产

（一）加强银法沟通，为实现担保物权制度推进创造有利条件

当前，实现担保物权案件对部分基层法院来说还是一种新业务，法院对此尚持较为谨慎态度。但没有法院对这一制度的支持和认同，商业银行申请实现担保物权可谓寸步难行。为此，各商业银行分支机构要加强与当地法院的沟通协调，主动向当地基层法院提出实现担保物权申请，请求法院受理和审查，通过具体个案的积极推动，促使人民法院对特别程序的执行和实施。同时，商业银行总部或银行业协会要及时向最高人民法院反映实现担保物权制度实施中的情况和问题、提出意见和建议、争取理解和支持，促请最高人民法院尽早出台有利于商业银行实现担保物权的相关司法解释，指导全国法院系统审理实现担保物权案件。

（二）明确标准，切实提升实现担保物权案件处理质效

由于担保物权实现制度刚实施不久，为提高执行效果和效率，保障该制度在初期阶段能够顺利运作，商业银行应对申请实现担保物权的案件进行认真筛选。对申请担保物权实现的案件，必须债权债务关系清晰，担保物产权清晰，担保责任明确且证据材料齐全。若担保物权产权存在纠纷的，不应向法院申请。对于不动产抵押物存在先租后抵情形，且承租人不愿意配合，影响抵押物处置的案件，暂不进行申请。标准明确后，有助于加快实现担保物权案件处理效率，还能为实现担保物权案件在前期取得成功推广奠定基础。

（三）及时总结经验，主动做好实现担保物权制度推广

在实现担保物权案件行内外制度依据初步明确后，商业银行应及时总结经验，集中力量做好实现担保物权制度的稳步推广工作。银行内部要高度重视该项制度在实现银行债权清偿中的重要性及其

优势，及时排查摸底，挖掘符合条件的案件，努力通过该程序实现不良贷款清收。及时总结制度实施中的问题和经验，通过编发典型案例、指导意见等方式向分支机构推广经验和提示风险，全面推进银行运用实现担保物权制度依法清收不良资产的工作进程。

（四）创新送达方式，有效提高司法文书送达效率

在银行不良资产清收中，有部分案件由于债务人恶意拒收法律文书，导致需要通过公告方式送达，不但拖延诉讼、执行进程，而且使得恶意债务人有充足时间逃废银行债务。商业银行可以探索通过在借款合同和担保合同中诉前签订送达地址确认书等方式提高送达效率，有效遏制恶意拒收法律文书现象，减少在送达环节投入的人力成本和时间成本，有力配合实现担保物权制度的顺利实施，达到快速实现债权的目的。

场外金融衍生交易中央对手方法律性质解析

王娇莺①

中央对手方（Central Counterparty，CCP）机制是 2008 年金融危机后的热门话题，几乎所有国家与国际组织关于场外金融衍生交易监管改革的路线图都论及“中央对手方”，并将其作为重要举措予以规划。根基于“合同更新”与“多边轧差”两项法律安排的中央对手方机制具有双边履约保障机制无法比拟的制度优势，既能通过合同更新实现双边履约风险向中央对手方的转移，还能通过多边净额结算大大降低市场的整体风险敞口。雷曼兄弟公司破产事件中，中央对手方对场内衍生交易的妥善处置，充分说明了中央对手方的制度优越性。中国作为 G20 的成员国同样作出了对标准化场外

① 王娇莺，女，法学博士，中国工商银行总行法律事务部（消费者权益保护办公室）资深法律顾问。此文为作者博士论文《场外金融衍生交易履约保障法律机制研究——以 CSA 与中央对手方为中心视角》的部分节选。

金融衍生交易适用中央清算的承诺。2009 年底，承担中国场外衍生交易市场中央对手方职能的上海清算所诞生。此后，上海清算所主导了多种场外衍生交易的中央清算，充分彰显了中国践行 G20 峰会承诺的积极态度。

一、中央对手方概况及法律地位辨析

（一）概念及起源

中央对手方是金融市场结算中的一个重要概念，较多运用于证券结算领域，并已具有相对成熟的实践经验。根据 2012 年巴塞尔委员会相关文件的定义，中央对手方是指介入到原合同交易双方之间，成为所有买方的卖方及所有买方的卖方，确保未来合同履行的清算机构①。

中央对手方机制发源于金融市场最发达的美国。1925 年 9 月 3 日，芝加哥期货交易所（CBOT）组建芝加哥期货交易所结算公司（BOTCC）。BOTCC 是真正意义上的中央对手方，其以会员认购股份的方式建立了一套适用于会员清算安排的履约风险管理机制，并成为所有交易的对手方，这标志着中央对手方机制开始在美国形成与发展。此后，随着中央对手方独特的履约风险防控机制日渐为人熟知，其适用领域也逐渐从期货领域扩展至现货交易及其他衍生品交易领域。

从发展历程可以看出，中央对手方机制的产生和发展是防范系统性履约风险的客观需要和必然结果。中央对手方以其风险管理的独特机制与良好效果受到越来越多的重视。金融危机的教训使各国监管机构深刻认识到，再完备的双边履约保障法律机制都无法解决信息不对称所引发的风险累积与隐形化问题，只有使中央对手方介入到场外金融衍生交易市场，并通过运用其独特的合同更新制度与违约风险防控机制，才能使场外金融衍生交易市场的风险显形化，

① 见 2012 年 7 月巴塞尔委员会公布的“Capital requirements for bank exposures to central conterpaities”《银行对中央对手方风险敞口的资本要求》第 1 页。

进而得到有效防控。

（二）法律地位辨析

对于中央对手方的法律身份与地位，法律界一直存在着争论，通常有两种观点，即担保说与合同主体说[①]。

1. 担保说——以经济效果为视角的观点

担保说的基本观点为：作为中央对手方的期货结算机构并不是相关合同的直接当事人，而是合同的担保方，并以自身财力担保结算的顺利进行。如有观点认为：在期货结算过程中，期货结算机构所承担的是保证期货合约履行的责任。为保证期货交易运转的安全性，在任何一方不能履约时，期货结算机构有义务先代为履行或代为承担赔偿责任。期货结算机构在代为履行或代为赔偿后，有权向违约方追偿。期货结算机构在此体现的是保证功能，并未属于过错的一方[②]。

2. 合同主体说——以法律关系为视角的观点

合同主体说的基本观点为：作为中央对手方的期货结算机构以中央对手方的身份介入到期货合同中，从而成为买方的卖方和卖方的买方。在中央对手方介入后，原合同被更新为两个新合同，即期货结算机构与原买方的合同和期货结算机构与原卖方的合同。合同更新实现后，原来的期货合同不复存在，两份新合同成为后续履行的标的，对各方当事人产生约束力。而两份合同项下的当事人也因合同更新而取得了直接对于期货结算机构的合同权利，及相应的合同义务。这种权利是基于合同当事方的直接权利，而非因担保关系

---

① 袁国际：《期货结算法律问题研究》，法律出版社，第49页。由于目前实践中的中央对手方主要表现为期货结算机构，因此上述观点主要是通过对期货结算机构法律地位的分析来体现的，本文以下部分的论述也是以期货结算机构作为代表讨论中央对手方的法律地位。

② 张金忠、李京生主编：《期货法前沿问题案例研究》，中国经济出版社2001年版，第5页。转引自袁国际前书第51页。

产生的从权利[①]。

笔者认为，关于中央对手方法律地位的两种观点均有一定道理，导致差异的主要原因是视角不同。担保说重点关注中央对手方对整个结算过程的经济作用，认为中央对手方的参与，使从前双方当事人之间的交易享有了履约保障，而这种保障所能实现的经济效果与中央对手方承担了原交易的担保责任极为相似。但有一个问题是担保说不能回避的，即在公开要约交易模式下，合同直接在中央对手方与买方或卖方之间成交，买方结算会员与卖方结算会员之间根本就没有产生合同关系，双方当事人都是根据公开要约机制直接与中央对手方成立合同关系，因此并无原合同。在不存在原合同的情况下，担保也就没有了依存的基础合同，这是担保说难以解决的一个问题。在债务更替交易模式下，由于在买方结算会员与卖方结算会员之间存在原合同，因此担保说具有一定道理，但该说无法解释的是，在经过债务更新程序后，原来在买卖双方之间的合同关系已经被中央对手方与买方及中央对手方与卖方间的两个合同所取代。由此，中央对手方已经变为了合同主体。此时再说中央对手方是原合同的担保方已经不准确了。因此，从法律角度分析，合同主体说的观点更加准确。但不可否认的是，卖方结算会员与买方结算会员之间的合同，确实由于中央对手方的合同更新行为而发生了履约主体的变更，中央对手方直接向原来的买卖双方承担了履约责任，合同的履行已不再与原合同相对方的履约直接相关，因此其在经济效果上确实类似于中央对手方为原合同提供了担保，而且是第一性的履约责任。

综上所述，关于中央对手方的法律地位，笔者认为，无论是公开要约交易模式下，还是合同更新交易模式下，中央对手方的法律地位均是合同主体。中央对手方正是运用其成为合同主体后所实现的合同相对性，来推行多边净额，实现降低交易风险敞口的目的，而这也是中央对手方与其他电子交易平台或结算中介机构的主要区

① 阙波《国际金融衍生产品法律制度研究》华东政法学院 2000 年博士学位论文，第 68－69 页；徐毅《我国期货市场结算风险管理研究》，中国科学技术大学 2007 年博士学位论文，第 44 页等。

别。如果没有成为合同当事人这一机制，电子交易平台等方式仅仅只是便捷交易的一种方式，而不具有中央对手方的基本特征。

二、中央对手方的法律本质——合同更新与多边轧差

中央对手方的一个基本法律特征是其通过成为合同当事人而直接向市场参与者承担履约义务，也由此将双边的履约风险承担关系变更为多方对中央对手方的履约风险承担关系。上述环节使从前双方当事人之间的双边关系，变更为中央对手方对多个交易对手的双边关系，从而实现了交易履约风险由多个市场参与者向中央对手方转移的过程，参与主体不再承担其他参与主体的履约风险，而只承担中央对手方的履约风险。

（一）合同更新——通过履约风险转移为多边轧差奠定基础

由于场外金融衍生交易都是由交易双方在交易所之外一对一磋商达成，因此交易双方的合同是在先存在的。正因如此，将中央对手方引入场外金融衍生交易的一个必经法律环节即是合同更新。可以说合同更新是实现双边履约风险向中央对手方转移的关键环节。

1. 定义与法理基础

作为中央对手方机制法律基础的合同更新（又称合同更替，对应英文为 Novation 或 Substitution），是指中央对手方介入买卖双方间原来已经达成的合同，成为原合同下买方的卖方，卖方的买方。合同更新完成后，双方当事人之间不再存在合同关系，而都只与中央对手方存在合同关系。

合同更新的法理基础是债的更新，是大陆法系认可的一种债务解除方式。合同更新的实质是原合同及其项下权利义务的消灭，及新合同及其项下权利义务的产生。早期的罗马法认为，债是连结债权人和债务人之间的法锁，变更任何一方都会使债失去同一性。依据严格的契约相对性理论，合同仅存在于缔约当事人之间，不能将

合同义务强加给第三人，也不能将合同权益授予第三人[①]。因此，早期罗马法禁止债的转让[②]。但商品经济的发展需要建立债权让与及债务转移等制度，从而实现交易合同的流转，便利经济发展。后来，罗马法逐渐通过裁判的方式创立了债的更新制度：在确有债之变更之需时，废止原有债之关系，而成立新债之关系，亦即如欲达成债权人或债务人更易之效果，须成立债权人或债务人变易之更新[③]。罗马法后续发展的债的更新制度涵盖多种情形，囊括了近现代民法中债的移转和变更的几乎全部内容。随着罗马社会经济的发展，债的移转和变更逐渐从债的更新制度中分离出去，并且逐渐在后来的大陆法系和英美法系走上了各自的发展道路。

英美法系逐渐发展出具有自身特色的合同更新制度，其认为所谓合同更新就是消灭先前存在的合同而订立新合同代替原合同，并通过原合同的消灭和新合同的订立，达到将原合同项下的权利义务转移给第三人的目的。英美法系的合同更新制度认为新旧债务不仅形式不同，实质也不同，新债务与旧债务完全无关，因此有人将英美法的合同更新称为“代位说”。

大陆法系与之相对应的制度是合同权利义务的概括承受。通过合同权利义务的概括承受，第三人完全取代出让人的法律地位，取得出让人享有的权利并承担义务，出让人退出原合同关系。大陆法系的合同权利义务概括承受制度认为新旧债务为同一债务，实质上并无不同，不过发生形式上之变更，因此亦被称为“变形说”。

关于合同更新与合同转让的区别，英美法系学者一般认为，合同“更新”的结果是产生一项“替代合同（Substituted Contract）”。“一般说来，任何债务更新都产生一种替代合同；反之亦然，即所有的替代合同也都是债务更新[④]”。上述观点深刻地揭示

---

① 何宝玉著：《英国合同法》，中国政法大学出版社 1999 年版，第 199 页。

② 史尚宽著：《债法总论》，荣泰印书馆 1978 年版，第 674 页；转引自李永军著：《合同法》，法律出版社 2003 年版，第 412 页。

③ 陈自强著：《无因债权契约论》，中国政法大学出版社 2002 年版，第 345 页。

④ ［美］A·L·科宾著，王卫国、徐国栋等译：《科宾论合同》，中国大百科全书出版社 1998 年版，第 595 页。

了合同更新的法律性质。合同更新的法律后果并不是在原合同项下转让或者转移一项权利或义务，而是终止原来的合同，并用另一份合同取而代之，这是合同更新与合同转让之间的最本质区别[①]。由此可见，合同更新的过程更强调新合同对原合同的取代，而合同转让则将关注的重点放在合同主体的变更上，并未过多关注原来合同的状况。

2. 世界主要清算所关于合同更新环节的规定

多家国际著名结算机构相关规则对中央对手方的规定均体现了合同更新这一关键环节。芝加哥期货交易所清算公司（BOTCC）结算规则中详细解释了结算关系的法律基础，第 804 条第 2 款规定："通过上述替代（Substitution），每一个结算会员应当被认为是向期货结算机构购买或出售期货合同，且就上述交易期货结算机构对上述结算会员享有所有权利并承担全部义务"[②]。芝加哥商品交易所（CME Group）Rulebook[③] 规定：在每一个交易被接受之时，清算所将以原合同各方交易对手的身份取代原合同各方，即成为原来买方的卖方，卖方的买方。根据该规则，中央对手方通过合同更替，重新建立两个合同，实现中央对手方介入原合同的目的，使交易一方不再承担原交易对手的信用风险。伦敦清算所（LCH. Clearnet）一般规则（General Regulations of the Clearing House）专门对"合同更新"作出规定，根据该规则，一旦清算所对原有合同进行了登记（Registration），这个合同即被两份新合同所取代，一份为买方与作为卖方的清算所之间的合同，另一份为卖方与作为买方的清算所之间的合同。各方当事人均需要根据清算所的规则来严格履行合同，

---

① 何宝玉著：《英国合同法》，中国政法大学出版社 1999 年版，第 278 - 280 页。

② See CBOT Rulebook, Chapter 8 Rules 804: *Upon such substitution, each clearing member shall be deemed to have bought the contracts from or sold the contracts to the Clearing House, as the case may be, and the Clearing House shall have all the rights and be subject to all the liabilities of such member with respect to such transaction.*"

③ CME Rulebook 8F005 "*The Clearing House shall substitute itself as the counterparty to each party to the original transaction at the time of guarantee.*"

承担相关义务①。

以上交易所或结算机构的规则都明确了结算机构的“中央对手方”地位，同时都无一例外地规定了结算机构取得中央对手方地位的法律过程——合同更新。有的规则还详细说明了这一过程的发起程序、法理基础、完成时点、责任承担界限等关键问题。通过“合同更新”制度，原来市场上两两承担对手方信用风险的格局被改变，中央对手方成为所有交易者的履约风险承担者，同时也对所有交易者承担履约风险。从而使双边履约风险向中央对手方履约风险转变，根本性地改变了整个市场的信用风险分配格局。合同更新不仅实现了中央对手方的成功介入，使其取得交易一方的法律地位。更为重要的是，其为中央对手方后续进行的多边轧差奠定了合同相对性的法律基础。

（二）多边轧差——交互计算与抵销机制降低履约风险敞口

中央对手方能够降低履约风险的另一个重要环节是合同更新之后的多边轧差环节，可以说多边轧差是中央对手方发挥履约风险防控作用的核心环节。合同更新使当事人之间的合同变成了每一个当事人与中央对手方之间的合同，从而实现了交易对手风险向中央对手方履约风险的转移。如果中央对手方的作用仅终止于将风险转移到自己身上，则其管理与降低整个市场履约风险的作用并未得到全面发挥。实际上，合同更新只是一个基础性工作，该环节的重要意义在于为后面的多边轧差环节铺平道路，提供条件，而多边轧差环节才是中央对手方成为金融危机后备受瞩目的风险管理机制的重要原因。

---

① LCH General Regulation 3 “Novation” (a): “*Upon registration of an original contract by the Clearing House, such contract shall be replaced by novation (without prejudice to the Clearing House's rights to effect further novation under paragraph (b) below) by two open contracts, one between the seller and the Clearing House as buyer, as principals to such contract, and one between the buyer and the Clearing House as seller, as principals to such contract. Each open contract shall be subject to the Regulations including the restrictions on the Clearing House's obligations and liabilities set out in the Regulations (including, without limit, Regulation 22 and Regulation 39) and otherwise on the same terms as the original contract replaced by such open contracts*”.

1. 结算方式的类型

根据计算交易双方之间应收、应付数额的不同方法，结算方式可划分为三种：双边全额结算（Trade by Trade，Gross）、双边净额结算（Bilateral Netting）及多边净额结算（Multilateral Netting）。

双边全额结算是指根据交易双方之间每一笔交易的原始数据计算出一对一的应收应付额，将其作为交收的依据。双边全额结算是一种最原始、最简单的清算方式。这种方式的优点是债权债务关系非常直观，交易双方的债权债务对应关系非常明确，与合同的对应关系最为直接。但该结算方式的缺点也显而易见：资金占用量大，资金使用效率不高，从而造成相关交易成本上升。由于没有适用任何轧差或抵销机制，因此清算交收的次数与频率都会高于净额结算的交收模式，造成市场参与者面临较大的清算成本[①]。

双边全额结算示例：

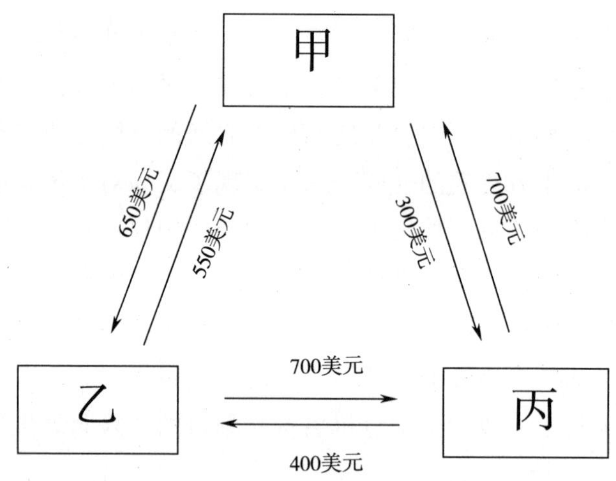

为了减少资金支付的次数，减少资金占用并提高结算效率，市场实践中出现了净额结算制度。所谓净额结算，是指交易当事方对

① 参见《证券结算系统的风险控制与管理》，载中国证券登记结算有限公司《工作研究》2002 年第 10 期。

它们之间的头寸或者义务进行的合意冲抵（An Agreed Offsetting）[①]。净额结算根据参与主体的不同又可进一步细分为双边净额结算和多边净额结算两种方式。双边净额结算（Bilateral Netting）是指在同一对交易对手之间进行净额轧差，买卖双方就其相互间同种证券的买进卖出和应收应付的资金予以冲抵，只对其净额办理交收。

双边净额结算示例：

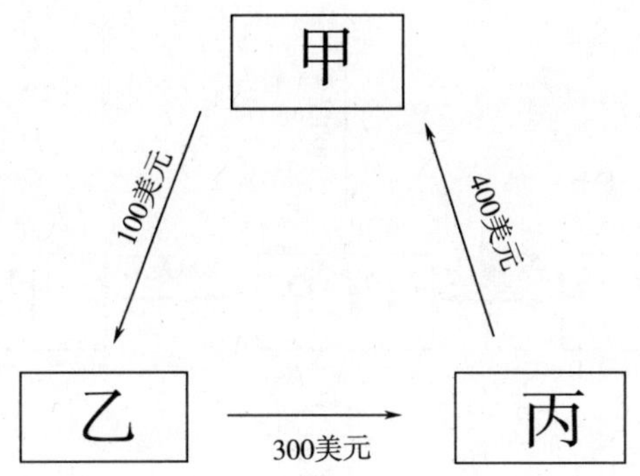

从以上示例可以看出，双边净额结算使结算效率得到了一定提高，且减少了交易双方之间的支付次数与金额，降低了交易双方彼此之间的履约风险敞口。但不可忽视的是：双边净额结算依然具有相对性特征，每一位交易商都要与市场上其他所有的交易对手进行结算，具有两两相对的特点，而该交易商与各交易对手之间的应收应付头寸则得不到抵销。

多边净额结算则是通过中央对手方的引入，使所有交易商只需与中央对手方进行一次轧差结算[②]。实质上，多边净额结算是在中央对手方通过债务更新介入到双方当事人之间后，适用净额计算与抵销，实现各结算会员与中央对手方之间唯一的支付关系。在多边净额结算中，所有结算会员与中央对手方之间的债权债务均将通过轧差后的净额进行支付，最终形成单笔债权债务关系。由于中央对手方是以债务更新的方式，替代成为所有结算会员的交易对手而进

① Bank for International Settlement, Settlement Risk in Foreign Exchange Transactions, at 63.

② 参见《证券结算系统的风险控制与管理》，载中国证券登记结算有限公司《工作研究》2002 年第 10 期。

行的多边净额结算，因此，此时的多边净额结算也被称为“基于债务更替和替代的净额结算”（Multilateral Netting by Novation and Substitution）[①]。

多边净额结算示例：

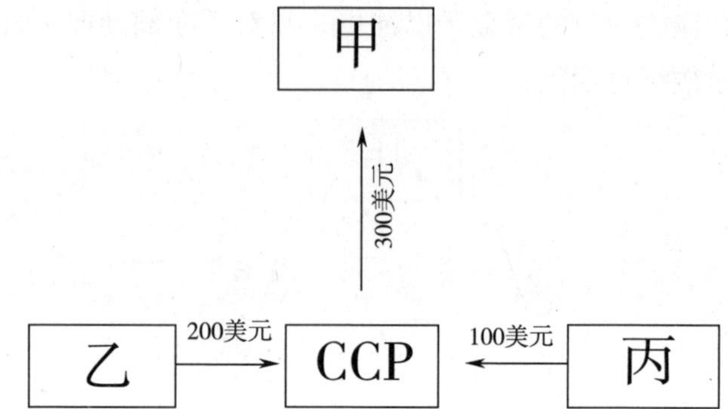

依托于中央对手方实现的多边净额结算机制，交易市场每天的交收次数与金额都大大减少，信用风险敞口明显降低，结算效率也得到显著提高。如前所述，经过多边净额结算后，中央对手方与结算会员之间形成单一的债权债务关系，这对于减少资金占有和管理交易对手的信用风险都发挥着至关重要的作用。

2. 净额结算的法理探源

净额结算机制的法理根源是债的抵销制度。所谓债的抵销，是指双方当事人互负债务时，各得以其对他方之债权冲销自己对他方之债务，从而使各自的债务在对等数额内消灭的法律制度。

也有学者将净额结算的法理基础解释为交互计算制度。根据台湾地区“民法典”第四百条规定，交互计算是指当事人之间约定，对其相互之间交易所产生的债权债务进行定期计算，互相抵销，而仅支付其差额的约定[②]。从上述定义可知，交互计算应属于一种抵

① See Report on Netting Schemes，p17. 转引自袁国际《期货结算法律问题研究》第113页。

② 参见台湾地区“民法典”第四百条。

销安排。

债的抵销通常可以分为法定抵销和合意抵销两类。法定抵销是根据法律规定的要件依一方当事人的意思表示即可发生的抵销。大陆法系国家大都在其民法典中明确规定了这一制度。我国《合同法》第九十九条规定："当事人互负到期债务，该债务的标的物种类、品质相同的，任何一方可以将自己的债务与对方的债务抵销，但依照法律规定或者按照合同性质不得抵销的除外。当事人主张抵销的，应当通知对方。通知自到达对方时生效。抵销不得附条件或者附期限。"合意抵销是根据契约双方约定发生的抵销。合意抵销的意义在于改变法定抵销的条件或弥补法定抵销的不足，从而在基于当事人利益之考量需为抵销而又不符合法定抵销条件时，使双方互负债务得以抵销，从而充分实现当事人的意思自治与利益需求。合意抵销通常具有相较于法定抵销更为宽泛的适用要件。如合意抵销不要求双方所负之债必须标的物种类、品质不相同，我国《合同法》第一百条即规定："当事人互负债务，标的物种类、品质不相同的，经双方协商一致，也可以抵销。"

通过以上对中央对手方运作法律原理的分析可以清晰地看到，中央对手方的介入使原来错综复杂的交付清算关系变得简洁明了，这主要体现在：当中央对手方介入并进行合同更新后，任何一个交易方都只是与中央对手方存在合同关系，而不再与其他交易方存在合同关系，这就使之前彼此交织的合同关系衍化为所有交易方分别与中央对手方的合同关系，从而为中央对手方与各交易方分别适用双边净额结算奠定了基础。

由此可见，合同更新是中央对手方化解金融衍生交易市场风险敞口的基础性法律制度，正是合同更新改变了原来零散无序的合同关系，使市场参与者之间相互承担履约风险的两两关系，变更为都向中央对手方承担履约义务，也只承担中央对手方履约风险的独特结构。

多边净额结算是有效降低市场参与者信用风险的伟大发明，但多边净额结算的实现一定要以合同更新和双边净额结算为步骤与基础。正是合同更新与多边净额计算这两项重要法律制度，奠定了中央对手方独特运行机制的法律基础，也因此成就了中央对手方降低整个市场履约风险的重要功能。这也正是中央对手方在金融危机后受到各方瞩目，成为备受推崇的改革方向的重要原因。

商业银行互联网金融创新发展综述及法律风险分析

——以工商银行互联网金融创新发展实践为例

中国工商银行北京分行法律事务部课题组①

2013 年是互联网金融爆发式发展的一年，以余额宝为代表的“宝宝”类产品异军突起，以京东为代表的供应链融资持续发力，以阿里金融为代表的电商金融模式渐趋成熟，互联网金融版图已经初具规模。与此同时，传统金融机构也以低调而又迅猛的姿态跻身互联网金融创新发展的浪潮，建设银行“善融商务”上线，农业银行成立“互联网金融实验室”，平安银行深耕线上供应链融资，招商银行力推“小企业 e 家”投融资平台。互联网金融的迅速发展给商业银行带来了前所未有的竞争压力，商业银行在互联网金融的冲击下不断审视自身经营模式、盈利模式和服务模式，积极作出有益尝试，探索并深化互联网金融创新发展模式。但创新的背后必然是风险，商业银行互联网金融创新属于金融创新产物，相关法律配套制度并不完善，于创新之初即对其法律风险进行充分揭示便是本文的初衷。

根据工商银行互联网金融建设战略规划，工商银行将着力打造全新的 E－ICBC 品牌，重点建设三大平台和三大产品线，构建线上线下交互联动的服务体系和深层次多维度的大数据应用机制。三大平台是以金融服务、电子商务及社交和生活服务作为客户流量入口，建设以电商平台、直销银行和即时通信平台为载体的全新平台体系。三大产品线是对现有支付产品线、融资产品线及投资理财产

① 课题组成员：沙洪洲、张伍愚、李昂，单位：中国工商银行北京分行法律事务部。

品线进行创新升级，以提升客户体验、丰富产品体系为目标，提升现有产品便捷属性并开发创新型产品。线上线下交互联动的服务体系重在加强现有物理网点体系的优化并与线上渠道交互联动，构建“任意一点接入，线上线下互联互通，全程响应”的一体化渠道体系。本文将从上面三个部分对规划内的产品内容进行详细阐述，并在此基础上对产品所存在的法律风险进行全面揭示。

一、三大平台及法律风险分析

（一）电商平台

面对互联网金融化发展对商业银行带来的挑战与机遇，商业银行正在寻找挺进互联网领域的突破口。电商行业作为掌握客户网络行为信息、消费内容的行业，可以与客户进行密切接触，并随之开展支付、融资及投资理财等全方位金融服务。商业银行进军电商行业，成为商业银行互联网金融创新发展的必由之路。

1. 银行系电商发展情况

自2012年起，商业银行不约而同地选择了跨界电商来应对互联网金融化发展的挑战，目前银行系电商发展情况如表1所示：

表1　　银行系电商发展情况

银行	电商平台	运营模式	经营范围	金融服务	发展现状
建设银行	善融商务	B2C + B2B	普通商品 + 金融商品	支付服务 + 融资（包括房地产金融服务）	2012年6月开业，截至2013年末累计成交金额277.82亿元
交通银行	交博汇	B2C + B2B	普通商品 + 金融商品 + 生活缴费	支付服务	2012年3月开业，截至2013年末月均成交额约5 000万元
中国银行	中银易商	B2C + B2B	普通商品 + 金融商品 + 生活缴费	支付服务 + 融资	2013年10月推出，暂无交易数据

银行系电商在电商行业发展中缺乏互联网基因，在提升客户黏性，提高客户体验方面与互联网企业存在一定差距，严格的监管规定及相对保守的经营理念又让差距进一步扩大。但银行系电商在经营电子商务业务时又具有独特的优势：商业银行通过支付结算、融资等合作关系掌握了海量商户；商业银行具有互联网企业难以企及的社会公信力；商业银行拥有强大的物理网点体系及信息化处理技术，具备普通互联网企业所没有的软硬件资源。这些构成了商业银行独有的资源优势。

2. “融 e 购”电商平台建设情况

2014 年 1 月 1 日“融 e 购”B2C 商城对外正式营业，同时开发智能手机客户端和平板电脑应用，实现电商平台的移动化。“融 e 购”平台坚持“名店、名商、名品”的经营战略，提供商贸信息撮合、商品在线交易、在线支付融资和金融增值服务。B2B 商城将目标客户定位于直驻型企业和商品交易市场，开展批发业务和进行专业采购的公开交易市场，将平台建设为工商银行投行、贵金属、法人理财等金融产品的供应平台和工商银行的集中采购平台，并在平台内提供消费信贷和网络融资。

3. 法律风险分析

①银行系电商作为新生事物，其合法地位、法律性质、监管机构均不明确，特别是按照现有法律规定，电商平台服务被纳入经营性互联网信息服务进行管理，而《商业银行法》以及监管机构并未将这一项目列入商业银行经营范围，银行系电商平台在运营和推广中面临着不确定的法律风险。

②通过电商平台进行商品信息展示的行为一旦侵害第三方的知识产权或其他合法权益，银行作为平台所有者和经营者可能被视为共同侵权者。

③如果银行对商户的审核不够谨慎导致问题商户进入电商平台，一旦其无法依约向客户提供商品或服务，银行很可能成为追责对象，面临声誉风险和法律风险。例如在“融 e 购”商城目前的交

易流程中，客户下单后直接将交易款支付给商户，并无特别保障措施，可能放大此类风险。

④产品或服务发生质量问题时，银行虽然不是所有者或销售者，但客户如要求银行承担法律责任，银行依然面临较大的法律风险。现行法律法规对电商平台的产品责任并无明确规定，司法机关可能参照实体柜台出租者进行责任认定。根据国家工商总局发布的《租赁柜台经营活动管理办法》，“承租方的经营行为损害消费者合法权益的，消费者可以向承租方要求赔偿；柜台租赁合同期满后，也可以向出租方要求赔偿”。

（二）直销银行平台

网上银行、手机银行、电话银行等服务减轻了银行网点的服务压力，提高了电子渠道的业务替代率。但这些服务仍是传统商业银行经营体系的一部分，仅作为实体网点的补充而存在。直销银行的出现打破了这一限制，完全脱离物理经营载体，通过电子化渠道完成业务。

1. 商业银行直销银行平台发展情况

国内商业银行积极拓展互联网技术应用，多家商业银行均宣布进入直销银行领域。民生银行于2014年5月推出了全国首家互联网直销银行，通过电子账户实现他行客户购买本行理财产品功能。客户在直销银行网站注册电子账户，绑定任意银行的借记卡，将资金转入电子账户，即可办理存款、转账和购买民生银行自营和代销的金融产品。北京银行率先以“直销银行门店”的形式推广了智能网点功能，并即将成立专门机构对直销银行业务进行线上线下的统筹管理。

2. 工商银行直销银行平台建设规划

工商银行互联网创新规划中对于直销银行的定义为“不依托实体网点和物理柜台，主要通过网络、手机、电话等远程渠道为客户提供银行产品和服务，既有纯线上模式，也有线上线下融合模式”。

工商银行直销银行采取的是后者，目的是要打造一个开放、快捷的精品业务平台，吸引他行客户购买工商银行理财、贵金属、外汇、基金、保险等产品，并进而转化为工商银行客户，同时尝试激活工商银行存量客户。工商银行直销银行平台首先改进网银和手机银行，实现电商化的投资理财功能，同时将理财、基金、保险、账户交易等产品直观展现，并优化工银瑞信薪金货币基金的购买流程，提升客户体验。目前工商银行已正式推出直销银行平台“融 e 行”，实现了他行客户购买工商银行金融产品的功能。

3. 法律风险分析

在直销银行的虚拟账户模式中，资金并不体现在客户的账面上，流转过程也不透明，无法通过柜面渠道进行查询。这种模式存在极大漏洞，银行内部账户很容易沦为隐匿、转移不法所得的通道，对有权机关依法进行查询、冻结、扣划造成很大阻碍。一旦产生相关风险，银行有可能面临来自人民银行和司法机关两方的处罚。

直销银行通过电子协议、电子账户完成金融服务，电子签名的规范性、合法性将直接影响相关权利义务关系的认定。直销银行业务应当注重合同内容的谨慎完善、电子签名应符合《电子签名法》的规定、数据信息应妥善保管等细节问题，避免在纠纷中处于被动。

（三）即时通信平台

2014 年伊始，微信支付开展的“微信红包”活动引发了关于社交应用场景支付的讨论，近乎零成本的推广是社交应用场景金融化的良好实践。社交应用场景金融化就是把互联网金融便捷、高效的模式用社交化途径传播给投资者和消费者，在日常生活中形成闭环金融生态圈，通过社交应用场景的不断丰富提高客户黏性，主要表现为即时通信平台的建设与推广。

目前，商业银行社交应用场景金融发展实践仅局限于依托现有即时通信平台发展自身业务。多数银行都开通了微信银行，通过微信银行完成查询、支付、咨询等多项功能。部分银行推出手机钱包等业务，并着手在类似业务中融入金融功能。工商银行敏锐地捕捉到这一互联网金融发展趋势，提出建设工商银行的即时通信平台，将平台作为客户管理、沟通与交易的统一界面，实现工商银行的金融闭环生态圈。目前工商银行即时通信平台“融 e 联”已经上线。

在“融 e 联”平台内，客户需要输入大量个人实名信息，并通过平台向客户经理或平台系统内提供大量个人隐私信息，在这个过程中可能会出现客户隐私泄露的风险。此外，在通过即时通信平台推介理财类产品时，如何做好风险提示及风险评级工作，也是平台业务推广即将面临的考验。

二、三大产品线及法律风险分析

（一）支付产品线

商业银行传统支付体系主要由商业银行内部支付系统和人民银行跨行支付系统构成。面对第三方支付平台的迅猛发展，商业银行积极丰富自身支付产品线，提高支付产品的便捷属性。

1. 商业银行支付业务创新情况

商业银行传统支付体系重在控制风险，履行反洗钱职责，并未重视客户体验。在第三方支付平台的冲击下，小额便捷支付方式成为商业银行支付创新的方向。商业银行支付业务创新情况如表 2 所示：

表 2　　商业银行支付业务创新情况

银行	支付创新业务简介
建设银行	账号支付业务：满足非网银客户的小额支付需求，输入银行卡号、手机号码后四位及短信验证码完成交易
中国银行	快付业务：小额支付业务，业务流程同上
中信银行	2013 年发布异度支付品牌，为网商、网企、网民推出的全面网络支付解决方案，包括二维码 O2O 支付、移动近场支付、全网跨行收单等多种模式
浦发银行	2013 年与中国移动联合推出我国首张支持 NFC 近场支付的 SIM 银行卡，可在标有 QUICKPASS 的银联 POS 商户近场支付，同时推出手机钱包、手机支付安全解决方案等产品

2. 工商银行支付产品线

①线上 POS 是工商银行自主研发的一款全支付方式、全受理卡种的线上收单工具，集合了工商银行卡收单、他行卡收单及外卡收单等全部功能，支持简单无卡支付、3D 认证支付、手机验证支付及网银支付等四种支付方式。线上 POS 业务通过银联渠道实现多银行支付和收单，为他行客户购买工商银行产品创造了良好的条件，弥补了工商银行在跨行支付和收单业务方面的短板。

②工银 e 支付是工商银行较早推出的便捷支付业务，当前在互联网金融注重便捷高效支付体验的环境中焕发了新的活力。该业务中工商银行接受客户通过网络发出的支付指令，向客户预留手机号码发送验证码并验证通过后，依据支付指令完成资金支付。

3. 法律风险分析

①受银行间不能互通的制约，线上 POS 业务受理的他行卡需通过银联等卡组织进行转接，通过银联完成清算对账、差错处理及收益分配。对线上 POS 的简单无卡支付功能，卡组织一般采用风险转移策略，由收单行承担风险。工商银行应与商户签订追索协议，一旦客户提出拒付，由商户承担风险。对于通过银联预留手机号码进行验证的手机验证支付，由于银联尚未有成型的处理规则，发生拒付或其他风险事件时，责任承担尚不明确。

②《电子签名法》和《电子支付指引》虽然为电子化支付在法律地位方面奠定了基础，但网络支付问题往往相互交错，较为复杂，在支付主体资格、客户义务及银行责任均缺乏明确的法律规定。以快捷支付类业务为例，手机验证码作为客户身份识别途径并没有得到法律的认可，在实务中存在不确定的法律风险。

③线上 POS 的简单无卡支付是针对信用卡的无卡支付业务，通过卡号、有效期及 CVV2 完成支付认证。由于信息简单，且无其他辅助认证，欺诈风险极高，不法分子仅持有信用卡就可以盗取资金。对于此类高风险业务，应严格限制商户类型，选择有实名认证信息的交易种类，如购买机票、购买保险等，且金额应限制为小

额。在商户的签约环节，应注意对欺诈、盗用风险责任承担问题的约定。工商银行传统无卡支付业务的相关主体仅为工商银行、商户及客户三方，而线上 POS 的无卡支付功能涉及银联、工商银行、发卡行、商户及客户五方，外部欺诈风险进一步扩大。

④商业银行的客户身份识别义务强调商业银行在与客户进行首次交易时，对必须客户身份进行核实。他行卡客户首次通过线上 POS 业务交易时，客户身份识别的义务归于工商银行；简单无卡支付中客户身份识别有赖于客户向商户提供的实名信息；手机验证支付中客户身份识别凭借客户在银联页面进行注册时输入的实名信息。虽然在业务环节的设计时工商银行将身份识别义务赋予商户或银联，但工商银行仍将承担相关法律后果。

⑤客户资金发生损失时，倾向于向银行求偿。工商银行在进行诉讼举证时，因交易信息均为电子数据，在证据获取上存在很大困难。手机短信验证码作为客户对支付信息知情的证据，应由工商银行承担举证责任。但手机验证短信等信息均保存于通信运营商，工商银行的取证能力极为有限。

⑥支付业务涉及工商银行与商户之间的信息交换，在客户信息保护方面，工商银行应在与商户的合作中明确何种信息可以保存于商户，并对违规保存客户信息导致的风险责任承担进行明确约定，尽可能规避因商户对客户信息保管不当或主动泄露产生的风险。

（二）融资产品线

网络融资模式是互联网技术、电子商务和银行信贷相结合的产物，突破了传统信贷模式限制，为客户提供全面便捷的融资服务，极大地提高了客户体验。

1. 商业银行融资产品创新情况

电子商务交易信息逐渐成为商业银行对客户进行授信评级的重要依据，除传统信贷模式中对于抵押物和质押物的考量外，依据交易信息、信用记录为客户提供信用贷款成为网络融资创新的新领域。商业银行融资产品创新情况如表 3 所示：

表3 商业银行融资产品创新情况

银行	融资产品	产品特征
中国银行	网络通宝	向在第三方电子商务平台经营的中小企业提供纯信用无抵押贷款，授信依据为企业在平台的经营情况
建设银行	e贷款系列	结合电子商务平台交易信息，为小微企业提供信用贷款和抵押贷款
中信银行	在线小额短期信用贷款、在线订单贷款	以金融商城个人和商户交易记录及POS商户刷卡记录作为贷款审批依据，完全依靠线上途径
平安银行	稳赢安业贷、万里通	以核心企业为中心，对上下游企业授信的供应链金融
招商银行	周转易、生意一卡通	集融资、结算、生活于一体，享有汇款免费优惠

2. 工商银行网络融资产品线

①逸贷。逸贷产品是在个人客户综合授信项下，当借记卡（存折）、信用卡持有人在特定渠道消费时或消费后，系统根据客户申请自动审批发放用于该笔消费用途的人民币信用贷款或分期付款业务。逸贷产品采用信用贷款方式，无需抵押，自动审批，即时到账，可通过POS、网上银行、手机银行及短信等多个渠道办理。逸贷产品是工商银行信息化银行建设的贷款创新产品，是个人小额信贷业务与消费致富环节结合的重要金融创新产品。

②网贷通。小微企业融资具有较强的零售业务属性，提款频繁，单笔金额小，还款和提款时点均有不确定性。针对上述特点，工商银行于2006年推出网贷通网络融资产品——工商银行与小微企业客户一次性签订循环借款合同，在合同约定的额度和有效期内，客户通过网银进行提款和还款申请。

3. 法律风险分析

①协议签订均通过电子渠道完成，发生纠纷时会涉及协议权利义务约定明确性的问题。由于协议多为电子协议，文本中对于权利义务的内容概括相对简单，对于违约情形及违约责任等内容并不

明确。

②协议均为格式文本，在采取电子方式签约时，难以按照《合同法》第三十九条有关格式条款的规定就“免除或者限制客户责任的条款”采取合理的方式提请对方注意，或按照对方的要求对该条款予以说明。

③由于电子协议、电子签名均保存于数据管理部门，还可能涉及通信运营商，电子凭证的查询、提取和举证存在很大障碍。

④工商银行创新融资产品对于贷款用途没有明确的限制，且网络渠道难以审查交易真实性，实践中经常出现贷款实际用途与申请用途不符的情形，对贷款安全造成一定风险。

⑤目前并无相关法律对银行理财产品属于可质押标的作出明确规定，导致银行理财产品质押在现阶段找不到明确的法律依据支持，理财产品能否设立权利质押存在争议。理财产品缺少专用的、具有公示性的“权利凭证”，当事人订立的购买协议也不具有“权利凭证”的功能和效力，故理财产品质押无法通过交付“权利凭证”实现。同时，由于《物权法》没有明确将理财产品列入可出质标的，也没有任何下位法规定理财产品的质押方式和公示路径，无法确认理财产品质权的登记部门，实践中容易引发对理财产品质权设立方式和效力的争议。

（三）投资理财产品线

互联网金融“宝宝”类产品在一定程度上造成商业银行的存款流失，但商业银行也在不断汲取互联网理财思维，拓宽产品体系，相继推出了对接基金的“宝宝”类理财产品。商业银行作为传统投资理财产品研发机构及传统投资理财产品代销机构，在理财类产品的种类和规模上的优势也是互联网企业所无法比拟的。

1. 商业银行投资理财产品创新情况

商业银行投资理财产品创新主要体现在“宝宝”类产品的推出，如表 4 所示：

表4　　商业银行投资理财产品创新情况

银行	产品名称	赎回模式	赎回限额	业务特点	对接机构
中国银行	活期宝	T+0	100万元	认购流程简单，提现方便灵活	中银基金
民生银行	如意宝	T+0	500万元	签约后活期存款自动申购	民生加银基金、汇添富基金
中信银行	薪金煲	T+0	50万元	实时赎回，ATM直接取现	嘉实基金、信诚基金
兴业银行	掌柜钱包	T+0	3000万元	关联兴业旗下所有理财产品	480多家小型合作金融机构
平安银行	平安盈	T+0	100万元	1分钱起购	南方基金

2. 工商银行投资理财产品线

①工银e投资。工银e投资是工商银行为个人客户提供的交易终端，主要用于贵金属、原油、积存金等投资产品的交易，同时提供实施行情、市场分析、行业资讯等功能。工银e投资是一个开放式平台，工商银行客户及他行客户均可注册使用，为客户提供了碎片化时间理财的新渠道，有效提高了投资的便捷性。

②账户类交易产品创新。账户类交易业务，是指工商银行接受个人客户通过工商银行提供的交易渠道提交委托交易指令，按照工商银行发布的交易价格，以工商银行为交易对手买卖贵金属、外汇或大宗商品，并完成资金交割的业务，投资者以有价物的市场价格为标的进行买卖，不进行实物交割。目前工商银行账户贵金属业务及外汇买卖业务已开通先买入后卖出、先卖出后买入的双向交易模式，账户铜、账户原油等新兴账户业务也已推出，保持了对同业的代际优势。

③贵金属“三金转换”。工商银行贵金属业务种类丰富，包含账户贵金属、积存贵金属、实物贵金属等产品，但不同产品之间缺乏有效转换机制，如客户购买工商银行账户贵金属产品后，根据产品设定，客户仅能在账户内持有该产品并卖出，无法转换成实物。为丰富工商银行贵金属产品线，提升客户综合体验，工商银行拟整

合当前账户贵金属、积存贵金属、实物贵金属三种贵金属产品，实现不同种类贵金属产品的相互转换，实现买入、卖出、取现、提金灵活互通。

3. 法律风险分析

随着诈骗犯罪手段的不断升级，受犯罪分子侵害的财产由客户存款转移向通过相应金融服务如金融资产自助质押、贵金属 ATM 赎回提现等业务实现现金支出的金融资产。因此在向客户提供这类服务时，应当与客户签署权利义务明确、风险提示清晰的服务合同。

工银 e 投资具有向客户提供交易数据和市场分析的功能。工商银行向客户提供的这些信息当中，包含很多通过不同渠道收集的由同业和其他金融机构提供的信息，这一行为实际上是对他人享有知识产权的智慧成果的营利性应用，存在知识产权纠纷的风险隐患。此外，如果交易终端向客户提供了错误信息导致客户投资遭受损失，则工商银行还将面临被诉风险和声誉风险。信息的合法性、准确性是本产品经营过程中应当注意的问题。

三、线上线下一体化服务体系及法律风险分析

为保持和扩大商业银行多年线下渠道建设带来的资源优势，商业银进行互联网金融创新时应不断推动线上服务建设，搭建线上线下一体化平台，将银行线上业务与客户线下消费及实体商户三者紧密结合，建立互利共赢的电子商圈体系。商业银行线上线下一体化发展以手机银行、智能网点、O2O 服务为代表。

（一）商业银行线上线下一体化服务体系发展情况

1. 商业银行手机银行创新发展情况

商业银行将远程查询、在线支付及客户服务等功能统一纳入手机银行的范畴，因其携带方便，功能多样受到客户青睐。商业银行

的手机银行战略是不断丰富手机银行功能，优化展示界面，营造贴合客户需求的客户端，加深和强化与客户的联系，通过手机银行了解客户的需求并管理客户的资产。

2. 商业银行智能网点发展情况

目前，商业银行在智能网点建设的实践上各擅胜场却又殊途同归，都将其作为渠道建设的重要阶段目标。表5反映了各行智能网点发展的基本情况：

表5　　商业银行智能网点发展情况

银行	起步时间	发展概况	主要特点
中国银行	2012年底在苏州推出公司金融业务自助服务	其对公自助业务在同业处于领先地位	票据自助处理系统，中银单位结算卡，对公回单自助服务系统
交通银行	2012年在海南省海口市建成“智能银行旗舰店”	2013年12月在北京建成“智能银行”	ITM，硬件功能类似VTM；自助发卡机；票据自助通；回单自助打印机
农业银行	2013年12月在北京建成首家智能网点	农行表示，首家智能网点的投产运行只是智能网点建设工作的起步	其VTM将定位于离行式网点，含借记卡发卡、存取款、个人贷款审核、对公票据受理等业务

3. 商业银行O2O服务发展情况

O2O（Online to Offline）是指将线下的商业机会与互联网结合，让互联网成为线下交易的前台。目前银行O2O服务主要指客户通过网银、手机银行等线上方式预约办理银行业务的一种服务流程。商业银行O2O服务开展情况如表6所示：

表6　　商业银行O2O服务开展情况

银行	发展情况
建设银行	电子渠道和柜面渠道组合发展。电子渠道成为主要交易渠道，成为标准化产品和低风险产品的销售渠道，同时为所有产品提供销售支持和客户服务，包含网上银行、手机银行、短信银行、电话银行、家居银行、电子支付和自助银行。建行拟于2014年实现线下产品向线上迁移，实现线下线上协同营销和服务

续表

银行	发展情况
光大银行	2012 年推出“阳光 e 申请”业务，客户只需通过互联网提交申请，之后在任意网点即可直接领卡，业务开通半年就有超过 50 万人完成网上申请并领卡。之后，光大银行还推出“阳光 e 购车”“阳光 e 购金”“阳光 e 商旅”等 O2O 类服务业务，将金融服务与互联网充分结合，提升客户体验
北京银行	北京银行引进瑞士 IMG 公司直销银行模式，采用更高效的“互联网平台”与“直销平台”相互结合的形式实现客户在线引入，全程自助操作和远程服务支持的新型 O2O 模式

（二）工商银行线上线下一体化服务体系

1. 手机银行

工商银行手机银行创新发展主要体现在三个方面：①金融服务功能：不仅提供账户查询、转账汇款、投资理财等传统金融服务，还开发了查询网点、无卡取现等创新内容；②生活服务功能：提供缴费充值、银医服务、机票和影票购买等多种生活类服务；③社交通讯功能：具备信息推送功能，且开通了融 e 联即时通讯功能。

2. 智能网点

工商银行于 2014 年 2 月在南京新街口支行营业部开办了工行系统全国第一家智能网点。工商银行智能网点的特点主要有：设计新颖，理念前卫，客户体验显著提升；大量采用智能设备，拓展自助服务范围，服务效率显著提升；同时提供线上服务和线下服务，推进线上线下一体化；提供远程视频服务，突破网点服务的时间限制。

3. 线下店商圈

线下店商圈是指打破实体店之间的空间障碍，通过互联网搭建虚拟商圈，为参与商圈的商户创造机会、拓展渠道。银行通过商圈掌握企业物流、现金流信息，为提供融资等全面金融服务打下数据基础，加快拓展线下商务市场。

（三）法律风险分析

线上线下一体化模式下，银行在客户识别、业务审核、风险提示等方面负有较重义务的业务，如开户发卡、大额转账、电子银行注册、挂失密码等，均可脱离人工通过智能网点办理。但上述义务出现履行瑕疵时，银行一方面可能面临监管机构的处罚，另一方面也可能面临客户遭受损失后要求赔偿的风险。此外，线上业务一般都需要客户电子签名和密码，一旦客户因电子签名和密码被盗遭受损失的，可能会主张银行未尽安全保障义务负有赔偿责任。

四、商业银行互联网金融创新发展的法律风险防范建议

（一）创新产品应及时报备并密切关注监管部门意向，避免违背监管规则产生合规风险

银监会2006年底颁布的《商业银行金融创新指引》是我国银行业监管史上首次专门颁布文件对商业银行的金融创新活动进行全面规范和引导。该指引内规定对商业银行的金融创新活动将简化审批程序，进行全程风险控制，同时提出商业银行在充分维护金融消费者和投资者的利益等方面应尽的责任和义务。因此，商业银行在互联网金融创新产品设计完成后，应及时与监管部门进行专业沟通并报送审批，以避免产品推出后因违反监管规则产生合规风险。

（二）完善业务流程，针对创新业务高风险特征设置完备的操作流程，确保处理风险事件时有据可依

目前各行多注重产品设计环节及营销拓展环节，对风险处理流程的投入相对滞后。风险管理制度作为一项业务制度必备的配套制度，也应在产品创新之初进行研究制定。商业银行可根据互联网金融创新产品类型分别设置风险处置制度，制定风险处理流程，明确各部门的职责，以便发生风险事件时按照流程妥善处理。

（三）严格制定创新产品格式文本协议，提高对相关非格式文本协议的审查力度

互联网金融创新产品存在主体众多、法律关系复杂、业务模式新颖等特点。在制定格式文本协议时，应充分考虑业务风险隐患，提高文本严谨程度，完善风险管理条款，全面维护银行权益。同时，由于互联网金融创新产品并非标准化产品，协议相对方基于维护自身权益的需求，往往对合同文本提出较多修改意见，可能造成合同内容的实质变更。在审查相关文本协议时，银行应从自身权益出发，对风险防范措施予以充分考虑。

（四）建立电子数据检索、保存及提取规则，以便发生纠纷时及时提取相关证据

商业银行互联网金融规划的逐步开展带动了金融信息大数据库建设，但目前并没有明确高效的信息提取规则。在发生风险事件或诉讼案件时，查找相关数据信息存在较大困难，风险事件处理和诉讼案件举证存在很大障碍。建议银行设立电子数据规则，对数据检索、保存及提取作出规范，并将作为证据使用的数据形式加以统一，确保发生纠纷时能够妥善应对。

（五）创新产品涉及他行客户时一般均需通过银联网络，可向银联建议完善业务规则

互联网金融创新的部分业务需通过银联网络才能完成，在借记卡、信用卡等传统业务领域，银联已有完善的业务规则，但在网络支付及移动支付领域，银联与各商业银行及第三方支付公司开展仍是零散合作，缺乏统一的业务规则，尤其是拒付机制。银行可建议银联对涉及互联网金融业务制定统一规则，为创新活动保驾护航。

（六）加大力度对客户进行风险提示及警示宣传

依托产品互联网属性产生的诈骗手法层出不穷，业务交易途径的网络化对银行的客户风险提示工作提出了更高的要求。商业银行应注重风险提示的全面性，加大对客户的警示宣传力度，从“治本”的角度防范因欺诈、盗用而引发的风险事件，保护客户财产安全，维护银行利益和声誉。

浅谈新《消费者权益保护法》的理解与应用

张道德[①]

《中华人民共和国消费者权益保护法》已由全国人大常委会第二次修改，并于 2014 年 3 月 15 日施行。修改后的《消费者权益法》（以下简称新消法）共八章 63 条，较修改前增加 8 条、修改 27 条，其核心就是保护消费者的合法权益。该法在明确规定消费者享有安全保障等 10 项权利的同时，对称性地规定了经营者应履行安全保障等 13 项义务。现对该法的理解与应用做些探讨。

一、消费者的安全权与经营者的安全保障义务

（一）条文理解

新消法第七条、第十八条对消费者的安全权与经营者的安全保障义务作出了规定。银行消费者的安全权是指消费者在购买、使用银行产品和接受银行服务时依法享有生命健康和财产不受威胁、侵害的权利，包括生命健康权和财产安全权。消费者的这项权利同时也是经营者应履行的安全保障义务。主要包括：第一，法律直接赋予消费者享有人身、财产的安全保障权；第二，消费者有权要求经营者提供的商品和服务，符合保障人身、财产安全的标准；第三，经营者应保证其提供的商品或服务符合人身、财产安全的要求；第四，经营者应对消费者尽到安全保障义务，否则，依法应承担责任。

安全保障义务主要是指从事住宿、购物、金融、餐饮、娱乐等

---

① 张道德，男，中国工商银行湖北省分行法律事务部总经理。

经营活动或其他群众性活动的法人、其他组织、自然人，应尽的合理限度内的使他人免受人身与财产损害的义务。包括：第一，“物”的安全保障义务，即安全保障义务人对其所能控制的经营场所的建筑物、硬件、设备、配套设施、运输工具等的安全性负有保障义务，如银行营业网点的建筑物或设备；第二，“人”的安全保障义务，即经营者应配备适当的人员为参与经营或群众性活动的消费者提供预防外界与第三人侵害的保障，提供警示、通知、说明与保护义务，如银行营业厅配备的保安员、网点门口的“下雨路滑”警示牌等。

（二）典型案例

2011 年 2 月 6 日，杜女士穿着高跟鞋到某行取款。因该行正在装修，门口地面不平且堆放材料，导致杜女士不慎摔伤。随后，该行工作人员将其送至医院救治，经诊断为右桡骨折等。杜女士以该行未尽安全保障义务为由诉至法院，要求赔偿医疗费、精神抚慰金等共计 8.9 万元。法院经审理认为，银行作为服务机构，负有为客户提供安全保障的义务。该行在装修时，对可能出现的安全隐患和风险没有充分地预见和防范，没有采取安全防护措施，应对杜女士的人身损害承担赔偿责任。故判决该行赔偿杜女士医疗费等共计 4.02 万元。该行不服上诉被二审法院驳回。

（三）应用操作

1. 增强法律意识，明确法定义务。银行及工作人员应增强法律意识，明确保障客户人身、财产安全是法律赋予银行的责任与义务，必须履行。

2. 完善场所硬件，强化安全管理。银行应保证营业场所设施安全；以告示、警示牌、电子显示屏等多种方式向客户提示风险；加强内部管理，提升人员的安全管控能力。

3. 发挥保安作用，履行安保责任。营业网点应配齐有专业资格的保安人员；将保障网点和人员的人身财产安全作为保安人员的工作重点；加强保安人员的再培训，提高其防范和处理安全事件的能力。

4. 妥善处理突发事件，保存维权证据。营业场所一旦发生人身、财产安全事件，银行首先应果断应对、妥善处理，如阻止犯罪、电话报警、救护伤员等。在施救的同时，也应注意刻录监控录像，搜集、保存证据，以便维护自身合法权益。

二、消费者的知情权与经营者的不得对商品、服务作虚假宣传义务

（一）条文理解

新消法第八条、第二十条、第二十八条对消费者的知情权与经营者的不得对商品、服务作虚假宣传义务作出了规定。银行消费者的知情权是消费者在消费中享有知悉其购买、使用银行产品或接受银行服务的真实情况的权利。如存贷款利率、手续费标准、理财产品的风险等。为使消费者的知情权得到有效保护，上列条文对经营者的对应义务作出了明确规定：第一，真实全面告知义务，即经营者应当真实、全面地将商品或服务的质量、服务方式等及时告知消费者，使其知情；第二，客观推介宣传义务，即经营者进行推介、促销宣传时，应真实客观，而不应作虚假宣传或误导；第三，真实明确答复义务，即经营者对消费者的咨询或提问，应及时作出真实、明确的答复；第四，特别信息披露义务，即银行等特定领域经营者对其真实身份、价款收费、风险警示与民事责任等信息必须披露的义务，是法律对特定领域经营者相关信息的强制性披露，若不披露则应承担法律责任。

（二）典型案例

2012 年 6 月，李先生到某支行存款，理财顾问张某向其推荐理财产品。李先生表示同意，张某使用该行的计算机代李先生操作购买了 9 万元某基金，李先生输入了银行卡密码。操作中，该行未与李先生办理书面手续，亦未对其进行风险提示。同年 10 月，得知

基金亏损，在协调无果的情况下，李先生全部抛售，亏损 27 132 元。后李先生诉至法院，要求该行赔偿全部损失。法院经审理认为：根据法律规定，银行向客户推介投资产品时，应了解客户的风险偏好、风险认知能力和承受能力，评估客户的财务状况，提供合适的投资产品供选择，并揭示风险，但该行并未做到，故应承担相应责任。结合本案中双方各自的过错程度，法院判决该行承担李先生 60% 的损失。

（三）应用操作

1. 把握主体资格，实行有权代售。银行人员在代理销售保险、基金等各类金融产品时，应具备监管部门与总行规定的相关资格，禁止无资格代售。

2. 把握产品品种，进行风险提示。银行不得向投资者销售未经有权部门审批准入的产品，在向个人投资者销售金融产品时，应对投资者进行风险承受能力评估，投资者主动要求购买超过其风险承受能力的产品时，银行应要求投资者本人当场签名确认。

3. 把握表达方式，规范代售用语。银行应尽快规范代售用语，不得将代销产品与存款混同，不得使用利息、存款、储蓄等概念，不得使用银行推出、银行与 × × 联合推出等误导性用语。不得夸大或变相夸大产品的预期收益，不得自行预测产品到期收益，不得承诺银行保证兑付等。

4. 把握服务底线，禁止代理签名。银行的任何人员均不得代替投资者抄录有关风险提示的确认语句，不得代替投资者在各类投资合同、风险揭示书上签名。

三、消费者的公平交易权与经营者的诚信经营、公平交易义务

（一）条文理解

新消法第十条、第十六条对消费者公平交易权与经营者的诚信

经营、公平交易义务作出了规定。银行消费者的公平交易权是指消费者在银行办理业务时享有的公平、平等交易的权利。其内容包括消费者在购买银行产品或接受服务时获得的交易地位平等、质量保障、价格合理等公平条件并拒绝银行强制交易行为的权利。与此相对应的是银行诚信经营、公平交易的义务，具体要求银行：第一，签订合同时，不得有欺诈或其他违背诚实信用原则的行为，应按公平原则确定双方的权利与义务、分配风险、约定违约责任；第二，履行合同时，遵守诚实信用原则，根据交易性质、目的和习惯履行及时通知、信息告知、协助、提供必要条件、对消费者信息保密等义务；第三，合同终止时，同样应遵循该原则，履行通知、协助、保密等义务。这里，法律对银行消费者权利的保护不只是形式上的平等、公平，而是特别注重实质平等、实质公平。

（二）典型案例

2010 年 2 月，王女士等 5 名消费者在向某支行申请个人贷款时，被迫同该行签订《理财协议》，并被收取 5 万多元的“理财顾问费”。事后，王女士等人要求退费时，该行认为，当时向消费者收取理财顾问费用，相当于贷款利率上调，但以理财顾问费和利息的总额度来计算，没有超过国家规定的上浮利率标准，而且签订了理财协议。但该行并未对消费者被迫签订理财协议、其未向消费者提供协议书、收费票据等情况给予合理解释。2012 年 3 月，在该行总行责令下，该行才全额退回 5 名消费者的“理财顾问费”，并进行了相应补偿。

（三）应用操作

1. 强化诚信意识，实行公平交易。银行及工作人员必须牢固树立诚信经营、公平交易、不强制交易的理念，并贯穿于其全部业务活动中。

2. 遵守行政规章，规范经营行为。银行应严格执行银监会 2012 年 2 月 7 日颁布的“七不准”规定与银监办发〔2014〕236 号文的“八不得”规定，规范各类业务经营行为。

3. 依法合规收费，实现权利义务对等。银行收取中间业务收入必须做到：有合法的依据，名正言顺；签正式的合同，自愿平等；有真实的服务，权义对等；及时正确入账，核算规范。姜建清董事长2014年8月特地要求全行“依法合规、要素齐备、收费合理、服务匹配，绝不允许‘息转费’”。

四、消费者的获得赔偿权与经营者的不得用格式条款转责、免责义务

（一）条文理解

新消法第十一条、第二十六条对消费者的获得赔偿权与经营者的不得用格式条款转责、免责义务作出了规定。银行消费者的获得损害赔偿权是指消费者在消费中，除因自愿承担银行已提示的风险而造成的损失外，遭受人身、财产损害时，消费者有要求有责任的银行赔偿的权利，这是银行消费者安全权的自然延伸。

格式条款是当事人为了重复使用而预先拟定，并在订立合同时未与交易对方协商的条款。广告、通知、声明、店堂告示等内容，符合要约规定和前述规定的，视为格式条款。上列条文规定了三方面的内容：一是经营者使用格式条款时，对与消费者有重大利害关系的内容负有以显著方式提请注意并按消费者要求给予说明的义务；二是经营者不得以格式条款、通知、声明、店堂告示等方式作出对消费者不公平、不合理的规定，不得利用格式条款并借助技术手段强制交易；三是违反法律强制性规定的格式条款，对消费者不公平、不合理的通知、声明、店堂告示等自始无效。因此，银行使用格式条款，应当注意：第一，对产品或服务的数量、质量、价格或费用等十项与消费者有重大利害关系的内容必须尽到以安全、及时“显著方式”的提示说明义务；第二，严格遵守法律规定，不得使用对消费者不公平、不合理的格式条款；第三，充分知晓并承担格式条款无效的法律后果。

（二）典型案例

黑龙江省建三江等地八家银行和信用社，在2012年、2013年从事房地产抵押贷款中，与借款人签订的格式条款中约定："办理抵押登记及有关手续的费用均由借款人承担。"当地工商机关经调查认为，作为抵押房屋他项权利人的八家银行和信用社，将本该自己承担的房屋抵押登记费用转嫁借款人，属于经营者利用不公平的格式条款，免除自身责任，违反了法律规定，故依法分别对其作出了行政处罚。

（三）应用操作

1. 制定格式条款，应按规定报备。根据国家工商行政管理总局的有关规定，银行的消费贷款格式条款文本应报工商部门备案。否则，将面临行政处罚与负面舆情的双重风险。同时，格式条款使用中，消费者、合同监管机关或自己发现的问题，银行应及时修改并报备。

2. 使用格式条款，应按法律规定。即应按照《合同法》第三十九条的规定使用，具体是按《最高人民法院关于适用〈中华人民共和国合同法〉若干问题的解释（二）》（法释〔2009〕5号）第六条关于"提供格式条款的一方对格式条款中免除或者限制其责任的内容，在合同订立时采用足以引起对方注意的文字、符号、字体等特别标识，并按照对方的要求对该格式条款予以说明的，人民法院应当认定符合《合同法》第三十九条所称'采取合理的方式'。提供格式条款一方对已尽合理提示及说明义务承担举证责任"的规定办理。

3. 必须令行禁止，规范抵押收费。严格执行《国家发展改革委、财政部关于规范房屋登记费计费方式和收费标准等有关问题的通知》（发改价格〔2008〕924号）第五条关于"房屋登记费向申请人收取。但按规定需由当事人双方共同申请的，只能向登记为房屋权利人的一方收取"的规定与总行《关于规范房屋和贵金属抵质押登记费用的通知》（工银办发〔2012〕878号）关于"工商银行与客户或抵押人共同申请办理房屋抵押登记（包括抵押登记、预告登记）时，应全额承担抵押登记费……不得强制由客户承担”的规定。

4. 直面投诉起诉，妥善处理纠纷。对消费者确有事实、法律依据的投诉或起诉，银行要积极接待，快速处理，敢于担责；对消费者确无事实、法律依据的投诉与起诉，也要认真接待，耐心解释，必要时应依法维护银行合法权益。

五、消费者的信息保护权与经营者的不得违法收集、使用、泄露信息义务

（一）条文理解

新消法第十四条、第二十九条对消费者的信息保护权与经营者的不得违法收集、使用、泄露信息义务作出了规定。公民的个人信息是指以任何形式存在的、与公民个人存在关联并可以识别特定个人的信息。如一个人的种族、肖像、性别、年龄、婚姻状况、家庭住址、财产状况、职业经历、电话邮件等。根据上列条文规定，消费者包括但不限于前述个人资料、个人数据及个人情况均应受到保护，这是消费者的一项重要权利。银行基于业务需要，不可避免地要接触、收集、保管、使用消费者的个人信息。但是，银行及所有经营者都必须严格依法合规的接触、收集、保管、使用消费者信息。具体要求：第一，遵循合法、正当、必要的原则，明示收集、使用信息目的、方法、范围，并经消费者同意，还应向消费者公开收集、使用的规则，不得违法、违约；第二，确保收集到的消费者信息的安全；第三，确保消费者不受无关商业信息的侵扰。特别值得注意的是，银行及工作人员若未严格依法收集、使用信息，则将被依法追究民事、行政甚至刑事责任。

（二）典型案例

2010 年 10 月至 2011 年 2 月期间，某支行员工曹某利用担任个

贷客户经理之便，窃取该行个人征信系统查询员的统一认证系统用户名与密码，根据同案犯朱某（非银行工作人员）提供的个人客户身份证号，非法进入个人征信系统查获并向朱某出售客户征信记录2 813条，获利2万余元，被法院依法判处有期徒刑。

（三）应用操作

1. 明确法定义务，严格依法办事。银行及工作人员必须牢记：合法、正确收集、获取、使用、保管消费者个人信息，不泄露消费者个人信息是其法定义务，必须履行。

2. 重视客户信息，严格有效保护。应当高度重视对消费者个人信息的保护，做到合法收集，正确使用，严格保管，有效保护。

3. 知晓法律后果，严禁信息被侵。应充分知晓客户信息被侵害的民事、行政、刑事责任并坚决远离《刑法》第二百五十三条之一规定的“出售、非法提供公民个人信息罪”与“非法获取公民个人信息罪”。

商业银行应收账款融资
法律风险及防范措施

中国工商银行上海分行法律事务部课题组[①]

一、应收账款融资相关法律制度

应收账款融资指以一笔或数笔未至清偿期的应收账款为基础，通过转让或设定担保的方式，在货币资金的持有者和需求者之间进行的资金融通活动，法律本质是在流通领域通过债权担保或转让的

---

① 课题组成员：张姝，法学博士，毕业于德国哥廷根大学，现就职于工商银行上海市分行法律事务部；殷晓明，法学学士，毕业于上海财经大学，现就职于工商银行上海市分行法律事务部；徐敏，法学硕士，毕业于华东政法大学，现就职于工商银行上海市分行法律事务部。

方式实现债权的有效流转。

（一）应收账款内涵与外延

我国《物权法》中未明确何谓应收账款，商业实践中通常将中国人民银行颁布的《应收账款质押登记办法》（以下简称《登记办法》）作为应收账款融资的操作指导。

《登记办法》将应收账款定义为权利人因提供一定的货物、服务或设施而获得的要求义务人付款的权利，包括现有的和未来的金钱债权及其产生的收益，但不包括因票据或其他有价证券而产生的付款请求权，这一内涵基本符合目前世界各国对应收账款的普遍认知。而外延具体包括以下权利：销售产生的债权；出租产生的债权；提供服务产生的债权；公路、桥梁、隧道、渡口等不动产收费权；提供贷款或其他信用产生的债权。

需要注意的是，并非所有的应收账款都适合银行开展融资。例如，法律法规明文禁止转让的债权就不能用于办理保理业务，再如，出租不动产形成的债权因收益相对稳定，用于融资时往往受到银行欢迎，但由于我国现行制度下不动产抵押与作为不动产所有权孳息的租金请求权质押是被分别登记管理，故融资过程中可能产生复杂权利冲突，进而导致银行陷入极大法律风险。

（二）相关法律制度

应收账款在我国属于债权权利，主要涉及债权转让和权利质押制度。我国应收账款融资法律制度在大陆法系的框架和体系基础上，同时吸纳了英美国家立法技术，体现了经济全球化背景下两大法系间的交融同化。

1. 应收账款转让

我国应收账款转让采用“通知主义”，根据《合同法》规定及相关解释，债权转让在转让合同生效时即对债权人和债务人产生约束力，但对次债务人则以债权转让通知为生效的要件，未经通知，该转让对次债务人不发生效力。次债务人接到债权转让通知后，有权向债权人主张其对债务人享有的抗辩和特定抵销权。

与德国法和英国普通法相比，我国《合同法》第八十条对于债权转让通知的发出通知主体、通知方式和通知内容等均未作明确规定，司法实践中由于法官对条款理解和要求不同导致对通知效力认定存在差异。为避免法官根据自由裁量权对通知主体进行限制，较为稳妥的是采用债权转让双方共同签署向次债务人发出的转让通知的方式。而参考国际惯例和各国规定，从风险防范及固定证据角度考虑，通知更宜采用书面形式。此外，为避免次债务人以“未接到通知，不知晓债权转让”来抗辩，建议要求次债务人在债权转让对其生效后，向债权人出具声明已接到通知的回执。

2. 应收账款质押

应收账款质押制度随着《物权法》的出台在我国被正式确立，《物权法》第二百二十八条明确规定“以应收账款出质的，当事人应当订立书面合同。质权自信贷征信机构办理出质登记时设立”。由于应收账款质权的实现最终依赖于次债务人的偿还能力，所以在经济交往中担保功能较弱，甚至经常被比照信用担保适用。

从单独的应收账款质押制度来看，该制度存在明显法律缺陷，例如债权人不能通过办理出质登记达到控制该项债权的目的，实践中优先受偿权难以向次债务人主张，质押登记未能体现被期待的国家公信力，质权实现存在困难等，故有观点认为，应收账款质押应与《物权法》第一百八十条的动产浮动抵押制度结合适用，以避免在浮动抵押结晶时部分存货转化为应收账款导致银行无法主张权利。

由于目前应收账款质押制度的缺陷暴露得比较明显，故在司法实践中法官对质权效力的认定更趋谨慎，倘若应收账款的实现存在困难，如无法提供次债务人住所地造成无法送达，或应收账款金额难以确定等，则可能直接影响法官对质权效力的认定。

二、应收账款融资司法实践典型案例

应收账款融资实务中存在何种风险，我国司法界在自由裁量权范围内如何理解和认定应收账款融资涉及的法律条款及法律关系，从下述典型案例可以窥见一斑。

（一）有追索权隐蔽型国内保理合同纠纷案

1. 基本案情

2012 年 4 月 27 日，A 银行与 B 公司协商开展有追索权隐蔽型保理业务，双方约定在 B 公司将其与 C 公司签订的购销合同项下 1 080 万元应收账款债权[①]及相关权利转让给 A 银行的前提下，A 银行给予 B 公司 800 万元保理融资，保理融资期限自 2012 年 4 月 27 日至 2012 年 8 月 24 日。同时约定，因 C 公司不能足额偿付应收账款导致 A 银行向 C 公司追索的，不影响 B 公司的回购义务。

保理合同签订后，A 银行依约足额向 B 公司发放了贷款，双方均未将债权转让事实告知 C 公司。2012 年 7 月 17 日，A 银行发现 B 公司经营状况突变以致影响其履约能力，根据保理合同相关约定，A 银行宣布该笔保理融资提前到期。同年 7 月 24 日，A 银行将应收账款转让情况以书面形式通过邮政快递告知了 C 公司，同日诉至法院，要求确认其对 C 公司享有 1 080 万元的债权，并要求 B 公司对 800 万元融资款及相应利息予以回购。

开庭审理过程中，C 公司提出其已和 B 公司于当年 6 月 12 日签订购销合同之补充合同，将收款账号从工行变成他行，且其已按照补充合同约定于 2012 年 6 月 21 日向 B 公司付清涉案应收账款。

2. 法院意见

结合本案判决结果，并参考相关案例，法院审判思路基本如下：

---

① 应收账款最后付款期为 2012 年 9 月 5 日，购销合同中 B 公司的收款账号是其开立在 A 银行的保理专户。

（1）有追索权保理案件中银行可以行使双重追索权

法院普遍认为，保理合同是非典型性合同，在案件处理上应围绕当事人之间协议以及《合同法》总则相关规定确定双方权利义务，应收账款的债权转让与保理合同的订立构成一笔完整的保理业务，不能将二者割裂考察①。

（2）未经通知债权转让对次债务人不发生效力

不论是A银行还是B公司均无证据表明在2012年7月24日之前告知过C公司，故债权转让对C公司不发生效力。因此，A银行不能对C公司行使追索权。

（3）追索权的行使有赖于保理合同约定

虽然保理合同中设置了回购条款，但回购前提是应收账款真实存在。本案中C公司已向B公司履行付款义务，应收账款债权即归于消灭，A银行要求对B公司行使应收账款回购的权利也因债权消灭而丧失实现基础。根据保理合同约定，B公司应将收到的涉案应收账款用于偿还保理融资款项，但其未按约履行，故A银行仍可以要求B公司偿还相应保理融资款项。

（二）有追索权公开型国内保理合同纠纷案

1. 基本案情

B公司以其对C公司的应收账款向A银行申请有追索权公开型保理融资，应A银行要求，B公司向C公司发出《更改付款账户申请》，声明其因在A银行办理应收账款保理贷款业务，要求C公司将货款结算账户变更为B公司在A银行指定账户。结算账户变更之后，B公司与A银行于2011年11月23日签订《国内保理业务合同》，约定B公司将与C公司签订的购销合同项下378万元应收账款债权②及相关权利转让给A银行，A银行给予B公司335万元保理融资，保理融资期限自2011年11月23日至2012年1月6日。

① 详见内蒙古自治区高院［（2011）内民二终字第30号］判决书。

② 发票付款到期日为2011年12月20日。

同日，A 银行在人民银行征信公示系统进行了债权转让登记，并将《应收账款债权转让通知书》以平信方式寄至 C 公司。

自 2011 年 12 月 31 日起，因 B 公司涉及多起其他经济纠纷，多家法院陆续向 C 公司发出《协助执行通知书》，B 公司在 C 公司处的应收账款被冻结。

2012 年 1 月 6 日，该笔保理到期，A 银行向法院提出诉请，要求 C 公司支付涉案应收账款 378 万元，同时要求 B 公司归还 335 万元保理融资本金及利息。庭审中 C 公司称未收到《应收账款债权转让通知书》，不知晓债权已发生转让，并以货款已被法院冻结止付为由拒绝履行付款义务。

2. 法院判决要点

（1）应收账款转让通知内容应明确

法院认为，B 公司向 C 公司发出的《更改付款账户申请》中，既未明确债权转让标的，未告知保理贷款合同是否成立并生效，亦未表明债权转让的意思，且变更后的结算账户户名仍为 B 公司。因此该申请不能被认定为应收账款转让通知。

（2）转让登记不能替代应收账款转让通知

二审法院表示，虽然《中国人民银行征信中心应收账款质押登记操作规则》附则部分第二十五条规定："征信系统为保理业务中的应收账款转让提供权利公示服务"，但从表述看，该登记仅被定位为公示服务，并不发生强制性排他对抗效力。且《合同法》明确规定债权转让对次债务人发生法律效力的前提是通知，因此仅凭债权转让登记并不能免除债权转让通知义务。

（3）司法保全下的应收账款不能转让

根据法院观点，B 公司因涉及另案纠纷，相关法院在本案保理融资到期日前向 C 公司发出协助执行通知书，冻结了 B 公司在 C 公司的应收账款，上述司法保全行为使 B 公司与 A 银行向 C 公司再行通知义务成为不能，本案债权转让合同目的已不能实现，故 A 银行无权要求 C 公司向其付款。

（三）国内贸易信用保险项下应收账款质押融资纠纷案

1. 基本案情

2013 年 1 月，A 银行与 B 公司开展了国内贸易信用保险项下融资业务（以下简称“信保融资”）。B 公司作为国内贸易信用保险的被保险人，在与 C 保险公司形成国内贸易信用保险权利义务关系的前提下，将保险合同项下赔偿受益权转让给 A 银行，并将 C 保险公司承保的 B 公司对 D 公司享有的 1 000 余万元应收账款债权[①]质押给 A 银行。据此，A 银行向 B 公司提供了 900 万元融资，融资期限自 2013 年 1 月 31 日至 2013 年 6 月 12 日。同时，A 银行与 B 公司共同制作了《应收账款债权转让通知书》，要求 D 公司将应收账款付至 B 公司在 A 银行开立的信保融资专户，A 银行通过邮政快递的方式将《应收账款债权转让通知书》寄至 D 公司。

后该笔融资到期发生逾期，A 银行调查发现 D 公司已向 B 公司全额支付应付款项，支付途径并未通过信保融资专户，且 B 公司未将该笔款项用于归还 A 银行融资。至此，A 银行该笔融资陷入巨大风险。

2. 案例分析

（1）应收账款质押与转让不得混同适用

A 银行认为，其已向 D 公司发出《应收账款债权转让通知书》，D 公司虽已向 B 公司全额支付了款项，但并未按通知书要求将款项付至信保融资专户，故 D 公司仍应向 A 银行承担全额付款责任。

调查发现，A 银行与 B 公司在《信保融资合同》和《信保融资应收账款清单》相关条款中均选择了应收账款质押，而非应收账款转让，且双方就应收账款签订了《质押合同》，并在人民银行应收账款质押登记系统中进行了质押登记，故即该笔融资的基础实为应收账款债权质押，在银行行使质权前，购货方仍可以按购销合同

① 应收账款到期日为 2013 年 5 月 13 日。

之约定向销货方付款。本案中D公司已向B公司履行了购销合同项下付款义务，A银行再向D公司要求全额付款缺乏法律依据。

（2）应收账款转让更利于维护银行利益

应收账款质押是在应收账款上设置一个担保物权，质权设立后应收账款的权利人仍为销货方，在行使质权前，银行由于缺乏法律依据难以直接向购货方提出权利主张。而应收账款债权转让中银行因成为应收账款债权人，故可以直接向购货方要求支付款项。

假设本案中A银行与B公司开展的信保融资基础为应收账款债权转让，在A银行已向购货方D公司履行债权转让通知义务的前提下，则该转让对D公司发生法律效力，D公司即使已向B公司付款也不能免除其向A银行付款的责任。

因此，从信保融资该业务品种本身而言，选择应收账款转让更能对购货方付款行为有所限制，且有法律依据支持银行可直接向购货方进行追索。在今后开展信保融资业务时，融资基础应慎重选择应收账款质押模式，建议银行采用应收账款转让模式，避免本案类似风险再次发生。

（3）保险不等于担保

信保融资的核心特征是“应收账款+信用保险”，在此类业务中，银行能否获得转赔款，首先应判断购货方是否发生了拖欠应收账款的情况，其次应判断销货方是否全面履行了贸易合同和保险合同中的各项义务。

本案中C保险公司与B公司之间《保险单》约定如下：被保险人于保险期内交付货物或提供服务，且于本保险合同保险单所载明的最长发票期限内向买方开具相关发票，而买方于付款日不付款所导致的债款的损失，保险人按照本保险合同的规定承担赔偿责任。鉴于D公司已向B公司全额支付款项，故C保险公司无须承担赔偿责任。

信用保险是财产险中最为复杂的技术险种之一，保险公司的保险合同具有专业术语多、免赔责任多、索赔程序多、索赔单证多等特点，这无疑都增加了风险。例如，贸易背景虚假、贸易背景为关联交易、保险人（销货方）未能全面履行贸易合同和保险合同项下相关义务，保险公司均将拒绝赔偿。

银行不应将保险视为担保，需充分认识保险合同免赔、拒赔的风险，加强对相关业务的培训，帮助经办人员熟悉保险条款、索赔程序，合理防范和规避因保险公司拒赔给银行带来的风险。

三、商业银行重点防范措施

相比不动产和动产担保，应收账款因价值固定从而更适于银行融资，但其也存在自有风险，商业银行应从以下方面予以关注和防范。

1. 适当选择用于融资的应收账款

并非所有的应收账款都适合办理融资业务，例如应慎重对待不动产租金请求权，因为不动产和租金权利的各自独立登记可能导致不动产权利人和租金权利人之间的复杂权利冲突。再如，虽然可以对未来应收账款进行转让或质押，但为确保应收账款在处置时“可供强制执行”，应收账款的金额、计算方式和付款时间等要素均应清晰明确。

2. 对应收账款切实进行审慎性调查

从法律层面考虑，应收账款本身及相关的权利上应不存在抵（质）押、特殊生效前提、（已被部分或限制）转让、司法保全等任何瑕疵，债权人和债务人之间基础合同应基于真实贸易背景且合法有效。从价值角度出发，鉴于应收账款融资多涉及赊销经营方式，应考察借款人是否以科学方式进行运营和对应收账款进行有效管理、次债务人的信用和合理期限内的平均清偿能力、金钱债务的性质等内容。

3. 严格防范危及银行权利的操作风险

应收账款融资牵涉多方交易当事人，法律关系复杂，与流动资金贷款相比，对业务人员的业务素质和法律素养要求更高，一旦操作不当就可能导致银行权利落空，例如：对审慎调查义务敷衍了事导致未发现应收账款上存在诸多瑕疵；公开型保理业务中未切实履行通知义务，或未妥善保存相关送达回执，导致次债务人抗辩“转让未对其生效”；应收账款质押时，随意填写质物清单和人行征信系统登记内容，导致难以认定质押应收账款范围；应收账款质押登记办理后，未及时办理债务人法定注册名称变更登记导致质押登记失效等。银行应结合应收账款融资特点，增强和提高业务人员的责任心与风险防范意识，严格其操作手势，要求其妥善保管合同、通知书、质押登记信息等证据材料，以便发生争议时可以向法庭出示完整证据链。

4. 针对隐蔽型保理业务提高准入条件

此类业务由于未通知，债权转让对次债务人不发生法律效力，故债权人仅能向债务人请求支付，在债务人不积极主张债权、支付困难或恶意逃避账户监管的道德风险情况下，债权人的应收账款债权将岌岌可危。如案例一中债务人通过在保理到期前与次债务人私下签订补充协议，变更保理收款账号，轻而易举地绕过了债权人对保理回收款的监控与管理，抽逃了资产。可见，应严格控制办理隐蔽型保理业务的债务人条件，仅针对资质和信誉优秀的公司开展此项业务。

5. 坚持办理应收账款债权转让登记

虽然目前在人民银行征信公示系统进行转让登记的行为仅仅是银行内信贷管理方面的要求，主要为避免债务人隐瞒事实而将同一应收账款重复质押或转让，且并无法律规定该登记可以替代债权转让中的通知义务。但在上海市第二中级人民法院司法建议书中，法院表示：“由于该系统是央行所设的第三方平台，具有一定的社会公信力，特别是该平台登记的不可修改性，对于债权转让发生时间具有较强的证据效力，这一点对于发生不同权利冲突时具有重要意义。”

6. 积极落实贷后监管并及时催收

应收账款流动性较大，变现性强，贷后监管极为重要。除关注债务人企业信息和信用变化情况及基础合同履行情况外，应加强对应收账款账户的监管力度，严格落实专用账户管理，紧密跟踪销售回款情况。另外，银行应根据保理业务及质押担保相关业务管理规定，及时提示次债务人到期付款，如基础合同项下发生纠纷、次债务人表示异议或未在应收账款到期日足额支付款项，银行应及时预警并进行催收，若等贷款到期时再采取法律手段，容易错过最佳保全时机。

7. 要求次债务人做出相关书面承诺

创造条件让次债务人就应付账款的付款账户、付款金额及付款期限做出书面的明确承诺。尽可能要求次债务人放弃相关抗辩权，要求次债务人与债务人就基础合同的履行存在纠纷而危及应收账款的及时、适当支付的情况下，及时告知保理银行。保理银行一旦发现风险苗头，切不可过分依赖应收账款的转让或质押登记而想当然地认为有优先受偿权，正确做法是及时、全面地评估各种风险因素，果断采取有效的化解措施包括司法保全措施，如通过人民法院向次债务人发出冻结及向特定账户付款的司法文书，其实际效果远远胜过仅仅被动地主张优先受偿权。

前海跨境融资租赁创新及商业银行的应对策略

中国工商银行深圳分行法律事务部课题组①

为鼓励前海深港合作区创新发展融资租赁业务，2014 年 1 月 6 日，深圳市印发了《深圳市人民政府关于充分发挥市场决定作用全

① 课题组牵头人：李文君，女，中国工商银行深圳分行法律事务部总经理；课题组成员：秦宏昌，中国工商银行深圳分行高级经理；赵联超、潘沫涵、杨晨，中国工商银行深圳分行法律事务部。

面深化金融改革创新的若干意见》（深府〔2014〕1号），从公司设立、融资渠道和交易平台拓展等方面提出了若干指导意见。随后，深圳市金融发展服务办公室和经济贸易和信息化委员会又联合下发《关于推进前海保税港区开展融资租赁业务的试点意见》（深府〔2014〕3号，以下简称《试点意见》），从市场准入、海关政策、跨境融资政策等方面就前海开展融资租赁业务试点作出了详细规定。在上述利好政策推动下，前海融资租赁业务迅猛发展。截至2014年10月底，前海融资租赁企业共218家，同比增长275.8%，占深圳的90%，占全国的13.2%，注册金额59.1亿美元，深圳前海已与天津滨海、上海浦东自贸区并列为全国三大融资租赁基地。

一、前海跨境融资租赁业务特征

（一）市场准入放宽

《试点意见》第一条明确规定，金融租赁公司、外商投资融资租赁公司、内资融资租赁公司可以在前海湾保税港区设立租赁项目子公司并开展融资租赁业务（含融资性租赁和经营性租赁），不设最低资本金限制。这一规定突破了银监会办公厅《关于印发金融租赁公司专业子公司管理暂行规定的通知》（银监办发〔2014〕198号）等相关监管规定对融资租赁子公司在业务范围和最低注册资本金方面的限制，进一步放宽了市场准入。

（二）融资方式创新

中国人民银行深圳市中心支行（以下简称深圳人行）2012年12月发布《前海跨境人民币贷款管理暂行办法》（以下简称《暂行办法》），允许前海突破跨境人民币贷款业务的基础上进一步规定，前海融资租赁公司或项目子公司在能够提供完备交易结构，证明业务具有真实交易背景的前提下，可向国家有关部门申请通过债权、股权等方式引入跨境外币资金，拓宽融资渠道，降低融资成本。

（三）融资租赁模式创新

在“前海跨境人民币贷款 + 直接融资租赁”业务模式基础上，商业银行可以通过售后回租、背对背开立保函等方式为尚未入驻前海深港合作区、在商业银行无授信或授信额度已使用完毕的企业提供跨境人民币融资，创新出“前海跨境人民币贷款 + 直接融资租赁 + 保函”、“前海跨境人民币贷款 + 售后回租 + 保函”、“前海跨境人民币贷款 + 售后回租 + 保函 + 反担保”等业务模式。

（四）融资租赁资产交易创新

2014 年 4 月，深圳成立了全国首家融资租赁交易中心——深圳市前海融资租赁金融交易中心有限公司（以下简称深金所），为融资租赁公司在二级市场转让租赁资产收益权提供了交易平台，有助于融资租赁公司拓宽资金来源、盘活存量资产、快速回笼资金。

二、前海跨境融资租赁业务创新模式

目前，前海跨境融资租赁业务模式主要有如下几种：

（一）“跨境人民币贷款 + 直接租赁”模式

1. 业务案例

A 融资租赁公司在深圳前海成立，因经营需要向国内银行申请开立备用信用证，用于担保 A 融资租赁公司在受益人境外银行办理前海跨境人民币贷款业务，融资用途为支付 A 融资租赁公司所需的租赁财产采购款及日常经营费用。A 融资租赁公司利用跨境人民币贷款成本较低的优势，通过跨境人民币贷款直接获取购买租赁物资金。

2. 简要分析

根据《暂行办法》及其《实施细则》的规定，在前海注册成立并在前海实际经营或投资的融资租赁公司、融资租赁子公司均可申请办理跨境人民币贷款，从境外经营人民币业务的商业银行借入人民币资金，办理融资租赁业务。在实务中，由于境外贷款银行对境内市场和企业不熟悉，前海跨境人民币贷款多采用内保外贷的方式，衍生出“跨境人民币贷款+直接租赁+保函”的模式：融资租赁公司向境内结算商业银行申请开立以境外贷款银行为受益人的融资性保函（备用信用证），境外贷款银行收到融资性保函（备用信用证）后再向融资租赁公司发放跨境人民币贷款。

3. 业务流程

（1）融资租赁公司通过境内结算商业银行向深圳人行提交备案申请，深圳人行自受理之日起五个工作日内告知境内结算商业银行是否备案。

（2）融资租赁公司凭深圳人行出具的《前海跨境人民币贷款备案表》等材料，向境外经营人民币业务的商业银行申请跨境人民币贷款。

（3）融资租赁公司在境内结算商业银行申请开立一般存款账户，专门用于存放从境外汇入的前海跨境人民币贷款资金。

（4）贷款资金入账前，融资租赁公司应向境内结算商业银行提交贷款合同、资金使用说明书以及深圳人行出具的《前海跨境人民币贷款备案表》等材料，境内结算商业银行审核通过后通知境外贷款银行办理贷款资金划转手续。

（5）贷款资金使用前，融资租赁公司应向境内结算商业银行提交相关资金用途证明材料（如基础合同、发票等），境内结算商业银行审核后，向境外贷款银行反馈，并在获得境外贷款银行同意资金支付的书面答复后于当天完成资金划转手续。

（二）“跨境人民币贷款+售后回租”模式

1. 业务案例

A公司为实现在保留对资产使用权的前提下，满足其融资需求，将四套脱硫装置销售给B租赁公司，向B租赁公司回租该四套脱硫装置，由A公司向境内商业银行申请开立备用信用证，用于担保B租赁公司（即借款人）在境外商业银行的跨境人民币融资，具体融资用途为购买A公司自有的租赁标的资产。

2. 简要分析

上述业务案例是在“跨境人民币贷款＋直接租赁”模式基础上衍生出的一种模式。根据《金融租赁公司管理办法》（以下简称《管理办法》）相关规定，售后回租是指承租人将自有物件出卖给出租人，同时与出租人签订融资租赁合同，再将该物件从出租人处租回的融资租赁形式。为解决部分尚未入驻前海深港合作区承租人融资问题，融资租赁公司在办理跨境人民币贷款后往往会再进行一笔售后回租交易，向承租人购买其自有的物件并将其回租给承租人。此种模式实质上是采用增加交易对手的方式来完成跨境融资操作①，承租人通过售后回租即可间接获得低成本的境外资金，保留了对标的物的合法占有使用，也可以达到向指定客户融资的特定目的。

在该模式基础上，还衍生出了“跨境人民币贷款＋售后回租＋保函”业务模式。若部分承租人未在商业银行办理授信评级，或当年度的授信额度已经使用完毕，还可衍生出“跨境人民币贷款＋售后回租＋保函＋反担保”业务模式。对于该种客户，可通过开立背对背保函（备用信用证）的方式为其办理融资：承租人先在他行申请开立履约保函（备用信用证）给商业银行，商业银行凭借该保函（备用信用证）作为低风险担保再向境外贷款银行开立融资性保函（备用信用证），用于担保融资租赁公司在境外办理跨境人民币贷款。

（三）股权投资基金主理银行模式

1. 业务案例

A融资租赁公司是在深圳前海成立的一家外商投资融资租赁公

① 《前海跨境贷备案破500亿元贷款模式进化》，21世纪网，http://finance.21cbh.com/2014/11-7/wOMDA1ODlfMTMzNTIwOA.html，访问于2014年12月3日。

司，其股东分别为B资产管理公司（外资股东）和C供应链管理有限公司（内资股东）。A融资租赁公司拟为D电子有限公司办理生产线设备售后回租业务。按照《外商投资租赁业管理办法》第十六条，外商投资租赁公司的风险资产一般不得超过净资产总额的10倍，A融资租赁公司的净资产总额尚不能达到办理该笔售后回租业务的要求，因此，A融资租赁公司特向境内商业银行申请办理股权投资基金主理银行业务，从而满足其增加注册资本的需求。

2. 简要分析

目前，我国对外商融资租赁公司风险资产规模和资本金存在一定限制。如《外商投资租赁业管理办法》等规章规定，金融租赁公司风险加权资产总额，一般不超过净资产的12.5倍；《商务部、国家税务总局关于从事融资租赁业务有关问题通知》第九条规定，内资试点融资租赁企业的风险资产（含担保余额）不得超过资本总额的10倍；《外商投资租赁业管理办法》第十六条规定，外商投资融资租赁公司的风险资产一般不超过净资产总额的10倍。如融资租赁公司业务发展到一定规模，要想开展新业务，必须增加资本金，或者出售存量业务，或者二者并举。[①] 上述业务案例主要是针对我国对外商融资租赁公司的风险资产规模和资本金存在一定限制而进行的业务创新，商业银行可向投资融资租赁公司的合作机构提供股权投资基金主理银行业务。

3. 业务流程

（1）商业银行的合作机构（如信托公司、基金子公司等）发起设立信托计划、资管计划等。

（2）商业银行为合作机构推荐客户并提供募集资金顾问服务。

（3）募资完成后，信托计划、资管计划等向融资租赁公司出资，融资租赁公司的发起人或原股东承诺到期回购股权。

① 中国融资租赁三十人论坛著：《中国融资租赁行业2014年度报告》，中国经济出版社2014年10月第1版，第203页。

（4）信托计划、资管计划等的存续期限届满，融资租赁公司的发起人、原股东按约定回购股权以实现商业银行理财资金的退出。

（四）交易所模式

1. 业务案例

A 融资租赁公司是在深圳前海成立的一家融资租赁公司，主要提供医疗设备融资租赁、专业生产设备融资租赁及汽车融资租赁等服务。2014 年 A 融资租赁公司向深金所提出申请，拟转让一笔医疗设备融资租赁业务对应的租赁租金收益权。深金所在收到 A 融资租赁公司的转让申请后进行线下审核，审核通过后对该租赁租金收益权拆分份额，在深金所网站上分期发行了“深融——××融资租赁”产品，期限 180 天（60 天后可转让），按月付息，到期还本，A 融资租赁公司承诺于租赁租金收益权回购日按约定价格回购租赁租金收益权，深圳××非融资性担保有限公司为该笔业务提供保证担保。个人投资者在深金所网站注册后，与 A 融资租赁公司签订《租赁租金收益权转让、回购及担保协议》，投资“深融——××融资租赁”产品并可于 T+60 日转让其持有的产品份额，或持有到期并获得兑付本息。

2. 简要分析

上述业务案例主要依托深金所交易平台完成。深金所采取居间模式（纯撮合模式），面向融资租赁公司和投资者推出融资租赁租金收益权转让中介服务，为交易双方提供交易信息发布、划转交易资金等服务，但不为交易提供任何形式的担保。

3. 业务流程

（1）融资租赁公司在深金所进行注册并提出融资租赁租金收益权转让申请。

（2）深金所对融资租赁公司的转让申请进行审核，并将相关转让信息在深金所网站上发布。

（3）投资人在深金所网站上购买收益权产品并与融资租赁公司签订《租赁租金收益权转让、回购及担保协议》。

（4）在收益权产品存续期间融资租赁公司需按《租赁租金收益权转让、回购及担保协议》的约定支付本息。

（5）融资租赁租金收益权回购日，由融资租赁公司按约定履行回购义务。

（五）应收租赁款保理模式

1. 业务案例

A房地产开发公司为了开发商品房，先行采购了商品房配套设施等建设所必需的部分动产设备。为了解决开发建设中的资金缺口，该房地产开发公司与B租赁公司拟就上述设备开展售后回租业务合作，A房地产开发公司作为承租人，针对上述动产设备进行售后回租，租赁期为12～18个月；B租赁公司再将通过融资租赁合同所取得的应收租赁款债权转让给商业银行，向商业银行申请办理融资租赁保理业务。

2. 简要分析

上述业务案例是商业银行在普通保理业务的基础上针对融资租赁自身特点而进行的创新，融资租赁公司可将融资租赁项下未到期的应收租赁款全额或折扣转让给商业银行（保理商），由商业银行（保理商）向承租人收取租金，并为融资租赁公司提供融资服务，其本质是未来预期租金的转让，融资第一还款来源为承租人定期所支付的租金。

3. 业务流程

（1）融资租赁公司与供货商、承租人分别签订供货合同和融资租赁合同，上述合同均为有效合同。

（2）融资租赁公司向商业银行申请叙作保理业务。

（3）商业银行审批同意融资租赁公司的申请后与其签订保理

合同。

（4）如为明保理，商业银行应向承租人通知有关保理事宜及指定收款账户，如为暗保理则无须通知。

（5）商业银行在受让应收租赁款后发放融资款。

（6）承租人按商业银行的通知及时支付租赁款。

（7）商业银行在收到租赁款后及时扣除融资本息，并将剩余款项退回融资租赁公司。

三、商业银行应对策略

前海跨境融资租赁创新力度很大、涉及准入、业务模式、交易场所等诸多方面，给商业银行带来新的利润增长点和业务发展机遇，同时也给商业银行带来巨大影响和挑战。商业银行可以尝试从以下方面开展相关工作。

（一）加强融资租赁公司合作准入管理，优化调整对融资租赁公司授信评级等评价模式

前海融资租赁公司市场准入制度改革是对国家和深圳商事登记制度改革的又一重要突破。目前商业银行在对客户的信用等级评定中使用注册资本这一指标，融资租赁市场准入放宽后，商业银行需要对融资租赁公司准入和信用等级评价规则进行适当调整，完善融资租赁信用评价制度和体系，同时对融资租赁公司进行尽职调查或业务审批要件进行调整，了解融资租赁公司股东认缴资本是否实际到位、企业资产构成以及变动、实际经营能力、盈利能力等情况。在选择合作机构时，应核实其是否是依法经银监会或商务部门批准设立的融资租赁公司，优先选择公司治理结构和内部管理完善、信用记录良好、经营业绩优良的融资租赁公司为合作机构，防范相应的信用风险。

（二）加强内外联动，抢占市场获取新的利润增长点

前海跨境融资租赁业务创新在于融资租赁业务与跨境人民币业

务特别是跨境人民币贷款业务的紧密结合，商业银行可以利用自身国际化发展的优势，大力发展跨境人民币贷款，同时通过内保外贷、外保内贷等业务模式的创新和衍生，将融资租赁、跨境人民币贷款、保函，应收款保理等业务结合，形成新的产品优势和市场竞争力。同时，随着前海深港合作区开发进程的不断加快，各项利好政策不断落地，依托前海创新平台的各项业务创新方兴未艾，涉及跨境人民币贷款、境外直接投资人民币结算业务、QFLP 托管等多个创新品种，涵盖了外汇结算、信贷业务、托管业务、融资租赁等多个领域。面对前海创新发展的机遇和挑战，商业银行可以与境内外机构联动，提前介入，全过程、全方位地参与前海业务创新，充分利用前海“金融创新平台”、“金融资产交易平台”、“离岸业务平台”、“总部企业金融服务平台”拓展前海市场，抢占先机，增强业务发展新优势、新动力、新活力。

（三）拓宽与融资租赁公司合作途径，为融资租赁公司提供多元化金融服务

目前，由于前海深港合作区在跨境人民币贷款方面的政策优势，跨境人民币贷款的融资成本较低，但拟申请的企业须在前海深港合作区注册并实际经营，办理跨境人民币贷款的程序也较为复杂。而且，随着跨境人民币贷款业务规模的不断扩大，融资成本也有一定的提高。因此，除了跨境人民币贷款外，商业银行应不断丰富业务品种，为融资租赁公司提供多元化、全流程的产品和服务：在融资租赁公司成立阶段可为其提供股权投资基金主理银行服务，在融资租赁公司日常经营中可为其提供授信贷款、点心债发行信用增级、债券发行承销、结构化融资租赁款保理、杠杆租赁、融资租赁款收益权理财、租金归集监管、租后管理等多种产品、服务，通过多元化密切商业银行与融资租赁公司的合作，拓展合作空间，分散业务品种过于单一可能带来的风险。

（四）加强法律风险防控，前移法律审查关口

由于跨境融资租赁业务涉及的交易主体多，法律关系复杂，处

理不当容易产生法律风险。为防控相关风险，商业银行在开展融资租赁业务时，应对可能存在的法律风险予以高度关注，既要加强商业银行本身的风险防范工作，又要将风险防范关口前移至关注融资租赁出租人和承租人之间的风险防范，避免因融资租赁出租人和承租人之间的风险传导至商业银行。

（五）强化前期尽职调查，做好后续对承租人的监测跟踪工作

在融资租赁业务中，为了确保融资租赁合同等相关协议合法有效、严控出租人和承租人风险，加强对租金的监控，确保租金的稳定，商业银行应对租赁物作深入调查，全面掌握租赁物经营情况，实时掌握承租人的经营状况，从而避免虚假交易和承租人违约风险。同时，对于需要取得特许经营资质的租赁物，虽然《最高人民法院关于审理融资租赁合同纠纷案件适用法律问题的解释》不再要求出租人取得相应资质，但仍要求承租人取得相关行政许可，因此，商业银行也要关注租赁物是否属于特许经营范围，以及承租人是否取得相关政府部门行政许可等情况，避免承租人欠缺特许经营资质导致租赁合同无效，影响商业银行债权的实现。

为避免承租人的实际违约行为导致租金无法收回，导致融资租赁公司违约，从而引发信贷违约或担保索赔，商业银行要重点关注承租人的资信情况，充分利用自身资源优势（例如，商业银行与融资租赁子公司可共享客户信用评级系统），依法合规地做好承租人信用评估工作，防范承租人信用风险。在融资租赁业务开始后，要不定期地对承租人经营等情况进行后续跟踪监督，重点关注租赁物的运行情况以及企业经营和财务状况，如出现违法或违约行为，可根据法律规定采取宣布租赁合同加速到期、解除合同等救济手段，及时采取补救措施，确保商业银行债权安全。

（六）加强与监管部门和司法机关沟通协调，为跨境融资租赁业务发展提供良好外部环境

前海在跨境人民币贷款、跨境人民币双向资金池、跨境人民币担保等跨境人民币业务方面目前均走在全国的前列，但是，对跨境

人民币业务的监管当前还存在不少有待明确的问题。例如，外商投资融资租赁公司的外方股东在为申请商业银行授信贷款的境内融资租赁公司提供跨境人民币担保时，除了按照人民银行《关于简化跨境人民币业务流程和完善有关政策的通知》向人民银行备案跨境人民币担保信息外，是否还需按《跨境担保外汇管理规定》的相关规定向外汇管理部门履行相关手续实践中存在不同的理解。目前对房产、商业住宅，港口、码头和高速公路在内的不动产租赁虽然最高人民法院没有直接予以否定，但是法院在裁定不动产融资租赁合同有效还是无效时，需要结合具体案件交易形式、国家产业政策、诉讼双方利益均衡等角度综合裁定。因此，商业银行应主动与当地监管机构、司法机构进行沟通与协调，了解最新监管、司法倾向和标准，及时调整业务流程、审批机制、风控措施。

（七）积极参与相关立法，主动反映商业银行诉求

商业银行是融资租赁市场重要参与者，既可以作为主要投资人设立金融类融资租赁公司，又可以为融资租赁公司提供投融资服务，融资租赁法制体系健全与否对商业银行有着至关重要的影响。目前商务部已将融资租赁法作为立法项目报送全国人大常委会，建议列为五年立法规划项目，商业银行应积极通过行业协会、银监会等多种渠道积极参加融资租赁立法进程，积极推动法院出台融资租赁方面的指导意见①，保障交易安全，拓宽企业融资渠道，维护商业银行合法权益。

---

① 如天津市高级人民法院出台了《关于审理动产权属争议案件涉及登记公示问题的指导意见（试行）》，针对动产权属登记过程中遇到的登记机关过于分散、登记规则不统一、查询不便以及许多新型动产融资方式没有法定登记机关等问题，首次明确了中国人民银行征信中心及中国人民银行批准设立的动产融资登记服务机构为天津市统一的动产登记和公示机构，以现有的应收账款质押登记系统和融资租赁登记系统为基础，逐步将各类用于融资支持的动产权属信息，置于统一的平台进行登记和公示，进一步提高交易效率和透明度，对保障商业银行债权安全具有重要作用。

后 记

本书第一章至第五章由中国工商银行总行法律事务部有关人员编写。参加编写的人员有：张炜、刘湘玲、刘泽华、张国蓉、贾连杰、杨雪松、周德洋、陈云、潘红星、王志永、董伟、孙慧、孙蕾、王甲同、刘传会、黄晓华、李江鸿、于春露、宋乐、李梓宁、王娇莺、周波、周慧、刘勇、刘子菲、周雅菲、朱昕颖、何正启、朱亚、许纯、郑雅方、耿丹丹、王林、梅明华、王美茜、韩晓莹、张辛茹、王飞飞、于瑶、马岩宏。由于我们的经验及相关资料有限，本书难免存在疏漏或不妥之处，敬请业界同仁和读者朋友批评指正。

2015 年 3 月